北京汉阅传播
Beijing Han-read Culture

七曜文库

加藤广

KATOU HIROSHI

吉林出版集团有限责任公司

丰臣秀吉

曹宇 译

First published in Japan by Nikkei Publishing, Inc., Tokyo.
This Simplified Chinese edition is published by arrangement with
Nikkei Publishing, Inc., Tokyo in care of Tuttle-Mori Agency, Inc., Tokyo
through Beijing GW Culture Communications Co., Ltd., Beijing.
吉林省版权局著作权合同登记 图字：07-2010-2706号

图书在版编目(CIP)数据

丰臣秀吉 / (日) 加藤广著；曹宇译. — 长春：
吉林出版集团有限责任公司, 2014.1
ISBN 978-7-5534-2791-1

Ⅰ. ①丰… Ⅱ. ①加… ②曹… Ⅲ. ①丰臣秀吉（1536～1598）－传记 Ⅳ. ①K833.135.2=331

中国版本图书馆CIP数据核字(2013)第190096号

丰臣秀吉

作　　者　[日]加藤广
译　　者　曹　宇
出 品 人　刘丛星
创　　意　吉林出版集团・北京汉阅传播
策划编辑　渠　诚
责任编辑　聂文聪　李瑞玲
封面设计　未　氓
开　　本　720mm × 1020mm　1/16
印　　张　25.25
版　　次　2014年3月第1版
印　　次　2017年1月第2次印刷

出　　版　吉林出版集团有限责任公司
发　　行　北京吉版图书有限责任公司
地　　址　北京市西城区椿树园15－18号底商A222
　　　　　邮编：100052
电　　话　总编办：010－63109269
　　　　　发行部：010－63104979
网　　址　http://www.beijinghanyue.com/
邮　　箱　jlpg-bj@vip.sina.com
印　　刷　北京航天伟业印刷有限公司

ISBN　978-7-5534-2791-1　　定价　68.80元

　投稿热线：010－63109462－1040

第一章　竹中半兵卫之死

1

天正七年（1579年）六月上旬，羽柴秀吉的大军来到播州的平井山地区安营，着手围困三木城，却突然收到一份惊人的密报。

那是一封快信，来自京都的药师——曲直濑道三。

秀吉当时刚开完军事会议，回到房间，近乎半裸。他随手接下书信，一看之下，神情渐渐紧张，脸色苍白得连他本人都感觉到了。

“喊小一郎来！”

他颤声命令侍从石田三也（日后的石田三成）通知楼下候命的弟弟前来。

小一郎刚一跑来，就听见秀吉吼道：“小一郎，京都的竹中半兵卫消失了！官兵卫没影子了，半兵卫又消失了，这以后可怎么办才好啊！”

官兵卫就是小寺孝高。去年冬天，他前往劝降叛离织田方的荒木村重，自此没了音信。最得力的两位谋士相继消失，秀吉不禁方寸大乱，情绪冲动。

“半兵卫大人消失了？这就怪了……”小一郎不明就里，茫然望向石田和兄长，继而安抚道，“好了，大哥，先别急嘛。”

小一郎比秀吉小三岁，个头很高，虽然技艺平平，却很擅长安抚秀吉。只要看到兄长秀吉跟人争执，他便会伸手挡在双方之间，劝道：“好了，好了，大哥！”这是他从小养成的习惯。后来，他当了兄长的家臣，自知身份有别，只有跟兄长二人独处时才会这样，避免被别的家臣瞧见这番态度。

“这种时候哪有办法不急！”

秀吉觉得他的大哥权威受损，难免有些不爽，却又不像口头上那样恼火。秀吉本就没有几个亲人，一直都特别疼爱这个弟弟。

——把信中要点告诉小一郎吧。

秀吉悄悄给石田使个眼色，同时翻身躺到地上，等待三也讲述。地板上的凉气渗入半裸的后背和后脑勺，起初的焦躁迅速平缓。秀吉的头脑再度恢复冷静。

（还是站在半兵卫的立场上，从头考虑事情的来龙去脉和他的去向吧。）

从道三的信件可知，军师半兵卫自去年年末到京都养病，病情突然剧烈恶化，连走路都困难了。他独自去上厕所，结果再没出现。治疗所的助手们直到次日早晨都没见到他，这才开始寻觅。他们怀疑半兵卫带着密令去见信长公了，特意前往安土城打探，确认不是这样，登时慌了。

这帮人真耽误事！秀吉暗暗咬牙切齿。他此时最想知道的是——需要绝对静养的半兵卫何以深夜离去？他要去哪里？

不管怎样，肯定有人陪同、领路。那会是谁呢？

小一郎听完三也的说明，大概猜到了兄长的想法，脱口说道："我觉得他不会被绑架……"

"那自然不会。想想半兵卫那小子的病情，只怕他是觉得活不久了，索性离开京都。深夜里警卫松懈，道三也不在，他就跑了……你觉得呢？"

小一郎狠命点头道："我觉得很有可能……"

"你也这么想？那你说他会去哪里呢？你站在半兵卫的角度推测一下。"

秀吉想借此检测弟弟的分析能力。如果官兵卫和半兵卫都离开身边，以后就只能和这个弟弟商谈大事了。

小一郎登时有些不知所措，但很快就恢复出部下的神态，答道："我说的全是个人想法……"

秀吉摸摸下颌的稀松胡须，说道："无妨。"

"我觉得竹中大人会去两个地方。其中之一是他掌管的菩提山城，毕竟他儿子在那儿；否则就是这里——三木城。"

"推断得不错。那你说到底会是哪里呢？"

"从半兵卫的性格考虑，我想他不会去菩提山。"

秀吉追问道："理由呢？"

"他是个重情义的人，跟亲情相比，他更看重和我们羽柴家的情义。所以，他十有八九会来三木。"

小一郎明确说完他的看法之后，秀吉的情绪稍稍见好。

"说得好，小一郎。咱们想的一样。"

小一郎却有些担忧，又道："真来这里的话，他身体行不行呢……"

“是啊，这是个大问题。”

秀吉的思绪突然飘到平井山顶瞭望塔附近的亭子上。

三木城西南方有个六张榻榻米大的茅草亭，可从地势上鸟瞰城内。那里有两把竹凳，一把是秀吉的，另一把则备给军师竹中半兵卫。秀吉想起今早去那里环顾时，那把无主之凳显得异常寂寥。而且，今早从山顶一角升起的雾看上去是暗红色。昨晚，山顶一带曾下过阵雨，那雾气可能是由此产生，而那令人厌恶的血色则是这半年为了建造主阵地而挖掘出的红土在阳光作用下形成的。这些道理，秀吉都懂，然而……

大概三十分钟之后，秀吉突然召开了军事会议。

他回到楼下的会议厅，适才的悲痛哀叹荡然无存。他恢复了统帅的威武，用充满自信的洪亮嗓门对全军宣布道：“刚才接报，竹中半兵卫军师拖着病体，从京都赶来激励我们，可惜途中失去了联系。你们要悄悄建立联络网，陆路从西国大路到京都街道；海路就从堺港涵盖濑户内海沿岸！哪里都不要漏掉，大家都去迎接他吧，好不好？一旦见到了他，立刻回来通报。我会第一时间去迎接他。”

秀吉是真的想去迎接他。

（他一定是有事情放心不下，所以硬撑来跟我会面……）

万一半兵卫中途力竭，无法谋面，秀吉将饮恨千秋。

那个时候，半兵卫刚刚从伏见坐船来到大坂天满地区。

正如秀吉推测的那样，他有人随行。他们从天满弄到船只出海，避开了秀吉军反复搜查的堺港。秀吉通知全军迎候半兵卫的当晚，半兵卫悄然踏上了偏僻的兵库渔村。他唯恐被秀吉赶回京都养病，直到次日早晨跟三木城近在咫尺，才派人通报秀吉。

“真不愧是半兵卫，神出鬼没。如此说来，他的病情应该不太重了。”

秀吉和小一郎爽朗地笑了，可惜这笑声没持续太久。他们详细打听之后，得知半兵卫途中无法坚持坐轿，只能躺在门板上，让人抬着赶往这里。秀吉面色苍白，忙派十几个侍从带去毛毡和华盖。肺痨是不允许阳光直射的。用华盖遮住门板两侧，便可以避免病人被阳光直射。

他们焦急等待了两小时有余，总算有瞭望塔上的人前来报告了。

“看到竹中大人的队伍了！就在三木大道前，离这里有三百间距离。”

秀吉不顾部下阻拦，纵马冲下大道。他无法原地等候。

他看到竹中的队伍，大吃一惊。队伍总共二十几人，都不是半兵卫的手下，而是甲贺地区的忍者。真不知半兵卫是何时、何地、怎样将他们召集来的。

离队伍还有五间远时，秀吉便翻身下马，徒步靠近。甲贺忍者看见了他，纷纷闪身到大路两边，恭敬地单腿跪下，迎候秀吉。秀吉微微颔首，强抑激动，从门板两边的华盖处探进脑袋，问道："身体如何呀，半兵卫……"

他本想笑着搭话，但一看到华盖中的情形便不禁倒吸一口凉气。才刚刚半年，半兵卫竟成了一个皮包骨头的幽灵，气息奄奄地躺在那里。

"你为何不好好在京都养病！"

秀吉的抱怨变成了怒火，忍不住提高嗓门。半兵卫睁开细长、无力的眼睛，用蚊子哼的声音嘟囔起来。

"一眼……我想看大人一眼。有事想对您说，才溜了出来。全是我擅作主张。这个三木城，才是我该死的地方。"

半兵卫拼命想坐起来，秀吉赶忙拦住，只觉得眼角一热。

"死？别说蠢话。如果你死了，我秀吉以后该依靠谁啊！"

秀吉握着竹中半兵卫那犹如干枯藤蔓的细手，无法自控，号啕大哭。

当晚，秀吉在自己的屋里给半兵卫准备了床。

秀吉让侍女用热水给半兵卫擦拭身体，让他服下随身携带的煎药，又强行撬开他的嘴巴灌了几口稀粥。之后，半兵卫发出轻微的鼾声，打起盹来。夜半时分，他的体温再度升高。他总是剧烈咳嗽，兴许是浓痰堵住了喉咙，每次睁开眼便痛苦地歪着脸，将浓痰吐进侍女递来的痰盂。痰盂中鲜血四溅。

半兵卫每次吐完痰，都会用虚空的眼神环顾四周，好不容易看见秀吉之后，便又微微垂下脑袋，再次倒在床上，一整夜翻来覆去。秀吉坐在他枕边，目不转睛，整晚看着半兵卫那判若两人的面庞。

偶尔打盹，总是做到同样的梦——扒开山中草丛朝上跑，回头看到磨蹭的随从，勃然大怒。

（快点，快点！雾大了，可要迷路的！）

他总是梦见自己为了寻找隐居的半兵卫，在山中奔走。

2

永禄九年（1566年），织田信长挥军攻向美浓地区。

信长仔细分析形势，认定这一战的关键是策反斋藤家的军师——竹中半兵卫。无奈半兵卫对他的策反根本理都不理。几番游说之后，某次会谈中，半兵卫突然嘟囔道："信长公懂不懂逆取顺守啊？"那样子似乎是说：倘若他懂，我就归顺。

遗憾的是，信长的使者们都不懂这个词的意思，只得如实向信长报告，信长同样不解其意，而且他那时早就成了一位高傲的霸王，根本不容许别人说出他不懂的词。

"自作聪明的家伙！不要再和他会面了！"

信长随口丢出这一句话，从此不再派人联系半兵卫。只有藤吉郎（秀吉当时的名字）没忘却这词。藤吉郎不懂汉字，更不懂得意思，但是他不耻下问，第一时间将半兵卫说的词硬记下来，托人询问有学识的高僧，总算弄懂了其中含义。

逆取顺守。这出自《三国演义》中刘备的军师庞统之口——夺取天下时，不妨违背道义；而获得天下后则要遵循道义来治理国家。

（明白了，这正是信长公夺取天下时最需要的策略。半兵卫真是高明，只有他才足以弥补我谋略的不足。他一定是值得深谈的军师！）

藤吉郎非常想得到半兵卫。

四年之后的元龟元年（1570年）——

千载难逢的机会来了。当年四月，信长率军攻打朝仓家，却被妹夫浅井长政从背后偷袭，大败而归，暂时蛰居京都。藤吉郎利用这战火平息的日子，带上小一郎和前野小右卫门，沿能登小道悄悄进山寻访"镰羽长亭轩"——竹中半兵卫的寓所。半兵卫当时身体不好，所以闭门隐居，不喜欢被人打扰。然而，他一听说藤吉郎来了，便欣然开门迎接。

半兵卫和藤吉郎密谈之际，小一郎等人皆在外等候。两人的话题从织田家的京都菩提寺阿弥陀寺和该寺住持清玉上人的药草开始。

"我病体缠身，到处寻访药材，前往京都，突然听到有人谈论阿弥陀寺。"

半兵卫开口讲述，瘦削的脸颊上犹如少年一般飘起绯红。

阿弥陀寺是永禄年间竣工的织田家菩提寺，当时得到了信长的资金支持。这个新寺院规模宏大，占地八町，下辖十三分院。然而，京都有的是名寺古刹，只凭寺庙的大小，无法引人注意。它会被京都的民众津津乐道，皆因其开山鼻祖清玉上人的人品和寺内的一大片药草园。寺僧常常将那些药草无偿赠给穷苦百姓。

半兵卫说到这里，笑道：“真是闻名不如见面，见面胜似闻名。老弱病残一大早便到门口排队等待。”

“真的呀，我都不知道这些事呢。”

藤吉郎拍拍脸颊，显得遗憾。他整日忙于征战，没见过新落成的阿弥陀寺。

“我等了大概半小时，总算得到了药草。您瞧，就是这些。”

半兵卫喜滋滋地打开了手中的草药袋。阴干的橘皮、陈皮、甘草和桔梗根被切成薄片，分装在各个小袋里面。

“他们无论如何都不肯收钱，我只好强烈抗议，说我毕竟是个武士，无法接受嗟来之食。哈哈哈，其实呀，我是想借此见见传闻中的清玉上人。”

藤吉郎立刻问道：“这样啊，那你见到没有？”

“他们说上人事务繁忙，无法相见，无奈我软磨硬泡，总算获准，只是有个条件——见面前要暂时交出佩刀。他们说上人讨厌看见刀。我欣然从命……”

“对武士够严厉的。”

“不过，和他相见的地方既不是佛殿、法堂，也不是方丈室，而是离大殿三町远的药草园。烈日炎炎下，上人一副平民打扮，头顶草编斗笠，身上穿的则是破烂不堪的田埂衣。”

藤吉郎挠着脑袋，问道：“田埂衣？那是什么衣服啊？”

“就是把无法使用的破布条缝缀一下，看上去犹如田间小路。我曾听说，有志佛途之人都会遵从释迦牟尼的教诲，连一根破布条都要爱惜，近来却看不到身穿田埂衣的僧人了。这年头，僧人都堕落了，身披金银线织的袈裟，靠不同的颜色来炫耀僧位差异。”半兵卫微微一笑，又道，“清玉上人见我致礼，便摘下斗笠谦恭回礼。他像老百姓一样面色黝黑，边和我说话边亲手采摘忍冬花。他很礼貌地告诉我，天皇偶染风寒，今晚前要把这些药草送进宫内，希望我原谅他的失礼。如此一来，我反倒诚惶诚恐。我们就在药草园中站着说话。他细细询问了我的身体状况，教给我如何保养，又给了好些药草。我再次提及药钱，他付之一笑——药草乃佛祖所赐，收钱便如同窃贼，难道你想让我当那种人？我不知该如何回答，只是申诉了理由——我毕竟是个武士，而且是跟织田家敌对的美浓方面的家臣，倘若从和织田家有密切联系的阿弥陀寺免费获得药草，心里会不舒服的。”

“哎？你竟然这样说？”

藤吉郎用手中的扇子不停拍打胸口，惊叹道。

“清玉上人听了我的话，哈哈大笑，突然指着天空，说道：‘您看看天！不管敌我，都同样接受阳光普照，是不是？这些药草就是这阳光所赐。虽然是织田家的寺庙，但区分敌我毕竟有违天道。’我理屈词穷，觉得灵魂都被他吸走啦。”

“哎？灵魂被清玉上人吸走了？！”

这个男子的用词，何等让人震撼。

藤吉郎觉得竹中半兵卫比想象中更要能言善辩，讲话很有说服力。

——我无论如何都要把他留在身边！

就在藤吉郎更加坚定这念头之际，半兵卫拍着膝盖，再度开口说道：“对了，对了，想起来了……”

藤吉郎猝不及防，慌忙问道：“什、什么事？”

“清玉上人提到藤吉郎大人的名字了。”

“哎？清玉上人提到了我？他都说什么了？”

藤吉郎自知面上一红。

“‘虽然身处武士斜途，却不愿杀生，是个不可思议的人。’说实话，在下今天之所以愿意和大人见面，就是因为清玉上人的这番话。”

藤吉郎听到这话，双手拍打起脸颊，夸张地仰面朝天。半是演戏，半是真心。

“被上人如此评价，我真是惭愧。此前，在下虽说是奉信长公之命，但毕竟杀了好些人。只怕上人对我评价太高……说真的，我天性不爱杀人，很讨厌，很厌恶。这不是假话。”

“您切莫执着旧事。我觉得大人日后会相信上人那句话的。说实话，我半兵卫也和过去不同，现在抱有同样的心境。”

“是吧？听你这一说，我就安心了。”

两人就此敞开心扉，之后又密谈了两三次。第三次见面时，半兵卫突然冒出一句话来。

“在下之前死活不愿接受织田大人之邀，皆因他的性格。”

他随口说出了一件可怕的事。

藤吉郎的身体不觉一缩，问道：“你也不喜欢信长公？”

半兵卫微笑道：“也？莫非有人跟在下一样怪异？”

藤吉郎再度正襟危坐，答道：“数不胜数。譬如我手下的小六（蜂须贺正胜）、小右卫门（前野长康）就很讨厌信长公，但我觉得这两人都是粗人，没有口舌之才。因此时至今日，他们还是我的随从，分享我获得的恩赏。但是半兵卫大人和他们不同。你为何讨厌信长公呢？说说理由，就我们两人知道。”

“信长公的三白眼①是霸王之眼，据说中国古时有好几个这样的人。然而他又拥有一般霸王缺乏的异常的侥幸，这个就让人挠头了。”

半兵卫当斋藤家臣时跟信长公有一面之缘。他说到这里，微微一笑。

“侥幸？”

藤吉郎觉得这似乎不是个褒义词，忍不住重复了一下。

只听半兵卫冷冷答道：“对，跟他身份不相称的好运。就拿他打败今川义元的桶狭间山合战来说吧，当时的那场暴风雨真是意料不到。对了，对了，遇见大人你，也是他的幸运之一。”

藤吉郎忙摇头道：“半兵卫大人，你过誉了。”

“没过誉呀。两个月前，信长公被浅井背叛，从敦贺金崎惨败而归。当时若没您殿后，只怕他早就命归黄泉啦。”

“这……这个就别提了。”

藤吉郎觉得这问题太微妙了，唯有苦笑以对。

“您别谦虚。而且，他最近又添了颗幸运星。”

“哪位？”

“明智光秀大人。”

藤吉郎登时愣住。半兵卫说对了。明智光秀是永禄末期才来到信长手下的，负责和幕府将军足利义昭之间的联系。信长对此人评价甚高，一上来就

---

① 瞳仁很靠上或很靠下，导致有三面的眼白显得比剩下那一面多。

给了五百贯俸禄——折合两千五百石谷物。到了藤吉郎和半兵卫谈话那年，光秀的俸禄更是大大超出了藤吉郎。光秀的学识、口才，尤其是那一看就知道出身高贵的容貌，都让藤吉郎望尘莫及。他目前正设法让朝廷出面帮信长跟朝仓、浅井和谈，估计又要立功了。

“你说得对，半兵卫大人！”藤吉郎突然趴了下来，恳求道，“我不想输给光秀，您肯帮助才疏学浅的藤吉郎吗？”

“您是否打算跟明智大人较劲，以求在织田阵营中更加出人头地呢？”

“确实有这方面因素，但这不是全部！我有我的想法……”

“哎呀，有想法？该不会想从那个霸王的手下谋反吧？哈哈哈，玩笑话。”

半兵卫微微一笑，随口讲出一句极度危险的话。

藤吉郎浑身颤抖，慌忙说道：“我才不会谋反！我藤吉郎不会忘却信长公的恩惠，断然不会谋反……”

半兵卫无动于衷，又道：“那好，您来见我，不是要出人头地，又没打算谋反——那就是另有来意。”

“是的。”

“有意思。如果您的想法对路子，我半兵卫保证不侍奉信长公，但一定侍奉大人您。”

这次轮到半兵卫伏地行礼了。

藤吉郎惊喜交加，立刻说道：“那我就实话实说了！我藤吉郎的想法不是别的，就是要救平民于水火，让天皇安心。我给信长公当牛做马，等到天下一统，就要向他谏言，希望他将这国家恢复成往昔以天皇为中心的太平盛世。我就这一个念头。”

“天皇？哎呀，这真是我没想到的。藤吉郎大人喜欢京都的天皇？”

半兵卫呆望着藤吉郎。从表情就知道了，他根本没想到这个学识浅薄的小矮个男人会说出上述那一番话来。

“是的，我非常非常尊敬天皇。”

“那又是何故呢？”

“有两个缘故。其一是，我国的天皇是不可思议的。”

“啊？”半兵卫一时不明就里，“天皇是不可思议的？”

“难道不是？我听说中国和天竺的皇帝都是靠武力支撑的权势者，根本不挂念老百姓的事情。我国的天皇生活简朴，却总是为草民的幸福向神灵祈祷。最近，何止简朴，完全是破落，连衣食都不足……真让我们诚惶诚恐。”

“另一个缘故呢？”

“恐怕是先祖的血脉让我喜欢天皇吧。”

“木下大人先祖的血脉？此话怎讲？”

“你想知道我出生的秘密？”

“如果我要侍奉木下大人，自然就要知道您一切的事。”

“那我就告诉您吧，您千万别告诉别人。”

“当然，我以武士的荣誉担保。”

半兵卫点点头，行了个注目礼。

“好，那我就说了！我自称平民出身，其实是丹波地区的山民。根据我们部族的传说，先祖是可上溯到藤原氏的高贵家族。我们的祖先本来是侍奉天皇的，后来因故逃到山中。因此，我相信平定乱世，让天皇安心，是先祖血脉带来的宿命。如果在织田阵营中说这样的话，必被耻笑，但半兵卫大人或许能理解吧……”

半兵卫沉思良久，直似睡去。突然，他双目一睁，点了点头。

“我理解。听您一言，我觉得眼下尚未到我舍弃凡间、闭门隐居的日子。岂可对天下纷争坐视不管呀！为了给黎民百姓创造太平世界，我愿意陪您经历地狱之苦。我跟随您！”

半兵卫决定带病跟随藤吉郎了。他没有直接当藤吉郎的家臣，而是以信长寄骑[①]的身份“暂时”来到藤吉郎手下。藤吉郎当然曾再三恳求信长，无奈对方不想让“不听话”的人直接去当藤吉郎的家臣。

三年后，秀吉获得了北近江地区十二万三千石的封地。那个时候，竹中半兵卫的俸禄只有一千零五十三石，而秀吉之弟秀长（小一郎）的俸禄则是八千五百石，浅野弥兵卫尉的俸禄是三千八百石。哪怕跟蜂须贺小六的三千两百石、前野小右卫门的三千一百石相比，半兵卫的俸禄都太低了。秀吉要顾虑信长公其余寄骑的俸禄，自然不敢顾此失彼，而半兵卫对此则无任何抱怨。半兵卫所重视、自豪的事，不是战阵中立下的功名，而是——

他是秀吉的心灵之师。

---

① 由主君派到家臣手下帮忙的人。

3

秀吉从朦胧中醒来，立刻望向形销骨立的半兵卫。

“半兵卫，抱歉，原谅我……”

秀吉泪流满面，对着半兵卫的耳朵喃喃自语，无比悔恨。

（都怪我，让你遭了如此大的罪啊！）

“不宜让竹中半兵卫大人再操劳了。”

药师曲直濑道三曾几番警告秀吉。但是，秀吉无法让半兵卫喘息片刻。

去年三月，秀吉急需信长公派兵增援上月城，只得派半兵卫担任使者前往。从播磨西端的美作国（冈山县东北部地区）到安土城，半兵卫不知跑了几个来回。结果——

“死猴子，竟然派一个肺痨病人来博取我的同情！这种伎俩真是无耻！”

信长把秀吉狠狠损了一番，到底不忍坐视尼子一族[①]灭亡。

秀吉拿不准新来的小寺官兵卫是否足以说服信长，唯有派出能言善辩的半兵卫。他只对半兵卫有十足的把握。

而后，大批援兵相继从各地前来，其中六千更是信长公的嫡系部队。算上旧有的本部军，秀吉总共聚集了近四万人，哪知战火一开，这个临时性的军团根本就不听指挥。一方面，这群乌合之众当然不会卖命帮别人获得战果；另一方面，则有历史性的因素作祟。一年前的天正五年八月，织田家跟越前一向宗和上杉军交战之时，秀吉独自率部脱离了战阵，所以相关将领便利用这个机会予以报复。其中影响最大的是三位老臣，包括妒忌秀吉出人头地的佐久间（信盛）、林（秀贞）和素以“织田家北面大将”自诩的柴田胜家。尤其是胜家，一年前的战斗中，他不顾秀吉离去，悍然挑战上杉军，结果大败而归，自取其辱。据说这个胜家甚至向各地将领发出秘密指示——到了摄津之后，不要给秀吉任何援助。

一筹莫展的秀吉被迫选取下下策，眼睁睁看着尼子一族被敌方杀害，而且一度把中国地方[②]战线的指挥权交给信长公的嗣子信忠。秀吉平时总以

---

① 指尼子胜久一族，当时归秀吉统管，负责上月城守备，遭到毛利家和宇喜多家的联合进攻。

② 日本本州岛西部地区的旧称，范围上大致包括鸟取县、冈山县、岛根县、广岛县和山口县。

“织田家中最早出人头地者”沾沾自喜，这回真是空前失败。

因要营救尼子一族，半兵卫几番奔波求助，又哀痛最后的结果，以致肺病宿疾日益恶化，大量咯血。去年八月，秀吉吩咐他去小一郎的竹田城好生静养。不料两个月后的十月，荒木村重突然宣布脱离织田家。

中国地方跟荒木关系良好的就只有秀吉，所以信长公便密令他派竹中半兵卫前往劝降。

“请您拒绝！大哥，您想折腾死半兵卫吗？”

小一郎对此强烈反对。然而，秀吉无法拒绝安土城方面的命令。

半兵卫这位男子汉默默接受了秀吉的恳请，动身前往摄津的有冈地区（兵库县伊丹市）。显而易见，他们若不执行信长的安排，就要面对信长的冷笑——“想得到我的同情就拼命恳求，我有命令时却不听了？”这无疑是非常可怕的事。

半兵卫的劝降无功而返。五天后，他回到竹田城，神情恍惚，整个轿子都被咳血染红。秀吉听说半兵卫回来时恰逢初冬寒雨，村重见状不忍，便将一个略带沉香味的小白包塞给了他，解释道：“这是多志（村重后妻）的怀炉，你抱着回去吧。”半兵卫感念村重的这份友情，当场泪如雨下，就此意志消沉，长久卧床。十一月底，秀吉决定把他送到曲直濑道三的疗养所。之后，秀吉听说他身体见好，甚觉欣慰，继而终日忙着征战了。

秀吉守在半兵卫的枕边一动不动。不，是不敢乱动。接近中午时，半兵卫突然剧烈咳嗽，再度吐血，面庞通红，似乎又开始高烧。秀吉急忙唤来侍女，让她们用热水给半兵卫清洗身体，重新铺好床铺。

“让我坐起来吧。”

只有他的话音清晰如故。但是，半兵卫刚准备在新床铺上坐正，就如枯木般摇摇欲倒。

“你就躺着吧。”

“不，不行。和大家告别时，我一定要坐正。”

“我不介意的。凭我们的交情，就别拘泥了。”

“不，不行。”

双方各自说了两三回，半兵卫到底是被侍女架着正坐在了床上。他屁股上没有肉，腰骨似乎直接抵在脚上。秀吉忙让人去自己床上拿来棉被，让他垫在腰后。

“那，我就好好听你讲。”

秀吉跟着坐正，他觉得这是理所当然。

“我想和您单独说。”

秀吉点点头，让随从和侍女退下。

屋内只剩两人后，半兵卫低低说道：“我有四个请求……”

他好不容易才维持住坐姿，昂着脸以防被痰堵住喉咙。秀吉看见半兵卫这种痛苦的样子，双眼再度湿润。

“一是犬子。”

“就是吉助，对吧？我印象里他该有七岁了，听说跟你一样聪明呢。”

秀吉拼命在脑海中搜寻记忆，努力让半兵卫高兴。

“谢谢您记得。”半兵卫那凹陷的眼睛里泪光盈盈，“我死后，望大人收回我的俸禄，不要让犬子继承。这是我的第一个请求。”他合拢枯瘦的双手，几近恳求。

半兵卫的俸禄低微，不值一提。纵然如此，他都不希望死后由儿子继承。

秀吉奇道：“这是何故？”

“军师只一代。犬子年幼，不知是否有军师之才。在下常说无功不受禄。军师半兵卫的儿子，不能理所当然地继承俸禄，在下也不允许他这样做。”

这符合半兵卫的性格，其缘由合情合理，观点鲜明。

“好，就照你说的办，但是我会给他生活费。不管你怎么说，我秀吉不会对你儿子不管不顾的。”

秀吉只觉一股热流涌到嗓间，又使劲咽了下去，冲半兵卫点点头。

“请您只要表达个心意就行了。”

半兵卫喘息着又叮嘱一句。

“我知道了，别的请求呢？”

秀吉有了种不祥的预感。若不快问，只怕就来不及了。他催促半兵卫继续说，同时竖着耳朵认真倾听。

“我的第二个请求是——不要再像上次攻打上月城那样无谓杀生。”

“好。我当时其实想了各种办法，可惜没有理会你的忠告，给你惹了很大的麻烦。我很抱歉……”

秀吉是真心道歉。

前年十二月攻打上月城时，守将赤松政范提出投降，秀吉却不予理会，不顾半兵卫的反对，将上至将士下到妇孺的八百余人悉数处决，违背了和半兵卫的约定。他们出征中国地方之前，曾相约不折损一兵一卒、不滥杀一兵一卒。那是秀吉的判断失误。他打算让尼子胜久接管上月城，所以不敢留下反对尼子一族的人。他要帮尼子一族扫清障碍。

秀吉耸了耸肩，催促道："接下来的请求呢？"

"第三个请求，关乎日后的情报收集。"

"啊？让我听听。"

秀吉登时有些紧张，这可不能当耳旁风。

"去年，我以您的使者身份去了安土城，恳请信长公派军支援……"

"那都是你的功劳。"

"不，您错了。那是我的失败。"

半兵卫轻轻合拢双手，向秀吉致歉。

"别说傻话！"

"我根本没料到那些援军全无斗志。真对不住您。"

"不是你的错，全是柴田那家伙搞鬼！"

"不，没察觉这些问题，是我的失误。因此，以后不该再出现这种情况了。"

"那该怎样做呢？"

"要防止这种失误，就不能光在敌方设立情报网，还要在己方设立。"

"你是说在织田家内部……设立情报网？"

秀吉呆若木鸡，他从不曾有这样的念头。

"没错。织田家如此庞大，我们必须预先知道谁在哪里考虑什么事。尤其是安土城内的消息……"

"你是说……在信长公居住的安土城内……安排间谍？"

秀吉又惊又怕，脸颊不禁颤动。一旦细作被查明身份，真不知会招来信长公怎样的惩罚！

只听半兵卫继续说道："除此，对织田一族、织田的老臣、拥有封地的将领，尤其是您的竞争对手明智大人，还有了解天皇、朝臣动向的细川藤孝大人，都要派人收集情报。"

秀吉微微点头道：“明白了。”

“您似乎有点犹豫。那我就说说三河大人吧。长筱合战之后，三河大人不光夺取了信州的金山，更费大力雇用了一大批武田家的忍者。他早晚会将这些人悄悄安插到织田家里面。”

秀吉哑然，他真没想到素来敬畏的家康竟会有如此动作。

“不知三河的忍者何时会摸到这里……”

“那倒不会。”

半兵卫摇了摇头。

“那我该如何是好呢，半兵卫？”

“大人要在织田家内部建立更大的情报网。”

“明白了，我许诺。”

“我最后的请求，是关于大人您的。”

半兵卫似乎加强了语气。

“对我的意见？别顾虑，说吧，我有思想准备。”

秀吉虽然带笑，实则无比紧张，不知半兵卫会说出什么。

“我首先想说——大人，您比那个霸王更有器量。”

“怎么又说这个呢，半兵卫……”

秀吉不禁垂下目光，微微扭头。

半兵卫批评信长时常用“霸王”这词，秀吉每次听见都会大声斥责他不要乱说。然而，自打半兵卫归属织田家之后，从元亀二年火烧比睿山延历寺到天正二年虐杀势州长岛的一向宗、天正三年屠杀越前的一向宗，信长公确实不曾停止杀戮，受害者人数远逾十万。秀吉真是没有斥责半兵卫的话。

秀吉至今都对火烧比睿山当晚的情景记忆犹新。

“杀光所有人！将寺院、寺内的宝物都烧光！”

信长像疯子一样命令，而半兵卫和秀吉则相互点头，默默绕到殿宇后方放走僧侣和妇孺，而且出手拯救了寺内瑰宝。全凭半兵卫的学识和眼力，他们才从大火中抢救出镇寺之宝“阿弥陀圣众来迎图”。这幅图后来一直藏在长浜城里。秀吉想找个机会，瞒着信长将这幅图供奉到合适的寺院中。

打这以后，秀吉口头上虽不承认半兵卫的话，其实暗暗觉得对方说得没错。这疑云飘浮在心间，逐渐扩散。但是，就算时机成熟，他都没胆量宣之于口。

“我要说……请让我说完！我这样说不是要恭维您。临死之人，何需阿谀奉承……”半兵卫的语调更加激昂，嗓音嘶哑，伴随剧烈喘息，“大人一直以来的努力都是白费工夫！用中国唐朝诗人顾况的一句话来打比方，就是‘担雪填井’——正如在下平素常说的那样，您不能总是当那个霸王的急先锋。”

“但是……”

秀吉撇撇嘴，瞪着天花板。

“您该早日离开那霸王才是，否则就利用他当跳板……”

秀吉偷偷用余光一瞥，只见半兵卫凹陷的眼睛闪闪放光，令人生畏。他直直看着这边，秀吉慌忙再次避开他的目光，瞪着天花板。

（我想超越，非常渴望，但是……）

秀吉本来只是个无名小卒，做牛做马一点点爬到这个位置，早就习惯了逆来顺受。这让他缺乏打破现状的勇气。

“我不能拿信长公当跳板！不能！”

他嘟囔着，感情复杂。然而，半兵卫刚才的话确实挑动了他的思绪。

“大人，信长公最近的行径甚违天道，世间充满哀怨之声。他迟早会倒下，我半兵卫看得清清楚楚……他不倒下，我就会在六道轮回中痛苦翻滚，直到跌进地狱，求阎王快快把那人拖来地狱。大人千万要清醒些，要清醒看待您和那个……”

秀吉惊道：“半兵卫，你这是怂恿我谋反？”

“我没这样说。其实，就算您不亲自出手，也有办法引霸王下地狱的。”

“引他下地狱？怎么做？”

秀吉不知不觉被半兵卫的话语吸引。

“您可以请信长父子来备中地区，就说攻打中国地方需仰仗主公之力。而后，就算您不出手，也可以让毛利家想计策对付他呀。”

“什么？把信长公请来，让毛利家考虑杀死他的办法？什么意思？”

“当然，您要和那个安国寺……对，跟那个和尚商量商量。一定有办法的。”

“安国寺？你和那个惠琼和尚……商讨过如此可怕的事？”

秀吉的膝盖直抖。

安国寺的惠琼，曾是京都东福寺的僧人，永禄十二年（1569年）兼任安芸国安国寺住持。从那时开始，他以毛利家使僧的身份，负责联络中央的幕府将军和织田家。天正元年（1573年），足利义昭有意脱离信长的控制，信长便派惠琼当使者前往劝说。秀吉当时奉信长之命和惠琼共赴大坂，就此和惠琼成了肝胆相照的朋友。

随着织田家开始攻打中国地方，他们和毛利家的联系自然断绝。去年的荒木村重谋反事件，背后恐怕不无惠琼唆使。

总之，对今日的织田家而言，惠琼是不共戴天的仇敌。

（半兵卫嘴里为何会冒出那个和尚的名字……）

秀吉挪动着颤抖的双膝靠近，想听半兵卫再往下说。哪知半兵卫突然捂住嘴巴，紧接着大口咯血，“哗”地吐了一地。

“来人！有人在吗？”

秀吉手足无措，立刻召唤侍女。几个男女从楼下奔来，架住半兵卫的身体，而秀吉依然紧握着半兵卫的手。

（糟了，得听他把刚才的话讲完才行！）

怎奈旁人在场，不便再说。秀吉深悔忙中出错，只叹事已至此，无可挽回。

“怎么了？半兵卫！挺住！你还没说完，要讲清楚。求求你！你和那个和尚怎么说的？我今后该怎么做？求你了，半兵卫！听得见吗？喂！半兵卫！”

秀吉惊慌失措，哭泣得犹如懵懂幼儿，不停摇晃半兵卫的单薄身板。半兵卫昂着头，痛苦地吐着血。血越咳越多。最后，他猛地向后一仰身，倒在秀吉怀里。他的面容上似乎微透着一丝放心的笑意。

竹中半兵卫享年三十六岁，英才早逝，命赴黄泉。

4

几天后——

秀吉接到信长让其前往安土的命令，慌慌张张离开三木。一如往昔，信长没有明示缘由。秀吉刚刚遭受重创，失去了心灵之师半兵卫，不免情绪低落。

他一路反思着在织田家的经历。他从二十二岁就来到织田家，直到四十岁以前都不觉得信长可怕，反而觉得他心地善良、心胸宽广，是个和善之人，所以死命追随。这情况直到秀吉迎来四十一岁的前夕才出现变化。那一年，秀吉奉命随柴田胜家前往平定越前一向宗的动乱。

（那是男人的“前厄”[①]吧。）

现在总算可以笑着回忆了，其实当时是很郁闷的，深感束手无策。

秀吉从摄津前赴北方的战区之前，特意举行了军事会议，竹中半兵卫和黑田官兵卫都反对他去。官兵卫之所以反对，主要是觉得摄津地区的情况不稳。

“若大人离开摄津，那些费尽周折才拉到织田家的摄津人恐将有所异动，甚至重投毛利家。不知道会出什么事。”

半兵卫对官兵卫的警告表示同意，继而点破了问题的实质。

“这次和越前一向宗作战，其实是和其背后的上杉谦信交锋。对方是谦信啊！柴田大人的器度哪儿有的比，一定会大败而归。何况那个人（柴田胜家）和大人您素来不和，跟上杉军对阵时搞不好会让我们羽柴部队打头阵。这样一来，我们蒙受的损失将很难想象。最佳之计就是和德川大人一样不参加这次合战。如果非去不可，那就迟点参战；或者参战不久就推说摄津地区情况不稳，早点撤离。”

三人苦思冥想，得出的计策就是到了北陆战场之后故意滋事。秀吉主动寻衅，而单纯的胜家完全上当。秀吉争吵之际，拿出负责留守的官兵卫伪造的信件，宣称摄津地区的形势有变，罗列了煞有其事的歪理，强行率部队脱离战场。

到此为止，诸事尽在计划中，可惜一切都无法骗过信长的眼睛。

秀吉回到长浜，闭门不出，结果被信长喊到安土城狠批一顿，斥责他违抗军令。

话说回来，北陆战场的结果验证了半兵卫的判断正确。柴田统率的织田家北陆军团碰到上杉谦信的部队之后，根本无力抵抗，惨遭蹂躏，连滚带爬地舍弃了越前国加贺地区。若秀吉留下参战，恐怕会打头阵，结果逃都来不及逃，甚至命丧九泉。经由这次北陆战场脱离事件，秀吉望向信长的眼光有些变了，两人间出现微妙的隔阂。

（他这次为何紧急召见我啊？若跟那个“秘密”有关……可不是闹着玩的！）

---

① 交厄运的前一年。

秀吉呆望道路两边稻田里的青穗，想起远在安土城的信长那对三白眼，浑身一抖。所谓“秘密”就是藏匿松寿丸（官兵卫之子）的事。松寿丸当年十二岁。前年秋天，他和别所长治的老臣别所重栋之女，以夫妻形式来到织田家当人质，被秀吉安排在长浜城。官兵卫的旧主别所氏不愿向信长交人质，搞得从中斡旋的官兵卫进退两难，只好做出痛苦的选择，让亲生儿子陪着当了人质。去年十月，荒木村重谋反，官兵卫得知半兵卫劝降失败，主动要求出使，做最后的说服工作。哪知他到了有冈城之后竟然去向不明。信长认定官兵卫背叛，命秀吉杀死人质松寿丸。秀吉不知该如何处置，只好去小一郎的竹田城向疗养中的半兵卫求教。

“杀人质？岂有此理！”半兵卫断然抗议，满脸通红，足见其对信长行事风格的愤怒，“没证据表明官兵卫背叛。如果杀了人质，万一官兵卫没背叛，一切将无可挽回。大人，不能杀啊！”

“但是，如果官兵卫真的背叛了……”

说实话，秀吉没有自信。当时的他，无法信任官兵卫这种男人。

（他太乖巧了。）

秀吉看见他时，总觉得是看见了镜子里的自己——除了脸和体形，别的都太像了。秀吉放心不下，半兵卫却一下子打消掉了他的不安。

“不，官兵卫绝不会背叛。”

“你为何如此肯定？”

秀吉看着半兵卫微热红浊的眼睛。

“官兵卫是个有心之人……”

半兵卫说到这里，微微扭头。

“有心之人？怎么讲？”

秀吉没想到半兵卫会如此回答，如坠雾中。半兵卫则侧着脸不再说话。

“何谓有心之人？请告诉我。”

时至今日，对自己当时哀求的样子以及半兵卫吞吞吐吐回答的话，秀吉记忆犹新，历历在目。

半兵卫只得开口说道：“官兵卫非常清楚荒木村重没有希望获胜，自然不会投靠他。他毕竟是官兵卫大人呀……”

秀吉恍然大悟，暗恨自身愚钝。半兵卫的“有心之人”是委婉话，以免伤害同是谋士的伙伴。若换成“聪明人”就更好懂了，那意思就是——像官兵卫这样擅长算计的人，绝不会投靠将要战败的一方。

秀吉更加恳切地询问道：“那他会不会被杀了？”

“不，不会的。村重大人和信长公不同，不喜欢无谓杀生。他困守有冈城时，不是曾让敌营明智大人的女儿平安出城吗？包括背叛他的高山右近大人的人质都放回去了。村重大人不会杀官兵卫大人，肯定关在什么地方了。”

“那该如何处置松寿丸呢？”

秀吉苦苦思索。

半兵卫默然片刻，说道：“若大人同意……我就回京都治疗，到时就说在长浜城处决了松寿丸，将他悄悄藏在菩提山城吧。”

秀吉仰面朝天，哀呼道：“真要那样做？那就是违抗信长公命令……”

“大人，莫非您想再度品尝在万福丸公子事件中的痛苦？”

“不想。那样的痛苦，我不想再品尝了！”

秀吉连肩膀都颤动起来，回想一下都觉得毛骨悚然。

六年前，信长扫平浅井家，命秀吉搜出妹妹阿市的孩子万福丸。秀吉以为信长是担心外甥安危，就想方设法搜出了藏到越前敦贺地区的万福丸，将其带到湖北的木之本地区交给信长。那是初冬十月十七日的事。

雨夹着雪，狂风大作。始料未及的命令来了——当场将这个年幼的外甥抛起刺死。秀吉部下一时难以置信，望向秀吉求证。秀吉只得扭头不顾，装没瞧见。

他直到今天都痛心他当时的怯弱。

罪行只是一瞬间的事，但对从旁观看的秀吉而言，那段时间简直长得恐怖。被抛到空中的万福丸凄厉悲鸣，银色的刀刃从下方准确刺中他腹部的白绫外衣。接下来的一瞬间，刀刃直穿幼童的肚子，指向天穹，血花四溅。

秀吉不忍再看。

突然，有人大喊道：“太棒了！”

那是信长。

整个庭院里，只有那冷酷无情的嗓音于空寂中回荡。

“我明白了。就把松寿丸交给我吧。我不会给大人添麻烦的，一切都是我半兵卫自行决定的，就让我来办吧……”

“不行，那不行！隐藏松寿丸的事情，我也要负责任。我和你同生共死。”

秀吉干笑道。毕竟事关重大，他的面部不觉有些抽搐。

“很高兴和大人同生共死……”

半兵卫再度微微一笑，那笑容中没有丝毫的不安和犹豫。

之前在万福丸事件中的痛苦经历让秀吉把心一横。去年十一月，他假装处决了松寿丸，暗中把他藏到了半兵卫的菩提山城。

擅自脱离北陆战场之后，两人再度违抗了信长之命。

（那毕竟是半兵卫办的，按说不会有何疏漏……）

秀吉虽然信赖这位“同案犯”半兵卫，但对方总归是个死人了，他不免略有忐忑。马背上的秀吉再度颤抖。

（好了，不想了。信长公怕是觉得我攻打三木城有些迟滞，所以喊我去训话吧。肯定是这样。如此一来，罪行反倒轻了。）

秀吉扬起一鞭，策马而去，仿佛要消除心中的怯弱。

5

秀吉到达安土城之后，在大厅独自等候召见。那大厅有近十二张榻榻米大，周围绘制着绚烂多彩的鸳鸯图。快半小时了，全无动静，鸦雀无声。秀吉不禁想起天正五年九月，在同样的地方曾体验过的恐怖经历。

秀吉擅离北陆战场，回长浜闭门不出，结果收到信长的传唤令。秀吉起初没当回事，觉得最多被斥责一顿，不会被要求切腹。哪知部下们一片骚动，就连抱病在身的半兵卫都放弃坐轿，坚持骑马随行秀吉。小一郎、蜂须贺小六、前野小右卫门更纷纷从播州赶来。随着出发日子的临近，秀吉逐渐不安起来。

觐见当天，秀吉强打精神，跟随带路的茶人，一直大嚷着“我是筑前守，好久不见啦，我是筑前守呀”云云，在城内到处讨好。来到觐见大厅门前的瞬间，他突然害怕了，情不自禁地趴在地上。

“筑前奉命来了。这次的事情，万望大人开恩。您瞧，我都这样了……”

他灵机一动，抽出腰间短刀，狠狠割去发髻，披头散发趴在走廊上，额头顶地，号啕大哭。

这是秀吉空前绝后的表演。起初只是表演，后来渐渐成了真正的痛哭流涕。

（我都四十好几了，还这样低头认罪，成何体统。我到底只是一只猴子呀，只是信长这个耍猴人的猴子！）

秀吉默默自嘲，泪流不止。走廊上满是他的泪水、鼻涕和用完的手纸。

不知过了多久——时至今日，也想不清楚——拉门突然轻轻打开。

“信长公！”

秀吉抬头惊呼，哪知里面竟是空无一人。他胆战心惊凑到门槛前，突然……

一个冷冰冰的东西击中了他的脖子。

要被斩首了？瞬间，一阵恐怖划过心头，但他没觉得疼痛。

“笨蛋！这是刀背呀。”

头顶上方，是信长尖厉的嗓音。

（那件事情过去还不到两年。）

秀吉狠狠一捏膝头，想要忘却那讨厌的记忆，却忍不住继续往坏处想。

难道藏匿松寿丸之事被曝光了？莫非是菩提山城的半兵卫部下见半兵卫死了，唯恐被追究藏匿之罪，便向信长公举报了松寿丸一事？

秀吉悔恨莫及。半兵卫死后，他悲痛交加，忙于葬礼，忘了对菩提山城采取措施。

又等了近半小时，总算有个侍从悄悄出现了。

“筑前守大人，信长公让您去他的起居室。”

秀吉松了口气。信长因要震慑手下，常常在觐见大厅里当着近臣和侍从的面儿斥责他人。他这时喊秀吉去起居室，就意味着不会斥责，而是有要事相商。

秀吉一旦明白了情况，往常的威严跟着就回来了。

“辛苦了，我知道了。”

他来到信长的起居室前，趴在门口，自报家门。

“筑前奉命前来。”

他微微抬头，只见拉门被人悄悄打开了。信长穿着绢织汗衫，独坐起居室的中央，面前铺有一幅地图。他天生就瘦，这时穿汗衫的样子却显得微胖，兴许是这段时间里精神非常放松的缘故。去年三月，信长的强敌上杉谦信出阵前突然中风，不战而亡。他最近似乎没有出城，手和脸都变得挺白的，甚至白得有点晃眼。

信长随口打了个招呼，说道：“筑前，我都等急了。”

秀吉听到他的话音和“筑前”这个称呼，推测他心情不错，赶紧振作精神，冲着他再度规规矩矩地行礼问安。

“我来晚了，抱歉。您借给我的那个寄骑……”

他打算先禀报半兵卫之死。之所以有“您借给我的寄骑”一说，皆因九年前的元龟元年，秀吉虽说服半兵卫出山，信长却十分讨厌此人，只允许他以寄骑身份去秀吉手下工作，所以秀吉便“舍名取实”了。此际，他觉得理当先向主公禀报“寄骑”之死。

哪知信长却摆了摆手，阻止秀吉再说。

“那个肺痨死了那件事就别说了，猪子（兵助）有报告。那家伙真是到死都不讨人喜欢。”

信长冷言冷语，没有任何情感，让人寒毛直竖。

“啊？是……”

秀吉一瞬间不知该如何接口。

“不顺从我的家伙都会早死，信玄和谦信就是其中表率。好了，筑前，先不管那些人了，看这个！”

半兵卫的话题就这样结束了，信长全无惋惜之意。秀吉黯然望向信长手指的方向。

“你看！这就是本能寺。”

“本能寺？”

从来不曾听闻的寺庙。

“你不知道？不知道就对了，这是个小寺庙，我前几天刚刚从法华宗的和尚们手里弄来的。”

信长显得很高兴，嘿嘿笑了。秀吉一见他笑，立刻赔笑。当年五月的“安土宗论”虽然著名，远在三木的秀吉却不知其详。

“喊你来，不为别的。”信长续道，“你的手下里有懂挖掘的吧？”

秀吉笑道：“有，有！早晚会获得生野银矿，到时挖掘工的数量会再增加……”

他嘴快，说个不停。

信长似乎更高兴了，吩咐道："给我挑几个老手来，让他们从这里到这里挖条密道。先把日子和金钱算出来告诉我吧。筑前，还记得永禄初年，你让我住的那个京都客栈的库房吗？就挖那样的密道，稍微大些就行了。"

秀吉听到信长的话，大吃一惊。他其实是故意装傻，这种关头最忌讳展示自身的记忆力和学识。明智光秀常犯这样的错，秀吉把他的失误当作"他山之石"加以借鉴。让信长说，然后表现出佩服——这是让这个乖戾主公高兴的诀窍。

秀吉恢复了往日的坚忍，夸张地拍了几下脑门。

"京都的库房？这个……这个……"

只听信长大笑道："你这家伙，忘了？你可别说忘了！我当时就是听了你的建议，才没去妙心寺住，去了京都一个客栈的库房。那下面有密道。你这个笨蛋！"

秀吉像蜘蛛一样趴着，强忍笑意，赞道："啊，对呀！太久了所以忘啦。主公脑子真好！真厉害！我真是自愧不如！"

那是二十年前的永禄二年（1559年）之事。

信长当时只是尾张农村的一个青年武将。一天，将军足利义辉突然召他进京见面，并指定了住宿地——二条武者小路的妙心寺。妙心寺虽非五山十刹[①]之一，但也是临济宗妙心寺派的总本山，面积颇大，庭院优美，是一座名寺。

此次出行本来极为保密，无奈织田家当时没几个人，大家很快就全知道了。而且信长本人也没打算秘密进京。秀吉对将军的突然召见有些疑惑。他那时尚使用"藤吉郎"这个名字，只是无名小卒。他觉得其中定有蹊跷。

（对了，就调查此事吧，以求出人头地！）

要想从被人要弄的"活宝"转型，只有这一个办法。

二月，信长就要动身进京之际，藤吉郎下定决心，再度装扮成卖针者的样子，谎称要回家看望生病的母亲，获准离开军营，沿着东海道进京。在卖

① 我国北宋年间，江南地区禅刹兴盛，宋宁宗时期创立"五山十刹"制，明确众禅院中以五山（径山寺、灵隐寺、净慈寺、天童寺、阿育王寺）最高，五山之下则是十刹。日本借鉴了这一官寺制度，同样有"五山十刹"之说。其五山：天龙寺、相国寺、建仁寺、东福寺、万寿寺；其十刹：等持寺、临川寺、真如寺、安国寺、宝幢寺、普门院、广觉寺、妙光寺、大德寺、龙翔寺。

针的岁月里，这条路走过好几次，包括附近的小道都了如指掌。结果，藤吉郎察觉了一个情况——铃鹿岭东侧，当时合称“伊势路五驿站”的石药师、庄野、龟山、关、坂下，皆聚有四十几个身份不明之人。他们假扮成高野山的僧人和参拜伊势神宫的百姓等各种样子，可惜那骏河方言骗不了人。

藤吉郎从十五岁就在东海地区叫卖从京都收购的绣花针，后来又到今川氏家臣松下加兵卫（曳马头陀寺城主）手下干了三年，自然熟悉骏河地区的方言。他用流利的骏河方言和卖绣花针积攒下来的碎银，接近、笼络那些可疑分子和跟他们关系亲昵的客栈女子，继而掌握了一个惊人的消息。

足利将军和今川义元相互勾结，打算暗杀信长！

—在其住宿的妙心寺展开第一波攻击，包括将军直属的部下共五百余人。若信长侥幸逃脱，其归途中的志那（草津）地区尚有八百名今川家的伏兵。

这就是藤吉郎费尽周折获得的密报。

志那是东海道和东山道的分岔口。就算信长侥幸逃出妙心寺，只要他想从京都回来，不管走哪条路都会经过志那。信长只有八十个随从，很难逃脱。

秀吉为了将这一密报告知信长，颇费了一番功夫，所以记忆犹新。

当时，清洲城内的“梅屋”正召开进京磋商会。出席会议的都是老面孔，包括三位家老（林、柴田、佐久间）和财物奉行、宴会奉行、住宿奉行、行军奉行、运输奉行。藤吉郎只是信长公的马前小卒，最多只能在离梅屋很远的庭院一角窥察会议情形。整场商谈中，大家一直讨论迂腐的礼仪形式。按照怎样的规则、礼节觐见义辉，怎样着装才合适……直到最后才谈及住宿和路途安排，但内容也无非是房间分配和途中顺序。就算遥遥窥看，都知道信长自始至终无聊地望着庭院打哈欠。

藤吉郎怒不可遏。眼看要散会了，苦闷的藤吉郎突然大喊道：“且慢！我对进京一事有些想法！”

话音未落，他便从庭院一角冲向梅屋，犹如脱兔，结果跑到一半时被守卫的部下一撞，滚倒在地，额头起了个大包。

出席会议者哄堂大笑，纷纷扭头望向信长。

—不懂规矩的家伙。

所有人都希望信长出言训斥，哪知信长竟是微微一笑。

“这猴子，有事呀？你说说看。太远了，靠近点。”

众人大吃一惊，家老们尤其瞪大了眼睛。

“大人，疯癫也该有个限度呀。”

他们一齐嚷嚷。藤吉郎热血沸腾，忘了额头大包的疼痛，冲到屋里，趴在地上，缓缓从怀里掏出亲手绘制的地图。那里有配置在各客栈的今川军人数和夜袭妙心寺的计划示意图。

“骏河人潜伏在八个客栈，各有四十人。尤其是志那一带，有两百余人分别潜伏在神社、寺庙和客栈等十个地方。由此推测，京都地区恐怕有大批军队分布于市内各地。”

这一报告让行军奉行大丢脸面。

“客栈和妙心寺的情况，我知道了。”信长沉思片刻，“你有没有对策啊？”

藤吉郎早就盼着信长有此一问，立刻答道：“我有，有对策的。”

信长露出笑容。

藤吉郎顿时觉得有了胆量，猛地挺起小胸板，嚷道：“希望您让别人回避。”

“你这个东西！卑下的家伙！放肆！”

一个身材高大的家老伸手摸向腰刀，正是柴田胜家。

信长忙挥手阻止了他，说道：“猴子，跟我来。”

信长离开座位。藤吉郎跳起相随。他被带到信长的起居室，两侧均是卧室。

“此事攸关大人性命，恕我无礼……没准哪里就有敌人的内线呢。”

藤吉郎嘴上道歉，其实完全不是这样想的。

“啰唆。想说就说吧，简短点！”

信长把脸一侧。那面容让秀吉有些害怕。

“我有两个请求。一是到京都后，希望您别住之前选的妙心寺，改去室町路上京道口的小旅馆。二是返回时，希望您避开东海道和东山道。”

“那你说该怎么走？”

信长皱着眉，先询问返程路线。藤吉郎从怀里掏出地图，在信长面前铺开。

“越过八风坂，您把行李交给走东海道的部下，独自骑马离开京都，沿琵琶湖西岸走，中途坐船去对岸的近江八幡，再从八日市向东，经永源寺、杠叶尾、片濑，最后越过八风坂，就回来啦。”

信长端详地图，确认道：“这里就是八风坂？”

“是的。近江商人去东方时会走这条路。到时请让我来带路吧。您看，到这里就无法骑马了，只能一溜烟地跑，幸好穿过切畑、田光之后，就到桑名了。从京都到清洲大概是二十七里路，如果拂晓时离开京都，第二天就回来了。”

“有意思，就按你说的办吧。另外，那个旅馆，你去查过了没有？”

“是的，我事先查了，没有问题。旅馆的门口虽然窄小，里面却宽敞得出乎意料。那里的库房古朴、典雅，您会喜欢的。”

“这些都无所谓。你为何推荐那里呢？”

“窄小。”

信长讶道：“窄小？”

“妙心寺一带地形开阔，很容易被敌人悄悄围困，没准发现时都水泄不通了……这家旅馆则不然，门口和通道相对狭窄，一旦有变，里面的人很快就会察觉。情况紧急时，只要掀起地板，就有两个不同方向的密道……”

“密道？那是什么密道？”

“大概是京都那些花和尚弄的，可以将女子带进房间，早晨从密道回寺。”

“哈哈哈，有意思。我喜欢。好，就住那里吧。”

秀吉的两个意见都当场敲定，两人的密谈就此结束。

而后，他们面无表情地回到梅屋。

其他人见藤吉郎沉默不语，表情黯然，都以为他被怒斥了一顿。其实他内心亢奋不已，只是不想被人察觉罢了。

（为了信长公，我可以去死！）

秀吉至今还记得那一瞬间的想法。

6

“发什么呆？蠢货！好好看我指的地方。从这儿到那儿，挖条密道！”

信长用扇子“咚”、“咚”地敲着地图，白皙的手指沿本能寺一直向东。

秀吉的目光跟着挪动，看到终点时不禁愕然。

——教堂！

那是本能寺正东方的教堂，直线距离大概一町。本能寺纵宽横窄，所以密道只需要跨过一条街。

“除了技术人员，从事现场作业的挖掘工该怎样调集呢？”

秀吉提问得非常谨慎。

“随你。技术人员和普通的挖掘工都是基督徒就行了。”

“这个……挖掘工一般都是市井之人，只能调集基督徒？”

“无妨，让他们都改信基督教就行了。”

（真是太随意了。）

当时，好些人因要寻求织田家的保护而改信基督教，这成了一种风尚。但这种风气尚未波及挖矿的粗莽汉子。

“明白了。”

信长的命令不容违背。秀吉只好先这样回答。

“我去告诉教堂的传教士。你们以挖掘地窖的名义从那里开始挖，悄悄挖一条通向这里的横坑。那些传教士总说京都火灾多，想要个存储物品的地窖，所以他们是不会反对的。本能寺大殿后面有个水房，那里有口枯井，你们就把横坑的出口挖到井底吧。就是这里，大殿的这里……”信长用手往图上一指，“全长大概一百五十间，就给你半年时间吧。你的战场报告里不是说一天就可以挖一间嘛。”

对准山崖上的敌方堡垒挖坑，一直挖到敌营正下方，而后用火药引爆，摧毁堡垒。这是秀吉手下前野小右卫门提出对付毛利家部队的办法，开创了历史先河。秀吉喜滋滋地将该战法报知信长。这种横坑的挖掘进度大约是一天一间，信长从具体战报中记住了这个数字。

（早知不跟他汇报了……）

秀吉有些后悔，可惜太晚了。

“很难说。中途若有塌方，一天最多挖原有距离的一半。”

塌方地带就是土质恶劣的地方。秀吉很慎重。一旦轻易应承，日后吃苦的只会是他本人。这条密道比进攻时的隧道长。隧道一长，里面工作的挖掘工就会缺氧，甚至突然倒下。时人都说这是猝死，让挖掘工害怕。防止事故的方法是将粗大的空竹通到坑道上部，用风箱往里送风，但这毕竟是人工操作，送风的距离有限。总之，最前面的挖掘工人数是有限的，施工速度会大打折扣。

“只有一半距离？那就要增加挖掘工的数量了……但是，这条密道的消息不准泄露，要你挑选信基督教的挖掘工就是看中他们嘴紧。你要让他们相信这条密道是留待比睿山那种暴徒袭击教堂时供教徒逃生用的，不要告诉他们出口。对了，再设一些机关吧，别让人从教堂走到这里。懂不懂？”

这些要求太随意了，太难完成。

“要是有非基督徒的挖掘工混进来，该如何处理？”

“杀掉。”

信长不以为然，就像要捏死蚂蚁。

“渣土（挖出的大量沙土）该如何处理呢？这关乎暗道机密，非常重要……”

“这个嘛，你让基督徒一点点运到本能寺好了。我正打算把本能寺的土墙增高三倍，挺需要土的。”

“好的。”

“具体的施工费用和时间，你回去测算，早点告诉我。”

秀吉本想说十天，结果照旧报得高了些。如此一来，只要工期缩短，信长就会高兴。

“给我二十天吧？”

“十五天——不，十天，不要晚了。完工前，你先保管这张地图。”

信长说罢离去。当伏地的秀吉抬头看时，他早就没踪影了。

（哎呀呀……）

从安土城的黑金门出来时，秀吉如释重负。

时值午后，随从三也正在那里等候。

“快去福知山，让小右卫门到京都来。我去伊藤道光家里等他。”

“好。”

“别忘了事先通知一下道光。”

三也点点头，随即单腿跪地，取出砚盒。两封信一挥而就。秀吉见他动作麻利，颇觉欣慰，就此上马离去。他要悄悄去一下京都三条地区的伊藤道光家。

（攻打三木这一年来，我闭塞得跟农民似的，这次要好好跟道光询问一下信长公的近况。法华宗和信长公之间的事情，我竟然根本就不知道。半兵卫说得对，我要重新想想如何生存才行，否则无法超越那个霸王。）

那需要相当大的决心和思想准备。自信和不安在秀吉心中激烈碰撞。

伊藤道光在京都的三条地区拥有店铺，其公开身份是负责收购各地秋米的总管。此人和秀吉志同道合，是秀吉重要的支持者之一。眼下尚未到收获季节，店铺内闲散冷清。秀吉走进昏暗的房间，一个五十许间的掌柜立刻起身行礼，请他去了后院。

一踏进后院就觉得景色一变，恍若另一个世界。顺着竹丛中向前延伸的铺路石望去，前方有个小庭院，眼前猛然出现一间房子，犹如隐士草庵。草庵后面有间屋子，用茶道术语来说就是茶室。茶室的四周有竹篱笆。

秀吉朝前走去。主人道光半蹲在门口，恭敬迎候。这是“主贱客贵”的接客方式。

“谢谢您出门迎接。”

秀吉行礼走进茶室。时间虽然仓促，道光却把迎接秀吉一事安排得有条不紊。只见他从水屋[①]进来，恭敬开口——

“抱歉，这次正逢贵军师半兵卫大人的丧期，所以我只准备了粗茶淡饭。”

三年前，秀吉和侧室阿南的孩子石松丸不幸夭折，道光曾行佛事慰藉秀吉。

“三也那小子，和您联络时多嘴多舌，给您添麻烦了。”

“没有，没有，他真不愧是羽柴大人的家臣，联络时井井有条，滴水不漏，让我佩服至极。竹中大人故去，大人您一定悲痛万分，今晚就在这里好好休息一下。”

“让您费心了。谢谢。”

信长对半兵卫之死不屑一顾。两相对比，差异悬殊。

三天后，前野小右卫门抵达道光家中。

期间，秀吉设法打听出了信长是如何得到本能寺的。他很快就带着小右卫门等几人去了本能寺。那里离道光家很近，所有僧侣都被赶走，寺院的守备工作由惟住（丹羽）长秀负责。小右卫门把这里细细察看一番，细致得让秀吉称奇。五天后，小右卫门提交了调查报告。

---

① 茶室中洗茶器的地方。

跟信长承诺的日子就快到了。

秀吉问道："进度如何？"

"特别困难。"

小右卫门侧身插手而立，答道。这是他得意时经常摆出的姿势，所以秀吉一看就明白事情没有他说的那么难。

"这样呀，果然不大好办？"

秀吉看破对方的想法，故意装出棘手的样子，想陪他玩玩。

"没有岩层，但是好些地段容易塌方，恐怕要绕点儿路才行。"

一旦遇见岩层，那就要破财了，就跟俗话"一升石粉一升米"一样。幸好没有岩层。然而，这里从平安朝以来就靠近京都的中央地带，史上的无数建筑皆被战火摧毁，挖了填，填了挖……如此反复，土层中便混有风化成黏土质的玉石，导致这一带土质疏松。

"那该如何是好呢？"

"长度固然是个问题，最难办的则是土质。倘若这里只是黏土地质，正常向前挖就行了。混有玉石的话，整个施工方案就要调整。"

挖隧道是小右卫门的强项，他滔滔不绝。

隧道越长，来自上方和两边的压力就越大，塌方的概率就会增加。其对策是——先挖出狭小的"导坑"并予以加固，再从上方和两侧拓宽。这便是所谓的预设导坑挖掘法。要把粗壮优质的松木搭成牌坊状进行支撑，否则挖掘上方和两侧土层时会有塌方危险。那些松木因此又名"保全工"。

小右卫门说完这些，得意地道："按照这一带的土质，需要六寸宽的松木。每隔四五尺，就要往上方和左右各搭三根。"

"妈呀，那得要好些呀！"

秀吉故意用尾张方言调侃了一下。

"然后要用大木锤往这些松木间打进结实的栎木板，再铺上厚实的松木板，以此抵御土压。"

"栎木板加上松木板……真是庞大啊。对了，那些渣土如何处理？"

"只好用簸箕运出来了。"

"信长公说搬运工只准许用基督徒，没问题吧？"

"没办法，就出钱让他们拿着十字架暂时当基督徒吧，就当是姓名牌好了。话说回来，信长公竟会提出这样的要求，到底要用密道防备哪里的攻击啊？现下的五畿内地区，谁敢对咱们织田家弯弓射箭？倘若只是取乐，这费用就太高了。”

“无妨，反正是信长公结账。对了，你别给那些搬运工太高报酬，就打着侍奉神灵的名义吧。这些费用没准要我们自行承担……你把这些都算进去，把材料费报得高一点儿。整个织田家只有我们搞得到便宜木材，所以别人不会知道真正的价格。长秀那边我去打点，你把数字弄得像模像样就行了。”

“明白了，您放心吧。”

“最后的问题是工期，我如何跟信长公说呢？”

“半年恐怕不行，您就报一倍的时间吧。”

“那我就说要一年好了。对了，本能寺的那口枯井，现状如何？”

“那口井没有地下水了，好像曾被僧人拿来冷藏食物用。”

“你下去过吗？有多深？”

“大约一丈多。”

“那些僧人如何上下？”

“从井口往下每隔两尺就往两侧各打一根木桩，钉上木条。井口两端装有灯笼。他们就是这样上下的。”

“如此一来，就算挖了密道，也容易被发现吧？”

“想要不被发现的话，就先用厚盖子盖住井口，再用绳子固定好。如果在井里种上羊齿，挡住木桩，就算盖子被打开，从上面也看不到井底。我们还可以在井里拉起细线，上面穿上铃铛，一旦有人想从下面爬上来，也不难捉住。密道不是在井底，而是在井壁中间贯通，只要将出口设计得小一些，再用羊齿遮挡，就更难被发现了。”

“好。如此一来，如果上面的房屋烧毁倒塌，井里的出口就会跟着被埋住，不留任何痕迹。对不对？”

“如果房屋失火崩塌的话，确实会这样。”

小右卫门想的是火灾，秀吉盘算的却完全是另一回事。

第二章　谍报组织

1

七月上旬，秀吉回到三木城郊的平井山大本营。但是——

他辞别伊藤道光回到战区之前，有十几天的空白期。秀吉利用那段时间滞留京都，悄悄活动。他在这里有了几个相熟的女人，都是朝廷大臣家的女儿，家境清贫。秀吉才不会寻觅城里那些“白拍子”[①]、“辻子君”[②]之类下等女人，他以“光源氏公子”[③]自居，频繁去那些女人那里，散给一些碎银两，甚至大放厥词。

“给我生孩子！只要生出孩子，我立刻让你们住进镶金嵌银的宫殿！”

这不是谎话。石松丸（秀胜）是秀吉的第一个儿子，天正四年夭折。他妈妈阿南夫人就是一个朝廷大臣的女儿，家境贫寒。秀吉如约让她住进长浜城内的豪宅。石松丸死后，她虽然不再陪寝，亦未被秀吉冷淡、疏远。

正房宁宁不肯和侧室同住，几番勃然大怒，怎奈秀吉装聋作哑，对结发老妻置之不理。这倒不是秀吉这个男人的欲望强烈，他只是想要个孩子罢了。当然，他喜欢欣赏和玩弄年轻又美丽的胴体。他盘算后续战事之际，怀里常常有个女人。

半兵卫的遗言盘旋于秀吉脑中，犹如挥之不去的魔咒。

——大人，您比那个霸王更有器量！

（当真？）

秀吉最初只付之一笑，不久便半信半疑，现下则觉得兴许真是如此。

一无所知的女人们用放荡的眼神看着秀吉，附耳嗫嚅。

① 平安朝末期的歌舞伎。
② 街头拉客的暗娼，一般是夜间出没。
③ 《源氏物语》的主人公。

“大人……我受不了啦……”

秀吉欣赏女人淫荡的样子，满怀征服欲望。他默默进行自我暗示——

（除了身高，我都比信长公强！）

秀吉若无其事地回到大营。那些一直待命的部下们早就盼着他回来，此时立刻前来。

小一郎出头替众人说道：“我们有急事汇报。”

“何事？”

疼爱的弟弟替部下们开口禀告，秀吉却似乎有些走神。

“半兵卫的七七就要到了，请允许我等总攻三木城。”

小一郎这一说，秀吉就想起来了。

“七七四十九天里，你们要给竹中服丧，别和敌人厮杀。”

他丢下这句话就急急去了安土。秀吉是真心说这话的，但和女人们享乐时早就把这件事抛到九霄云外了。

（怪不得他们会等我回来呀。）

秀吉有点自责，一问才知他们做好了各项总攻准备，万无一失，只待下令。

小一郎等人急于进攻，皆因竞争对手明智光秀今年六月攻下了八上城。这让他们受到刺激，他们不想输给攻打丹波地区的光秀部队。

“好了，再等等，别急……”

秀吉缓缓打断小一郎，然后将他和木下家定、浅野弥兵卫尉、蜂须贺小六等心腹武将召集到另一间屋子。这些人个个摩拳擦掌，等待指令。

秀吉用手摸摸自以为豪的八字胡，开导他们道：“诸位，别太介意光秀的功绩嘛。”

武将们有些议论，秀吉装没听见，继续说道：“光秀不顾一切攻打八上城是有缘故的。这个蠢货劝波多野兄弟投降，承诺保证他们的生命安全，而且给对方送上人质。听说那是他婶婶。”

武将们更加骚动。

“但是，信长公没有接见被带到安土的波多野兄弟，反而派人将他们连同随从钉在木头上弄死了。”

武将们面面相觑，浑身颤抖。

“八上城内的人听到这个消息，都说光秀不守诺言，当着光秀部队的面儿，把人质也就是明智的婶婶车裂了。光秀勃然大怒，失去理智，命令强攻，不顾一切拿下了八上城。他恐怕付出了比波多野部队更大的代价。哪知信长公听说八上城被攻陷，只说了一句话——‘努力就好，别再闲着就行了。’真让人接受不了，他竟然抱着这样的心态督战。我年轻时当过人质，结果被信长公害得遭了大罪。小一郎，你还记得吧？”

小一郎立刻答道：“是的，是攻打美浓的时候吧……”

“没错，十五年啦。我至今还记得自己当时恐惧万分。我不愿意打一场要付出无谓牺牲的仗。”

秀吉抬头望着天花板，夸张地一叹。

永禄七年，信长攻打美浓。藤吉郎（秀吉当时的名字）亲自前往大泽次郎左卫门防守的鹈沼城，甘当人质；而大泽父子则去向信长投降，希望饶命。信长没有饶恕大泽父子，而是将他们处死。留守城内的人对藤吉郎进行报复，险些将他杀死。全赖生驹八右卫门（信长侧室吉乃之兄）拼命求情，这才幸免。后来，藤吉郎再不会以性命相换，帮信长去说服敌方。

“光秀不懂得信长公薄情寡义，所以才会胡来。”

“薄情寡义？”

秀吉措辞激烈，武将们大惊失色。

秀吉不管不顾，继续说道：“光秀大概是受到信长公的逼迫、威胁，渴望获得结果，才会拿亲人去当人质。他只是急得上火罢了。”

小一郎问道：“光秀大人急什么呢？”

“啊哈哈哈，这不是明摆着的？他非要和我这个年轻对手较劲，自然急得上火。听说他常常暗自和我比较，悔恨得老泪纵横，甚至问信长公我们两人官阶都是从五位下是否合适……”

这是细川藤孝告诉秀吉的。

“从五位下有个俗名——五位鹭。京都里这种官阶的人多得能用扫把扫。”

（我那些女人的父亲，都是这种官。）

秀吉暗暗嘟囔了一番，又道：“好了，光秀上火是他的事。他是他，我们是我们。我们暂且等候总攻的时机吧。”

次日，秀吉午后才起床。

他站在将三木城围得水泄不通的木栅栏和鹿角栅前，眺望城内。烈日炎炎下，城内鸦雀无声，一片静寂，只有一股青烟升起。四周一片蝉声入耳。

“别总攻。城内尚有余粮，等那帮家伙弹尽粮绝再说吧。倘若他们食不果腹，估计就该吃地下的蝉卵了，可是蝉叫得正响呢。”秀吉回到营寨，立刻对小一郎如此说道，继而嘿嘿一笑，“我又要去睡了。怕是去安土城时太累了，没恢复呀，总觉得困。好久没喝茶了，傍晚时喝一点儿吧。”

八月，细川藤孝派人送来信件。秀吉先前去京都时曾宴请他，除了土特产，又塞给他不少金银。藤孝是室町幕府名门细川氏的养子，后来投靠了织田家，是个文人武将，可惜信长只拿他当个弱书生。藤孝不但没得到重用，反而被调到昔日同僚明智光秀的帐下效力，而此人性喜古典文学，搜集古书又颇需金银……藤孝因物质方面和精神方面都抱有不满，故而主动接近秀吉。

根据藤孝的报告，光秀自打婶婶被害就犹如变了个人，挥军猛攻八上城，才三天便将之占据，继而又拿下福住城、峰山城，包括赤井恶右卫门防守的黑井城都强行攻陷。历时三年的丹波战役就此结束，而信长的奖励只是一封感谢信。

秀吉一直担忧光秀会比他抢眼，听到这个密报总算释怀。他恭敬地写了封信，表示感谢，且附上大袋银两。之后，他便在营寨中无所事事。

就这样拖拖拉拉将要磨过八月之际，信长又来函催促。这次不光针对秀吉，而是激励鞭策整个织田家军团。其主要内容是——日州（日向守明智光秀）在丹波立下大功，尔等还磨蹭什么!

信长直到去年犹自痛骂光秀，这封信却让人觉得他似乎从来不曾责怪光秀，一切都是浮云。

秀吉虽然习惯了信长的斥责，整个织田家军团却毕竟被震动了，各地统帅都心惊肉跳。越前地区的柴田胜家尤其被这封信吓得失魂落魄，赶紧出兵加贺地区，一直烧杀到阿多贺、本折、小松町口，将田间稻米抢夺一空，野蛮至极。然后，他得意扬扬地向信长汇报，谋求好感。藤孝把这些消息逐一转告秀吉。

秀吉自然要稍微活动一下，否则难以下台。他们等了很久才有收获——秀吉之弟小一郎成功策反了宇喜多直家。直家的部队是毛利家阵营中最强的一支。

九月四日，秀吉自播磨东上，匆匆来到安土城的“花鸟屋”谒见信长。

“祝贺主公平定丹波。”

秀吉伏地说了一番恭祝之词，抬头时突然大惊。

他直到最近才知道信长有个毛病——动怒时，脸颊会不停颤动。眼下，信长的脸上明显有了征兆。

（来的不是时候呀！）

秀吉暗暗后悔。他本来觉得这次报告会大有收获，如此一来不免大打折扣。

“围攻三木城一事不敢有半分懈怠，请主公放心。就算是城里的一只狗，我都不会让它逃掉。”

秀吉挺胸说道。他确实牢牢围住了三木城。此时，信长明显不高兴了。

（为何不高兴呢？）

秀吉知道开弓没有回头箭，只好硬着头皮继续。

他故意把嗓门提高了些，说道：“主公，您这次可以大大高兴一番啦！”

“干什么那么大声？”

信长眯着眼，他动疑心时就会这样。

“我呀，我筑前这次成功策反了宇喜多直家！”

“你说什么？宇喜多投诚了？”

宇喜多直家是毛利家阵营中最大的旁系，拥有备前、美作共计五十万石地盘。秀吉坚信，不费一兵一卒就收服如此敌将，信长没有不高兴的理由。而且，他觉得这会让光秀望尘莫及。

“是的，我把直家的誓约拿来了。”

秀吉喜滋滋地从怀里掏出誓约，他来这里就是要得到信长的许可书和印章。哪知接下来的一瞬间，他竟遭到始料未及的痛斥。

“你这蠢货，竟相信宇喜多那种狡诈之人会投降！岂有此理！你果然就是个秃鼠！你得到谁的允许，做出如此出格的事？我根本就不想听你的小聪明。快给我滚回去攻下冈山城！这是命令！”

秀吉伏地惊呆，再抬头看时，信长早没影儿了。

他没有像以往那样诚惶诚恐，而是大摇大摆地出了安土城，平淡得一如来时。

（你很快就会懂了——和宇喜多等人打仗是愚蠢透顶的事。你到时自然会给出别的指令，我就慢慢等着好了。）

秀吉在马背上深深吸了口气，抬头望望蔚蓝的天空，默默寻思。

（半兵卫！你说得没错，我比信长公的器量要大。刚才那件事让我明白了。）

秀吉回去时顺道去伊藤道光那里借宿了一晚，询问摄津地区战况。他这才得知，十天前，织田信忠整军重攻摄津，荒木村重逃离了有冈城。

（怪不得信长公不高兴。我说在三木城连只狗都不会逃，他就觉得这是揶揄他那没出息的儿子……信长公器量有限，有限啊！）

秀吉想拍着膝盖大笑，到底克制住了，一本正经地开口询问。

“有冈城后来情况如何？”

“这些情况尚未……反正不久就会投降了。您想打听什么呢？”

道光恭敬地问道。

“我手下有个武将，名字是小寺官兵卫，就被关押在城中某个地方。我非常担心他的安危。”

“我会派人调查这件事的，这个不难办。”

京都的大商人和堺港的商人不同，表面上顺从织田家，却非心服口服。为了对付信长，早点知道他的动向，他们拥有各自的情报网。尤其是道光，他早就看好织田家中的另类——秀吉，认为他是潜力股。

道光主动提出帮助。

“那就拜托了。播州一带如有情况，我也会逐一告知。”

秀吉说罢告辞而去。

（去安土谒见前，真该先来这里打探些消息。跟外部消息相比，以后要更侧重了解织田家内部的动向才行。对我的发展来说，这很重要。）

正如半兵卫所言，昔日情报欠缺。秀吉就此开始反省。

2

秀吉回到平井山之后，每天都很无聊。

他下令继续围攻三木城，实行封锁粮草的战术，根本没有攻击冈山城。

这明显是违抗信长之命，然而他不当回事。

他开始小瞧信长了。

九月中旬，京都的伊藤道光派人传来消息，让自信膨胀的秀吉大惊失色。

德川家康遵照信长之命，杀死了正室筑山夫人和长子信康。

“啊？三河大人的继承者，年轻的信康……被信长公勒令切腹？”秀吉被这消息震惊，立刻召小一郎等人问道，“理由是他和他妈妈勾结，欲投靠武田家。你们的看法如何？”

秀吉手拿道光的信函，询问一众家臣。

小一郎率先答道："他们肯定背黑锅了。筑山夫人哪有那样大的势力！"

"我有同感。但若真是这样的话，你不会有另一个疑问？"

"哎？什么疑问呢？"

"你仔细想想，三河大人对信长公如此无理的要求为何唯唯诺诺？这真是不可思议。"

小一郎点了点头。

秀吉扭头看看蜂须贺小六，说道："小六，你快把事情弄清楚。这不光是前车之鉴的问题，更重要的是我们要确立日后的生存法则。不能说我没有孩子就可以高枕无忧。以后，你的工作要一分为二，一半放在这边，另一半去调查织田家的动向。要记住！不管因此增加多少忍者都无所谓。"

"遵命。"小六拍着胸膛领命。

以这次事件为契机，小六手下的情报人员数量倍增，活动范围也迅速变大。

他们的本地工作主要针对宇喜多直家。信长震怒、不愿纳降一事，当然要瞒住对方。秀吉想要拖延时间，所以没遵照信长的命令攻打冈山城。同时，要想信长不知道他懈怠攻击冈山城一事，就要设法封锁消息。

另一项工作是针对有冈城的。经道光指点，秀吉将小六手下的忍者成功送进了有冈城。城主村重逃脱之后，城内戒备满是漏洞。他们果然获得了消息——小寺官兵卫被关在城内的地牢里面，还活着。

秀吉接报，大喜道："官兵卫果然活着，这近一年的牢狱生活很痛苦吧……他一定吃了很多苦，快设法救他出来吧。如果信忠和泷川一益那帮蠢货最后纵火烧城，那我们就血本无归了。千万要关注战况！"

"我们一定遵命。"

"要随时准备去摄津迎接官兵卫！要隆重迎接！哦，对了，派快马去半兵卫的菩提山城，不用说得太细，只要说一句'官兵卫活着'就行了。当然，松寿丸之事，让他们继续保密。我等下先去半兵卫的墓前报告一下。那家伙躺在墓地中等着这个消息，想必度日如年呀。"

竹中半兵卫的墓地位于平井山大营东南，有六町远。那是临时性的墓地，只有一座土坟和一块木牌。秀吉亲手往土坟后方栽了几株半兵卫喜欢的红松。

秀吉策马抵达那里，一屁股坐在土坟前，就像和活人对话一般。他浑身是汗，一阵微风吹过，感觉畅快无比。

“半兵卫，你赢了！全靠你呀，我让信长公欠了我一个大人情。你就高兴吧，半兵卫！”

他险些喜极而泣。

秀吉扫墓回来，再次喊来小六，吩咐道：“派忍者去安土城，监视信长公和其余武将的动向。”

（实现半兵卫遗言的时候到了。）

小六大惊道：“派忍者去安土城？”

纵是身经百战的小六，此时都有些胆怯。

秀吉淡淡道：“没关系，别害怕信长公。让忍者去安土城散布流言，就说官兵卫被关在有冈城的牢里……我想看看城内的反应。然后，调查一下信长公新建的二条御所，我想知道那是给谁准备的。”

秀吉摸摸胡须，这是他得意时的习惯。

（如此一来，我就抓住信长公的两个软肋了，一个是密道，另一个是松寿丸。我以后就不是信长公的牛马啦。）

秀吉没有把话说出来，却明显觉得头上那块“信长”重石渐渐变轻，瘦小的身躯中喷涌出一种解脱感。

他那年四十三岁，这是他摆脱人生厄运的第一步。

忍者去安土城大肆散布“小寺官兵卫幸存”的消息，收效非常明显。信长从十月以来都没再向秀吉发出斥责、督战的信函。秀吉让藤孝打探了一下，得知信长仍以信函的方式催促别的武将出征各地。

（如此看来，他很介意官兵卫活着一事……）

秀吉独自窃笑。他当然不会就此公开松寿丸幸存的消息。这有一半是要折磨信长，另一半则是想看笑话——信长会如何补救指挥上的失误呢？

十月下旬，使者猪子高就从安土城来了。此人四月时曾前来痛批秀吉攻打三木城不力，宣称“中国地方的城，风一吹就倒”云云；这次则从安土城带来了信长盖章的许可书，放低姿态传达命令——接受宇喜多直家的投降。

（哎呀，这吹得哪阵风呀！）

秀吉本想调侃他一句，到底忍住了，只是笑道：“哎呀呀，这真是出人意料。大人太慈悲了，我替直家诚挚道谢。请一定好好转告大人。”

猪子本想让秀吉和他同回安土城，当面向信长道谢，无奈秀吉没空也没心思。

恰是那时前后，有冈城内的忍者送来第二封报告——

“地牢里面的官兵卫大人生命垂危，无法搬动。”

秀吉赶紧打发走猪子，将围攻三木城的任务交给小一郎，亲自去了有冈。

十月十五日，有冈城内的下级武士谋反，织田家派泷川一益率军往征。十一月上旬，秀吉抵达时，困守城内的守军早就没了斗志，战斗基本结束。

狂奔到有冈城的羽柴部队经由忍者引导，直扑官兵卫所在的地牢。

官兵卫躺在门板上被抬出来。

秀吉看见他不成人形的样子，茫然若失，只说了一句："是官兵卫吧？"

官兵卫下狱一年有余，浑身上下满是疥疮，头发全部脱落，又害了眼病，腰部以下无法活动。他好不容易才看清秀吉，不觉释然合上双目。

“官兵卫！你怎么了？挺住啊！我是秀吉。你别死，不许死！”

秀吉抓着他满是疥疮的手，对着他的耳朵大呼。

回三木的路上，秀吉派人去有马搬回大量的温泉水，又让平井山大营的人连夜赶制巨大的木澡盆，供官兵卫躺着浸泡。他命人热好有马的温泉水，亲自给官兵卫冲背，而且想方设法寻求药膏。

稍微收拾停当之后，秀吉将保护松寿丸一事告知了官兵卫。

官兵卫泪如雨下，大哭道："我官兵卫一生难忘大人的恩德！"

官兵卫休养期间，又出了一件惊人之事。

十二月十三日到十六日，信长下令将荒木村重一族三十七口（包括其妻）悉数送到京都的六条河原，进行虐杀。而其五百余名党羽则在尼崎地区被烧死。

“信长公难道疯了？”秀吉黯然，“何以接连干出如此残暴之事……”

官兵卫翻白眼望向天花板，鄙夷道："兴许他觉得他就是神吧。"

“神？神灵的神？”

秀吉觉得这家伙用词不准确。

“对。不管儒教、道教还是佛教，一切教义中都没有以人的身姿出现的神，所以人们才会信奉天道——自然规律。西方人则崇尚宙斯神。那个画在十字架上的裸体瘦男人，就是他的一个儿子。”

秀吉失笑道：“一个裸男罢了，竟然是神的儿子？”

“对。他母亲是木匠之女，连名字都没留下，没碰男人就怀孕了……”

秀吉“噗”一下笑了出来。

“这种传说常有。如果一个和尚突然成了得道高僧，大家不都会这样说嘛。亲鸾、日莲和弘法大师都是‘无父之子’呀，但我真不知道西洋人也搞这套。”

“西方的僧人不会以‘神’自称，他们相信那个瘦削男人就是神的儿子。据说那男人说出神的话，传授各种奇技。信长公怕是觉得，若西方有这样的神话，日本就同样该有。而那个神呢，自然就是他本人喽！”

“真是瞎扯！信长公明明是武士信秀的儿子。别说奇技，就算旁门左道都不会呀！”

“他确实从年轻时就被幸运之神垂青。和今川家的桶狭间一役之中有大人您的功劳，这个就不说了。您想想看，当他对抗强敌武田信玄、上杉谦信时，无论怎样看都没胜算吧？结果他们跟信长公交兵前都突然死了。若说这是信长公命好，那简直好得离谱。总之，他是会对西洋的神感兴趣的。”

“他自信是神？啊哈哈哈！他是神，就可以杀害女人和孩子了？”

“信长公的想法大概是……我就是神，我不需要天道，一切天道皆由我定夺。我讨厌的人就是玷污天道的尘芥，唯有将他们扫除一空，方可廓清天道！”

“但是，这样真的好？”

“不好，这只是信长公的自以为是。”

“自以为是？你刚才不是说只要是神，就可以这样做？”

“信长公不是神。”

“就算他反复交到好运……”

“天无二日，神明亦然。宙斯是神，信长公自然就不是神了。”

“是吧。你说宙斯是神，难道你信仰宙斯神？”

（难道，像官兵卫这样聪明的男人，都渐渐成了异国神灵的俘虏？）

秀吉怔怔凝望官兵卫。

“是啊，实际上……”

官兵卫突然住口，双手当胸做了个奇怪动作。秀吉好一阵子才醒悟，这和教士们见到信长时的动作（画十字）一样。

秀吉总觉得官兵卫和基督徒不是一类人，哪知官兵卫本人竟非常认真。

“我这次下狱一年，总算明白了一件事。光靠天道活在这世上太寂寞了，人类都需要一个有人类身姿的神。我大概被关进去半年时，一个牢头悄悄从牢门栏杆缝隙塞进一个十字架。我最初怒斥不止，我不信外国的神，快快拿走！后来好长一段时间，我将它丢弃在地，直到一天早晨……说来真是不可思议，那个十字架似乎微微闪光。您会笑话我吧？那个漆黑的地牢里根本没有光亮，然而那个十字架确实冲我发光。不是错觉，不，就算是错觉吧，为了在黑暗中活下去，为了忍耐，我只能相信那个。大人，我官兵卫是个软弱的男人吧。如果被扔进不信奉什么就无法活下去的黑暗世界，人或许就会变成这样。我不知不觉握住了十字架……直到我现下弄得满身疥疮，这十字架才离开我。要是没有那十字架，我官兵卫就没有挺过一年活到现在的勇气和力量。”

“这样啊……我真没想到你会喜欢基督教。”

“我尚未受洗，但早晚会跟右近大人商量的。尚望原谅。”

“无所谓原谅不原谅。信仰是个人的事，谁都不能责备。”

“感谢之至。”

“这件事就这样吧。这次被杀的人中有信长公的女儿——荒木的妻子多志夫人。不瞒你说，当年就是我劝她嫁给村重的。”

多志是信长公的侧室吉乃拖油瓶带来的。吉乃是尾张小折（江南市）生驹家宗的女儿，丈夫土田弥平治阵亡后，她年轻守寡，带着年幼的多志回到娘家，结果巧遇信长，生下信忠等三个孩子。拖油瓶带来的多志从小就和后爸信长疏远，不亲近。秀吉因而提议将多志嫁给村重续弦，以拉拢“摄津之虎”荒木村重。这是吉乃死后的事，多志不管是否愿意，唯有接受。

“是这样呀？听说她非常漂亮，虽是续弦，却肯教育荒木前妻的孩子，对他的部下也很体贴，事无巨细，井井有条，百密而无一疏，堪称摄津地区最贤惠的女人。让她嫁给村重，太便宜那家伙了。”

“现下回想，我真觉得是犯了罪。那都是十年前的事了，我劝那女孩去当村重的续弦，她断然拒绝，当场就要咬舌自尽。”

“何以如此呢？”

“她说她妈妈给她选好了一个男人。我问那人是谁，在哪里，她又说死都不会告诉我。那女人非常坚强。”

“会是谁呢？大人您有线索吗……”

“不知道呀，到现在也没弄清。硬是把她送到荒木那里……或许她会恨我。我当时真没想到荒木会背叛，更没想到她后爸信长公会对她下手。”

“的确如此，谁都看不到这一步。大人，不是您的错。”

“你这样说，我就宽慰些了……哎呀，还有个人让我揪心。她是多志夫人的侍女，和你一样是基督徒，随着多志被逮走、杀害。她叫八重，是去年被信长公从近江高岛赶走的矶野员昌的女儿。这事情又跟我有关。八重的父亲被信长公赶走后，我把她藏在小一郎的竹田城，但那里总有织田家的人进出，我就索性让她去荒木家当了多志夫人的侍女。那是荒木叛乱前一个月的事。我这事情办得真是愚蠢呀。”秀吉啧啧咂舌，“我究竟要被迫犯这样的错误到几时啊？一想到日后又要被卷进无谓的杀戮，我就空落落的。官兵卫，你说我该如何是好？”

“这个，就这个问题……”

“半兵卫生前常说——大人，相信天道，违背天道者一定会受报应的。但是，根本就没有那种征兆呀。你说你不信天道，只信宙斯那个有形的神。如果那样，那个神能说得更清楚吧？那个唯一的神正在考虑什么？不能说吗？你信仰的神睡着了吗？没有嘴吗？”

(基督教就是骗人的！)

秀吉话到嘴边，又咽回去了。他面前坐的毕竟是一个曾经不相信谎言就无法活下去的男人。这个人对秀吉是有大用的，相比之下，信仰根本就无所谓。就让他相信谎言又如何？

要掂量得失。

（信长公就是这种人。荒木村重叛乱时，他想将手下信奉基督教的高山右近留下，竟威胁对方称：“如果你跟随村重，我就杀死全日本的教士！”信长公若当真想要保护基督教，根本不会说出那样的话。他装出基督教保护者的姿态，只是想要获取未知世界的知识罢了。我当时就看穿这男人的本性了。话说回来，对待外国信仰时确实该采取这种态度吧……）

“好了，不好玩的话题就此结束。官兵卫，别顾虑了，好好治疗。等摄津的战乱平息，你就去有马泡温泉治疗吧。那里的温泉是全日本最好的。”

3

天正八年，从年头就开始下雪。

新年时，信长没有召集去年调到摄津地区的将领回安土城见面。那些将领似乎都是悠闲度日，唯有播州的羽柴持续奋战。然而，就算是播州，都没有像模像样的战役。

那里只有沉默的断粮之战——围困。

“你这家伙，有没有战斗的意志啊！”

秀吉因此几次被信长揶揄，却坚持避免武力冲突。

“没事，小一郎，我手上有信长公的人质，他欠我人情呢。”

秀吉全无顾忌。所谓人质，就是信长的四儿子於次丸。秀吉是他的养父。

信长见秀吉膝下无子，就硬塞给他一个养子，其用意非常明显——将来，他只想让家人控制东海地区和五畿内。他强行把次子信雄塞进伊势名门北畠家，又把弟弟信包塞进长野家，把三子信孝塞进神户家。信长把长浜地区交给秀吉的做法看似大方，其实早晚要收回去。秀吉早就看透了信长的小算盘，却毕竟不敢造次，装出感恩戴德的样子接纳了於次丸。

信长第一次提出养子之事是三年前。当时，半兵卫给了秀吉一番忠告。

秀吉从信长那里回来之后，怒不可遏。

“他这样做，明显是说我要绝后啊！”

半兵卫见状劝道：“大人，恼怒对解决问题无益。您不妨把於次丸公子当成信长公交给您的人质吧，如何？角度不同，想问题的结果自然就不一样了。”

秀吉觉得他言之有理，正好侧室生下石松丸，养子之事便暂束高阁，哪知石松丸不幸夭折，丧期后此事又被重提，去年秋天到底办了仪式。长浜城内的於次丸现由秀吉的正室宁宁照看，而且继承了夭折的石松丸之名——秀胜。

而秀吉口中的“人情”则是指松寿丸之事。信长亲口下令杀死官兵卫之子，这时一定深感理亏，所以问题就是如何收场，如何让他知道松寿丸其实没死。

正月十五日，秀吉开完平井山大营的军事会议，留下小一郎、小六、大病初愈的官兵卫和从京都回来的前野小右卫门。他们都是秀吉的心腹。

三木城攻防战自一月六日开始，结果敌将别所友之主动撤离防区，双方没有交战。十一日，秀吉调兵攻打别所吉亲据守的鹰尾山城，战至中途，城内失火坍塌。而后，别所家的长治、吉亲、友之三人联名给秀吉的劝降书回信，表示——

“您若慈悲为怀，放过为我等尽忠至此的部下，我三人当切腹以报。”

秀吉答称：“诸将士性命，理当相救。”并将三桶酒送到城内。

两年来攻打毛利家的第一道难关就此解决。秀吉心情畅快，随口大谈往事。

“前年秋天，若我们遵照信长公的命令杀死松寿丸，现在会怎样呢？我和信长公都无颜见官兵卫呀！不，他是下令者，罪行比我更大。话说回来，我们该怎样让他知道松寿丸活着呢？这是个大难题呀……你哥哥我有个办法，你且听听。”秀吉扭头望向小一郎，抖动着引以为豪的八字胡，“要是我不顾战事离开播州，信长公会不高兴吧，所以我打算让长浜的宁宁去安土，将事情原委告诉他。”

“啊？”

四人都是一惊。

“你们先别惊讶。我吩咐宁宁去说松寿丸活着，而且叮嘱她说话时千万别有得意的样子。倘若她说她丈夫筑前信任官兵卫，所以和半兵卫合谋藏匿了松寿丸，结果会如何呢？那毕竟是对主公的轻视，让信长公的脸往哪儿放呀！按照他的脾气，肯定会扭过脸去，那就完了。本想获得功名，弄巧成拙反而让他记恨。因此……对了，从这里看，半兵卫的墓地在哪个方向？”

“大致是这个方向吧。”

官兵卫熟知地理，用手一指。秀吉顺势转身，夸张地行了个礼。

“半兵卫，请恕罪。我对信长公撒了谎，把藏匿松寿丸之事都推到你头上了。你千万别生我的气哟。宁宁这娘们，帮我圆谎圆得不错。”秀吉开怀大笑，“你们猜信长公怎么说？小一郎，你先说说看。”

小一郎突然被秀吉点名，一时不知该如何作答。

“那好，小六，你说呢？”

“我根本就不知道信长公会怎样。”

“小右卫门，你猜猜看。”

“我和他们一样。”

“哈哈哈，你们再动动脑子。最后，官兵卫，轮到你了。你猜猜看。这件事跟你大有关联，你好好猜猜。”

“这个嘛，这可是一道难题。军事会议刚刚结束，身后就突然冒出一颗流弹——这就是我此时的感受。”

官兵卫话虽如此，神情却很认真，而且全无困惑之色，沉着得有点惹人讨厌。

“那你就接住身后这颗子弹吧。”

官兵卫见秀吉这样说，便开口答道：“信长公一定会先松口气，但又不想被部下看破……这个人经常这样……对，他肯定会这样说……”官兵卫突然闭上眼睛。

（这家伙，到了这个时候还要演戏。这点跟我真像。）

秀吉暗暗苦笑。

“什么？那个半兵卫竟敢骗我？真是个好大喜功的家伙！——信长公会这样说，对不对？然后，他会笑着把话题引到别的地方……”

“太棒了，不愧是官兵卫，推测得很好！可惜信长公说的话跟这个不大一样。听宁宁说，信长公是这样说的——想不到那个肺痨竟敢骗我，这家伙真是过分！然后就一阵大笑，置之不理了。但他嘴里的肺痨是什么呢？那是我非常重要的军师啊……信长公将他呼来唤去，左奔右跑，那和杀死他有什么两样！”

秀吉说到信长的薄情寡义，禁不住有些哽咽。他无法忘却抱着枯瘦如柴、奄奄一息的半兵卫的那一瞬间。

所有人似乎都体会到了秀吉的心境，鸦雀无声。但是，秀吉很快就若无其事地继续说了起来。秀吉的喜怒哀乐，变化很快。

“那我就再给你们出一道难题。如果我是信长公，在这种情况下，会冲着部下的老婆怎样说？你们猜猜看，别有顾虑，随便说吧。能回答这个问题的，还是官兵卫一个人吗？”

“这道题更难了。当着您的面儿回答这个可真不容易，对吧，诸位？”

官兵卫笑望其余三人，只见他们全都默默不语，似是在说“拜托了”。

“这样的话，就由我来回答吧。如果是大人您，肯定会这样说——不，您开口前会先握住对方的手——‘你们把松寿丸藏起来了？太好了！这样我就有面子了！你回去带话给筑前，就说我非常感谢！’然后抓着对方的手，放声大哭……”

“哎呀呀，官兵卫，就算我平时爱哭，这种情况下也不至于号啕大哭呀！啊哈哈哈……”

“抱歉，失礼了。”

官兵卫猛鞠一躬，微微一笑。

秀吉嘴上说得尴尬，神情却全无不悦。

此时此刻，他的器量彻底超越了信长。这种自负让他决定把信长的另一个秘密告诉小一郎、小六和官兵卫三人。

“小右卫门，把本能寺的那条密道告诉他们吧。”

“说那件事？好……”

小一郎和官兵卫听了小右卫门说的事情，更加惊愕。

“虽比计划略晚，但施工进展顺利。各位请看。”小右卫门展开本能寺和教堂之间那条密道的图纸，“因要避开容易塌方的地带和蒙蔽挖掘工，整条密道歪歪扭扭，绕行一截，总长度突破一百二十间。幸好只碰到一些塌方地带，没碰到岩层，施工挺顺利的，大致完工九成。”

“有多少人施工呢？”

“总数大约五千人，夜以继日，不停施工。”

“信长公要求工人必须是基督徒，这个条件，遵守得如何？”

“无论如何也保证不了。真正的基督徒撑死只有一百人，余下的都是不会写字的聋哑人。”

“你考虑得挺周全。”

“在银山的秘密矿区中，我们经常采用这种方法。”

小右卫门回答得很干脆。

“密道的宽度如何？”

“主干道高七尺，宽五尺。在黏土层地带，用于支撑的圆木的间隔为五尺；塌方地带附近的间隔则是三尺。我们挑选的都是七寸以上的圆木。”

“挖出来的泥沙，如何处理？”

“半夜时用牛车运，或者让信徒们各背一麻袋排成队，打着火把，唱着称颂神的歌谣，送到本能寺，然后装进沙袋……”

“有意思。密道里的照明呢？”

“除了拐角，每隔五间就放置一个挂灯。对了，我不知道该在这些挂灯上描绘怎样的徽章图案。”

“这是个问题，千万别画织田家的家纹。既然是打着基督徒逃生名义挖的，就画他们的十字架图案吧。”

“那我就这样安排了。”

秀吉下达完指令，满意地扭头看看小一郎等三人。

“刚才的对话，你们或许明白了吧。信长公下次进京，就不再住之前的妙觉寺和妙显寺了，而是附近的本能寺。他把本能寺围墙增高、水沟挖掘等一切防卫工作都交给了丹羽长秀，而我筑前则负责最秘密的工作——挖掘密道。织田家人才济济，这项施工却只有我筑前的宝贝——这个小右卫门——才足以胜任。所以信长公只好让我负责啦。我不知道这条密道的用途，但是知道这秘密的只有你们和我筑前。长秀大人都不知道呢。我之前想把情况告诉他，后来作罢了。我不打算让长秀大人拨款了，一切费用都用我们生野银山的银子来贴补吧。倘若织田家内部的某些人知道了这个秘密，没准会恶意使用这条密道。”

“恶意使用？”

一瞬间，小一郎嘟囔了一句。

“小一郎，动动脑子。密道固然可逃生，却也容易进去。若有非基督徒之人进去，情况会怎样？有的是人憎恨信长公，一向宗、法华宗的僧侣，朝仓家和这次的荒木余党，还有杂贺等地奸细、忍者……密道是把双刃剑。”

“如此一来，大人……”官兵卫不再沉默，“一旦密道建成，就算那些挖掘工信奉基督教，恐怕信长公也会格杀勿论。”

“对，我想的就是这个，正打算吩咐小右卫门呢。喂，何时挖成？”

“按计划是本月底。”

“和信长公汇报时，将日期推后半个月。期间逐渐减少挖掘工数量，把他们全部放走。一个人都别杀。否则，谣言会招致更多的谣言。”

“明白。”

官兵卫从旁看着两人，欣然微笑。

秀吉问道：“你看着我们，笑什么呢？”

官兵卫立刻伏地答道：“真不愧是大人。我官兵卫再度被您的器量折服。”

4

天正八年一月，别所氏前来归降。

羽柴秀吉平定了播州地区，再加上去年就被明智光秀征服的丹波地区，织田家就这样在中国地方的两大地域内牢牢地打入楔子。但是，信长公没有对征战的羽柴部队和明智部队论功行赏。

“这不好吗？我们只要取得实惠就行了。”

秀吉对武将们的不满付之一笑，让部下拼命挖掘生野银矿。

有时，他会以丹波的光秀为例，教育他们。

“别急，看看明智。人家都等了快一年了。”

去年七月，光秀平定丹波，却只收到一封感谢信，再无下文。秀吉之所以对论功行赏付之一笑，皆因官兵卫根据小六手下的情报人员探听到的消息，做出了精准的分析。依靠从生野银山（其实也能挖出金子）获得的财力支撑，秀吉的情报组织在这一年中获得飞跃性的充实。

“信长公之所以不褒奖我们……”官兵卫对信长公的分析非常精准，犹如他肚子里的蛔虫，“倘若他把这里分封给我们，就会影响他和石山本愿寺的和解。显如大师恐怕会这样指责——‘你看，嘴上说漂亮话，要统一天下，其实就是抢夺别人的地盘。这跟杀人越货的强盗有何区别！’所以，只有和本愿寺达成和解，信长公才会论功行赏。我看最早也要今年五月吧。”

事情的发展正如官兵卫的分析。信长解决掉石山本愿寺的问题之后，明显表现出对中国地方的控制欲。今年五月一日，他将播州十六郡（五十一万石）交给了羽柴秀吉，以此嘉许其平定播州的赫赫战功。秀吉获得的不止是播州，更有但马国的八郡。他把这十三万五千石赏给了弟弟小一郎。如此一来，兄弟二人总共握有六十四万五千石的地盘，再算上长浜的十二万两千石……当然，信长公早晚会让秀吉把长浜一带让给他的四子秀胜——硬塞给秀吉当养子的於次丸。

秀吉本就觉得拿长浜当大本营有各种不便，这时索性顺水推舟。

（过分的坚持就是固执，那可不漂亮。）

秀吉决定牢记半兵卫的这句话。他将获得的褒奖慷慨分给部下，先将宏粟郡山崎城赏给黑田官兵卫；又让小六就任龙野城的城主，俸禄四万一千石；再让前野将右卫门（就是之前的小右卫门）就任三木城的城主，俸禄三万一千石。

这些分赏轰动了织田家内部。

“真没想到那些盗贼、挖洞的都能当城主。”

织田家的老臣们又是羡慕，又是嫉妒。秀吉就这样当仁不让地成为武将之首。

三个月后的八月，信长公见显如上人撤出石山，便开始褒奖平定丹波的功臣明智光秀，把丹波地区给了他。同时又把丹后地区分封给细川藤孝。由此，加上之前近江地区的十万石封地，光秀的俸禄达到六十一万石之高。但是，从封赏的时间和数额这两方面来看，光秀都无法和秀吉相比。秀吉获得的是实实在在的好处。而信长公对光秀则跟以前一样，拿出茶道的功夫，讲究形式美。

之前，织田家的武将排序先是柴田胜家和佐久间信盛，接下来是丹羽长秀、泷川一益、明智光秀，而后才是羽柴秀吉。而如今，秀吉一跃超过前面五人。信长公如此破格提拔秀吉，让别的武将大吃一惊。他们很快就从羡慕转成嫉妒。

——那只猴子有什么功绩呀！在北陆地方的战区悍然抗命，在中国地方的战区则不敢向敌人进攻，一度想要搬出信忠大人当统帅，又恳求尾张、美浓、伊势地区派援军去。难道不是？相比之下，明智大人一直孤军奋战，克服各种困难，总算收取了重峦叠嶂的丹波地区。他当人质的婶婶甚至因此丧命。明智大人如此付出，却不如那个猴子，真是让人扼腕痛惜。

织田家内部的流言大致如此。光秀和秀吉当然不会不知。

“猴子会说话，讨好了信长公，背后告大人黑状，所以才有如此结果。信长公不识好赖人呀。”

光秀的手下纷纷如此议论。这些话同样被秀吉知道了。

“不管它，不管它。别在意这些话。”

秀吉告诫部下。其实他是很在意的，只是不露声色罢了。

“外人看不到我们的功绩，我们也不能说。”

秀吉只对小一郎抱怨过一句。从松寿丸一事到本能寺的密道工程，秀吉不能向任何人讲述这些幕后的功绩。

当年二月，本能寺的工程结束。同月二十六日，信长宣布将在京都的住处迁到本能寺，并亲赴现场检查。他在长秀等人的陪同下认真巡查了四周围墙的高度和壕沟的水深。最后，他带着秀吉和前野将右卫门二人走进大殿，穿过三道门，亲自抓着绳子下到空井中，验收密道。

进到井中后，可以从下面将绳子拽下来。密道口位于井壁中部，被厚厚的羊齿丛遮盖，乍一看根本不会发现。个头高大的信长公可以在密道中直起身子前行。密道内到处点着刻有美丽十字架徽纹的挂灯，脚下看得清清楚楚。穿过密道，信长公就到达教堂地下米仓的后面。一无所知的基督徒看见突然出现在眼前的信长公，大惊失色，赶忙迎接。看见他们惊慌失措的样子，信长公非常开心。

回来的路上，信长欣然对前野将右卫门说道："将右卫门，干得不赖嘛。我会褒奖你的。"随后又调笑好色的秀吉，"如果让你干，肯定会在那里再挖一条道，一直通到女人住的地方。"

（你怎么不说你自己……）

秀吉当然不敢回嘴。

他本来担心信长公提及"将那些挖掘工封口"的事，结果对方压根没问。

秀吉早就将所有挖掘工送回了生野银山。他们几乎都是不会写字的聋哑人，可以保守秘密。

秀吉之所以被提拔成织田家的第一武将，就是因为他干了这些幕后工作，只不过其他家臣无从得知罢了。

不满和责难喷涌而出。之前排在前面的柴田胜家、佐久间信盛、林秀贞等老臣公开表示不满。他们就没想过信长公之所以破格提拔秀吉和光秀，皆因那些老臣的贡献度不够。

（我不说，你们就不动！）

信长对那些老臣的看法，便是如此。而那些老臣想的则是——

（就算我们动，你也不满足。）

信长和老臣之间的矛盾很大。老臣们需要面对的敌人，是像一向宗这样的佛教集团。人到老年，总不免渐渐反省往昔胡乱杀戮的日子，无法再像信长那样残酷行事。就这一点来说，那些老臣跟后来才来到织田家的光秀以及比他们年轻的秀吉确实不同。然而，信长无法理解这种差异。

佐久间信盛成了第一个牺牲者。这位老臣岁数不详，是一员老将。二十年前（永禄三年）的桶狭间山合战时，他奋勇当先，把守善照寺一带。现下年逾半百。

去年（天正七年）六月，他和信长之间发生争执。当时，光秀费尽心机，带着丹波八上城的波多野兄弟来安土城，为的就是和信长见面，签署投降书。碰巧信盛在安土。信长等了三年，一直无法击破波多野兄弟，对他们可谓恨之入骨。听说他们进城，不仅不见，反而命信盛将他们强行捆绑，处死在慈恩寺路口。信盛觉得这命令不近人情，有悖伦理，就苦口婆心地劝说，但信长充耳不闻。

信长冷冷说道："你还没有接受教训，要违抗命令吗？"

信盛听到"还没有"这几个字，心头不禁一紧，他明白信长不会忘掉前一年的事。那是天正六年攻打播州神吉城时的事。信盛和荒木村重负责攻打西门，落城之后，村重割下城主神吉民部的脑袋，却不忍杀死把守西门的神吉藤太夫。他们二人是至交。他和信盛商量，希望饶恕藤太夫，信盛欣然应允。哪知藤太夫被释放后，再度起兵回城，使得战火复开。村重和信盛的恻隐之情，就只换来信长的"仇视"……这兴许正是日后村重谋反的缘由之一。当时参与商谈的信盛被信长骂得体无完肤。信长这个人，不会忘却信盛的失误。

天正八年八月，秀吉和光秀得到提拔不久，因为这几年的矛盾纠葛，佐久间信盛被信长流放了。八月十七日，信长从大坂回到京都，又把佐渡守林秀贞、伊贺守安藤守就和丹羽氏胜三人流放。二十四年前，秀贞和氏胜曾拥戴信长的弟弟信胜，阻止信长继承织田家。信长开始对他们兴师问罪了。

（为何现在才对他们下手？）

家臣们都想不通。信长这个人做事从来无章法可循。总之，这是他恐怖的政治宣言——对提拔秀吉和光秀二人一事，不允许有任何抱怨和不满。

织田家早年混乱之时，老臣柴田胜家也曾反对信长，这时当然不敢发泄任何不满，只是忙着镇压加贺地区的暴动，将情况逐一上报，不敢有丝毫懈怠。

讽刺的是，信长这一系列驱逐老臣，靠实力说话的行为，招致了有悖其初衷的效果。

"我五十五岁了，年纪比信长公大，令他反感，早晚要被抛弃。我的命运早晚会像佐久间大人和林大人那样吧。"

悄悄嘀咕的不是别人，正是这次受到提拔的——明智光秀。

"信长公嘴上说要为万民开拓太平盛世，就其做法来看，无非是沉溺在个人欲望中的乱世奸雄罢了。"

光秀独自思索，越想越烦，身心交瘁。他更不曾想到——秀吉借助忍者，将他的苦恼和明智家的内部事宜看得清清楚楚。

第三章　超越霸王

1

“信长公的行为方式多少让人觉得怪异……”

姬路城的秀吉从天正九年（1581年）年初就听到如此传言。不仅是隐藏在安土城后宫的内应如此汇报，就连从细川藤孝和京都的伊藤道光处也有同样讯息。

秀吉纳闷道：“官兵卫，信长公该不会……”

黑田官兵卫颇有自信地答道：“这好像是真的。”

他说完又补充了一句：新入教的基督徒们也这样说。而且，那些传教士经常受到信长的传召，他们的话应该没错。

此时的官兵卫因为受到精心照料，皮肤病已经痊愈，但是萎缩的腿脚还没有康复，无法正常行走。因此，秀吉特许他坐在专用椅上。这样一来就显得官兵卫比矮小的秀吉高大，所以他说话时总是诚惶诚恐地缩着身子。自从信奉基督教后，官兵卫的身姿和心境都变了，整个人变得柔和。他主动将他的姬路城让给秀吉，像侍从一般跟随在秀吉前后。

官兵卫接着说道：“前一刻，他还非常开心，转瞬间就恼怒起来，犹如患了严重的神经性头疼，接下来便做出异常残暴的事。他的侍从们非常可怜，一刻也得不到安宁，时时胆战心惊……”

据说今年正月，信长很早就召集骑兵，说要举行阅兵式。结果检阅当天下雨了。那些骑兵好不容易才集合而来，他却懒得再去天守阁上露脸。当人们觉得事情告一段落后，他又突然叫来崛、长谷川和菅屋三人，命他们在安土城北侧修建马场。安土城的建造工作历经五年，去年年末才刚完成，此时竟要整修。那些事务官员觉得奇怪，无奈信长根本没告知任何缘由。

正月八日，信长又突然冲骑兵发出指令。

“十五日举行‘左义长’活动。准备好爆竹，所有人扎上头巾，正装打扮，各自准备好。”

“左义长”活动一般在小正月举行，起源于平安时代，是一种驱邪占卜的仪式。词源来自真言院的“三岐杖”[①]。届时，人们会将新年中的松饰聚在一起烧毁，俗称“烧火节”，很受孩子们欢迎。

“小时候，我也开心得不得了。用手摸那些烤火的女人的屁股，然后跑开，太有意思了。”秀吉回想起顽童时代的事，很是怀念，“我曾在长浜城下举办过这样的活动，但当时被宁宁盯着，没有意思。啊哈哈哈。”

主公信长动员起整个军团的骑兵部队，还要放鞭炮。

（还放鞭炮？听一听都觉得激动。我也想去瞅一瞅。）

百无聊赖的秀吉很起劲，但他也知道，从日程上考虑，来不及赶到安土，只好作罢。

正月二十五日——

将在京都举办“聚马式”。各自准备盛装，前来参阅。

这封盖着朱漆红印的命令，被送至织田家众将手中。一个月后的二月二十八日正式阅兵，时间上比较宽裕，但所谓“盛装”究竟要怎样着装？大家都是一无所知，就连官兵卫也对这种古老的仪式知之不详。

（半兵卫不在，在这种情况下，还是不方便呀。）

秀吉嘴里发着牢骚，赶忙让人前去查问。

所谓“聚马式”就是自古常说的“集合兵马”——将所有骑兵部队集合在一起，进行检阅。

这个说法来自幸若舞的表演，其中把当年源赖朝举兵的场面称作“聚马式”。

（有意思。这次，我也要去。）

因为大雪封路，现在还不能去备中、备后地区的北部战场，只好暂时休战。于是，秀吉立刻回复明智光秀，表达出参加“聚马式”的意愿。

平定丹波后，光秀从一线战场退出，专门负责织田家的各种事务。他曾

---

① 日语“左义长”和“三岐杖”读音相同。

跟随朝仓氏和足利幕府，学富五车，博古通今，无论什么事都处理得井井有条，没有差池。也许正因如此，他反倒被信长使唤来使唤去，尽干一些琐事。

光秀很快就派人送来了“秀吉大人亲启”的回信。

信里面写着很多汉字，秀吉无法看懂，只能找来文书代读。一听之下，登时大吃一惊。

大家争先恐后都希望参加“聚马式”，总数达五千骑。如此一来，皇宫东侧广场无法容纳。这次实在抱歉，请身处远地的武将暂且回避——这显然是一封措辞客气的回绝信。

“那我们就不勉强了。好吗，官兵卫？”

秀吉把光秀的信递给官兵卫。官兵卫凝目盯着信函，一直没有抬头。

秀吉问道：“有什么问题吗？”

官兵卫答道：“这封信的内容有点奇怪。”

“是吗？你说说看。”

“上面说请身处远地的武将暂且回避，但身处远地的不仅是大人您，还有北庄的柴田大人。他参加吗？光秀大人也回绝他了？这封信似乎语焉不详。明智大人平素做事细心谨慎，面面俱到，这封信的写法不符合他的性格。”

秀吉没有深思，随口说道：“你这话确实挺有道理。光秀大人在这方面是很小心的，不会有疏漏。光秀大人忙得团团转，或许没考虑那么细。好了，算了吧，充其量就是场游戏。即便胜家参加，我也不想和他争强斗胜。意气用事只会让光秀大人为难。就放弃吧。”

“只要大人您觉得可以就行。”

秀吉很豪爽地写了一封回信，表示明白。然而，事情尚未结束。根据藤孝发来的信函，这次的“聚马式”还有一件麻烦事。

京都的事务官告诉信长，广场局促，希望限制参加人数。

信长听到汇报后，不以为然地说了一句——

“那还犹豫什么？拓宽广场不就行了？”

但是，那里离天皇的皇宫很近，无法随便拓宽。相关人员测量过，此次“聚马式”的场地大小至少要南北四町，东西一町。在这个范围内的东南角上，有一个守护神社，不能随便迁移。光秀作为使者，前往协商，结果遭到王公大臣们的猛烈抨击。

“为何要在京都皇宫举行仪式？在安土城有何不可？”

还有人说，追本溯源，白河院检阅护卫武士时才举办这种仪式，这需要天皇下旨。织田大人虽说统领天下，其身份毕竟不是朝廷命官，如果随意举行仪式，岂不有悖常理……

秀吉再次叫来官兵卫。

“我觉得朝廷方面的说辞名正言顺。你觉得呢？在那么小的皇宫周围举办聚马式，本来就是个错误，不是吗？”

他指着京都地图，征询官兵卫的意见。但是，出身不同的官兵卫对于涉及朝廷的问题，俨然是个门外汉，更何况成为基督徒后，对于天皇的事情，他近乎漠不关心。秀吉根本无法指望和他商谈此类事情。

官兵卫点点头，只是不停表达着对明智光秀的同情。

“光秀大人夹在中间，无可奈何吧。”

两人说不到一块去。秀吉感到寂寥——此时，半兵卫在就好了。

信长公对朝廷的态度有问题。他最近变得非常傲慢不驯。

这很让秀吉悲哀。秀吉的出身是丹波“山民”，却坚信祖先可追溯到血统高贵的藤原氏。秀吉的父亲弥右卫门举家来到土地肥沃的尾张中村，想要融入平原人家。秀吉由此自称农民之子，只是不让人产生戒心，怕别人探寻他的出身。其实他是个骄傲和自负的人，认为祖先曾是天皇身边的第一朝臣。

当朝廷被人蔑视的时候，这位朝臣的后裔痛心疾首，肝胆欲裂。哪怕对方是信长公，他都无法原谅……

秀吉自知和官兵卫说不下去，便再次让小六去查明事情原委。结果出来后，秀吉这次不但喊来官兵卫，更把小一郎、将右卫门等亲信都召来了。

小六首先说道：“这次的聚马式，并非天皇初衷。不仅如此，那些朝臣们还私下议论，认为这是信长公为了逼迫天皇退位而进行的一场示威行径。”

小六和秀吉一样是“山民”出身，非常同情朝廷的境况。

“我本来觉得不会这样……将右卫门，你那边的调查怎样？”

秀吉皱着眉。有关忍者的工作，秀吉一分为二，分别交给小六和将右卫门，让他们互相竞争。

“要搞聚马式，就要拓宽皇宫东侧的广场。京都的事务官不听光秀大人的劝阻，打着信长公的幌子强行施工，导致皇宫东南角的守护神社被拆毁，搬迁到天满神社附近。当今圣上听闻此讯，不胜唏嘘。”

将右卫门也是“山民”出身，和秀吉、小六一样崇敬朝廷。他满脸通红，义愤填膺。听到他的报告，秀吉勃然大怒，好不容易才克制住。

“够了！我不想再听了。不要说了，不要说了。”

他别过脸，想平复心头的愤怒。

前年（天正七年）十一月，信长公兴建了充满谜团的二条御所。秀吉曾期待那是信长公尊敬皇室的表现，可惜这美好的愿望落空了。信长让诚仁亲王（皇太子）搬进那里，使之和天皇分开，成了他的傀儡。如今，亲王对信长唯命是从，凡事都无法和父皇商议，被迫下了好些指令，朝廷犹如一分为二。后来又爆出另一件惊人的事——信长收诚仁亲王的儿子兴意亲王当了养子。如此一来，一旦兴意亲王登基，信长就是天皇的养父，更可以肆意妄为，再无顾忌了。

（他和我们祖先的敌人藤原道长一模一样。）

秀吉暗咬嘴唇。

藤原道长是平安中期的政治家，他将三个女儿嫁给三代天皇，号称三后之父。三条天皇患上眼疾后，道长迫他退位，让长女（彰子）生下的敦成亲王（后一条天皇）登基，他本人则以外公身份摄政，专横跋扈。秀吉坚信自己的祖先是中关白藤原道隆——道长之兄。这个道长将道隆一脉拉下马，篡夺了关白一职。

（这么说来，信长公也是我前进路上的绊脚石……）

最后的“绊脚石”一词令人毛骨悚然，秀吉不由自主地颤抖起来。

通过聚马式逼迫正亲町天皇早日退位……朝臣们的担忧恐非空穴来风。

秀吉漫不经心地嘟囔着，讲了一句总结陈词。

他和信长的差异不再是竹中半兵卫遗言中提到的“器量大小”一事。秀吉明白两人的鸿沟已涉及对朝廷的政治态度。

2

“信长公的事真是让人扫兴，聊聊别的吧。”秀吉听到信长怠慢朝廷，很不高兴，打断了小六的汇报，“对了，上次让你们派忍者调查三河大人那件事，后来如何？信长公为何要让信康切腹，调查清楚没有？我还没接到你们的回报呢。”

时隔一年的悬案。

将右卫门闻言立刻答道："关于那件事，我们想从安土和三河两方面，尽可能多地搜集到靠谱的说法，一不经意，就把时间拖长了。不过，大致的结论还是出来了。"

"那就说来听听。"

秀吉终于心情平复一些，将案儿放在面前，撑起两只胳膊。

前野将右卫门缓缓讲道："那是前年（天正七年）六月中旬……快一年半了，三河大人向信长公赠送骏马，派老臣酒井小五郎忠次大人出使安土。信长公非常爱马，拥有上百匹良驹，所以这次的礼品委实不算稀罕，但对方毕竟是三河大人，事情要另当别论。信长公立即召见酒井大人，礼遇有加，设宴款待。酒席上，信长公突然问道：'三郎最近怎样？'"

"三郎就是他女婿信康吧？"

"没错。信康大人性格暴烈，冈崎当地人都说他像个厉鬼，不像父亲家康。信长公似乎早就收到了德姬夫人（信长之女）的信函，她把丈夫的胡作非为一一告知，希望父亲能帮着训斥一下。"

"哎呀呀，年轻人偶尔是要乱来一些的，否则难成大器。但是这该由他父亲来批评呀，竟然写信让岳父训斥，真是岂有此理。真是蠢女子的牢骚话。"

"但是，她在信中写了许多捕风捉影的传闻。如此一来，事情就变严重了。"

"比如什么事呢？"

"信康和武田家交换结盟密约。"

"这种政治动向方面的事，德姬都告密？"

"不仅如此，三河那边的人都说酒井大人也有错。"

"是吗？这倒挺有意思的，你说说看。"

秀吉合上眼睛，似乎不想听漏一句话。

"酒井大人是三河大人的家臣，其实他家以前在三河当地是很高贵的，他的年纪也比三河大人大，所以他说到德川家的事情时基本没有顾忌。而且，他确实大意了，觉得对方是信康的岳父，就像一般老头那样发牢骚，把信康的胡作非为一五一十说了。信长公仔细听完，从怀里掏出写有信康几条罪状的记录，递给酒井大人逐一确认。听说酒井大人刚开始没回过味，不知道信长公要干什么。”

秀吉嘟囔道：“这也当然，谁都会以为那是酒桌上的闲聊。”

这份记录中，有以下几项弹劾信康的条目。

（一）参观舞蹈表演时，放箭射杀舞蹈拙劣者。

（二）外出狩猎收获平平，迁怒于路旁僧人，将其射杀。

（三）在妻子德姬面前砍杀宫女。

“条目最后明言信康和母亲筑山夫人和甲州的武田胜赖有密信往来，欲脱离信长公自立。谨慎起见，附有据说是两人身边随从发来的可疑信函作为佐证。”

“那兴许是信长公费尽心思做的伪证吧。可怕呀。”

秀吉睁开眼睛，一想到信长的三白眼就不寒而栗。

“是的。酒井大人真可怜，在宴席上喝醉了，话说得太多，没料到信长公的用意。信长公突然开口说：‘德姬告诉我的话，和你说的大致相同。这种男人前途堪忧，对织田、德川两家未来的稳固更是大有威胁。你回去告诉三河大人，让信康切腹。这是命令！’他甚至不听酒井大人回话，起身就走。这都是一瞬间的事。”

秀吉忍不住插嘴道：“唉，那三河大人如何面对信长公的指令呢？”

老臣酒井忠次硬着头皮回到冈崎，告诉德川家康——

“信长命你杀死信康。”

家康这个父亲听到这种报告，会是怎样的态度呢？秀吉想知道这个。

“听说他立刻询问酒井大人是怎么对织田大人说的。”

“这是当然。”

“酒井大人不知如何作答，只是坐立不安，最后发疯般说了句胡话——没办法了，要保住德川家的面子，只好跟织田家打一仗了，就让我打头阵吧！”

秀吉冷笑道：“真是愚蠢。那三河大人怎样回答呢？”

“听说他默然不语，盯着酒井大人看了好久，然后吩咐对方退下。之后，他召集相关重臣去了另一个房间。”

“再然后呢？”

秀吉嘶哑着嗓子，一字一句问道。他被家康那超强的忍耐力震惊了。

“之后的事，很遗憾，那些重臣嘴巴很紧，到现在都没打听清楚。好像大家都不赞同接受信长公的要求，一致批评信长公。他们大体分成两派，温和派主张再次跟信长公商量；主战派则坚持回绝信长公的要求，不惜一战。双方的论战接近白热化，根本无法统一意见，就这样持续了好几天。”

“那是当然。年轻人都会犯错误，信康之举是否不可原谅，这要由他父亲三河大人监管、决定。就算信康真和武田家有信件往来，这种草率行径只要训斥一番足矣。信长公这个岳父哪有资格插嘴！那好，后来怎样呢……”

“这个嘛……”

将右卫门抿着嘴，似有难言之隐。

“尚未弄清，是不是？所以一直没来跟我汇报，对吧？”

“抱歉，最近虽然查出了一些事，但是有待确认……”

“那你就简单说说吧。”

“之后，三河大人离席而去，单独跟本多忠胜大人密谈了近一小时。”

“近一小时？就和忠胜一个人？”

本多忠胜当时三十二岁，是一位年轻的谋臣。他后来和井伊直政、榊原康政、酒井忠次合称家康的“四天王”。他从家康幼年去今川家当人质时就一直陪伴家康，同甘共苦。桶狭间山合战如火如荼之际，正是他背负襁褓中的信康逃离骏河，回到冈崎，德川家的人对他的这番大功一直津津乐道。忠胜是智勇双全的名将，秀吉手下就没有这样的人，所以他非常羡慕家康。

秀吉再度闭上眼睛，想象两人商谈的情景。家康怕是又开始咬手指甲了，他有这个习惯；而忠胜则是正襟危坐，苦思冥想。之后，两人会说什么呢？

就算是秀吉，都无法猜透之后的事。

“一小时后，三河大人从房间出来时，情况如何？”

秀吉只好从这个角度去推测了。

“这个……听别的重臣讲，三河大人竟然露出了微笑。”

秀吉讶道：“啊？你说他笑了？”

“对，确实如此。他很快就命令信康切腹了。”

“忠胜那家伙……到底怎么跟三河大人说的……”

“那就无从得知了。听说三河大人当时对那些等得不耐烦的重臣反复嘟囔‘鹪鹩’、‘鹪鹩’……就像念咒似的。哎呀，这兴许只是谣传吧。”

“咦？鹪鹩——他真是这样说的？”

"是的，听说是的。"

"鹪鹩？没错，的确如此……"秀吉沉思片刻，突然问道，"信康出生时，三河大人多大岁数？"

"十八岁。"

"所以他是十六岁迎娶筑山夫人，不久就生了这个孩子。"

"是的。"

秀吉猛地一拍膝盖，脑袋里冒出一个新鲜的念头。

（如此说来……）

鹪鹩是一种愚蠢的鸟类，它抱回杜鹃鸟的蛋，最后被孵化出的小杜鹃鸟抢占了窝。倘若家康口中确是"鹪鹩"二字的话，结论只有一个——

信康不是家康的亲骨肉。而那个杜鹃嘛，大概跟今川义元有关。

（是呀，信康的确不像家康，皮肤白皙，有气质，性格也相差甚远。）

秀吉出席婚宴时见过信康。他不停回想信康的脸庞，嘀咕道："对，若信康真是'杜鹃鸟'的孩子，家康那家伙这次反倒利用了信长公的命令。"

"杜鹃鸟"今川义元本想利用外甥女的肚子，兵不血刃地占领三河地区。信长令信康切腹，反倒帮德川家除了后患。

（事情恐怕就是这样了。那个男人之所以肯默默杀掉儿子，合理的缘由只有这一个呀。）

秀吉摸摸下巴，点了点头。

（纵然如此，家康这男人真是何等幸运，博得了世间的同情，又预先除掉后患……）

家康似乎比秀吉更加幸运。这让秀吉眼红。

3

秀吉没去成二月的"聚马式"，自然不打算去三月五日举行的第二场"聚马式"了。他决定当个旁观者，从侧面观察信长的怪诞言行。哪知就在第二场"聚马式"举办前的三月三日，他突然被信长传见，只好紧急前往安土城。

（信长公欠我人情，估计不会斥责我。）

这次，他昂首挺胸地离开姬路城。不出所料，他被信长正式任命为中国地方政务官。

“如此殊荣，实乃意外，喜不自胜，又觉责任重大，如履薄冰。我当恪尽职守，粉身碎骨，在所不惜……请主公尽管放心！”

秀吉看上去非常高兴，眼泪都要夺眶而出了。他演技一流。

秀吉事先就知道这个人事安排，细川藤孝早就告诉他了。光秀开始主攻政务之后，秀吉从光秀和藤孝那里将相关的人事安排了解得清清楚楚。他自然知道这次任命的原因。

前年，秀吉辞去统帅职务之后，继任的信忠刚一接过帅印就出现重大失误，让荒木村重逃离了有冈城。这本就让他父亲信长失望，到了当年年末，信长下令处死荒木一族，信忠又带头反对，这更让信长失望。秀吉通过藤孝的密信，把事态掌握得一清二楚。他经常冲着留在姬路城的官兵卫表达对信忠的同情之意。

“信忠大人是乳母日伞带大的，厌恶残忍行为。”

官兵卫狠命点头，用自己从基督徒那里得到的情报补充说明。这更加坚定了秀吉东上的信心。

“信忠大人之所以反对父亲的决断，还有一个不为人知的原因。”

“是吗？还有理由？你说说看。”

“高山右近和中川清秀这两员武将向信忠请愿，希望宽大处理有冈城的幸存者。毕竟这两人曾是荒木村重的部下，后来投靠了织田军，心里过意不去。尤其是右近，他父亲飞驒守重情重义，留在村重身边，落城后被俘虏。为此，右近拼命向信忠进言恳求。他曾经向我吐露过心声。”

“那么，飞驒守后来怎样了呢？”

“他们的请愿生效了，飞驒守好像被送到北庄囚禁了。”

“是吗？放到胜家那里啦？有冈的俘虏几乎全被杀死，这是唯一的例外吧。看来铁石心肠的人也会落泪呀。”

秀吉狠狠挖苦信长。

“或许吧。是的，是这样的。”

“藤孝在信中说信长公非常生气，把信忠大人痛斥一番。‘像你这样软弱怎么行？无法得天下的！’你怎么看这件事？”

“这些，我还不知道。”

“我不是问你知不知道。我觉得信长公这番批评没道理，你觉得呢？”

“您说得没错。像那样夺取天下，不过是‘霸王’而已。即便能夺取天下，也维持不了多久。”

“像信忠那样‘恻隐’又如何呢，能取得天下吗？”

“那也不行。‘恻隐’是必要的，但在夺取天下的过程中不能占主导地位，最多只能起辅助作用……”

“那么，像信长公那样搞‘威慑’的话，有用吗？”

“‘威慑’是必要的。不过，我觉得那只能隐而不发。”

“是吧。那么，表面上该怎么做呢？如果是你，会如何夺取天下……”

“还是‘理’吧。即便是歪理也不要紧……”

“即便是歪理也不要紧？哇哈哈，说得好，不愧是官兵卫。竹中半兵卫说不出口的话，你竟然能恬不知耻地说出来。但是……如果我进入权力核心，说不定会像信忠那样看重‘柔情’喽。想摆脱都摆脱不了。光想一下都觉得可怕。”

秀吉摸摸胸口。官兵卫微微一笑，徐徐开口。

“所以说，这次您重新担任中国地方的统帅，千万不要轻率地认为是获得了‘渔翁之利’……”

“是吧。为什么呢？这可是重大任务。除了我，还有谁能担此重任？”

秀吉充满自信地揉揉鼻子。

“除了您，再无他人。但这终究是您个人的看法。如果光秀和胜家他们有自己的歪理，内心中就会产生扭曲的情感。您可不能小觑呀。”

“明白了。你说的是男人的嫉妒心吧？那……”秀吉思索片刻，坦然说道，“我这次去见主公，就不在安土城一带逗留了。恐怕信长公不是非常开心，没准会朝我发邪火呀。”

秀吉跟他们在姬路城密谈后，做好充分的思想准备，这才前往安土城。

秀吉接受指令后，按计划早早离开安土，却没有回到前线。

“我想去看看养子秀胜，请您准许我回家一趟。”

他打着看秀胜的幌子跑到长浜城。长浜城比光秀的坂本城晚建三年，天正三年完工，结构却只有三重五层。在城池规模上，秀吉不想和光秀较劲。同样是天正三年，柴田胜家在北庄建城时，为了不输给两个后起之秀，建造了九重的天守阁。

两者相比，风格正好相反。实际上，从这里望出去的景色，远远超过坂本和北庄——秀吉总是以此暗暗自负。

他回到长浜，先到谒见室夸张地拜谒秀胜。他知道秀胜身边的侍女会向信长汇报，所以特意导演了这一幕，想借她们的口博取信长的信任和好感。

拜谒结束后，他带着秀胜来到引以为豪的天守阁。

“你看！樱花对面就是琵琶湖呀；西南面就是你父亲的安土城，我每天早晨都在这里冲着那个方向叩拜；北面是贱岳；东面是关原。这里的景色看上去宛如一幅花海、湖泊交织的画卷。”

不管秀吉怎样说明，秀胜都面无表情，显得呆呆傻傻。秀吉一看便知这孩子是平庸之辈，而且生来孱弱无力。妻子宁宁非常惋惜，秀吉却暗自窃喜。

（这只是信长给我的人质罢了。而且，这座小城，何时交给这个小家伙都无所谓。）

秀吉见完秀胜，立刻跑去京都和那些女人幽会，名曰求子，其实只是贪恋女色。当然，就算人在京都，他都密切注意藤孝送来的有关朝廷的报告。

三月五日，第二次“聚马式”结束。朝廷决议让信长出任“左大臣”一职，派两位女官前往本能寺告知信长。信长见对方是女官，自然不好意思将她们轰走。他接见了她们，坚持要求正亲町天皇退位，否则不肯就任“左大臣”一职。

接下来的三月十九日，朝廷在皇宫召开了公卿扩大会，让所有朝臣和皇亲国戚参加，商讨是否让天皇让位。公卿们一致否决让位一事，理由是——正亲町天皇的父亲后奈良天皇、祖父后柏原天皇、曾祖父后土御门天皇都没有让位，直至享尽天年。不能打破这历经三代，长达百年的先例。

钦差随即前往安土城，向信长转达了朝廷方面的决议。朝廷和信长围绕着让位和官职的暗斗，从当年“聚马式”就开始了，结果就这样含混画上句号。双方不相上下，没有输赢。

然而，信长的心情并没有舒缓。这一年中，他一会儿举办盛大活动，消愁解闷；一会儿又乱发雷霆。这样的情况不断发生。他感情起伏大，症状近似于病态的“郁闷”和“躁动”。他的“郁闷”更带有残虐性；“躁动”则让他不惜重金，沉迷玩乐。这里按照时间顺序，列举信长当年的一些行动。

四月十日，信长带着五六个随从去了竹生岛，参拜一天。他先顺道骑马去了秀吉的长浜城，从那里登船航行五里，参拜竹生岛。这趟旅程来回三十里，通常要住一晚，而信长则当天往返。如果秀吉在长浜城，信长或许会来此留宿一晚。

那些留在安土城的妻妾们听说信长回城，大吃一惊。她们趁信长不在，便前往附近的桑实寺参拜。信长突然回来时，大部分人还未归城。信长勃然大怒，把贪玩的女人全部绑起来，还派使者前往桑实寺通知剩余的妻妾赶紧回来。接到信长的催促令后，桑实寺的长老替那些女人赶来谢罪，无奈信长理都不理，将外出的女人连同长老一并处死。

一日疾驰，往返三十里，这本就不同寻常，又把妻妾和长老杀死，更不像正常人所为。只能认为这是他心中“郁闷”，悻悻不乐的表现。

五月十日，信长血洗了和泉地区的槙尾寺。据说该寺提交的有关土地面积、年收入的明细报表中，有瞒报处。在西部地区的三十三座大寺庙中，槙尾寺供奉着第四大巡礼观音，空海上人年少时曾在这里学习教义，并剃度出家。这是一座名闻遐迩的大寺。结果，信长不管三七二十一，将佛塔、殿宇、寺庵、僧房以及经卷，悉数烧毁。

七月十五日，盂兰盆大会，信长让安土城下的总见寺挂起数千灯笼，让骑兵坐船，手拿火把。安土城内外亮如白昼，天守阁在火光中倒映在水面上，展现出一幅城池和湖水交相辉映的巨大画卷。信长此举动用了五千士卒和一万个火把。

这就是“躁动”的开始。

八月一日，信长把五畿内和邻近地区的武将召集到安土城，再次举办聚马式。这次活动当然不是天皇要求举办的，所以无人知道信长的用意，而天皇自然没有出席。兴许这只是信长“躁动”的延续吧，无非是一时兴起。

接下来的八月十七日，信长捉来高野圣僧约四百人，将他们全都残杀于安土。所谓高野圣僧，就是从高野山出来云游四方的僧人，他们专门宣讲弘法大师空海的教义以及高野山的灵验之说。当时的确有些世俗化的恶僧横行霸道，其中混杂着荒木村重的余党。其主要人物就是荒木久左卫门和同志摩守。信长得知两人藏匿于高野山，便发出盖有朱红大印的命令，派人前去捉拿。但是，高野山无视他的命令，拼死辩解——自弘法大师以来，高野山不涉及世俗纷争，对出家者则不问其过去，让其在此避难，度过余生。这是传统。信长的使者对此充耳不闻，声称久左卫门一伙人以高野山为根据地，暗自联络毛利家和前幕府将军足利义昭。双方争执数日，高野山上的一些过激僧兵杀死了信长的十个使者。这就是虐杀高野圣僧的由来。

信长的怪异行为还在继续。期间，秀吉一直保持着旁观者的态度。

4

秀吉在夫妻生活方面和正房宁宁不是很融洽，但是他连蒙带骗，将妻子玩弄于股掌间。

“对我而言，你是例外中的例外。别像其他女人那样胡思乱想啦。”

秀吉明明没理却硬是编出个歪理，反过来批评妻子。

尽管如此，宁宁还是吃醋。于是，秀吉先派人散布谣言——“宁宁亲手毒死了秀吉大人和阿南夫人的孩子秀胜！”继而主动辟谣——“宁宁不是那样的坏女人！”而后故意让人把话传到宁宁耳中。这种谋略已经超越狡诈了。如此一来，对于秀吉的寻花问柳，宁宁无法再生气了。秀吉也趁机不再待在长浜城。

三月二十九日，有记录（《兼见卿记》）称秀吉在京都的清水寺主办酒宴。他邀请了信长的近臣，包括京都事务官村井贞胜、贞成父子，堺地区的事务官松井友闲等。从这些受邀人选来看，不难发现秀吉想打探“聚马式”后，信长和朝廷的关系以及堺地区的动向，而非单纯游乐。名义上是欣赏滑稽剧，出席者却都是根本不懂欣赏的武将，大家一味饮酒，最后模仿演员的姿态手舞足蹈，自娱自乐，喧闹嬉戏。秀吉给那些参与表演的武将送上一件窄袖便服，附带一包重金。

秀吉就这样暗中观察信长的动向，并开始拉拢其周围人。另外，对于朝廷的动向以及竞争对手光秀的行动，他也通过细川藤孝以及诗友里村绍巴、里村昌叱等探听虚实。

此时，积雪消融，攻打鸟取城的战火重燃。秀吉将大小事务全交给小一郎，没有回姬路城，而是滞留京都一带。寻花问柳之余，又屡屡接触京都和堺港的商人，以及藤孝和绍巴等诗人。秀吉打算速成和歌和连歌。当时，相对于贵族的长诗，民间兴起平民诗，诗风平易，就算是秀吉也能很快掌握诀窍，吟诗作赋。而且他会放下架子一掷千金，不难想象那些诗人是如何乐于传授。

此时，秀吉四十五岁，有钱有时间，终于能随心所欲地享受生活。

五月中旬，秀吉结束安土行程，回到姬路，却没有立刻前往战场。六月十二日，他将津田宗及邀请到姬路城，召开茶会。（《宗及茶道日记》）可以说，他是优雅地回到了战场。而光秀则在信长身边侍奉，心绪烦躁。两者比较，对照鲜明。

六月二十五日，秀吉终于率领两万多将士，离开整修一新的姬路城，朝着因幡的鸟取城进发。时值盛夏。

当秀吉不在军营时，一切军务、谋略皆交付于官兵卫。在因幡周边的局部战斗中，以小一郎为统帅的羽柴军几乎是不战而屈人之兵。康复后的官兵卫尽量避免杀戮，不惜重金收购敌方城池、堡垒周边的粮食，使之食不果腹，被迫投降。

几乎没有像样的战斗。接到报告的秀吉默认了这种战略。秀吉整天估算朝廷的动向和信长的怪异行为，在送往安土的战报中依然夸大其词，俨然曾发生过激烈的战役。在由他直接指挥的进攻鸟取城的战斗中，秀吉打算采用同样的战略。鸟取城的城主是以勇猛善战而闻名的吉川式部少辅（经家），此人跟毛利家的当主是兄弟关系。此城地势险要，建在山上，四周没有人烟。

秀吉根本就不想为那个蔑视朝廷、言行怪异的信长而拼死一战。

一条大河穿城而过，从西面流到东南角。在离鸟取城二十来町的河边，有一座和本城相连的小城堡。在河川的入海口附近，还有一座和本城相连的小城堡。

“鸟取城的援军或许会从安芸地区沿水路而来。所以，我们要将大本营建在视野开阔的高处。”

秀吉听取官兵卫的建议，在鸟取城以东七八町的地方寻得一座高山，将大本营建在那里——帝释山，再度展开断粮战术。首先，围住鸟取城，切断从那两个小城堡向本城运送粮草的通道，使其孤立无援。在鸟取城四周每隔五六町抑或七八町，秀吉设置了得意之作——鹿砦①，将敌兵困在城内。他让各部队接近敌方，发起攻击的同时挖掘壕沟、设置栅栏、修筑高大的泥墙，再密不透风地建造两三重瞭望楼。同时又在阵地后方挖掘壕沟，设置栅栏，建造坚固的瞭望楼，以防背后受袭。

就这样，城周两里以内，秀吉军修建起高大的泥墙，夜晚在阵前点起熊

① 军事上的障碍物，形似鹿角。

熊篝火，整个战场犹如白昼一般亮堂。秀吉还命令加强巡逻，在海上设立警戒船，将海边一些可供船只停靠、藏匿的住家统统烧毁。另外，秀吉通过海上运输，从丹后、但马地区运来能支撑几年战斗的军粮。秀吉丝毫没有在毛利军从安芸赶来前，就不顾一切，攻陷鸟取，从而建功立业的念头。他从一开始就做好了长期打算，想要饿昏城内的士兵。

鸟取城根本没有那样易守难攻。

（我可不能像光秀攻打八上城那样愚蠢。）

秀吉坚持己见，官兵卫也表示同意。两人决定，一旦听到毛利家援军出动的消息，就跑去安土向信长哭着求救。实际上，毛利家派援军来的可能性非常小。自打中兴之祖毛利元就死后，当家者根本没胆量从海陆两个方向远征鸟取。正因如此，秀吉向信长求救就颇有含义了。官兵卫是这样解释的：这样一来，我们就可以向信长公道谢——毛利家的部队只要听说信长大军将至，自然望风而逃，我们的士兵就躲过一劫啦。

“大人，就这样办吧？这次进攻因幡，大人决不能贪功。织田的家臣们本就嫉妒您受到提拔。这次您又出任中国地方事务官，那些武将不会反省自身的无能，只会恼羞成怒，尤其是柴田大人和泷川大人。佐久间、林等人被流放时，他们不敢公开发泄不满，私下里却一定会散布流言。”

官兵卫一直唠叨着，脸上全无笑意。

秀吉想要岔开话题，笑道：“那些老武将，确实烦人。”

“不仅是老武将，明智大人也是发泄不满的急先锋。”

“啊哈哈哈，那个男人总是这样。”

“您要当心。如今最重要的就是别太显眼。现在您要夸大敌人援军的规模，向信长公求助。不仅要欺骗敌人，也要迷惑自己人。这也是兵法哟。你必须将自己放低——我独木难撑，请各地武将前来援救。这才是消除那些家臣嫉恨的灵丹妙药。大人进攻上月城的时候也曾寻求救援，但那跟这次的情况不同，大人这次是明知可以单独完成任务，偏要故意求救。”

“我明白了。”

秀吉暗暗皱眉。他一方面不想驳回官兵卫的建议，一方面又另有打算。他按照官兵卫的建议向安土求援，希望信长父子亲征。

（如果把信长公拖到中国地方，或许能延缓他和朝廷之间的对立……）

秀吉犹自抱有一丝希望。

信长根本就不知道秀吉的这种想法，只是琢磨这个男人是否在认真作战，觉得有必要在发兵前，派人去考察一下。于是，信长想出一计。八月十四日，他让高山右近带着三匹好马去鸟取城，送给秀吉。只是送三匹马，竟然让一个享有四万石俸禄的大名去做，这真是太怪异了。不过其附带的指令却颇含意味。

信长如此命令右近——详细调查鸟取方面的情况，回来报告。其用意不言自明。只是攻打一座鸟取城，秀吉这家伙竟然摆出长期作战的架势，真有这种必要吗？真的要发援军吗？右近，你打着送东西的名义，认真观察。

右近带着三匹马来到鸟取。秀吉听说使者是他，由衷高兴。只因此人和官兵卫的关系亲密。

秀吉赶紧叫来官兵卫，问道："官兵卫，你还没正式加入基督教吧？"

"还没有。"

"为什么呢？"

他竟然催促官兵卫改信基督教，这让后者觉得奇怪。

"完全不杀生之前……我尚未拿定主意。我有困惑，所以先不信教。但是，我早就想好这件事了，早晚会的。"

"另一个苦闷的男人奉信长公的命令来喽。他就是来调查我们'不伤一兵一卒'的战法的——高山右近。你要费心了，让他回去别说我作战不力。"

"遵命。这是个好机会，我要好好向右近大人讨教基督教的教义。"

"是啊，你不妨顺便问问。你最好用你擅长的歪理，向他讲述鸟取城如何易守难攻，而我们的战法又如何正确。右近跟你一样讨厌杀生吧？如果这样，他会理解我的战法的。"

"遵命。"

右近就这样掉进秀吉的圈套。九月中旬，他调查完鸟取城的情况，回到安土。右近以图纸向信长讲述鸟取城的坚固，受到褒奖，此事见诸《信长公记》。

信长似乎非常满意这番报告，从此把中国地方的事情完全交给了秀吉。十月九日，信长突然前往相反方向的伊贺地区。他上个月（九月）刚让次子北畠信雄指挥征讨该地，这次名曰视察战果，实则无异游山玩水。他这次实地视察受到继承伊势地区北畠家的北畠信雄的高度重视。北畠家是被迫接受信长这个傻儿子当养子的，所以信雄这个"摘桃派"（信长除去了北畠氏的亲生儿子）一直不受当地人民的待见，很想获得一块新地盘。

信长对部下苛刻，却非常宠爱儿子。这次视察的结果就是他把伊贺四郡中的三郡交给次子，将剩下的一郡交给弟弟信包。信雄不满叔叔横空夺取一郡，殊不知这是哥哥信忠向信长进言的结果。织田家平定伊贺地区之后，剩下的就只是其家门内部的你争我夺。只有一点值得关注，那就是伊贺流忍者的下落。

日本的忍者流派数不胜数，其中最有名的当推甲贺流和伊贺流，而伊贺地区正是伊贺流的诞生地。伊贺流的第十七代掌门人平内左卫门有三个儿子，分家后相继出现上服部、中服部和下服部三派。这三派难当织田家的攻势，几被杀光，幸存的八十余人皆逃到三河，投奔德川家康。那些人中，就包括日后担当家康谋臣的服部半藏。攻打伊贺时，愚蠢的信雄把男女老少悉数杀了，从而将本该成为部下的杰出人才拱手让给家康。

秀吉根本不管织田氏的窝里斗，充满自信地继续攻取中国地方。他的经略方针早就凌驾于信长之上了。

十月下旬，鸟取城主吉川经家决定开城投降。城内只有经家等两人切腹，余人性命皆得保全。当时，城内弹尽粮绝，惨象迭现，人们争抢着死人肉。

“虽然不是我亲手杀的，但是……大人，我们干的事情会遭报应。”

官兵卫将手放在胸前的十字架上，嘟哝着。秀吉装没听见，仰面望天。他脑袋里只有信长公和朝廷的关系。

要如何避免这种关系破裂，甚至使之得以复原呢？这个问题，秀吉无人商谈。他信任的官兵卫只懂得寻求基督教的救赎，根本不挂念朝廷。足以商谈的对象，就只有离去的竹中半兵卫了……

“半兵卫，你为何丢下我，独自离去？”

秀吉仰望苍穹，怀念半兵卫，一天天哀叹度日。

5

天正九年快要结束的时候，信长派往各地的手下和盟友给安土城送来各种新年贺礼。《信长公记》的作者称这些礼物“表达出他们对信长公的崇敬之情”……其实这只是他们害怕信长，有意讨好卖乖以保住地位的谄媚罢了。

信长很喜欢部下送礼。但凡贤明的领袖，总会双倍回馈部下的进献，这一点亘古不变，无奈信长不懂。他笑纳各种东西之后，就算偶尔回礼，给的也是便宜货，最高只跟进献礼品的三分之一相当。而且他经常索要王公大臣和堺港商人手中的茶器、花瓶之类的东西。以下两人的谋反，就和他这种强取豪夺有关。

其中之一是松永久秀。天正五年十月，久秀谋反失败，困守信贵山城。信长素来对他手中的茶器“蜘蛛锅” 垂涎三尺，这时便提出只要交出东西就饶他性命。久秀看穿了信长的算盘，断然拒绝。这位六十八岁的老将登上城楼，抱着填满火药的“蜘蛛锅”向下方的信长炫耀一番，点燃引线。信长梦寐以求的茶器，就此随着主人烟消云散。

这是对信长最大的嘲讽。信长丢光了脸，勃然大怒，将久秀的两个儿子拖到京都的六条河原地区五马分尸，欲以此杀一儆百。那两个孩子只有十来岁，却一丝畏惧之色都没露出，泰然受刑。

——英雄的儿子，依旧是顶天立地的英雄！

京都一带的孩童唱着歌谣，赞颂他们。信长的威望自然相应下降。

另一个是荒木村重。村重收藏了好些宝贝，信长向他索要其中最贵重的“青花瓷瓶”，搞得村重烦恼无比，思来想去只好决定造反。

众武将有了前车之鉴，争相献宝以满足信长的贪婪欲望，而且一年比一年华美，一年比一年昂贵。然而，不管是哪一年，从来没有谁的礼物比秀吉的礼物更华美、昂贵。

“又是他呀……”

大家总是愁眉苦脸。秀吉挑的东西确实豪华可喜，出类拔萃。

这一次，秀吉进献的礼物又很特别。其理由不言自明。

十月，秀吉因平定因幡有功，继续占据织田家臣之首的席位，俸禄除了近江北部和播磨、但马的七十六万七千石，又加了因幡的四十万石，经济实力突破百万石。

相比之下，别的武将如何呢？总管北陆地方的柴田胜家是昔日的第一家臣，上杉谦信死后，他利用上杉家内讧的机会夺取了能登地区，不懈开拓版图，哪知信长竟把这些新地盘都赏给了胜家的副官——前田利家，搞得胜家一点实际利益都没到手。前田利家本来只有越前国府中地区的三万三千石俸禄，现下则是二十三万石的七尾城主。信长对他确实是破例提拔。

另一个值得一说的人，是秀吉的竞争对手明智光秀。光秀的俸禄从征服丹波后就没再增加。他本想去中国地方再立功业，无奈这条路被秀吉堵死，结果沦落到做杂事的境地，譬如操办“聚马式”、焰火会等。光秀自负和秀吉不相上下，但两者目前实有天壤之别。

除了上述两位，余人更无法跟秀吉较量。在出人头地的路上，秀吉独自前行。

但是，这些人何以会有如此大的差异呢？

抛开年轻不谈（秀吉四十五岁，胜家六十岁，光秀五十六岁），造成三人决定性差异的是竹中半兵卫和黑田官兵卫。秀吉能虚心接受这两位军师的教诲，犹如海绵吸水一般。

这正是“无知者的胜利”……

对胜家和光秀而言，就算他们有足以跟半兵卫、官兵卫匹敌的手下，都会受他们自负性格和老部下的干扰，无法充分发挥才能。信长亦然。

——私欲就是一场空。

半兵卫是第一个这样教诲秀吉的人。

“封地和城都只是信长公——不，是上天暂时交给您的。您千万要想清楚。让您归还的话，您就归还，千万别霸着不放。只要您有了这样的想法，那些东西早晚会回到您手里的。”

秀吉膝下无子，所以对半兵卫的教诲没有任何抵触。

他把从信长那里获得的奖赏尽量分给部下。

而且，秀吉天生就比较洒脱。

当初，官兵卫并不像半兵卫那么无私、纯粹，但在他被村重关在有冈城地牢的一年中，这个男人的人生观发生了根本性的变化，他开始信奉基督教，由此，他不再一味算计。那一年让官兵卫脱胎换骨。

秀吉和官兵卫冷静观察之后，都看到了信长这位霸王的弱点。

年关将近时，秀吉首先提议给安土城送礼物。

在日本，何时兴起送“年货”，无人知晓，但往昔，每逢正月、盂兰盆节，祭祀祖先的时候，子孙们会带着食物，前往坟头，意思是和先人共同进食。或许送“年货”的习惯就是由此派生出来的。在室町幕府时期，在政通人和的岁月中，人们开始养成习惯，给上司、亲人、僧侣、医生等送礼以表达一年的谢意。

秀吉把官兵卫叫来，商量送礼的事情。

——要送礼。如果送，就要送豪华、显眼的礼品。这样一来，信长公对大人在鸟取城长期作战的不满就会烟消云散。

官兵卫在一旁给秀吉鼓劲。信长既贪婪又吝啬。官兵卫看穿了这一点，说服起反对送大礼的小一郎。

——家臣们对令兄很嫉妒，我们不知道他们会告怎样的恶状。为此，我们要防患于未然，送这些礼物是划算的。尤其给那些妻妾和侍女的礼物要好，要让她们大吃一惊。如果她们说“就这不值钱的东西”，我们反而得不偿失。我们要豁出去送。既然送了，就要让别人讲“不愧是筑前大人，出手就是大方、爽气”。

听到官兵卫的话，有板有眼的小一郎不再出声。

这场送礼活动从腊月二十二日早晨开始。献给信长的礼品有：武士刀一把、银子一千锭、窄袖便服一百件、配有马鞍的良驹十匹、产于播州杉原的纸张三百刀、上等皮革两百张、明石的干加吉鱼一千张、大章鱼三千个。除此还给织田家的女眷们另呈献窄袖便服两百件。送礼队伍从黎明时分离开秀吉位于安土城外的府邸，朝安土城进发。秀吉打算城门一开就让人把礼物送进去。太鼓一响，城门一开，送礼的队伍便安静地进入安土城，前端的人已经穿过城门，而队伍后端的人还没有离开秀吉的府邸。就这样，秀吉的送礼阵势天下闻名。

许多家臣都觉得不爽，说他是巧言令色之徒。信长却心情愉悦，笑道：“你们看，我还是第一次看见如此庞大的送礼队伍。猴子就是大气。”如此一来，众人只好沉默不语。

信长又是怎样给秀吉回礼的呢？因为礼品豪华、丰盛，信长特意把秀吉叫到自己的起居室，加以褒奖。原本，信长并无这一安排。

两人自三月来就没见过面。信长穿着裤裙，冲秀吉打起招呼，笑道：“是筑前吗？好久不见了。”

他给秀吉的褒奖只是一封感谢信和十二种茶道用具。感谢信的内容大致如下——此番攻打因幡、鸟取城一役，面对坚固城池，面对强大敌人，秀吉君抱着舍生取义之决心，不畏艰险平定了该地区，充分发挥武士之英勇，其战功前所未闻。

在攻打鸟取城的战斗中，秀吉率两万大军，从六月二十五日开始，至十月二十五日结束，历时四月。性急的信长一度怀疑秀吉怠慢，派遣高山右近前往调查实情。这场战斗颇有争议。秀吉只是将鸟取城团团围住，然后将城内敌兵活活饿死罢了，既没有“抱着舍生取义之决心”也没有“发挥武士之英勇”云云。而且，若信长是真心感谢，也不会在战斗结束两个月后才授予这封感谢信。

授予者自有想法，接受者同样自有想法。秀吉照常装出感激涕零的样子。接受方的秀吉，无疑要比信长技高一筹。

（这场送礼谋略果然有效。信长公是个容易被物质诱惑的人。）

此时，秀吉开始暗暗嘲笑信长了。

秀吉还准备了一个讨好信长的计策——对收为养子的秀胜表现出露骨的关照和追随之情。

“主公，於次丸就要十四岁了。我想明年春天让他早点行成人礼，恳请恩准。”

秀吉厚着脸皮，向信长进言，他知道信长对此不会有任何不满。信长果然笑得满脸都是褶子，喜道：“那我就同意喽。”

秀吉又道：“另外，明年春天攻打备中地区时，我想让於次丸初穿盔甲，参加战斗。这也请您恩准。”

“哦？”信长笑得更欢了，“你准备让他攻打哪座城呀？”

“备前的儿岛尚有一处敌城未陷——麦饭山城。我想让他攻打此地。”秀吉顺势从怀里掏出准备好的地图。

“麦饭山？这名字挺有意思。好，一切交给你来办。”

信长嘴上这样说，其实仔仔细细看了一遍地图。宠爱儿子的信长受到秀吉的反制。在这次会见中，秀吉获得胜利。

以下内容是后话了。次年三月，有关麦饭山城战斗的急报被送到安土城——这件事情被记载在《信长公记》中。时至今日，该城位于何处，是怎样的城，依然不明。恐怕这只是个微不足道的小城，却被秀吉描述得天花乱坠。就这样，秀吉从物质和精神两个方面，完全掌握了信长。从第二年天正十年开始，他成为一手掌控整个中国地方的旗手。

送完“年货”后，秀吉告别信长，回到姬路城。归途中的十二月二十七日，他在茨木见到前往京都的津田宗及，便在茨木城内举办茶会。两人不是偶遇的，而是秀吉说想立刻使用一下信长公奖赏的茶具，特地把津田叫来的。

为了打探安土城以及其他武将的动向，秀吉很早之前就开始利用宗及。此次茶会正好为秀吉会见宗及提供了一个绝好借口。而且，秀吉正想拉拢茨木城主中川清秀。就像对待信长那样，秀吉也为两人准备了丰盛的“年货”。

信长赐下的十二套茶具到底如何，没有相关记载。在流传下来的《宗及茶道日记》中也没有相关评论。茶会结束后，秀吉把那些茶器小心翼翼地收入箱中，冲清秀和宗及说了以下一番话。

“这是我筑前的宝贝。只要轻轻摸一下这个茶碗，我筑前就会感激涕零。请把我的话好好地转告信长公。”

借他人的嘴巴告诉信长——为了得到信长的宠幸，这是最有效的方法。

秀吉回到姬路后的正月十八日，把宗及从堺港叫来，举办茶会。可以说，这是秀吉自信的表现，也说明他有时间。

就这样，历史进入了动荡的天正十年。

第四章　天正十年

1

开春以来，秀吉一直待在姬路城，根本没有回战场的意思。

（今年要仔细观察信长公和朝廷的关系，好好思考一下我的生存之道。）

他犹自抱有期待，更热衷从细川藤孝那里获得朝廷的消息了。藤孝不再归光秀管辖了。去年，光秀被信长起用，负责处理中央事务——几乎都是杂事。藤孝从那时就不再接受光秀的指挥，恢复到原来的“游离”状态。

根据藤孝的报告，信长的言谈举止从去年就让人匪夷所思，今年同样如此。他向前来安土城谒见的人收取参观费，而且再度在“左义长”活动中胡乱行事。但是，他今年没像去年那样和朝廷直接冲突。秀吉觉得这终究比去年要强。

到了二月，他突然听说前关白近卫前久出任了太政大臣，不禁啧啧称奇，忙让前野将右卫门去藤孝处了解情况。从藤孝处得到的解释是这样的——太政大臣是日本特有的官职，虽然名字吓人，但和关白不同，没有具体职责，只是“天子的道德之师，四海民众的规范”罢了，没有合适人选时便常常空缺，故又有“空缺之官”的别称，根本是个虚职。在二月份之前，这个职位一直无人担当。

朝廷何以要在这个时候对前关白发出诏令呢？

“信长公要求天皇让位，于是，朝廷便把能言善辩的前久大人推到前台。按照五摄家（近卫、一条、二条、九条、鹰司）轮流担任关白的先例，现在的关白是一条内基大人，他非常靠不住。”

秀吉得到如此回答。

（前久是朝廷的最后一张王牌，两方的对立怕是难以避免了。）

秀吉凭直觉感知事态严重。

同样在二月，逗留京都的前野将右卫门给秀吉送来消息——信长宣布向信浓进军，歼灭武田家。新太政大臣近卫前久同行。为何要同行呢？秀吉让人向藤孝询问来龙去脉，明白了一件意外的事。前久向天皇请旨，强烈要求同行，说“假装游山玩水，仔细观察信长的真面目”，最后获得恩准。

前久的性格和一般王公大臣不同，豪气果断。他作为朝廷的“斡旋人”奔波日本各地，和向朝廷表示效忠的上杉、毛利等人接触；对信长专横跋扈、霸道不敬的言行，则是软硬兼施，耐心周旋。

（如此一来，双方的对立很可能一触即发。）

秀吉的危机感更加强烈。

进一步调查后，秀吉得知，决定前久同行后，信长为了增加“歼灭名门武田家”的宣传效应，还带了另一个男人前去。这个男人是来到日本的第一个黑人，和前久完全不相称。当时，黑人比地球仪、眼镜之类的东西还要稀罕。据说信长本人都曾使劲地搓擦那黝黑的皮肤，最后才相信那是真人。

三月五日，信长大军出发。

“前久大人和信长公、黑人同行，让人觉得非常有意思。”

官兵卫随口调侃。秀吉则心不在焉，暗想前久不知会受到怎样的屈辱。

秀吉叫来小六，吩咐道：“这一路上，自尊心强的近卫前久一定会和信长公闹翻。将右卫门会去关注信长公的行动，你则盯紧前久，看他采取什么行动。”

二月，秀吉派出将右卫门；三月上旬又让小六的情报人员东进。与此同时，西面的毛利家部队蠢蠢欲动，夺回了秀吉去年攻占的伯州（伯耆）地区几个小城。小一郎拿着前方部队的“撤退报告”，担心地问了一句：“大哥，放任不管，行吗？”秀吉看都不看那些报告，答道：“没事，先不管它。”把那些准备送往安土的“战败报告”捏成一团。

三月十五日，秀吉终于抬起沉重的身子，开始进发。

羽柴部队的行动非常迟缓，以下是其行军记录：

三月十五日，从姬路城出发，到达备前的三石地区——备前市三石。

三月十六日，离开三石，至浦伊部（备前市浦伊部）休息。宇喜多家负责接待。同日，经浦伊部到达福冈（濑户内市长船町福冈）。

三月十九日，离开福冈，至沼地区（冈山市沼）休息。宇喜多家负责接待。

四月四日，抵达冈山城。

从姬路到冈山，全程不超过二十里。这里完全在投靠织田阵营的宇喜多家的控制下，没有和毛利军发生任何战斗。

只有第一天（三月十五日），从姬路到三石（不足十里路），秀吉军在认真行进。剩下的十里路，他们一直走到十九日。

在宇喜多家为秀吉新建的各处茶室中，他趁着情报战的间隙，召开茶会，赏花吟诗，悠然度过。

抚慰秀吉寂寞无聊的是直家的侧室阿福。她的亲生儿子秀家本来是宇喜多家的继承人，后来作为人质，被扣留在秀吉处。听说能见到儿子，她立刻就奔了来。

阿福原来是美作国高田城城主三浦贞胜的妻子，丈夫被宇喜多直家杀死后，便带着一个儿子，成为直家的侧室。

她是有名的美女，当地人说“三浦的阿福乃美作第一美人”。

但是，在宇喜多家，她被称作是“亡国美女、妖艳蛊惑之女”，很不受欢迎。甚至有些武士为了阿福的事情，不惜切腹，向直家进谏，希望不要将其纳为侧室。而实际上，阿福成为侧室后，直家就像换了一个人，不再像大将那样神采奕奕，五十三岁时就病死了。不过，直家的正房和其他侧室都没有生过男孩，秀家侥幸成为宇喜多家的继承人，亲生母亲阿福也掌控实权。

其夫直家死去的消息，是今年（天正十年）一月九日才公开的，其实他早在一年前的二月十四日就死了。如此算来，早就过了服丧期，也无人可惧。阿福那时三十七岁，按照当时的年龄，堪称“半老徐娘”，美貌如故。

秀吉对她一见钟情。阿福是“成熟”女性，和秀吉从前交往的朝臣家女孩不同。不仅如此，她还生过两个孩子。

（说不定她能为我生孩子。）

秀吉暗自琢磨着，半路上就说服她当了自己的女人，并弄来当地的壮阳药“糠鹿”，拼命忙着生儿子，可惜仍无所获。

前往冈山途中，他只在三月十七日干了件像样的工作。这一天，按照和信长的约定，秀吉把养子秀胜从长浜叫来，让他初涉战阵，去攻打备前国儿岛地区的一处敌城。这一带当然不会只有一个孤城，然而麦饭山顶的毛利家要塞竟是空无一人。秀吉让养子秀胜感觉那里有敌人，发动攻击，轻松占领山头后，赞不绝口——“秀胜公子首战告捷！”继而大鸣大放地将战报送到安土城。

这一切都是秀吉和官兵卫操作的，所谓战斗纯属子虚乌有。这场闹剧一结束，秀吉便派人将战报送到信浓，博取信长的欢心。

秀吉一方面沉醉在阿福的温柔乡中，另一方面也将注意力全部集中在信长和朝廷的动向上。他从二月就早早派出了将右卫门的谍报人员。为了更早也更翔实地获得小六和将右卫门的谍报，他无法继续西行，因此暂时滞留宇喜多家控制的备中地区。

四月十日，将右卫门发出谍报——信长确认武田家灭亡了，离开甲府。四月十三日，秀吉悠然离开了冈山城。从这两个时间点来看，将右卫门他们的谍报需要三天的时间才能送到秀吉那里。

2

四月中旬，小六和将右卫门回到了秀吉身边。

秀吉离开冈山城不久，便召来二人密谈，参加者还有小一郎和官兵卫。别人则一概不见，就算是木下家定、浅野弥兵卫尉等近臣都不许列席。

小六首先汇报道："这一路对前久大人而言简直就是地狱。在琵琶湖畔，因为那个黑人穿着鲜艳的红天鹅绒外套，帽子上还插着黑色的鸟羽毛，周围民众好奇围观，竟使前久大人的坐轿难以前行，只能在路上左摇右晃。坐轿上的小窗户被撬开，窗户上的纱丝也被扯坏。他算是遭了大罪……"

"从近江柏原（米原市）到达岐阜后，前久大人终于从老百姓的围观中解脱。此时，武田家臣的首级不断从信浓战区送来，信长公便让前久大人去看看新鲜的人头……织田家的粗俗舞蹈和狂野号叫，似乎让他胆战心惊。"

秀吉问道："前久有没有看到胜赖的头颅？"

"看到了。当时，他从轿子上下来，嘴里念念有词，似乎在说咒语，为死者祈祷冥福。"

"他一直忍耐着，陪伴信长公到最后？"

"没有。本来朝廷特使万里小路充房大人会将天皇祝贺信长公胜利的圣旨带来，可惜前久大人忍无可忍，自称胸闷，早早走了。"

"不出所料，他们果然翻脸了。话说到这里，就分两头讲吧。前久的事情稍后再说，将右卫门，你先说说信长公的动向。"

"那我就汇报一下信长公的情况。"将右卫门开始介绍，"三月二十三日，信长公召见泷川一益大人，将上野国全境和信浓国东部两郡赐给他，总共五十万石，同时命他担任关东管领。”

所谓“管领”只是“统一管理关东地区政务”的虚衔罢了。秀吉不屑一顾，一笑了之。

“一益那家伙，总算爬到五十万石了，只可惜那地方是上野和信浓。他以后不好混喽。”

很久以前，秀吉沿街叫卖针线时，曾去过太田、武田的领地，那里被管理得坚如磐石。如今想想颇有隔世之感。

（外人管理那里，恐怕比藤孝统治丹后地区更难。）

“我接着汇报。二十九日，他在诹访的法华寺封赏其他武将，然后就地解散军团。之后，信长公一度返回甲府，四月三日至十日都待在那里，并接受了从京都来的特使万里小路充房大人的胜利贺文。到此为止，我一直尾随信长公，之后便交给部下，自己往回赶了。”

朝廷一定会给合战的赢家赠送御笔（天皇的亲笔信）。毫无实力的朝廷只能依靠如此智慧来苟延残喘，它无力辨别对方的善恶。

“不过，就在接受胜利贺文之前的四月三日，信忠军袭击盐山临济宗妙心寺派的惠林寺，说他们藏匿了佐佐木承祯的儿子义治，将包括快川和尚在内的所有人赶进山门内，然后在下面堆放稻草，纵火焚烧，将一百五十多人活活烧死。”

“又开始胡作非为了。你预言得不错。”

秀吉咂着嘴，扭头看看官兵卫。官兵卫苦着脸，点了点头。

秀吉继续说道：“我也知道快川和尚，他可是一位高僧，去年才被天皇授予国师的称号。而且，就在天皇特使来临前活活烧死他，这可是对朝廷的最大讽刺。这种行径岂有此理。天皇陛下又要唉声叹气呢。”

一想到天皇的心境，秀吉就有一种超越悲痛的狂怒。一讲到朝廷的事，他就不自觉绷紧脸。他坚信这是先祖血脉使然。

或许被秀吉狂怒的样子吓到了，官兵卫等人都默不作声，垂着脑袋。心态稍微平复后，秀吉吩咐将右卫门接着往下说。

“是。四月十日后的报告都是部下送来的，我就参照汇报。信长公心情愉悦地来到饭田，在富士山脚转转，然后踏上凯旋之路，从骏河，经远江，到安土。不过，从骏河往西行进时，三河大人手下的忍者从冈崎蜂拥而至，信长公周围的警卫工作变得非常严密。接下来的报告，都是部下从远处观察得到的……”

“那也没办法。接着说……”

“四月十二日，信长公在一个叫井手野的地方纵马飞奔，观赏富士山。正如我刚才说的，警卫工作非常严密，我的手下无法靠近，只能在远处观察。信长公在富士山脚骑了一会儿马后，独自下马，突然跳起舞来。据说他跳得没有章法，手舞足蹈，跳了好长时间。”

“是吗？信长公终于狂舞了？多年以来，名门之将武田一直压在信长公头上，现在这个威胁消除了，他喜不自胜，这也可以理解……”

秀吉嘴上这样说，实则另有想法。

（哼，信长的胸怀也不过如此。）

秀吉早就看腻了富士山。对他而言，信长的狂舞姿态简直丑陋不堪。

“之后，他就去迎接三河大人了？”

“是的。”

“那就没什么值得听的了。小六，你说说近卫前久的情况吧。”

秀吉语调缓慢，看着小六。

“那我就开始汇报了。”小六略微上前，“前久大人在甲府和信长公分手，沿原路折回，中途顺便去了安葬武田信玄公的阿智村马场，独自为他祈祷冥福，然后又去了附近的乡间旅社。”

“哦，乡间旅社？那里是温泉之乡吗？”

官兵卫插嘴问道。自从患上皮肤病后，他开始喜欢起泡温泉了。

“不是的。那里不过是商人歇脚的旅馆罢了。大约过了两小时，他的随从们抬着一顶空轿子，走出来。”

“哦？”

所有人都大吃一惊，等小六说下去。他们脸上的表情分明在说——朝廷大臣怎么会做出这种事来。

“他本人肯定留在旅馆里了。于是，我不敢懈怠，和五个手下继续在原地监视。夜半时分，一个僧人打扮的男人趁着夜色，离开旅店。一看那人，我们就知道是前久大人。那天天公不作美，屋外漆黑一片，伸手不见五指。起初，他打着灯笼，后来似乎感觉到我们在后面跟踪，便吹灭烛火。他走得飞快，犹如天狗疾驰一般，似乎在嘲笑我们步伐太慢。”

官兵卫苦着脸道：“跟丢了？”

“是的，非常遗憾……”小六不好意思地挠挠秃头，“不过，虽然当时我们已经放弃，觉得跟不上了，但能大致估计出，他这样偷偷出行，只会去一个地方。”

秀吉随口说道：“越后吧。”

只会是这个地方。

“是的。我们很快就回过神来，紧随其后，直奔越后地区。接着……”

“弄清楚情况了？”

“是的。在越后的与板城，有个侍女是我们早就派去的忍者，根据她的线报，有个人品风雅的大个头僧人突然从京都来了，正在和直江兼续大人密谈。我们觉得那肯定是前久大人，本想打探他们的密谈内容，却没如愿，无奈之下，在城外等待。两天后，前久大人悠然地换回原先的贵族装扮，乘着城主直江大人为其准备的牛车，来到越后国境，他的随从们已经在那里等候，他重新坐上轿子，怡然自得地回到京都。他大约在四月中旬左右，到达京都的……”

秀吉扭头看看将右卫门，问道：“信长公何时回安土？”

“那要看他接待三河大人的情况呢。大约二十日前后吧。”

“是吗？那么晚吗？这么说，信长公又要发起信函督战攻势了。哎呀，吓人呀，吓人。啊哈哈哈。”

秀吉最后嬉皮笑脸地结束了这次密谈。

起先，他嬉皮笑脸是为了不让部下看出自己的心思。接下来的笑声则是发自内心的，因为此时他充满自信，自信得连他本人都吃惊。

（为了防止信长的专横跋扈，必须要发生什么事情。不，我自己要主动地做什么……）

突然间，他想起半兵卫临终时的话语。

——即便自己不出手，也有办法让“霸王”进地狱。

——可以把信长父子叫到备中地区，“进攻中国地方，需要您的一臂之力”，然后就可以让毛利军去想办法对付了。

（是吧，有这种方法呀。）

自己竟然差点忘了这些不可告人的话语。

（为了朝廷，也为了自己今后的人生……我要再斟酌一下。今年，我要认真地……）

秀吉用力地拍拍胸脯。

3

四月十三日，羽柴军从冈山城出发。宇喜多家的五千人打前锋，秀吉自己率领一万五千人随后。他依然将秀家留在身边。将身心都交给秀吉的阿福本希望他能还回作为人质的儿子，但秀吉并无此意。

半夜，秀吉看见阿福在床上抽泣，赶紧劝阻。

“别哭了，阿福。我把秀家留在身边是为了让他学习带兵之道。我不撒谎。将来，我想收他当养子。”

他只能如此开导。然而，人质就是人质。万一西进途中的宇喜多部队再度投靠毛利家，他就会被前后夹击，进退两难。秀吉当然不会失去理性，不过，在随军行进的过程中，他也的确发现年幼的秀家具有将帅的禀赋。

（秀家要是我的亲生儿子就好了……）

他这样想了好多次。秀家让他第一次产生一直隐藏在内心中的“父性”。召开军事会议时，秀吉常常让秀家坐在身边，甚至还向他解释会议情况。宁宁听说秀家被如此溺爱，屡屡抱怨道：“要是让信长公知道，就不好了。”秀吉对此充耳不闻，为了掩人耳目，他划出五千亲兵，号称秀胜军。

十四日凌晨，羽柴军在龙王山排兵布阵。这是一座海拔两百八十六米的小山，西面和南面视野开阔。这里位于毛利军主城高松城的东北方，和其近在咫尺，不足一里路。从山上俯瞰，可以将城内一览无遗。

三月以来，小一郎对其周围的六座附属小城依次展开劝降攻势，但都没有获得成功，无法让他们像宇喜多直家那样归顺。当时劝降直家有许多便利条件——他并非毛利亲信；病体缠身；儿子秀家年少，无法指望。而现在备中六城的情况则不同。秀吉也知道让小一郎去劝降有点赶鸭子上架，但他的两位谋臣，为了掌握信长和前久的动向，再度东上，一切事情只能指望小一郎。

小一郎天真烂漫，总是替哥哥着想。他在劝降过程中，还是有些成果的。一天傍晚，他接见过前去劝降的使者后，急急忙忙地跑到秀吉身边，耳语起来。

“敌人说‘要是投靠筑前大人，我们愿意。但是他背后的信长可是魔鬼，是魔头……要是贸然投降，不知道会被怎么处理。因此，我们无法走出这一步’。”

小一郎上气不接下气地说着，他觉得哥哥会高兴，哪知秀吉却皱起眉头。

“这话是谁说的？”

“许多人都这么说，包括日幡城的上原右卫门太夫（元将）。说实话，我没想到哥哥这么有人望……”

上原元将是毛利氏的亲信大将，被派遣到日幡城主日幡景亲身边。后者则是备中当地人。

“好了，好了，你不要到处散布那个男人无聊的评论，或许他心怀不轨，想从内部分裂织田阵营。即便不是，信长公也会因此怀疑我作战不力。如果听说敌人对自己部下的评价高过自己，他会怎么想？小一郎，动动脑子再说话。信长公肯定会勃然大怒，说‘那是筑前懈怠，进攻不力’。你这个笨蛋！”

即便敌人说的是奉承话，但能用不同的眼光看待自己和信长公，秀吉还是暗暗高兴的。只是流言害人，不知道会有谁去安土告密，所以此时必须要假装大声呵斥。年轻的小一郎无法明白秀吉的心思，本以为哥哥听到好评会高兴，结果事与愿违。

“所有这样的话，我都不会传到安土，请您饶恕……”

他跌跌撞撞地退下。不知是真害怕还是觉得委屈，小一郎汇报到一半便抽身退出，之后再没有在秀吉面前露过脸。

“真拿他没办法。小一郎的想法就是幼稚，我真无奈。”

秀吉冲着待在一旁的官兵卫，抱怨起来。官兵卫狠命摇头。

秀吉有些懊恼，叹道：“你说我讲得不对，官兵卫？”

官兵卫微笑道：“我挺羡慕他的年轻。认真听，然后将听到的事情毫无保留地说出来，没有讨价还价。这就是年轻人才具有的直率性情。年轻时，我也曾这样的……”

老谋深算的官兵卫竟说出如此话语，让秀吉深感意外，但此时不能说出口。

“官兵卫，你总是说偏袒他的话，所以那家伙才会永远长不大。”

虽然发着牢骚，但秀吉还是后悔刚才对小一郎讲得重了。

“我总是喊他小一郎、小一郎，听上去像是小孩子的名字，这不好吧。人们常讲名字是身份的反映。现在，我决定喊弟弟长秀，你觉得怎样？他的名和丹羽大人重合，他好像不喜欢……”

姓氏“羽柴”是从织田家的老将丹羽和柴田两人的姓氏中各抽一字合成而来的。而小一郎的名字长秀又和丹羽长秀重名，这让他反感。秀吉对此不是不理解。

“那干脆反过来，就叫秀长，如何？”

官兵卫回答得干脆利落，就像是翻了个象棋棋子——

“高呀，想不到您有这种方法。羽柴秀长？好名字。”

就是如此偶然，羽柴秀长这名字诞生了。

第二天傍晚，一天没露面的官兵卫悄然出现。

他拖着罗圈腿，开口说道：“大人，占您点儿时间……”

“什么事？煞有介事的。”

“方才，我和小一郎大人一起，作为使者去了高松城。”

“什么？你们俩人去了高松城？”

秀吉惊愕了。这个行动也太鲁莽了。

“是的。我也知道为时过早，但小一郎大人非让我同行。而且，我觉得趁机观察一下高松城内部情况也不是坏事。”官兵卫显得无忧无虑，“而且，我觉得像自己这样腿脚不便的人，敌方也不会加以伤害的……”

这可不算个理由。秀吉只得苦笑点头。

“你没事就好。那么，有什么成果吗？”

“先说说小一郎劝降的事。我想继续劝降，虽然尚无成果，但我觉得有一两个附属的小城动摇了。而高松城内部也疑神疑鬼，招致更多不安。”

“是吗？稍微有点效果了？那么，过后，连同改名的事情，一起告诉小一郎，鼓励鼓励他。”

秀吉心情变好了。

“不过，高松城比预想的要难攻打。必须要考虑其他对策。请您出来，我来说明。”

秀吉点点头，走出堡垒。

两人并排站着，再次俯瞰着脚下的高松城。毛利军的防线是这样的——以高松城为中心，六座附属小城呈环形展开，南面是加茂城、日幡城、庭濑城、松岛城，西北面是冠山城、宫路山城。

“从这里看过去，高松城不过是一座普通城池，有什么地方难办？”

“您看！先看周围的湿地。城周围都是池塘、沼泽和水田。通往城池方向，似乎有一条宽约两间的道路，其实那是用几十条小船排列而成的，船上铺着木板。一旦开战，那条道路连同小船就会消失。”

“如此说来，进攻城池的时候，只能在泥沼中前进？”

“是的。因此，昨天我从高松城返回时，从轿子里往外丢石子，悄悄探测湿地的深度。”

“是吗？真不愧是官兵卫，做事情天衣无缝。”

“根据离城的远近，湿地深度不同。起初很浅，随后变深，在城池附近，其深度接近士兵的胸部。”

秀吉不禁感叹道：“是吗？没想到他们竟然下了如此大的功夫。”

“因此，如果大军强行攻击，越往前，我方士兵就越会陷入湿地中，就会成为活靶子，遭到城内的攻击。损失将是巨大的。并且……”

“还有什么？”

“最让人头疼的还是城主清水宗治。虽然初次见面，哎呀，真是‘见面胜似闻名’，他真是个沉着冷静的人。”

“你光是佩服可就不好办了。”

看见官兵卫表扬宗治，秀吉觉得胆虚。其实，这是秀吉第二次和清水宗治作战，只是官兵卫不知道前一次罢了。天正六年的上月城攻防战中，宗治跟随小早川隆景包围上月城，秀吉趁他不在，煽动备中当地人抓住宗治之子作为人质，一度成功进入高松城。不料宗治听闻噩耗，赶紧从上月城返回，轻而易举地夺回城池和人质。过去的战绩是一胜一败。不过，宗治夺回城池时，其高明手段给秀吉留下很深的印象，即便对方是敌人，他也不禁要脱帽致敬。当时的高松城，还没有如今这种沼泽设计。

“那么，你把那封信长公的招降书给他看了吧。那个男人怎么说？他打算何时回应呢？”

秀吉拜托远征途中的信长，特地弄来盖着大印的招降书——“若顺从织田家，担任征西先锋，将赠予备中、备后两地。”今天，官兵卫他们应该将这个招降书带入高松城，直接交到宗治手中。

“他的回答和拒绝没什么两样。”

“真的？”

官兵卫犹豫道：“这件事，我觉得该由使者代表小一郎大人汇报……”

“无妨，我稍后会跟小一郎解释的。宗治怎样回答？”

“宗治慢慢地看完劝降书后，是这样说的——如果相信信长公的话，再有五个哪怕十个备州，也填不满他的胃口。说完，他哈哈大笑，一瞬间，用烛火把那封劝降书烧掉了。”

“什么？就在你眼前烧掉信长公的劝降书？”

为了让信长公写这封劝降书，秀吉不知道费了多大劲。不料那封劝降书竟被……

“真是个不讨喜的家伙。”秀吉突然说道，“就这些事？”

“就这些。”

“明白了。既然劝降宗治无望，只能冒着付出巨大损失的危险进行攻击了。不管怎么说，时间再拖延下去，就会影响全军的士气，大家都在摩拳擦掌呢。而且，不稍微打一下，传到安土城也不好。”

官兵卫板着脸，问道：“您还在意安土吗？”

对于下令杀害自己儿子的信长，他总不免耿耿于怀。

“我并不是在意安土。但是，如果不攻下一两座城池，部下们也没面子。如果一座城被攻下，其他城池也会受到震撼，或许就会来投降。官兵卫，忍一忍。多少要付出牺牲的，我们要有这个思想准备。”

秀吉回到大寨后，直接去了小一郎处。

“我有话和你说。”

在小一郎的房间里，只有他们兄弟二人。

“昨天，我这个当大哥的说得重了。或许有人会偷听我们的对话，所以我故意那样呵斥你的。你不要觉得大哥不好。”

小一郎被秀吉说得满脸通红。

“我根本没那么想，大哥。事后，我也考虑了一下。自己竟然能轻信那样的话，实在是不成熟。”

“好了，那件事就不提了。作为大哥的道歉，我决定赐予你一个新名字。羽柴秀长。怎么样？名字不错吧。以此为契机，你以后考虑问题要成熟，考虑问题要站得高，看得远。为了这个名字，今晚，我要举办一场庆贺会。”

“谢谢。我很高兴接受这个名字。”

“另外，关于今天你们去高松城和宗治面谈一事，官兵卫都详细告诉我了。官兵卫非常在意你，不停地说本该由你汇报。是我让他汇报的。你不介意吧？”

“是的。那么，宗治烧毁劝降书的事情……”

“我听说了。”

“宗治那句嘲讽信长公的话——就算再有五个、十个备州……”

“这个，我也听说了。”

“宗治死不服软，还说官兵卫也是受骗者之一。这个听说了吗？”

“这件事，我不知道。怎么回事？”

“官兵卫还是在意大哥的感受，没有说啊。”

“说说看。宗治冲官兵卫说了什么废话？”

“宗治一边烧着劝降书，一边冲着官兵卫说起来——黑田大人，秀吉那家伙曾经交给你的那封骗人的劝降书如今怎样了呢？那上面好像写着‘只要投靠织田军，就把播州一国赠予黑田大人’吧。”

“嗯……”秀吉一时语塞。

这是真事。在秀吉来播州地区的五年前，他曾经把信长胡乱写的劝降书交给官兵卫。很早以前，秀吉就打算将其作废，但一直没顾得上。

（宗治竟然连这种事情都调查清楚了。）

秀吉愕然，同时又有点不自然。官兵卫对往事竟然只字不提。

“那么，官兵卫当时怎么回答的呢？”

“背过脸，自始至终，装作没听见的样子。”

“脸色呢？通红？还是苍白？”

“表情没有任何改变，似乎左耳朵进，右耳朵出。”

此时，秀吉没有觉得他了不起，而是可怕。

官兵卫把自己的姬路城献给秀吉，不过在形式上拥有宏粟郡的山崎城。他对此全无抱怨，这究竟是因为信奉基督教而大彻大悟呢，还是另有所图？

（他和半兵卫的无私不同。我看不透这家伙的用意！）

秀吉的心头荡起一阵涟漪。

4

四月十七日，首先被选定为攻击对象的是冠山城，那里由清水宗治的重臣林重真把守。秀吉破例地不顾伤亡，猛烈攻击。在这场战斗中，加藤清正初立战功。秀吉手下有的是摩拳擦掌、求战心切的年轻人。最后，城内突燃大火，冠山城陷落，重真战死。但是，其他城池并未受到震撼。在统帅清水宗治面前投降敌人，那些城主觉得可耻。

邻近的宫路山城比较容易攻陷，只有加茂、庭濑两城顽强善战，进入五月也还未被攻下。再后来，日幡城的上原元将在秀长的劝说下缴械投降。元将是毛利元就的女婿，他投靠秀吉，将大军引入城内。但是，愤怒的小早川隆景发起反攻，最后元将舍弃城池，去向不明。

在附属的六座小城中，依靠强攻只拿下冠山、宫路山两城，加上投降的日幡城，总共三城。从数字上看，秀吉军取得一半战果，但为此付出的牺牲巨大，在彼此的攻防中，共损失五百多人。

四月二十七日，秀吉军尝试从正面攻击高松城。正如官兵卫所言，不管攻击多少次，陷入泥沼的将士只会成为城头火枪的活靶。

秀吉无法再忍，大喊道："停止进攻。"

攻击一度中止。在长条合战中，武田胜赖的部队也曾遭受这样的攻击，损失惨重。此次俨然是那场合战的翻版。秀吉再次看着脚下的高松城，束手无策。

"正如你说的，官兵卫，不能正面攻击。"

官兵卫沉默着点点头，然后指指天空。

"大人，您看，已经是雨季，大雨来了。"

天空乌云密布，雨越下越大。

"这种季节让人讨厌，我们更要被迫在泥泞中战斗吧。"

"大人，别那样做。"

官兵卫双臂环抱，瞧着秀吉。

"不那样做？那该怎么办？"

"将您脚下变成湖泊，慢慢欣赏，这种新办法如何？虽然这里不会像长浜湖那么景色美丽。"

秀吉还望着脚下，但很快就反应过来，猛地拍了一下膝盖。

"有意思，官兵卫。正如你说的，在这里或许应该用水攻。我已经厌倦火攻、断粮这样的战法。在鸟取城的断粮战中，城内许多士兵被活活饿死，我也被咒骂，‘筑前是魔鬼，不是人’。我不想再次得到这种评价。”

“我也一样。鸟取城被攻下后，我曾经给那些奄奄一息的士兵发放粮食，他们暴吃暴饮，活活胀死，真是罪上加罪呀。或许我天生好吃，竟然不听医生的建议，将大量食物分发给他们，反倒干了一件坏事。真是我官兵卫的罪过呀。”

官兵卫连着说了两次“罪过”，将右手放在左手腕上，画了一个十字。

“别说了，我也不愿再回想。总之，我想采用新战法。现在就轮到工程官前野将右卫门出场了。”

不管如何困难的施工，将右卫门都会承接下来，从来不嫌麻烦。

“水淹城池”这种异想天开的思路就这样诞生了。不要说日本，就连中国和印度也很少采用这种战术。

但是将右卫门当场反对道：“根本不行。”

秀吉和官兵卫二人太不了解水的可怕了。

“看水面，似乎风平浪静，但水底却并非如此。水底有高有低，这是司空见惯的事情，但如果这种高低差过大，对堤坝的压力差就会超出计算范围，出现决堤的危险性就会增大。那是非常可怕的，人力难以估量。”

“那该怎么办？”

“请给我充分的时间，好好计算一下地面的高低。”

将右卫门花费三天时间，进行了调查。

“无法靠近城边，情况无从得知，但若是这种坡度，把堤坝建牢就耐得住一定水量。只要您下令，我就开始筑堤，接下来就看雨量了。水量小，效果就差；但若水量太大，就算对堤坝的压力均等，也非常危险……”

这就是将右卫门的结论。

五月上旬，秀吉下定决心，带着将右卫门策马沿高松城北的足守川河岸，一直奔到东南的蛙鼻地区，派人在他们留下的马蹄印上打桩。城东的山腰自然形成堤坝，只要放水就可以水淹高松城。问题在于不能让城内外的敌人毁坏堤坝。为此，每隔三十间就建造瞭望楼用于监视，每处配置两百人的守卫部队。之后就是和时间作战了。幸亏大雨一直在下。筑堤用了十二天，而且是不分昼夜地突击施工。秀吉先斩后奏，待“新战法”进行到一半才向信长汇报，说是要利用雨季抓紧施工，所以没时间汇报，其实是不想受信长干扰。

高松城的守军有三千人，秀吉则有两万人的部队。一旦事先向安土城汇报，只怕信长会让他别弄这些小动作，直接正面攻击。信长的理论便是如此，他从来就把士兵当消耗品。而秀吉则不然，作为独立军团的统帅，他珍惜每一名士兵的性命。秀吉无法反驳信长，唯有预先造成水攻的事实。

“信长公正拼命招待三河大人呢。不管怎样，就因为他的无理命令，三河大人才被迫杀死妻儿。对于我的战报，信长公应该不会认真看的。”

秀吉太小看信长了。秀吉不惜重金，让附近农民（合计一万人）参与筑堤，工程进行得飞快，超出预期。似乎他们被大雨追赶着，快马加鞭地工作。雨从五月中旬越下越大，浊水变成激流，汇入堤坝内。高松城很快就孤零零地漂浮在湖面上了。毛利军最初只是从旁观察，搞不懂秀吉的用意，这时大惊失色，准备出兵相救。秀吉又让人散布谣言，号称织田大军就要来援助了，以此相抗。

信以为真的小早川隆景心惊胆战，只能采取消极之策，等候毛利辉元、吉川元春两支部队的到来。隆景和哥哥元春是被人称作“毛利双雄”的谋略家，但实战经验不多，此时在秀吉的谋略面前，丧失了千载难逢的良机。

但是，秀吉也有误算的地方。雨量比预想的大，将右卫门修筑的堤坝内，水量持续增长，有决堤危险的地方大大超出事前估计。他们赶紧让人巩固堤坝，如此一来，守卫力量就变得薄弱起来。

当他们紧锣密鼓忙乎时，意识到织田援军纯属子虚乌有的毛利军再度回到高松城西面。看见元春在岩崎山，隆景在日差山安营扎寨，秀吉大吃一惊。只要敌人毁坏一处堤坝，一切就完了。如此一来，围城的秀吉军反而会遭受巨大损失。

秀吉被迫做出痛苦的决断，向信长求援。

主公信长正忙于接待家康，肯定会说他是不识相的家伙。秀吉对此心知肚明。

“征讨毛利的事就交给我，您放一百个心。”

被任命为中国地方事务官时，秀吉曾如此放言，所以他真是没脸求援。但是，在现场忙碌的将右卫门的意见让人担忧。因为要昼夜监视堤坝，守卫部队的绝对数量不足。此时必须舍弃面子。

五月十六日，秀吉让人快马加鞭赶往安土，向信长求援。

这段时间，安土的动向是——

十五日，信长带着家康、投降德川的原武田家武将穴山梅雪离开番场（现在的米原市番场），到达安土。

从十五日到十七日的三天时间里，信长在安土城内招待家康。

负责接待事务的是日向守明智光秀。

十九日，他们在安土城下的总见寺观看幸若八郎的舞蹈。

二十日，他们欣赏梅若大夫的能舞表演。

二十日晚，在高云寺的大殿中，信长最后一次接见家康等人。

当晚负责接待工作的还是光秀。这是闲话——为了这次接待，光秀当月十四日被任命为"在庄"。所谓"在庄"就是不再负责军务，但也没有被解除武将职务，就信长而言，他希望以后能在更高层次的事务方面使用光秀。任命光秀负责接待工作时，信长特地解释了一句，"要用心接待三河大人，就像是进行一场大合战"。信长发号施令时，从不附加说明。他对光秀的关照之情由此可窥一斑。

十七日傍晚，信长在安土城内为家康举办最后一次晚宴。就在此时，秀吉的求援信被送达了。

"总之，只要凑够人头就行。不需要援军带武器。只要看见'天下掌管者'的大军，毛利军断不敢迎头相向。"

平素一贯豪言壮语、无所顾忌的秀吉竟然如此哀求、恳请，信长惊讶不已。从幼年起，信长就非常知道清洲（当时海拔零米）之水的恐怖。这也对他此时的判断起到了微妙影响。

（愚蠢的家伙，竟然要起如此无聊的小伎俩。）

他很愤怒，却又舍不得丢开秀吉不管。

（也没办法，只能让驻扎在附近的光秀部队赶过去了。）

信长被这两种心态折磨，最后叫来了负责接待工作的光秀……

当时两人的表现被秀吉派去的忍者侦探到。

"信长公特意来到厨房，急急忙忙地叫来负责接待工作的光秀大人，两人站着说了好久。光秀大人脸色苍白，很快就像脱兔一般冲了出去。"

一直听着汇报的秀吉喜出望外。

"太好了，太好了，信长公肯定对光秀发出了驰援命令。光秀那家伙的脸红也好，白也好，都无所谓，只要他来当援军就行了，他们的一半军力就在丹波亀山，和这里近在咫尺。这下就得救了。”

喜不自胜的秀吉立刻随意虚报援军数量已稳定军心。

——明智部队驰援，总计两万人；信长公随后就到，总计五万人。

秀吉当然料到，这虚报的数字也会传入毛利军中。

5

五月十八日，负责接待德川家康的明智光秀被正式解除职务，带兵前往高松城支援秀吉。这离他被任命为“在庄”才刚刚过去四天。

仓促忙乱间，周围人一时间谣传信长和光秀产生隔阂。这不过是猜测罢了。

同日，信长向原属于明智军团的长冈与一郎（细川忠兴）、池田胜三郎（恒兴）、盐川吉大夫、高山右近、中川濑兵卫（清秀）发出了向西进发的命令。这一系列命令都是按照预定计划发出的——接待完家康，上述部队西进。唯一出人意料的就是——因为秀吉紧急求援，让离高松城最近的丹波亀山城主光秀暂时复归一线战场。

信长觉得秀吉水攻高松城是玩火之举，发出上述支援命令后又派崛久太郎（秀政）出使高松，除了斥责秀吉，另就水攻做出详尽细致的指示。对于几乎每年都要和洪水搏斗的信长而言，水淹敌城的战略简直就是天方夜谭、危险至极。而且，秀吉竟在信长尚未准许的情况下，擅自……

另一方面，秀吉极不耐烦。在筑坝工作忙乱时，信长竟然派使者来！当然他表面上还是装得感激涕零，聆听秀政传达信长的指示和斥责。秀吉让秀政站在龙王山的大寨中，远眺被大水包围的高松城。他借口“危险”，没带他去筑坝现场。如果接近现场，就会暴露出筑坝作业的风险以及将士们的疲惫神情。秀吉拿不准秀政是否会怀有恶意地向信长报告。

事实上，负责筑坝和守护的部队完全陷入泥沼地狱中。因为之后的瓢泼大雨，秀吉军被迫大规模地加固堤坝。堤坝长两里三町，高三间，因为暴雨集中，为了防止土包松软和脱落，不得不将坝体纵深扩展到十二间。参与作业的总人数超出预想，超过三万人。相应的费用当然也会激增。幸好秀吉从生野银矿获得暴利，与那些收入相比，这些耗费微不足道。

最困难的是怎样调配守卫人员。秀吉从姬路城带出一万七千兵力。此时，在堤坝周围，每隔五十间就要设置一个守卫点，配属一百多人的士卒，如此一来就需要八千六百人，加上需要日夜轮班，所需人员将超过一万九千人。他不得不向近江长浜城发出命令，让他们追加派遣六千人，结果只筹募到一半，三千人。

秀吉军几乎没有余力战斗。与此相对，敌方有毛利军的主力部队，而且，备中七城中，除了高松城，还有三座小城健在，总人数估计超出三万人。

秀吉军白天要注意毛利军主力部队的动向，晚上又要防备三座小城的敌军偷袭。他们不分昼夜，脑神经一直绷得很紧，将士们疲惫不堪。秀吉只能依靠谋略，拼命争取时间。最后，他伪造了一封信长的亲笔信，称“除了柴田、泷川的北陆军和信浓军，我将亲率五万大军即日离开安土”。他让人假扮成信长使者，拿着这封盖有织田家纹的信件，故意被毛利军逮住，又让人装扮成四处流浪的乞丐和云游各地的僧人，在中国地方散布谣言说织田大军正朝这里赶来。

此时此刻，秀吉和官兵卫不顾面子，不顾廉耻，最大限度地发挥着智谋。年轻的小早川隆景再度上当，但秀吉明白这只是缓兵之计，谎言早晚会被拆穿。不仅敌人，自己人也会识破。一旦自己人失望，后果将是可怕的。

尽管如此，秀吉丝毫没有表现出内心的不安，每天策马赶到现场，鼓励督促部下加固堤坝，继续大放厥词，“信长公的大军就要来了。我们要坚持到那个时候。只要大家挺住，我会尽情地奖赏大家”。不过一回到大寨，他就会穿着湿漉漉的兜裆布，一屁股坐在地上，先把官兵卫喊来。

“光秀此后的动向如何？”

这一天是二十四日。

“明智大人终于从近江坂本城出发了。”

官兵卫规规矩矩地回答。他自知就是他的提议导致秀吉军进退维谷，此际深感责任重大，脸色十分不好。

“兵力多少？”

“据报告，大约六千人。”

“太少了。”

秀吉顿时表现出不满。光秀毕竟要留一部分兵力驻守丹波龟山，率领这些部队也属正常。而且，在十七日之前，他还是近乎退役的“在庄”，能在七天中率兵出阵，本该值得称赞。但是，对迫不及待的秀吉而言，一切都让他不满。

"明智为何动作迟缓？十七日傍晚，信长公就向他发出前往高松的命令。他如果真想来救我，可以先派遣龟山城的部队嘛，那样我们不就得救了！"

官兵卫点点头，不发一言。大将未到，属城的部队先出动，这不合常理。而且，最重要的是——平素光秀和秀吉还没有好到能两肋插刀的地步。

（您明明知道这一点。）

官兵卫脸上的神情无声地表现出这句话。

根据之后的报告，近江的明智军预计二十六日到达龟山城。但是龟山城方向只是一味等候光秀的到来，不要说先期支援秀吉，甚至没有丝毫集合兵马的动向。

二十五日傍晚，憔悴不堪的官兵卫前来报告秀吉。

"大人，明智的部下们只是聚在一起商谈，丝毫没有行动。"

"他们那么不愿意援救我们吗？我又没有让他们拼死作战，只是让他们身后插上旗子，在堤坝周围凑个人数。"

秀吉觉得无奈。

"他们连这个工作都不想干。"

"罪魁祸首是谁？"

"好像是斋藤利三之流。"

"利三？那家伙不简单，我看他不会轻易违抗信长公之命。"

斋藤利三是明智光秀的家老。他在乱世几经周折，换了好几个主子——斋藤义龙、稻叶一铁、织田信长。

"等一下！利三的妹妹是四国太守长宗我部元亲的妻子吧？"

"是的。"

"如此说来，他也许会站在老婆的立场上反对信长公。"

"我也是这么认为的。"

长期以来，信长和四国的长宗我部关系良好。天正三年，元亲为儿子弥三郎信亲举办成人礼时，曾请求信长做孩子的干爹，信长也欣然应允。而且，信亲名字中的"信"也是信长赐予的。就因为他们关系密切，天正初期，信长默许元亲占领整个四国地区。但是，当天下就要全部纳入囊中的时候，信长那天生的吝啬劲开始作祟，他觉得把整个四国交给元亲有点舍不得。

——元亲拥有土佐地区和阿波地区的一部分足矣，剩下的地区应交给我。

当元亲得知信长准备将其他地区交给他那愚钝儿子信孝时，不禁勃然大怒。这也是理所当然。

——四国是我一手打下的，你竟然背约让我双手奉送，简直岂有此理！

信长正等着元亲发作，这时顺势委任丹羽长秀担当副帅，随信孝远征四国。这道命令刚刚发出。

“据说利三就要离开明智部队，横渡到四国，投靠反信长联盟了。”

“唉……”

秀吉觉得信长确实不占理，只好选择沉默。

官兵卫又道：“还有一人。”

秀吉唯有苦笑，问道：“还有人？”

“明智左马助。”

“明智左马助？哦，就是光秀那个二婚女儿的丈夫？”

此时的秀吉，对左马助就只有这点了解。光秀的女儿阿伦在信长的命令下，嫁给了荒木村重的儿子村次，在公公村重谋反之际，回到娘家，和青梅竹马的三宅弥平次结婚。而弥平次也因此加入明智一族，改名叫明智左马助。

“是的。不过，这个左马助的家世可有说头。”

“噢？说说看。”

秀吉一听到“家世有说头”就来了兴趣。

“他出生的地方离我的故乡很近。这我早就知道，不过，他家可追溯到备前儿岛的三宅氏，先祖是那个著名的南朝忠臣儿岛高德。”

“就是那个《太平记》中有名的……”

秀吉也仔细看过《太平记》。后醍醐天皇被北条高时追赶，流落到隐岐的时候，高德独自追随，在樱花树的树干上刻写古诗，宽慰天皇。读到这段美谈，喜欢天皇的秀吉不禁泪流满面。时至今日，他还记忆犹新。

“据说他是高德的子孙，自幼就有儿岛神童之誉。”

“如此说来，光秀的部下中岂不是有强大的反信长派？”

秀吉无奈地双手交叉。接下来，有关二十七日的报告更是让秀吉哑然。

“什么？他们今天从龟山城反方向去爱宕山待了一夜？奇怪……这是要祈祷胜利？如此紧要关头，搞什么蠢事……”

他们做事拖泥带水。秀吉觉得心里升起一股无名火。

“二十八日，他们在爱宕山西坊召开诗歌会。”

“真让人吃不消。要不然我再恳请信长公发送督战信函，斥责一下光秀？”

秀吉咬牙切齿，打算把文书官喊进来。

“且慢。”官兵卫拖着病腿凑过来瞟了一眼秀吉，嘟囔道，“大人，您不觉得光秀大人的行动有点奇怪？”

“哪里奇怪了？”

“请您听我说说。不过，先请您让闲杂人退下。”

官兵卫似乎有一个重大的想法。

等到屋内只剩下两人后，官兵卫将脸凑到秀吉的鼻子跟前，压低声音说了起来。

“我的话恐怕有些颠三倒四，尚望见谅。据说十七日，光秀大人被解除接待三河大人的职务后，回到坂本，非常消沉。”

秀吉想笑却不好意思笑，只道：“消沉？从那种厨房工作中解脱出来，他该高兴才对呀，难道不是？”

“光秀大人不同，他一直自负精通掌故，在那种地方能找到生存价值，和我们不同。”

“我不明白，也不想明白。”

秀吉听得有些不高兴了。

“之后，他在坂本准备出战。不过据小六大人报告，其间，他好像和某个神官有着频繁的书信往来。”

“他给谁写信呢？”

“不，起初不是光秀大人写给对方，而是对方寄过来的。”

“谁呀？”

“吉田神社的吉田兼和（后来的兼见）。但是，小六大人觉得兼和也是传信的，他一收到信件便会跑到另一个人的家里。”

“这件事，我倒要听听。是谁家啊？难不成是前久……”

“正如您的推测，是近卫前久大人。”

“果然是他呀。在远征信浓的途中，他遭受奇耻大辱，一把鼻涕一把眼泪地回来了。那家伙果然在背地里活动。那么，两人见面了？”

“好像就要见面了。”

“在哪儿碰面？”

当时，信长禁止部下和王公朝臣交往，他命令京都事务官严密监视。在狭小的京都城，两个大人物会面，那也太引人注目了。

“还不清楚，小六大人还在继续跟踪，请您再等候一段时间。”

“对光秀的监视，不能疏忽大意。如此一来，两人的交集之处就会浮出水面。对了，派人去查查二十八日的诗歌会，查查参加者的姓名。其中应该有里村绍巴，他和光秀关系密切。如果他参加了，立刻让他汇报一下诗歌会的情况。到时不要吝惜金银，多给他一点好处。明白吗？”

“明白了，我等下就去安排。”

里村绍巴，大永七年（1527年）生，此时五十六岁。他从小在南都兴福寺明王院长大，后来师从里村昌休，学习诗歌，最终成为著名的诗人。他和喜欢诗歌的光秀交往多年，与此同时也是秀吉的诗歌师父。当时的诗人比藤孝之流还容易被钱财打动，是“权海中的游泳者”。从他们那里很容易获得情报。秀吉通过小六联系上了绍巴，不用说，又送去许多钱物。

“这件事就先这样吧……”秀吉叹道，“光秀的援军如此拖延，我们还要再想想办法，官兵卫。”

“您有什么好的想法吗？”

就连官兵卫都黔驴技穷了，一时间只是胆战心惊地盯着秀吉看。

“嘿——”

秀吉哼哼着，长时间地沉思，不知如何是好。为了摆脱当前的堤坝危机，明智的援军不可或缺。但是，光秀要来了，在进攻高松城的指挥上，就会双雄并立，决策方针就会紊乱。更何况光秀还反对水攻。

而且，还有件更重大的事情。既然是光秀带兵前来，那就很难实现半兵卫的遗言——将信长父子骗到备中战场，坐待毛利军将之谋杀。如果秀吉行动不当，光秀便会有所察觉。那就是最坏的结果。

该怎样处置呢？最后，秀吉决定孤注一掷。

“官兵卫。”

“在！”

“实在没办法。我决定去安国寺。”

官兵卫惊呼道：“啊？去见那个僧人？”

“没错。我也知道那僧人毛病多，不讨喜。”

现在，光秀还没有到，真是天赐良机。此时，要不然寻求毛利军投降；最坏就是打着半兵卫遗言的幌子，和那僧人商讨谋杀信长的方法。秀吉打定主意。

“哎呀，我很早就和他认识。现在他没准忘记我了。不过，那男人曾经鼓吹‘信长公早晚会倒台，无法取得天下’，但现在情况正好相反，毛利就要灭亡，信长公就要取得天下。这次，我想嘲笑一下他，谁让他预言不准呢？如此一来，说不定能找到进攻高松城的办法。”

“那怎么通知他呢？”

官兵卫有气无力，没有自信，不像他一贯的风格。

“怎么说都行。哦，对了，就说‘很长时间没有和大师一起望着天花板聊天了’。这么说，那男人应该会明白，应该能想起我。往昔，他曾经和我……”

织田军和毛利军的蜜月期结束后，双方相互敌对。就在那个时候，秀吉还继续和惠琼交往，每当双方意见不合，两人就约定不再面对面交谈，而是相互转身躺着，冲着天花板，各执一词。那个僧人应该记得这个约定。

“那地点呢？”

“完全由惠琼决定，不管何处，我都去。哪怕是安芸的严岛神社，只要能保障生命安全，我也乐意奉陪。就这么说。”

秀吉豪情万丈，说到最后声音嘶哑，都快说不出话了，只能狠狠瞪着天花板，在内心中叫嚷。

（半兵卫！你看好喽。现在，我就要把自己的武将之运赌在你的遗言上。）

第五章　本能寺之变

1

安国寺的惠琼待在毛利军控制的福山城中。

毛利军事先做好两手准备，或战或和。为此，四月中旬，他从京都的东福寺刚刚被秘密召回。就在这时，秀吉派出的密使正好赶到。

“你就这样转告筑前大人——如果就我们两人会谈，愚僧很高兴前往。地点由他定，我没有意见。只要是备中、备后的濑户内地区，随便哪座寺庙都可以。”

即日，惠琼的话就被传到秀吉耳中。

对秀吉而言，幸运的是：在要求会谈期间，暴雨再次来袭，毛利方面的援军中途遭遇洪水，行动不便，而堵塞足守川所形成的堰塞湖水位则不断上升，大水漫入城内不过是时间问题。而且，城外用于防御的壕沟现在反倒变成天堑，没有一个城内士兵能游出来。照此下去，城内的敌军只能在泥沼中坐以待毙。

会谈中的攻守态势逆转了。

“如此一来，惠琼和尚大概会提出议和吧。”

恢复自信的秀吉站在龙王山的大寨中，俯瞰着涌入高松城内的惊湍，冲着官兵卫嘟囔道。

会谈定在五月二十五日，地点位于冈山西部的吉备津神社。为了掩人耳目，时间定在凌晨四点。吉备津神社建于应永年间，规模巨大，正面七间，侧面八间，从大殿通往神宫的长走廊上，有一座有名的“大锅殿”，里面放着一口巨大无比的锅。为了以防万一，秀吉戒备森严地前往那里，但根据随从的报告，惠琼戴着一顶普化宗的大斗笠，穿着一身黑衣，手拿长长的念珠，没有带一名随从。

（真不愧是豪气冲天的和尚。）

秀吉暗暗感慨。

“好吧，既然对方那样，我也徒手一个人去。”

秀吉屏退担心的家臣，借着庭院灯台上的烛光，沿着据说有两百间长的回廊，走了进去，转到“大锅殿”前，看见一个戴着大斗笠的男人。

“哎呀，真想你呀，惠琼师父。”秀吉叫嚷着张开双手，做出拥抱对方的架势，“竹中半兵卫曾留下遗言，让我早日和师父见面，只可惜一直没机会。现在终于见到你了，这或许是已故的半兵卫引导而来的吧。半兵卫，谢谢！”

秀吉抬头望着天空，夸张地用袖口擦擦眼睛。惠琼的演技不比秀吉逊色，只见他摘下大斗笠，露出大脑袋，深深地鞠了一躬，然后拿着念珠，闭目合十。

“竹中大人可是全日本首屈一指的军师，英年早逝，让人惋惜。筑前大人，您也很难过吧。他去世三年了吧。我一直没机会去他墓前参拜，真是遗憾……”

“师父，你要去给半兵卫扫墓的话，我陪你去，给你带路。半兵卫在九泉之下会高兴的。”

“那太好了。等这场愚蠢的战争结束，就请您带我去。”

“好的。说起半兵卫，不如我们喝一杯，也算是供奉他，怎样？”

“酒吗？哪有酒？”

惠琼纳闷地看看秀吉，对方两手空空。

“啊哈哈哈，其实昨晚，我就把酒藏在这个‘大锅殿’的大锅中了。”

惠琼大吃一惊，抬头看看大锅。

“放在……这里？”

“是的，你稍微等一下。”

秀吉轻快地走到大殿中央，轻轻推开锅盖，里面放着粗竹筒和两个竹碗。

“这是当地的吉备酒，在这冰冷的铁锅中睡了一晚上，凉得恰到好处。我先喝一杯，看看有没有毒，然后我们就自斟自饮，好好地享受一下。刚起床的酒喝到肚子里，可是美味呀。”

他笑嘻嘻地把竹筒里的酒倒入竹碗中，然后一口喝干。惠琼“哼”了一下。

两人把竹筒放在正中，摆上两个案几。会谈刚开始，秀吉就用酒先发制人，拔得头筹。心情大好的秀吉猛地提出己方意见，要求高松守军全面投降。他翻来覆去地说——高松城就要被大水淹没，不如利用这个机会，干脆和信长达成和解，不要把局面弄糟。至于和解的条件嘛……惠琼只是“哼哼”着，根本没把秀吉的话当回事，一直狡猾地模棱两可地回答。

“我来这里，不是为了商谈这些琐碎的和谈条件的。”惠琼突然阐明了他的来意，“我只是想就信长今后对于西部地区的经纶、经略，问问打先锋的筑前大人。”

“经纶、经略……”秀吉一时茫然，追问道，“是谋略吗？”

“贫僧用的词容易让人迷糊，是我不好。还不是简单的谋略。”

惠琼微笑着从怀里拿出毛笔和砚台，流畅地写下三个词——“经纶”、“经略”、“谋略”，然后借着窗外的曙光，指给秀吉看。

“所谓经纶，就是治理国家的基本方针政策；所谓经略，通俗一点说，就是他征服西部地区——不，征服日本六十余国之后，他准备怎样经营、统治。或许可以说是打算吧。”

秀吉不知如何作答，他从没和信长谈论过如此大的问题，他只是遵照命令来到这里，不顾一切地抢夺、压制毛利方面。秀吉想装懂也不行，更何况对方熟悉自己。惠琼成为京都东福寺长老前，秀吉每次和他见面，都会邀他一起去柳马场的风月场所，嬉戏玩乐。

“哎呀，真难为我了。我不知道这么大的问题。但是，在毛利方面，主公和部下谈论这些所谓的经纶、经略吗？”

“作为武将，当然要把自己的经纶告知部下。”

惠琼傲然地挺起胸膛，那语调听上去似乎在说：“信长连这种基本的事情，都没有明示？”

“是吗？那么，反过来我倒想先听听毛利家有关东部地区，乃至日本的经略。你讲完后，我再考虑考虑。”

秀吉觉得还是先让对方说比较好，这样自己可以圆场。

惠琼缓缓说道：“那我就先说，一句话就能概括结论。只要得到足以保持和平的土地，毛利家不会去争天下。这就是上上代的元就主公留下来的家训，不要希冀更多，也无法希冀更多。现在，毛利宗家和两川家严格遵守着这条祖训。”

“听着刺耳。”

秀吉煞有介事地捂住耳朵。若是他三十多岁膜拜信长时，听到此类话语总会付之一笑，但是过了四十岁，他对信长的“强力征服”开始疑惑。如果不是争夺天下的对手，不妨稍微放条生路，没必要像捏死一条虫子那样加以毁灭。他的这种感觉和信长的想法之间有了微妙的差异。

“如果您觉得刺耳，那就按照贫僧和筑前大人的往昔约定，我冲着天空独自唠叨，您就左耳朵进右耳朵出。”

惠琼朗然一笑。

“那就这样，好吧。”

惠琼昂起头，冲着天花板。窗外依然大雨如注，含有强烈湿气的暖风吹在脖子、胸口乃至全身，似乎贴附其上，让人觉得不舒服。秀吉想早点结束讨论。

“好吧。”

秀吉也抬头望着天花板。

“信长这个男人……”惠琼猛地转身，声音低沉地讲述起来，“哪怕人家想用耻辱换取和平，他都不予理会，只会一味带给人家耻辱，而且心安理得，最后将对方连根铲除。您可以看看伊势三个望族的最终结局。北畠家被他分给次子信雄，长野家分给弟弟信包，神户家则分给三子信孝。信长就是这种男人……筑前大人，信长眼中的和平只是‘织田家的和平’、‘给织田家准备的和平’、‘由织田家主宰的和平’罢了。”

惠琼口若悬河，雄辩不已。

“筑前大人是聪明人，肯定会反问贫僧毛利家又怎样，对吧，筑前大人？”惠琼冲秀吉确认，抢先封住他的反驳之路，“我明白，我明白，贫僧明白您的这种想法。筑前大人，您肯定会这样想——元就把两个儿子元春、隆景分别塞到与石见、出云地区接壤的吉川家以及面朝濑户内海的小早川家。这和信长让次子等人强占伊势家地盘有何区别？你光批评织田，无非是因为立场不同罢了。”

在辩论中，如果对方讲述的观点和自己不同，完全可以用“沉默”来夺回话语的主导权。但若想法被对方抢先说出，这就难以继续反驳了。秀吉只能苦笑着听惠琼说下去。

“的确，毛利夺走了吉川、小早川家的地盘，并将其嫡子、妻妾、同党、乳母、随从等人全都赶走。这种肃清血统的恶行和信长的所作所为如出一辙。不，在使用‘阴谋诡计’方面，或许比信长还要坏。”

惠琼满不在乎地说着主家的坏话。小早川家的主公小早川繁平双眼失明，毛利家趁机把他赶入佛门，让三子隆景篡夺实权。将次子元春塞进吉川家的时候，毛利家的方法更加阴险。吉川家原本是元就妻子的娘家。元就和四十岁的吉川兴经约定好——元就赐予相应费用，让兴经隐居，而元春作为养子，进入吉川家。但是等兴经真的隐居后，元就撕毁约定，将其妻儿眷属全部残杀。

秀吉插口问道：“既然师父知道这么多内情，为何单单批评信长公呢？”

“元就公多次品尝过作为小领主的悲哀，这完全出于他自我保护的本能。希望您能理解他的痛苦。况且，元就公也因为那些‘阴谋诡计’，受到了惩罚。”

“此话怎讲？”

“元就公的妻子因为娘家被丈夫抢占，唉声叹气，很快就抑郁成疾，离世而去。不久，毛利家多人遭遇不幸，多人被毒死，其中包括毛利家的继承者隆元大人。当然，这或许是吉川家的旧臣所为。这些让元就公意识到‘欲望的恐怖和局限性’。所以，即便同样是恶行，毛利家的恶行无非是为了获得己方的和平，这种恶行最多扩散到西部十国。不像信长那样得陇望蜀。这是最关键的地方。”

“这是将帅的气度不同，不是吗？”

秀吉稍稍讽刺了一下。

“不是。信长之前的成功完全是侥幸。要说武将的气度，武田信玄、上杉谦信等人要比信长强得多。”

“明白了。”

秀吉完全说不过他。正因为他内心中也这么认为，所以根本找不出为信长辩护的理由。

惠琼突然大笑道：“哎呀，哎呀，这么说下去可没个尽头。关键的东西，我们还没谈呢。”

“什么？你不是一开始就说不讨论和谈的条件吗？”

“不是和谈条件。而是筑前大人您的事情。”

“我的事情？”

秀吉大吃一惊，这和竹中半兵卫的临终遗言一模一样。

“是的。信长这家伙为非作歹，在他手下能幸运地受到提拔的，只有为他效犬马之劳的秀吉大人和日向守光秀大人。但是如果毛利被征服了，你们二人又将如何呢？正如你们官名所示，羽柴大人您被赶到九州的筑前地区；而光秀大人则要去日向地区，信长会分别让你们征伐岛津家和大村家。这不就是你们的结局吗？不过，如果连这些对手也消失了，你们的结果将是怎样呢？恕我冒昧，正如那句俗语，兔死狗烹。早晚有一天，在霸王信长看来，你们二人将是多余之人。到时候你们的下场就会和佐久间、林、安藤那些老臣一样。真是可怜呀，筑前大人。”惠琼滔滔不绝，面色如常，“与此相比，毛利军如何呢？对外有祖训，不会再有非分之想。接下来就是对内的问题。在内部统治中，毛利方面有一句话，‘君主是船，臣子是水’。您知道吗？”

“不，不知道。君主是船，臣子是……水？”

秀吉对名言知之不多，不知不觉被惠琼的话语吸引住。

“这原本是《平家物语》中天子的话。意思不言自明，君主是船，但正因为有水，才有船。如果没有臣子，就算是君主，也无法漂浮其上。这是一个比喻，说明治世要靠部下……喜欢水攻的筑前大人应该非常明白这个道理呀。”

惠琼狠狠地挖苦一句，但更让秀吉受到冲击的是——那句话竟然是天皇说的。

（是吗？天皇竟然如此体贴下情，为部下着想呀。与其相比……信长公怎样呢？）

惠琼说自己和光秀为信长效犬马之劳，其实在织田家，主公一味要求家臣献身和牺牲。家臣们还不如牛马。

“嗯。”

惠琼的“言语子弹”让秀吉难过得撕心裂肺。

“上次在京都也一样……师父你一说就说个没完。我输了，我输了。”

秀吉只能苦笑。

那是几年前，他们在柳马场的风月场所的事。觥筹交错之间，他们不合时宜地谈论起义经来。秀吉滔滔不绝地说喜欢义经，讨厌源赖朝。惠琼对此不屑一顾。

“义经根本就是个没有武士风范的家伙。”

他随口甩出一句。著名的屋岛浦战役就是个好例子。一艘插着团扇，载着女官的船只从平家阵营中驶出。义经看见后马上命令那须与一射那个团扇。

“与一百发百中，一箭将团扇射落，到此为止就算了，但义经之后的行为就不对了。目睹与一高超的箭术，平家方面似乎无法忍受，一个五十岁左右的男子蹦出来，在船上跳起舞来。义经竟然愚蠢地让与一再瞄准那个男子。”

与一无奈地将男子射倒。有些人欢呼“啊，射中了”，但也有些人觉得“太冷酷无情了”，这便是《平家物语》中的记载。

惠琼断然道：“民众不知道这最后的事情，也没看《平家物语》原文，才会认为义经是个英雄。羽柴大人不能把这个不懂风雅的义经看作是英雄。作为武将，源赖朝远胜义经。”

打那以后，秀吉明白自己学识肤浅，感到难为情，不再不懂装懂。现在，秀吉被惠琼的“言语子弹”弄得只能苦笑，想尽量找个话圆场。

“不是这样的。这不过是我这个臭和尚胡说八道罢了。”

惠琼大笑，却不让人讨厌。就算在辩论中落下风，秀吉都没有不悦之感。

“怎么样，喝一杯吧？”

秀吉回过神，伸出酒杯。

“太好了。我讲得嗓子都干了。”

高松城正在一点点地浸泡进大水中，而惠琼依然面不改色地喝下酒，和秀吉较劲，丝毫不服软。两人露出笑脸时，便相互对视；生气时则冲着天花板发泄怒火。秀吉不得不改变自己一上来盛气凌人的态度。

“惠琼师父，你就打算让毛利的领土，从备中到备后、安芸、周防都化作焦土吗？”

秀吉瞥了一眼惠琼，看看他的反应。

“这也没办法呀。”惠琼一副事不关已的样子，“毛利家本来就没有夺取天下之念，也没有进攻。这场战争完全是信长挑起的。但是，我们不会接受充满屈辱的和谈。与其那样，毋宁死。如果毛利家抱着玉碎的觉悟，拼死抵抗，情况会怎样呢，筑前大人？那样一来，战线就会拖长。战线一长，情形就会随着变化。再往前就是毛利家的直辖地区，没有一员大将会像宇喜多直家那样无用，被女人弄得神魂颠倒。那里也没有不知轻重的农民，为了获得高价，将稻米出售给敌人。我们会占地利。”

秀吉反驳道：“毛利军最多五万人，根本不是二十万织田大军的对手。”

“就算织田有二十万军队又如何？”惠琼面不改色，“倘若他率领如此庞大的军队来到这里，东边会怎样呢？会空虚，对不对？”

秀吉吃了一惊，慌忙问道：“东边？”

“是啊，要是尾张、美浓和五畿内都空了，伊达、北条、上杉等人，甚至三河大人都不会按兵不动吧。”

“甚至……三河的家康？”

“哈哈哈，何以如此？如果一个人不知轻重地爬到权力顶峰，那就会以同样快的速度坠落。信长同样如此。更何况他为了夺取天下，丧尽天良，连朝廷都敢威胁。”

“你说我的主公丧尽天良？”

秀吉喃喃道。平素的想法突然被别人说出，他受不了，更无法反驳。

“是的。自有日本以来，但凡威胁手无寸铁的天皇之人，便是逆贼！不管是谁，只要打倒逆贼，就是忠义之士。只要有这个名分，不管是上杉还是德川，都愿意跟毛利联手。那样一来，筑前大人就要思量思量了，别沾上‘逆贼打手’的污名呀。”

惠琼把竹碗里的冷酒一饮而尽。不知不觉，屋外的暴雨停了，拂晓的阳光透过窗户照射进来。惠琼满脸通红地看着秀吉。

“毛利方面如今在装死，但已经做好准备，东面的武将一旦响应，我们便会东山再起。毛利家原本就站在天皇一方。您应该知道吧，弘治三年，后奈良天皇驾崩，当今天皇（正亲町天皇）即位，三年间，因为国库空虚，无法举办登基典礼。毛利家的上上代主公元就不忍目睹皇室衰败，承担了所有相关费用。自那以后，他就以朝廷第一忠臣自居。”

“我知道……”

秀吉的话音越发小了。一听到朝廷忠臣这个词眼，他就无奈了。

对于当前高松城的处置问题，惠琼也不肯让步。惠琼说可以让高松城与秀吉军和解，但作为交换条件，秀吉必须保证城主清水宗治等人的性命。

“为了这座城，就让宗治朽落，实在可惜。”

这只是惠琼的借口，秀吉对此充耳不闻。

“在这个中国地方战场，包括三木城也一样，但凡投降，相关武将都要承担责任。对于其他人，我很愿意救助……”

清水的确是智勇双全的良将，但不讨喜。秀吉就是这样想的。双方在这个问题上无法达成共识，但是在对待朝廷的问题上，秀吉倒更倾向于毛利方。

（真不想和拥戴天皇的毛利家作战。）

这是两回事。

但是，秀吉的战斗意志确实开始变弱了。

好一阵子，两人互不开口，气氛沉闷。惠琼突然想起什么，伸出粗糙的手掌。

“对了，对了，我想起来了。筑前大人，能把您的手再让我看看吗？”

以前，当两人冲着天花板，信口胡说后，惠琼曾偶然看到秀吉的手掌，发出过惊叹。

“干什么？又要看我的手相吗？”

秀吉笑着，冲着惠琼，摊开手掌。

“你不用顾虑，尽管看。打上次看过后，有什么变化吗？”

一条粗线从秀吉手掌中央穿过，从手腕处一直延伸到中指前端。

“征兆更加明显了，您的天下相……”

惠琼嘀咕着。秀吉嗤之以鼻，笑了起来。

“我不知道这是不是你所说的天下相。我也不想知道。我不相信手相这玩意儿。不过，师父，你要是觉得我有天下相，为何不帮助我呢？反正毛利家也不指望夺取天下，就把他一半的领土暂时交给我，五国嘛。如果能这样，信长公必然会喜气洋洋地来安芸。不，我会把他拖来的。之后，怎么处理信长公，就交给毛利军。这是半兵卫的遗言……考虑到天皇和百姓的安宁，不管是何地的何人，都可以把信长公烹煮、炙烤。怎么样？不和我赌一把吗？赌还是不赌？反正我连真心话都讲出来了，你的回答只有一个，就是赌。”

秀吉终于把半兵卫临终前所说的“禁语”讲了出来，但他不后悔。三年前，听到半兵卫的话，他还吓得双腿颤抖，如今却一点都不慌张。

“赌博本身蛮有意思的，不过要用五国做筹码，似乎有点大。我和您聊什么手相呀，竟然让您最后还以一招！”

惠琼夸张地扭着脸，但从说话的样子来看，他根本没感到棘手。最后，他露出颇有含意的微笑，似乎早就预料到秀吉会说这种话。

“好，就这么定了。”

秀吉一下子站起来，生怕对方改变主意。

两人露出会心的微笑。

2

秀吉回到龙王山大营，一口气吃了三大碗茶泡饭，然后倒头便睡。平素，只要肚子胀，不管何处，他都能安然入睡。这是他的长处。

他呈大字形熟睡了约两小时，醒来后躺在那里伸展腰身。从年轻时起，他就抱有一个幻想，希望自己能稍微长高一点。尽管现在，人过中年，他还没有放弃这个念头。

在和惠琼的会谈中，中途一直在苦战，但最后因为“手相”获得了实利。想到这里，他觉得自己的手相颇可依赖，甚至觉得可爱。而之前他却不怎么相信的。

他悄悄地用右手食指顺着那条粗手线划过去，因为用劲太大，差点把皮磨破，弄出血来。如此一来，那条手线就更加清晰地浮现出来了。

秀吉觉得这给自己增添了信心。

这个手相最初受到称赞是在天正元年，当时他和惠琼关系亲密起来，两人正在京都喝酒。

“这条阳线一直通到手指，贫僧还是第一次看到。这种手相，要万里挑一，不，一百万人中才出一个。这是‘天下相’。”

看见惠琼用欣赏的眼神望着自己，秀吉天真地感觉前途光明，显得很开心，也并没有相信所谓的手相。但是当他和半兵卫提到这件事时，后者苦着脸忠告——“别再冲外人说手相的事情了。万一有人添油加醋，向信长公告密就糟了。”

之后，秀吉就努力忘记并隐藏手相这件事。

几年前，信长把一个著名的手相大师召到岐阜城，让他按顺序给诸位武将看手相，秀吉借口肚子痛，狼狈不堪地逃出去。为此，嘴巴尖刻的信长还说“大概是猴子有六根手指，嫌丢人吧”。时至今日，还有一些愚蠢的家伙用好奇的眼神打量秀吉的手指，其中就有泷川一益。总之，提到手相，秀吉从来没有好的回忆。

（现在不同了。这只手就是我的百万盟友，我相信这点。）

一阵悸动之流从全身穿过。

秀吉起身后便叫来官兵卫。官兵卫迈着八字腿，一摇一晃地走来，坐在随身带来的凳子上。秀吉把随从、侍女屏退，用天生的大嗓门嚷起来。

“官兵卫！我把惠琼师父说动了。你就放心吧。”他破颜一笑，“事态朝着和解的方向发展。接下来就看条件了。我的要价是毛利方的一半领地。他们会怎样回应呢？这值得期待。我只要获得石见银矿就可以了，其他的都无所谓。信长公的胃口可不止如此。伯耆、备中就不用说了，接下来是备后、出云，就看他们让步到何种程度。不管怎样，在他们得出结论之前，先不要再放水淹高松城。你赶紧命令将右卫门。”

关于他和惠琼的小秘密——引诱信长前来的事情，秀吉自然隐瞒在心里。

“明白了。”

官兵卫的面色顿时亮堂起来，建议水攻的他正在为收拾残局煞费苦心。通过他的面色，能够感觉出官兵卫如释重负。

“另外，最重要的是光秀大人的动向。之后怎么样呢？你不会告诉我——他还闷在爱宕山，还在弄什么诗歌会吧？”

秀吉嘴里含着牙签，颇有含意地微笑着。

“您的推测没错。”

官兵卫的神情又苦涩起来。

“是吗？那也没办法呀。”

秀吉轻轻地摸了一下引以为豪的八字胡，加重语气说起来。

“索性通知信长公，不需要光秀的援军了。如果惠琼帮助和解，就不需要他来了。万一中途达成和解，还会被那家伙抢去功劳。”

这是秀吉的真心话，从吉备津神社回来的途中，他就考虑到这个问题。

“那是当然，那是当然。就算光秀大人来了，对事情也没什么帮助。”

官兵卫的语调抑扬顿挫。他先表示出赞同秀吉的意见，然后思索一阵，慢慢地摇摇头。

“哎呀呀，我还是收回刚才那话。大人，我觉得没必要拒绝援军……”

他用试探的眼神看看秀吉。

官兵卫一向自信，这次却罕见地拐弯抹角。

“哦？为什么呢？”

秀吉有点不悦——本来他觉得这是一条妙计，可以让光秀尽失颜面。不过，他想到惠琼所说的“君主是船，部下是水”那句话，猛地克制住自己。

“我要说的是——从之后的周边动向来看，光秀大人没准不打算来……不，应该说他中途改变了主意……我一直这么感觉。这还是我一种朦朦胧胧的感觉……”

“把那个所谓的‘周边动向’，说来听听。”

秀吉把案几放到面前，用两只手撑着下巴，等官兵卫往下说。

官兵卫点点头，开始说起来。

“起初，对于光秀大人迟来，我根本没在意，觉得他就是讨厌来这里。他似乎不愿意置于羽柴军的指挥下，还不停地冲着城内部下抱怨，‘水攻是歪门邪道，是危险至极的愚蠢策略’……但是，根据之后的忍者报告，光秀大人从某天起，一下子不发牢骚了。”

“是吧。”

出乎意料。秀吉情不自禁地有了兴趣。官兵卫慢悠悠地扇着手里的蒲扇。

“某天，对，准确地讲，就是本月二十二日，也就是吉田神社给他发送第一封信件的时候。很短的时间内，光秀大人和吉田兼和来回传递了好几次信函。之后，他便独自待在房间，似乎一直考虑着什么……”

“还是兼和插手的。那家伙本来就喜欢斡旋，但他本人没有预先策划事情的气度。”

秀吉甩出一句，脑海中浮现出那个小嘴角、瘦身板、谨小慎微的男人的身姿。

“您说得没错。兼和不过是中间人。于是我让人进一步打探，得知——几乎与此同时，兼和还与另一个人频繁通信。”

“那个人就是前久。”

秀吉嬉笑着。

“是的。如果王公大臣直接和织田武将有书信往来，就太引人注目……

于是，兼和就主动担当中间人的角色，把前久大人的意思转达给光秀大人，再把光秀大人的想法传递给前久大人。另外，在能进出王公大臣府邸的京都糕点事务官等人的家中，我安插了忍者。他们打探到有关前久大人的一些消息，就是最近发生的事情……”

如果在著名的京都糕点事务官家中安插忍者的话，就能非常方便地打听到王公大臣府邸里的会议内容以及参加人数等。这是官兵卫由来已久的观点。

他似乎打听到重要的事，得意地耸动着鼻子，秀吉一看便知。

“干得好，官兵卫。那是什么传闻呢？”

“听说前久大人在五月要辞去太政大臣的职务。”

“你说什么？”

就连秀吉也没想到——近卫前久刚刚上任三个月，就要辞去职务。

“这不过是从进出王公大臣府邸的商人中传来的消息。不过，关于辞职，有一种说法，说白了就是朝廷的苦肉计，要把太政大臣的职位让给信长公……”

“那是不可能的。即便前久大人要让位，此时此刻，信长公也不会满足于这种形式上的闲职。”

他应该想要更高的职位，既不是关白，也不是将军，而是比这更高的位子——说不定还想篡夺天皇的位子呢——秀吉在内心中如此怀疑。

“我也这么认为。有关前久大人辞职的报告和背景，藤孝大人早晚会来向您说明的。不过，当我听到前久大人辞职的消息后，脑子里突然闪过一个念头——光秀大人之所以迟来，莫非事先知道了前久大人的想法……从那时起，两人迅速接近，为了掩人耳目，光秀大人便待在爱宕山，还安排了诗歌会。难道不是吗？”

“这完全有可能。你的推理很棒，官兵卫。”

秀吉拍着膝盖，叫起来。

“但是，光凭这一点，也无法就断定光秀不会来这个高松战场。你想想看，五年前，接到前往北陆战场的命令后，我和你一起左思右想，希望能找到不去的借口。最后没有遂愿，无奈之下，只好选择了‘第三条道路’，就是先去，然后和柴田争吵，以此为借口返回。为此，我还被信长公狠狠地训斥了一顿……光秀不也可以考虑同样的方法吗？姗姗来迟后，围绕‘水攻’，找碴争吵，然后返回领地。他就没动过这种心思吗？”

“不，光秀大人不会那样做的。”

官兵卫回答道，脸上露出嘲讽的神情。

“为什么？”

“明智部队可不会玩弄坏点子，不会像我们一样选择‘第三条道路’找碴争吵。”

“坏点子？啊哈哈哈，说得好。说实话，我真希望你把那个‘坏’字去掉。”

秀吉发自肺腑地大笑起来。

“哎呀，哎呀，您可不能光笑呀，还有一件事情，您必须要考虑。”

官兵卫低语着。

“什么呀？”

秀吉露出自信的神情，似乎在说“什么事都无所谓”。

“那我就说了。前久好歹也是前关白，他可是一人之下万人之上的权臣。但他竟然亲自跑到光秀的住处，您要知道，光秀大人的职位最多就是从五位下。这说明前久遇到难事，需要光秀大人借一臂之力。”

“说得有道理。”

“那是什么事呢？”

“这个，我还没考虑到……”

官兵卫一下子打住话头。

“是吧……”

主从两人的对话到此中断。

秀吉思考片刻，冲官兵卫吩咐起来。

“你再把信长公和光秀大人的近期安排写出来看看。”

于是，官兵卫便列出如下日程。

日期	信长	光秀
五月二十七日		抵达爱宕山
五月二十八日		召开诗歌会
五月二十九日	上午离开安土，傍晚抵京，下榻本能寺	回龟山城备战
六月一日	接受王公大臣道贺，当晚举办茶会和棋会	出征
六月二日	拜谒天皇	
六月四日	离开京都，前往高松	

秀吉看看日程安排表，再次冲官兵卫问起来。

“这次信长公从安土带了多少兵马？”

“这次令人不可思议，只带了贴身随从和侍女，总人数不超过五十人。安土的部下让他多带一点人，但信长公顽固地不予采纳。不过，在邻近的二条地区府邸中，驻扎着信忠大人的四百多亲兵……”

“即便如此，人数还是少呀。是吧？对于增派人手的意见，他不予理会吗？嗯，那么，你觉得这是为什么呢？”

“或许信长公对于京都的治安有自信吧……”

“不对。”秀吉当即否定，“信长公比我还谨慎呢，说得难听一点儿，他是个谨小慎微的人。不管京都的治安有多么稳定，也不能减少随从的数量。毕竟那里还有一向宗、伊贺地区、杂贺地区的余党，他们对信长公可是恨之入骨。”

“听您这么一说，他之所以减少随从的数量，难道还有别的理由？”

“只能这么认为。他以前旁若无人地对待朝廷，这次却没有率大军前往，难道是不想被别人说他粗暴无礼？我觉得很难想象。因此，这次信长公拜见天皇的目的才是值得关注的问题。你没有听说什么吗？信长公拜见天皇，意欲何为？”

“这一点……织田阵营中无人知晓。听说有人询问的话，信长公就笑着扭过脸。对于那些执着地要跟去京都的尾张人，信长公狠狠地训斥了一顿。”

“是吗？训斥他们吗？如此说来——”

“信长公这次进宫拜见的目的有点微妙呀。”

“是的。只能这么认为。那么，那些潜入宫内的忍者带来什么消息没有？你有没有从中嗅到什么东西？”

“很难让忍者潜入宫内，他们也无法掌握朝廷会议的内容。”

官兵卫夸张地一叹。凡是进宫谒见者都要被查祖宗八代，所以最多通过进出宫内的糕点事务官，将一些女子安插在下女的房间内。而且，宫内人都使用“后宫语言”，发音特殊，忍者无法通过他们的口形掌握说话内容。

“听后宫厨师说，朝廷每天都要召开长时间的会议……”

“长时间的会议很少见吗？”

“以前根本就没这样开过会。”

“哦……”秀吉仰面盘算起来。

信长此行是要进京朝见天皇，从安土带出来的士兵出奇的少；迎接信长的朝廷连日召开长时间的会议。

两件事定有某种关联。秀吉把自己当作信长，进行推理。他摸着八字胡，半睁着眼睛，硬是弄出信长的三白眼。如此一来，或许能想到两者的关联。

秀吉沉迷在一个人的游戏中。

首先——向朝廷提出无理要求。那会是什么要求呢？应该不是要求当太政大臣、关白、将军。对于这三个职务，信长之前就不屑一顾。那么，还是要求天皇退位？这是有可能的。正亲町天皇虽然六十六岁了，但从年纪上考虑，还完全能执掌政务。对于把诚仁亲王当作傀儡的信长而言，正亲町天皇的存在是个麻烦。不过，据说正亲町天皇身体康健，完全有能力处理政务。而且，在日本国的历史上，从藤原道长时代开始，虽然曾有天皇被奸佞之臣赶出京都的，但无人违背自己意愿而提前退位的。

若信长是要求天皇退位，这种大逆不道之举真是难以实现……兴许他另有企图？最好是另有企图。莫非是想把基督教定为国教？他是不会提这种要求的。信长毕竟没有改信基督，而且他也只是想暂时利用基督教罢了。

听说信长曾就历法之类事情向朝廷的历法博士抱怨。难道他是为此事进京？最近的历法的确混乱，和人们的季节感相差甚远。当秀吉还在尾张中村之时，那里的老百姓就已经不参照朝廷历法，而是使用“二十四节气”来决定插秧的日子。但是，就算历法有问题，信长也不至于为此向天皇抱怨吧。

如此分析下来，信长公的要求恐怕还要回到原点，就是让正亲町天皇退位，让诚仁亲王即位。为了不让世人指责他以武力相威胁，信长公故意带着为数不多的随从进宫。秀吉能明白信长的心境。

不管怎样，这可是要在历史上遗臭万年的事。那么，正因为这是大逆不道的事情，信长怎样才能防范不测……秀吉想到这里，一下子恍然大悟。

（是了！信长公不打算靠武力保护自己，而是要把我修建的暗道当作应急之路。）

就算接到天皇指令，伊贺、杂贺的余党以及睿山、石山的武僧偷袭防卫力量薄弱的本能寺，信长也完全可以通过暗道，假扮成教士，逃离险境。与其拥兵作战，还不如从教堂逃离，然后突然在一个让人意想不到的地方出现，宣告“天下人信长在此”。这多么戏剧化呀，符合信长公的做事风格……

（真没想到，我修建的暗道竟然为信长的逆行发挥了作用……）

秀吉无比后悔，差点把嘴唇都咬破了。

他回过神来，对官兵卫说道："按照这个计划表，光秀在爱宕山附近和前久密谈，究竟是二十七日还是二十八日呢？也就是说是在信长公进入本能寺的前一天还是前两天呢？"

"如果顺利，应该是二十七日，但万一朝廷的会议拖长，前久大人无法在那天进入爱宕山的话，他可能会在二十八日，也就是诗歌会之后，与光秀大人见面。"

"在什么地方呢？"

"在爱宕山下的青龙或者水尾。为了掩人耳目，号称'隐士之乡'的水尾比较合适。那里散布着许多京都、大坂豪商的别墅，不愁没有两人密会的地方。而且，水尾到爱宕神社不过一小时的路程。不管怎样，我会在两处都安排男女忍者，让他们严密监视主要的商人宅院。"

"要严密监视前久的行动，不能光盯着轿子。那家伙可有过前科，舍弃坐轿，跑到越后地区。"

"您请放心，我不会让他们再犯那样的错误，出现同样的疏漏。从京都到爱宕山的路上，我会安排比前久走得快，并且善于夜间观察的忍者。"

官兵卫充满自信地回答完，退了出去。

屋内只剩下秀吉一人，他再次陷入长时间的冥想中。

此时此刻，两个阴暗的念头在秀吉的内心中翻滚、纠结着。

（可以遵照半兵卫的遗嘱，将信长公父子引诱到备中地区，然后借毛利之手消灭他们……）

秀吉有点不安。这或许有点兜圈子，不仅有失败的危险，他的谋略也可能被毛利方识破，惠琼也会抓住他的软肋，这些问题对将来都不利，必须要考虑到。

（与其这样……索性借着光秀反叛，悄悄地……）

秀吉深深吸了口气，猛地呼出来。就在这一瞬间，他的脸上浮现笑容。

"把前野将右卫门叫到这里！"

当闲杂人退下，屋内只剩下他和前野后，秀吉不再绕弯子，用一种严肃的语调，单刀直入地发布命令。

"将右卫门，我给你一个密令。"

"遵命。"

此时，他已经奉命调整了堤坝内的水量，躲过了决堤一劫。将右卫门的脸上露出微笑，显得比较从容。

“你带上几个技能高超的人，赶紧进京，潜入教堂。马上就去！”

“那要做什么呢……”

将右卫门脸上的微笑还没有消失，依旧显得从容不迫。

“把那条通往本能寺的暗道封起来，离本能寺的那口老井越近越好。”

“啊？”将右卫门一时茫然。

秀吉根本不予理会，冷然续道：“暗道里有充裕的备用木材，不用半天时间，你们就应该能封堵住。”

“工程本身并不难，但……”

秀吉从将右卫门的话音中感觉到了对方的迷惑，故意显得傲慢不逊。

“你不要在这里问理由。我有我的想法。绝不能和外人说！赶快去！”

万一光秀没有谋反，就若无其事地将暗道复原。秀吉盘算得天衣无缝。

“遵命。”

将右卫门将信将疑地站起身。深夜时分，将右卫门率领着十人左右的前野小队，冒着大雨消失在东边的夜色中。这一切，无人知晓。

3

从五月二十七到二十九日的三天中，秀吉一步都没有离开龙王山大营，密切关注东西两边的动向。

西边的毛利军一直没有动作，高松城内外一片静谧。城内的士兵似乎快饿死了，即便到了晚饭时分，也没看见一缕炊烟。据说对于毛利大本营准备接纳的和谈提案，城主清水宗治打算带着部下用“绝食抗争”的方式进行抵制。但是，不断有毛利方的使者骑马穿梭于高松战场和安芸的大本营之间。惠琼必定还在调解，希望能促成和解。

与此同时，从东边的安土、京都、大坂以及丹波龟山，不间断地传来忍者的报告。秀吉觉得每次密信到达都要召集部下太麻烦，从将右卫门离开的第二天开始，干脆决定让秀长、官兵卫两人和自己挤在一起睡。三人穿着单薄的窄袖便服和兜裆布，同吃同喝，随心所欲地躺在一起，等候着忍者的报告。每当密信到达，他们就会互相摇醒对方，商议对策。

第一报——

“二十七日夜，包括前久大人在内的王公大臣和天皇一起，聚集在拜谒室。”

秀吉睡眼蒙眬地听着。他对没有行动的前久不感兴趣。

第二报——

“二十八日午后，前久大人乘着轿子从宫内退出，径直从家门口经过，前往桂川方向。”

三人听到这个报告，同时跳了起来。

“果然行动了。”秀吉和官兵卫相顾点头，“他行动了。”

接着，第三报来了——

“前久大人顺道去了桂川附近的茶屋，在那里悠然待了两小时，然后不出所料地打扮成修行僧人，继续出发。”

前久之后的动向被官兵卫铺设的谍报网一一捕获。那些跟踪报告证明前久没去青龙，而是朝着水尾方向进发。又过了四小时，密使从水尾赶来汇报。前久进入茶屋四郎次郎位于水尾的宅院，似在等人。

“不出所料，看来是前久有事拜托。”秀吉再次叮嘱，“那两人的谈话，你们一句都别听漏。”

官兵卫答道：“您就交给我们吧。我早就在茶屋大人的宅院中安排好了一个耳朵灵光的男人，外号叫‘通天耳’呢。”

所谓“通天耳”是释迦牟尼的五大神力之一，是一种超能力，不管多远的声音，都能一丝不漏地听下来。

“是吗？那我就放心交给你们了。另外，如果茶屋知道前久的动向……我们就要推敲一个问题了，官兵卫。”

“您说三河大人？”

官兵卫当即反应过来，但脸色有点难堪。这也合乎情理。茶屋四郎次郎的最大后台老板是德川家康，此时正在安土享受信长盛宴的家康应该对前久的行动了如指掌，这点必须要考虑到。不，相对于官兵卫的谍报网，家康可能更早就知道前久和光秀密会的事情，只不过佯装不知罢了。作为谋臣，官兵卫觉得自己的荣誉受到损害。

“去年，信长公进攻伊贺地区时，当地的忍者都流落到三河地区，这一点让人痛心疾首。”官兵卫难得地说出泄气话，“说实话，这次前久进入的宅院表面上是伊势商人的隐居处，本来不在我们搜寻目标之列。直到最近，因为附近农民泄露，我们才知道那里原来是茶屋四郎次郎的府宅。说起来汗颜，长期以来，三河方面的忍者在谍报方面采用很多手段，让我以及手下上了大当。”

“虽然事到临头才弄清楚，但还是不幸中的万幸。”

秀吉只能安慰官兵卫。在谍报工作中落后于德川军团，不是官兵卫的过错。信长宠爱信雄，对伊贺地区的忍者格杀勿论，从而招致不必要的仇恨。由此，擅长忍者工作的“上忍”三集团（服部、藤林、百地）都和织田方分道扬镳。

“如果三河知道前久的动向，那个老狐狸会怎么办？对此，我倒很在意。”

“那要看前久大人究竟要和光秀大人谈什么呢。如果是让他非常感兴趣的事情，三河大人或许会延长旅程，主动参与会谈的；如果是他想回避的危险事情，三河大人就会装疯卖傻，参观完堺港后，就赶紧从五畿内地区逃走。”

“你觉得那个老狐狸会采取什么行动？”

“或许……会逃跑吧。”

秀吉追问道：“因为前久要说的事情无趣？”

“不，不，正好相反。他要讲的事情太有说道了，但是也充满危险。”

“太有说道？什么意思？”

“真相很快就来，您别再让我玩这种‘推算游戏’啦……”

官兵卫避开话题。

“这倒也是。”

秀吉一笑，没再提这话题。反正事情很快就会清楚，现在没必要讨论。

“那好，我们花点时间，鉴赏一下绍巴送来的光秀创作的诗歌吧。”

绍巴作为诗友被邀请到爱宕山。他早就同意帮秀吉工作，诗会进行到一半便借口腹痛跑进厕所，把写有参加者吟诵的诗句写在纸上，揉成一团，丢在庭院中。事先隐藏在那里的小六的手下将之捡拾起来，送到秀吉这里。

二十八日午夜，绍巴送来了第一条消息。字迹潦草。

“在爱宕山的西之坊威德院举办诗会。参加者包括明智光秀，威德院的行佑、绍巴，上之坊大善院的宥源，绍巴门下的昌叱、心前、兼如以及光秀的家臣行澄，还有光秀病体缠身的儿子光庆。”

第二条消息和参会者吟诵的诗歌相关，上面录有诗人的姓名和诗句。那些诗句按照首句、次句、第三句等顺序依次排列。所谓首句，系由出席者中的名家、高贵者或客人吟诵，主要是应景诵物。次句承接首句，完整诗境。从第三句往下，吟诵者要在鉴赏前句的同时，逐渐改变或添加感慨和时令，从而让在座众人享受心理变化之趣。首先吟诵首句的自然是诗会召集者明智光秀。那天，爱宕山顶附近似乎雨量不小，展开的信纸被水弄潮了，字迹模糊。除了首句，别的诗句几乎无法判读。

“看不清楚……”秀长抱怨了一句，开始念首句，“时维五月，春雨沥沥……”

官兵卫“哦”了一声，不再说话。官兵卫不擅诗歌，直到中年后才开始这方面的学习，他的相关知识甚至不如秀吉。

“时维五月，春雨沥沥……”

秀吉缓缓念了一遍，伸手接过怀纸，借着烛火聚精会神地看了起来。秀吉觉得这诗句并无让人佩服的过人之处，无非是咏叹雨季罢了。跟诗句相比，他更关心这张怀纸的叠法。这张怀纸对半折叠，正面写着包括首句在内的八首诗句，背面则是另十四首诗句。

秀吉笑道：“你们看！今后用得着。”

“哎？什么？”

那两人莫名其妙，盯着秀吉的手看。

“这叫‘一折’。这张怀纸的叠法完全符合‘百诗会’的规定。你们仔细看，这张纸的正反面共有十二首诗；接下来的‘二折’、‘三折’，每张纸正反面各十四首，合计五十六首；最后的‘四折’又称‘惜别折’，正面十四首，背面包括结尾诗共八首。算下来合计一百首诗，所以人们才称这是‘百诗会’。”

那两人又垂下头，赞道：“原来是这样呀，受益匪浅。”

“不过，要是‘百诗会’，今晚要弄到很晚的。官兵卫，你要做好思想准备。”

官兵卫微微一笑，点头道：“完全明白。”

“那我再睡两小时。我不想再看那些平庸的诗句了。俗话说躺着等好运嘛。”

秀吉说完便躺了下去。他最想知道两人诗会后的密谈以及可能会在那里签订的密约。现在干着急也没用。说归说，这时的秀吉自是难以入眠，翻来覆去琢磨两人会怎样交谈。昏昏沉沉之间，迎来了黎明。

“大人，快起来。发生大事了。”

二十九日晨，秀吉被官兵卫低沉的嗓音唤醒。那天是梅雨天，没出太阳，但天色已然大亮。

秀吉立刻翻身坐起，问道：“什么事？有什么紧急情况？”

官兵卫凑近了他，脸色异常苍白。

“昨晚我提到的那个绰号叫‘通天耳’的人……”

“怎么了？”

“被杀了。”

官兵卫递上一张血迹斑斑，搓成麻花状的纸条。秀吉一把夺到手中，借着亮光打开。

那些小字上衬着血渍。

> 加急报
>
> 诗会后，光秀大人夤夜前往水尾。
>
> 前久大人在茶屋大人的府邸中招待光秀大人

就这点内容。前后文都被扯掉了。

“谁拿来的？”

秀吉喊道，他知道自己的脸一下子涨得通红。

“是他的同伴韦汰天，一个绰号‘神行太保’的男人。他们偷听后离开茶屋的宅子，在前方数町的森林中遭到伏击。‘通天耳’被杀，‘神行太保’身负重伤，侥幸逃脱，把残缺的密信带了回来……”

“那个‘神行太保’还在这里？”

“不在了。完成使命后，那个男人也断气了。”

“死了？唉，光靠这张碎纸片，很难弄懂意思的……”

“不，这张纸片背面留有文字，那好像是‘通天耳’用血写的……”

秀吉听到官兵卫的话，忙将碎纸片一翻，只见上面写着“谋反”二字。

这两个字让秀吉颤抖起来。

“‘通天耳’被割断喉咙，无法说话，这是他临死前传递给‘神行太保’的遗言。”官兵卫默默在胸前画了一个十字，又嘟囔道，“大人，明智光秀到底是谋反啦。”

（浑蛋！你小子早就察觉明智要谋反，现在才……）

——装疯卖傻也要有个限度，谋臣就要有谋臣的样子，要和我肝胆相照！

秀吉真想这样大喊，却装作没事人一般，答了一句。

“我也是做梦都没想到呀……”

4

六月三日傍晚，信使快马加鞭赶到龙王山大营，向秀吉报告本能寺之变。首先是前野方面的信使，接着是小六方面的信使，两者相差不到两小时。

以下是前野将右卫门的报告，由官兵卫代替秀长读给秀吉听。

“加急报。朔日深夜，明智部一万三千人离开龟山城，越过老之坂，凌晨零时从沓挂到达桂川西岸。全体士卒休憩片刻，换上作战草鞋，火枪队也备好火绳。队伍横渡桂川后井然二分，牢牢围困住本能寺，次日拂晓开攻。战斗不到两小时结束，敌众我寡，寺庙楼宇一片火海，一切皆化作乌有——”

将右卫门喜欢按照时间顺序汇报。这段流畅的记述符合他的一贯风格。

“难道将右卫门和明智军一起行动的？”

秀长自将右卫门上月销声匿迹就一直放心不下，此时他发出惊叹，而秀吉根本不予理会。即便对方是弟弟秀长，秀吉也不会把交给将右卫门的密令相告。

而在那里诵读的官兵卫则面无表情，他似乎拿定主意，多一事不如少一事。

“秀长，你来读一读小六那边的报告！”

秀吉想借此封住他的问题。

秀长满脸不情愿地读了起来。

“二日拂晓，明智大人谋反袭击本能寺，寺庙一片火海。信长公是否安然无恙，令人深为忧虑。”

小六的习惯就是简单列举事实和感想。

秀吉比较着两份报告，陷入沉思。

他没有将内心想法告诉在座的两人，其实秀吉非常在意将右卫门报告中的两句话——“牢牢围困住”、“寺庙楼宇一片火海，一切皆化作乌有”。而且，小六在报告中也没有肯定“信长公安然无恙”。

结论只有一个，信长死了。信长未能从暗道中逃脱，那里已经被将右卫门封堵上……

三年前这个时候，京都伊藤道光的家里，和将右卫门（小右卫门）交谈时，秀吉脑子里曾闪过“谋反”之念。哪知将其付诸实施者竟是秀吉在织田家内的竞争对手明智光秀，而秀吉还在背后帮了他一臂之力。

命运如此可怕，秀吉不禁战栗，心脏“怦怦”直跳。

“大人，您怎么了？您的脸色……”

当有别人在场时，秀长不喊他“哥哥”，而是“大人”。

秀吉一下子回过神来。

（真是太丢人了。）

秀吉从来没有考虑过信长死后自己该怎么办，在部下面前应该摆出怎样一副面孔。

秀吉觉得自己愚钝，准备不足。

“我的脸怎么了？”

秀吉强挤出笑脸，然后用手拍打着渗出冷汗的太阳穴，装聋作哑。

这次，爱哭的秀吉竟然没有掉一滴眼泪。好歹在官兵卫面前掉一滴眼泪也好，否则说不过去……但就是没有眼泪。

秀吉只是百感交集，说不出话来。

“官兵卫，你……怎么……看待……这件事情？”

他背过脸，说得结结巴巴。

而官兵卫冷静得让人讨厌，听了两个报告后，他既没有说“这可不得了”，也没有说“怎么回事”。

他既没有感叹，也没有发问，开口第一句话就是——“毛利方如果知道，和谈就要遭到破坏”。

他显得痴痴呆呆的。

秀吉觉得自己不了解这个男人的内心想法，但也只能沉默着点点头。他说得没错。即便他不说，秀吉也明白——东边的事情可以暂且不管，当务之急是考虑西边的毛利军对新情况会如何应对。

官兵卫又说出一句让秀吉始料未及的话。

“不过，照此下去，他们早晚会知道。或许明智军已经放出密使。光秀大人会认为敌人的敌人就是朋友。这是作战的常理。如果这样，大人，索性就在这里告诉惠琼……”

说完，他便沉默不语，只是用眼神提醒着对方。

关于和惠琼碰面会谈的事情，秀吉没有告诉过秀长。

听到官兵卫的话，秀长惊讶得瞪圆了眼睛。

“特意通知敌人吗？这对于和谈太危险了，不是吗？”

“不，不是的。”

官兵卫露出微笑，似乎在柔和地开导年轻的秀长，然后瞥了一眼秀吉，似乎在说——之后就由您来说吧。

秀吉端起手边的茶碗，将里面的残酒一饮而尽，然后从嗓子眼挤出话来。

“秀长，官兵卫说得没错。既然他们早晚会知道，索性由我们来说。我们越是坦诚，那个和尚就越会感恩戴德。如此一来，我们就能说服毛利一族，延续和谈事宜。”

秀吉命令严密戒备，防止光秀派出的密使和毛利接触，与此同时，让人传话给惠琼，“请速来”。

惠琼随即接受了邀请。

四日午后，惠琼孤身一人跑到龙王山大营。

一看见惠琼，秀吉就滔滔不绝地夸奖起来。

“我正等着你呢，惠琼师父。现在我羽柴家的人都在谈论你，说不知你从什么地方学会了‘透视术’。”

“什么，什么意思？”

惠琼被弄得丈二和尚摸不着头脑，摇晃着大脑袋。

“你上次不是提到‘爬得高，摔得重’吗？正如你所说的，信长公……信长公……两天前在本能寺栽跟头了……明智光秀谋反……”

秀吉说到这里，猛地扑到惠琼身上，放声大哭起来。他最初只想假哭一下，但不知为何，装到一半，他那一直干涸的泪腺竟然打开了，之后便犹如决堤的洪水一般，号啕大哭，泪流满面。

倒在惠琼怀中的秀吉暗自窃笑。

（我可真坏呀。）

他忍不住自我嘲讽。

秀吉哭完，冲着惠琼讲述起事情经过，继而迅速坐正，紧握惠琼的手。

“惠琼师父，今生，我对你只有一个请求。”

“什么呀？”

惠琼的双手依然被秀吉紧握着。

“你能让我做一次男人吗？”

“您说什么？”

惠琼一时没有反应过来。

“能让我为信长公报仇吗？高松和本能寺之间有五十多里地，我恨得牙痒痒。的确，正如你说的，在古今历史上，信长公是无人可比的神佛之敌；对天皇而言，也是难以宽恕的大逆贼。但不管怎样，我之所以能有今天，完全靠的是信长公。他对我有大恩大德。我欠他的情。我必须要先报恩。我筑前待在这么远的地方，无法冲光秀那家伙出一刀，真觉得悲哀。我真没运气，我真是不忠……呜呜呜……”

他浑身颤抖，再次掉下大滴的眼泪。

惠琼被他这次的泪水迷惑，彻底上了秀吉的圈套。

“筑前大人，您就把事情交给我吧。俗语说得好，‘搭救走投无路之人，实乃大功德’。贫僧既然和您约定，就不会颠覆和谈一事。其实想想看，信长虽然是逆贼，但也是一个慧眼识英雄的将领，能很早就发现筑前大人的才华。您对提拔自己的信长，难舍报恩之情，我也可以理解。这样吧，筑前大人，在和毛利军互不侵犯期间，您就放心地去为信长公报仇，去报恩。毛利军不会干出背后捅刀子的勾当。但我有一个条件。”

惠琼没有露出一丝笑容，两眼放光地瞪着秀吉。

“什么条件？不管什么，你尽管说。是要饶清水宗治不死吗？如果是……”

秀吉觉得事已至此，只能收回让其切腹的要求了。

“不是的。那个男人准备切腹，以此换取城内士卒的性命。现在如果说饶他不死，反倒会让他勃然大怒，固执己见。”

“那是什么条件呢？”

“今后在谋划天下大计时，您要让毛利家参与。现在的毛利家虽然没有称霸天下的野心，但还有相应的实力，许多家臣都有髀肉复生之叹，贫僧也恨得牙痒痒。因此，请您考虑一下什么地方能用上毛利家。至于是否配合，就要看年轻的辉元大人的判断和器量了。”

“明白了。惠琼师父，我会留意此事。”

就凭这个条件，秀吉就获得了维持停战的保证。他暗暗称快，根本没料到事情会如此顺利。秀吉克制着跃跃欲试的心情，送走惠琼，无意中抚摸起自己的手掌。或许是心理作用吧，他觉得连手线都开始发痒了。此时，和秀吉站在一起，目送惠琼的官兵卫突然冒出一句多余的话。

“不错，大人您夺取天下的机会来了。”

这话虽然有点讽刺，却是一语道破真谛。秀吉陡然一惊，顿觉内心世界被他看透。接下来的一瞬间，他非常生气，觉得官兵卫口无遮拦。如果换作别人，秀吉恐怕要将之痛打一番。

“在织田家生死存亡之际，别说废话！你要收敛一点，官兵卫。”

这是秀吉第一次，也是最后一次训斥谋臣官兵卫。

5

秀吉脚步匆匆地回到房间，把秀长和家定（木下）、弥兵卫尉（浅野）三人叫了过来。官兵卫跟在秀吉身后走进屋内，面色难堪地缩在角落里。秀吉对他置之不理，也没像平素那样让人给他准备座椅。

秀吉依次环视秀长等三人，完全无视官兵卫的存在，随后开始宣告起来。

“我现在要返回姬路城。”

“这又出乎我们的意料。”

家定和弥兵卫尉对之前的事情不甚了了，面面相觑。秀吉无法一一解释了，反正他们可以稍后去问秀长。秀吉便开始麻利地发号施令。

“我要说三件事。第一，要防止东边的消息传到毛利军处。明智军的密使很快就会赶到毛利军处，要抓住他。为此，在我军的东边插上从毛利军处夺来的旗帜。如此一来，对地形不熟悉的密使就会误以为那是毛利军，从而闯入我军阵地，把他携带的密信抢过来。不过，千万不要打开密信，如果你们私自打开，绝不宽恕。把密信照原样送给赶往姬路城的我。你们要牢记！”

最年长的家定代表三人诚惶诚恐地应道：“遵命。”

“接下来第二件事，就是今晚把这个龙王山大营中的武器全部装上船，运回姬路城。”

秀吉打算把这些武器和留存在姬路城的武器一道运送至大坂。

“第三件是全军撤退。步兵沿山阳道狂奔，把姬路城作为第一集结地。骑兵尽量从海上坐船去。不要向任何人透露紧急返回的理由，就说回到姬路城自然明白。对了，例如……对，就这样说：‘这次没有大的合战，没有建立战功，实在可惜。因此都不想回去吧？为了在返程中给大家一些安慰，安排了竞走比赛，按照到达姬路城的先后顺序，给大家派发奖赏。’怎么样？别吝啬钱，要鼓励他们。还有一点，趁我还没忘记，告诉你们。让所有步兵徒手前进。若有人舍不得丢弃手里的武器，你们就买过来，这一点要广为宣传。与其拖着无谓的武器和盔甲奔跑，不如早点赶到姬路城领取大笔赏金。好吧？”

家定问道：“士兵中途的吃喝问题如何解决呢？”

“问得好。放心吧，将右卫门在前方把一切都安排妥了，正等着大家呢。”

三人呆呆倾听秀吉继续发布“从中国地方大撤退”的计划。这也是秀吉发给在姬路城待命的将右卫门的第二道指令。一旦京都有变，就跟毛利军休战，转兵东向，直奔京都。万一毛利军拒绝休战，能否摆脱其追击并迅速东上，就关乎羽柴军的命运，所以将右卫门一直负责准备这次的大撤退计划。

秀吉得意扬扬地解说起来。

“你们听好喽。士兵无须携带任何吃喝。在返回姬路城的途中，每隔一里，将右卫门就准备了一处茶屋，那里堆放着饮料、饭团、大酱、咸菜、鱼干，还有草鞋之类的。你们告诉大家，不管白天黑夜，都有东西，随便吃喝，尽管放宽心。为了让大家赶夜路，将右卫门还让沿途乡村在路上点起篝火，以免迷路。大家要集体行动，把身强力壮的人和弱小的人放在一起。如果单独行动，可能会被盗贼袭击，不要发生这样的事。”

秀吉更加确信自己准备得万无一失，士卒们会开心地一路狂奔。

“到达姬路城之后，第二集结地在尼崎。你们要清楚，从姬路城出发，还有二十里路，其间有的是小河川，又正好碰上雨季，水位不断抬升，要早点过去才行。不过，不到姬路城就无法掌握河流情况，所以我要先行一步去确认道路。包括秀长在内的所有人，要立刻跟上来。都没问题吧？”

“跟毛利家的和谈签字以及高松城主清水宗治的切腹仪式，该怎么办？”

秀长开口问道，真不愧是个规矩人。

“清水的切腹？无所谓，就让人假扮我出席吧。让人假扮就行了。至于签署议和文件嘛，谁都行。”

无人能阻拦住秀吉。

随行的只有石田三也等几人，他们都和秀吉一样，穿着薄薄的窄袖便服和兜裆布，披着挡雨的蓑衣。秀吉一行人抱着年幼的宇喜多秀家，离开高松。他们在备用的马匹上堆放着一些衣物，那里面藏着装有银两的钱袋，还有粗绳。这样可以将身体绑在马背上睡觉。他们中途在冈山城稍作休息，放掉人质秀家，拜托阿福防范毛利军从背后袭击。就这样，秀吉一行人策马穿过沼市、长船、片上（备前市）……再沿着海路到达赤穗。

两天后的六日下午四点，他们回到了姬路城。

就算是精力充沛的秀吉都疲惫不堪了，但他进了姬路城之后还是先把待命的将右卫门喊进屋内。两人面对面凑得很近，秀吉只说了一句话。

"确定？"

"确定。"

两人心照不宣了。信长死在暗道中……

之后整整两天，秀吉休养了一下，然后打开城内仓库，确认所有的金银财宝和军粮。据记录，有八百枚金币、七百五十贯银钱，还有存粮八万五千石。这是让人一时无法相信的巨资，大多数金银都来自生野银矿。

秀吉乾坤一掷，展示出超人气度，宣布将所有财宝平均分配给将士们。与此同时，他召集主要武将，陈述起从高松急速返回的原因。

"我把你们这帮家伙叫回来，不为别的……"秀吉声嘶力竭地喊了起来，那洪亮的声音中透着自信，"二日拂晓，明智光秀谋反，对我有大恩大德的信长公惨死在本能寺……"

他轻握拳头，做出擦泪动作。所有人都骚动起来，发出悲鸣。秀吉挨个看看他们，话音更加悲痛。

"我们为什么聚集在这里？只为了一个目标，那就是为信长公复仇。敌人只有一个，就是明智光秀。我不要别人的脑袋，你们也不用滥杀无辜。我已经为率先取得光秀首级的人准备好了十枚黄金。"

部下们又发出喊叫声。

"如此一来，众位将士，你们冲着第二集结地尼崎，再度开展行军比赛吧。跟着我！我奖赏了先赶到姬路城的将士，这次谁先赶到尼崎，我将双倍奖励，不，是三倍。"

秀吉深知——要想速战速决，就要用奖赏激励大家。而且，他还打着“为主公复仇”的旗号，拼命鼓动家臣。秀吉军的战斗情绪由此无比高涨。

秀吉激励完军心，再度把将右卫门喊进房间。他有两件事放不下。

其一是大坂的织田信孝军团，据说有一万五千人。

秀吉问道：“信孝军之后的动向如何？”

“半数上船去四国了。”

“那就是还留有七千多人？”

“是的。”

“这是个麻烦。”

秀吉瞧着天花板，嘟囔了一句。

他之所以如此着急东上，就是要当第一个挑战光秀的人。既然要让羽柴军团出面讨平光秀，信孝的四国远征军的残留部队就是障碍，要设法让他们无所举动。

“我想到一个好办法，将右卫门。”

“您说。”

“在信孝军团内散布谣言，就说信长公还活着。你赶紧派忍者去。”

信长公的遗骸应该还没找到，还能散布“信长公幸存”的传言。只要信长活着，信孝就会等着他现身，从而行动迟缓。这是关键。

将右卫门登时会意，点头道：“遵命。”

“还有件事，这个比较麻烦。”秀吉递给将右卫门一封信，“离开高松时，正好抓住迷路的光秀密使，这是他随身携带的密信。”

“是吗？您抓住的？”

将右卫门微微一笑，准备打开信函。

“我急于上京，只好把后事托付给秀长。他们顺利截住了密信。让人头疼的是这封信的收件人。”

“咦？收件人竟然是您？这是……光秀大人给您的亲笔信……”

“你嗓门太大了，将右卫门。好了，你先看看。”

将右卫门读着读着，拿着信的手开始颤抖。

秀吉把那封信的内容熟记在心。那封信让人直出冷汗，幸亏自己留下秀长见证清水宗治的切腹仪式，而他又正好截取到密信。

在信中，光秀先诚恳地为迟缓救援高松城的秀吉军表示道歉，然后开始长篇大论地批判起信长来。

（这些事不用你说，我也明白。）

对于前半部分内容，秀吉一扫而过，但后半部分的内容让他不禁身体僵硬。

前右府织田信长，完全违背君臣之礼，无视国体，掠夺诸国，陷万民于水火，僭乱之至，无以复加。天子诏曰：理应举兵讨伐，建功立业。吾光秀难违圣命，感激涕零，就此揭竿而起……

“难违圣命？真没想到前久大人竟然会许诺光秀，将鼓动天皇下诏追讨信长公。如此一来，光秀大人可就成为朝廷的忠臣了呢。我等则……”

“是的，我们将成为叛臣。不仅如此，光秀还希望我能和他携手处理以后的政事，以朝廷为中心，再创‘中兴’之辉煌。因此，他希望能在织田军团内部召开商谈，解释清楚这件事。他甚至委托我从中斡旋。但在这件事上，我绝不能半途而废，怎能允许这种事出现！”

秀吉紧咬着嘴唇。事已至此，必须让光秀封口。

“眼下最重要的是确认天皇有没有给光秀圣旨，以及圣旨的下落。只要没有证据，我们以后就好说了。目前唯一让我不安的就是这道圣旨是否存在，放在何处。将右卫门，拜托你了，一定要确认清楚，否则我们的苦心将功亏一篑……”

将右卫门的忍者再度前往各地。

6

前野将右卫门对信孝采取的策略完全达到预期效果。也许信孝觉得不能在父亲现身之前无所作为，便突然袭击津田信澄，拿他开刀，以此作为挑战光秀的第一步。津田信澄是光秀的女婿，他也奉命远征四国，此时正在大坂滞留。信孝的这次攻击不能说完全没意义，但终究是浪费时间。

正当他们无谓地酣战之际，秀吉又派人在信孝军团内部散播传言，宣称丹波的细川、大和的筒井以及四国的长宗我部为了和明智呼应，正大举赶来。

信孝军团不过是临时凑聚在一起的乌合之众，听到这个传言，军心浮动，因为害怕陷入明智军的包围之中，逃跑者层出不穷，当羽柴军团经过大坂时，他们几乎完全丧失战斗力。

秀吉采用一个又一个谋略，勇往直前。

大雨中的秀吉尚未有夺取天下之念。还没到描绘这种构想的时候，所以还不能描绘。每次心中翻涌起这种野心，秀吉就赶忙打消念头，把注意力放在“复仇之战”上。只是这场合战真非那般单纯。秀吉忍不住抱有别的想法。

他最初确实只想给信长报仇，但在奔向尼崎的途中，他的内心剧烈动荡。最后，一种阴暗的复仇心理留存心间——长期以来，信长和家臣们总是轻蔑自己，认为自己家世不清、容貌丑陋、身躯单薄。他对此要还以一击。

信长总是用“猴子”蔑称秀吉，桶狭间一役之后又食言不给奖赏，这都令人无法原谅。不仅如此，他们还会调笑说“猴子有六根手指。那第六根手指就是……”

秀吉当小兵时曾在生驹宫的宴席上表演戏法，那第六根手指只是一种假象，哪知现在却以讹传讹，尤其是在岐阜城。他只是没让人看手相罢了，谁知这种谣传竟甚嚣尘上，成了别的家臣背后嘲笑他的一个由头。

对于家世不清这一点，秀吉的复仇心理更加强烈。

（信长是平氏出身，光秀是土岐氏出身……）

马背上的秀吉独自在雨夜中叫喊。

（什么平氏！什么土岐氏！都给老子滚蛋！这个国家，除了天皇，家谱值得炫耀的只有老子一人！）

这也许是流淌在身体中的“山民”之血让秀吉动了反骨之念。

或许讨伐信长的光秀在今后的朝政中，会依仗自己的功绩和高贵的家世，向朝廷出卖自己。他要和我携手，无非是权宜之计。

（光秀就别做梦了，今后靠的就是实力、才能和财力！没有这些，想取得天下根本就是胡扯！好不容易有了这次机会，怎么能再被假血统的人蒙骗呢！要竞争，老子我占上风！）

这就是秀吉的心境。

从尼崎出发后，秀吉多次在马背上嘀咕道：“今后的事情，谁都不知道。不知道的事情就让老天决定吧。”

现在，秀吉无所畏惧。

他想要的就是某种名目、某种权威，借此能隐藏内心中的报复心理。

（为此，就要早点除掉光秀，就要把信长的遗骸从暗道中拖出来，然后胡乱举行葬礼。如果我成为那场葬礼的主办人，之后谁都不敢小瞧。）

秀吉在脑海中想象着自己站在信长的灵柩前，率领朝廷百官，守护着灵柩静静前行；想象着自己穿着盛大的服装，骑在装饰华美的骏马上。

但现状是——从尼崎出发后，秀吉依然将自己绑在马上，赤身裸体，只是在脑海中描绘着梦境。

“将右卫门，快点把那个暗道中的遗骸弄出来吧……”

秀吉在梦境里嘟囔着。

因为将右卫门的封堵，信长下到井里后，应该无法脱身，进退两难，最后窒息而死吧。

“将右卫门，快点把遗骸……”

最后，秀吉清楚地把梦话说了出来。

秀吉的家臣们无人知晓大将秀吉的心情。但是，在为信长复仇的明确目标以及近在眼前的赏金激励下，羽柴军，这个曾经从小兵起家的集团已经化身为斗志昂扬的强大势力。

第六章　遗体又消失

1

天正十年（1582年）六月十一日——

秀吉军团继续勇往直前。千万不能让驻扎在堺港地区的信孝率先与光秀决战——秀吉拿定主意。

结果他只是杞人忧天。信孝军完全被秀吉从姬路城散布出的假情报操控，四分五裂，沦落成不足三千人的弱小部队。因为信长曾嘱托丹羽长秀照看儿子，后者出于忠心，将五千士卒留在信孝身边，多少给他撑了场面，如果长秀放任不管，信孝军团完全就是乌合之众。

长秀和秀吉也是肝胆相照的朋友。只要秀吉发话，他随时可以抛弃信孝。

（虽说信孝是主公的儿子……）

但完全没必要将其作为一个强大军团加以戒备。

于是，秀吉派浅野弥兵卫尉告知信孝——两万三千人的秀吉大军已到，而他本人则连招呼都不去打一声。

“如果信长的蠢儿子要当统帅，组成‘光秀讨伐军’，你就找话搪塞，赶紧回来。”

秀吉摸着引以为豪的八字胡，冲着弥兵卫尉下了密令。

然而，秀吉的担心纯属多余。弥兵卫尉回来报告，信孝似乎还相信父亲活着，压根就没动过组建讨伐军的念头。

（太好了。如此一来，现在有可能组建“光秀讨伐军”的，只剩下北方的柴田胜家。不过，也不用担心他。）

秀吉独自一人，自问自答。

对于以农民为主体的上杉军而言，此时播种完毕，等着收获。六月是他们一年当中唯一可以出外征战的“良机”，不会随便和柴田胜家停火。如果胜家试图返回这里，拉长战线，或许会被敌人一直追赶到北庄（福井）地区。

（所以……胜家应该心有余而力不足。）

话说回来，羽柴军虽然轻装出发，但一路飞奔，还是累得人仰马翻。看着陆续赶到的将士的面色和走路姿态，秀吉做出决断。

（好吧，在这里让将士们休息一两天。尼崎盛产新鲜美味的鱼虾，让他们吃个饱。我给了不少奖赏，他们都应该财大气粗。一定要让将士们在短时间内恢复元气。）

下达休整命令后，秀吉把将右卫门和小六喊进帷帐，询问各地局势。妻子宁宁已经发来消息——她们逃出长浜城，安全撤退到山中。但是其他方面的情况，秀吉知之不多。

（那个暗道中的信长尸体，还没有被发现吧。）

这最让秀吉牵肠挂肚。

“首先，京都之后的动向如何……”

秀吉一屁股坐在案几上，扭头看着小六，拐弯抹角地询问起来。小六直到最后还滞留在京都、近江地区，侦察当地情况。

“正如报告所述，本能寺已经完全被烧毁，但信长公和几名随从的遗体好像没被找到。无奈之下，光秀留下女婿左马助继续搜寻，自己则引兵向东，试图占领安土城。但在势多桥前……”

小六正要继续说下去，秀吉挥挥手中的团扇，让他暂时打住。

“等一下，你先具体说说本能寺的情况。留下来的左马助应该把那里搜了一个底朝天吧。还是没找到信长公的遗体吗？”

听说明智左马助是一位考虑问题缜密，智勇双全的将领。秀吉想确认一下，看看遗体是否直到最后都未被找到。

“没错。他们大概搜索了三天，但还是一无所获。就连大人您上次告诉的那条暗道也……”

“噢，你说那条暗道呀，怎么样？”

秀吉虽然说得漫不经心，但听到“暗道”这个词，心中还是陡然一惊。

两年前，秀吉一时兴起，把本能寺的那条暗道告诉了官兵卫、秀长和小六。他后悔莫及，觉得那是一个巨大的失误。

“那条暗道入口似乎被厚灰土和瓦砾埋没，他们直到最后也没找到。”

小六不知道秀吉曾让将右卫门封堵暗道，回答得坦率自然。

“是吗？”

秀吉险些脱口而出“那就好”，话到嘴边又猛地咽了回去。

“我还要向您汇报一个不大有用的情报……”

“没事，说吧！”

此时，秀吉已经放宽心，心绪平和。

“有传言说信长公就像当年信贵山城的松永久秀一般，抱着火药桶自杀……”

“哦？还有这样的猜测？”

秀吉冲着沉默不语的将右卫门询问。后者依然面无表情。

“是有这样的传言，但若信长公和几名随从真被炸得粉身碎骨，那需要大量火药，也会发出巨响。但在京都，无人听到巨响。”

小六苦笑道：“没错，没错。就算信长公对天皇不敬，也不会携带大量火药进京。如果那里有秘密火药库，平素也会戒备森严，但我从未听说过有如此迹象。不管怎样，在藏有火药库的地方住宿，信长公无法高枕无忧吧。”

秀吉发自内心地笑了，再度看看将右卫门。

将右卫门微露笑意，似乎在说“大人，放心吧！信长公被炸死只是误传”。

“那么，你接着说光秀前往近江地区的事。对了，我刚才忘了，势多城主山冈景隆曾发来信函。我忙忘了，没给小六你看。”秀吉让侍卫从文件室拿来信，交给小六，“信上说，当本能寺发生变故时，景隆是安土城二丸的总管。那上面说，当大部分近江人投靠明智军的时候，景隆毅然毁掉势多桥，阻止光秀军前进。此事当真？”

小六看完信，嗤之以鼻，笑道：“弥天大谎。根据我获得的情报，山冈大人直到最后都无所适从，后来还是在负责守卫二丸的蒲生贤秀（日野城主）的威胁下，才决定毁坏势多桥……”

“你说的应该没错。我觉得山冈那个男人没有这种魄力。如果贤秀参与，那座桥应该被破坏得比较彻底。光秀那家伙，耽搁了不少时间才渡过去吧？”

“是的。他花费三天时间，才修复大桥。”

“是吗？只用三天就渡过去啦。”

秀吉想说“不愧是光秀”，但没有讲出口。

“多亏了这三天，蒲生大人把信长公留在安土城内的妻儿老小都安全带到了日野城。”

“我留在长浜城的老婆也因此得救。贤秀干得不错。如此说来，在这场和明智的前哨战中，首功当归贤秀呀。你们给我记住。”

秀吉不知不觉地开始代替信长，对本军团以外的人论功行赏了。

“那么，光秀之后的行动呢？他能集合多少兵马？将右卫门，该你汇报了。”

“那么……”

将右卫门从怀里掏出一张纸，他早已迫不及待。

秀吉一看，那里画着表格，上面分成两栏，将从尼崎到京都一带的城主分成两类，一类是“可能结盟的”；一类是“不可能结盟的”。

“不愧是将右卫门，动作神速。”

秀吉感叹着嚷起来。

在“可能结盟的”一栏上，有冈城的池田恒兴、元助父子以及茨木城的中川清秀赫然在列。在池田的名字上，将右卫门画了两个圈；在中川的名字上，将右卫门画了一个圈。

在“不可能结盟的”一栏上，则有高槻的高山右近和丹后的细川藤孝。细川藤孝和光秀是至交，凡事都会互相照应，而且他继承家业的儿子还娶了光秀的三女儿阿玉，所以按常理会支持光秀。一瞬间，秀吉感情复杂，既不想杀死他们，又觉得迫不得已。

秀吉没有表现出来，一语未发。

除了上述那些人，还有一个举棋不定的——大和地区的筒井顺庆。

将右卫门看看秀吉，说道：“那我说明一下。”

“好。”

“昨天，我拿着大人的亲笔信，去了池田大人和中川大人那里。我告诉他们，根据本能寺附近的王公大臣们传来的消息，信长公幸存的可能性已经没有了，希望他们能加入羽柴军，为丧命的主公复仇。”

当然，“本能寺附近的王公大臣们传来的消息”纯属子虚乌有，只是秀吉信口开河的胡编。

“嗯，怎么样呢？这两个人到底参加还是不参加呢？”

“我感觉他们参加的可能性非常大。两人都说‘本能寺之变发生后，已经过去一段日子，始终没有信长公的讯息，他不会还活着’。而且，他们还说‘明智大人的所作所为违背天理，根本就不想加入明智阵营’。”

“如果这样，那只是意味着他们不会加入明智军罢了。”

秀吉话中带刺。如果只是保持中立，那不能在他们的名字上画圈。

“不，我告诉他们‘这场战斗关系到天下大势，筑前大人不允许中立，必须旗帜鲜明’。我还警告说‘如果你们不能态度分明，那我们就顺带解决你们，反正我们已经做好思想准备’。最后我单方面宣布‘十二日，就是明天，你们要明确态度’。他们既害怕我的威胁，又惧怕我军强大的战斗力。我进一步告知‘目前，秀吉军有三万多人，而九州的两万多基督徒会作为义军，紧随其后，不日东上……’听到这里，两人脸色苍白。我觉得他们必定会投靠我军。”

“是吧。干得好！你真会说，总共五万人……哈哈哈。”

将右卫门的劝说成效斐然，第二天，十二日一大早，池田恒兴便来到尼崎，表明加入之意。

秀吉依旧表现出感动的样子，泪眼涟涟，声音哽咽，抱着对方，表示欢迎。而且，他还提议让外甥秀次成为恒兴的女婿，让恒兴的次子辉政成为自己的养子，借此博取对方的欢心。秀吉拐弯抹角地暗示池田——今后看你的表现，如果好，我会把信长硬塞过来的养子秀胜放置一边，可以考虑让辉政成为羽柴家的接班人。恒兴完全被秀吉糊弄住了。

池田加入后，茨木的中川清秀也依附过来。而且，那本来被认为“不可能结盟”的高山右近也背叛光秀，倒向秀吉。如此一来，秀吉的兵力扩大如下：

羽柴部，两万三千人；池田部，五千人；高山部，两千人；中川部，两千五百人。总计三万两千五百人。

事已至此，信孝和丹羽长秀的残余部队七千人也心不甘情不愿地加入。信孝最后才加入秀吉军，由此可以看出这位前主公的儿子不愿被编入部下的军团中。

不过，秀吉对信孝军的战斗力不屑一顾。

与此相对，光秀劝说高山右近时，曾透露出兵力配备，大致如下：

明智部，一万人；近江众将官，三千人；津田与三郎部，两千人；原室町幕府余党，两千人。总计一万七千人。

光秀要分出三千兵力防守坂本城、安土城、长浜城以及佐和山等地。而且明智方本该有细川藤孝的五千人和筒井顺庆的九千人，可是这两人后来都婉言回绝了光秀。

至于战斗意志，两者更是相差悬殊。

秀吉军打着“为主公复仇”的旗号，名正言顺。光秀的战斗宣言则是——

信长依仗武力，污神毁佛，傲慢无比，轻慢朝廷。光秀无法容忍这等大逆不道，故唯有诛之以匡正道……

没学问的普通士卒根本无法理解如此抽象的说法。而那些搭顺风船的野心家也没感觉出光秀有夺取天下的意愿，不愿拼死效力。光秀的做法可谓半途而废。

京都的情形让光秀军更显悲观。本能寺之变发生后，本应拥戴光秀造反的近卫前久竟然销声匿迹。朝廷的态度也不明朗，能够证明光秀诛杀信长无罪的人不复存在。如此一来，光秀不过是“以下犯上”的造反者。

如果揣测光秀此时的心境，只能用“孤独”一词形容。

因为本能寺之变，诚仁亲王从信长的控制中解放出来，就凭这点，当今天皇就应该心存感激。

但天皇没有偏护光秀，他已经六十六岁，老奸巨猾，不会那样做。在之前的人生中，他碰到过足利幕府的僭越，碰到过武士们趁着皇室衰弱而落井下石，威逼恐吓——例如细川晴元、三好长庆、六角义贤以及织田信长等——但每次都能逢凶化吉。

“天皇如同软体动物，让人无法抓住把柄。”

这是朝廷的生存之道，而光秀没有领会到。

诚仁亲王回到天皇身边后，合力的效果立即显现。六月六日，通过劝修寺晴丰，诚仁亲王叫来吉田兼和（就是后来的兼见）。很快，吉田便出使明智日向守处，传达天皇旨意——“期盼能保证京都治安万无一失”。

因为这次出使，朝廷赏给兼和一匹绸缎。不是天皇本人，也不是大臣、女官，而是一个神职人员前去传话，这点值得关注。如此一来，这是否是天皇本意就变得模糊，责任也相应暧昧。

七日，兼和前往光秀占领的安土城。随从三人，弓箭手两人，仆役四人，人夫两人，整个队伍显得庄严。

前来迎接的光秀兴致颇高。他觉得自己的身份能被承认，能得到和前久约定的圣旨。

但他一无所获，虽然接受了维持治安的圣命，仍然无比失望。

或许光秀觉得至少应该给个说法。根据记录，他强行留下兼和，之后就本能寺之变畅所欲言。

既然畅所欲言，必然花费不少时间。谈完话，兼和离开安土城，住在城外的集镇上。

他为何不住在安土城内呢？或许他觉得秀吉军逼近，在城内滞留会徒增危险吧。

八日，光秀离开安土城，回到坂本城。当天，为了攻取摄津地区，他决定率军进京。

九日，光秀派人通知兼和，希望能再度会面，并于下午两点到达京都。

兼和通知了王公大臣，所有人都出城恭敬迎候光秀，唯独近卫前久依然不见踪影。

光秀诚惶诚恐，拜托众人不要行迎接大礼，忙不迭地赶往兼和府邸。他首先对兼和七日出使安土传达圣命表达谢意，随后把信长存放在安土城内的一些财物作为谢礼奉上。

五百枚银币送给天皇和诚仁亲王，一百枚银币送给京都五山，五十枚银币送给吉田兼和……

此时，他应该会再次催要圣旨，但在兼和的日记中没有相关记载。之后，光秀和相关人等共进晚餐，而出席爱宕山诗会的那些人，例如绍巴、昌叱等也厚着脸皮位列其中。

光秀行动迟缓。他本人绝不希望如此拖拉，但又身不由己，皆因朝廷态度暧昧。

“既然让我维持治安，那我究竟是何种身份呢？”

朝廷方面一味支吾搪塞，不予回答。此时此刻，光秀才开始后悔当初轻率，没有索要官职。

进京后的第二天，也就是当月十日，光秀得知秀吉打着“讨伐明智”的旗号，率兵东上。

（秀吉怎么会如此快速返回？）

光秀觉得纳闷，对于自己的疏忽大意，后悔不迭。

平素，他派出数量可观的忍者，获取西边的动向，但自从奇袭本能寺后，他把秀吉在中国地方的动向搁置一边。光秀从龟山出兵后，那些派去打探高松城状况的忍者也全部撤回丹波地区。

光秀赶紧打探羽柴军的状况，得知其东上主力有三万多人，不禁愕然。

尽管如此，他还是相信只要有细川藤孝和筒井顺庆二人的援军，就能兵力相当，决一死战。

十日，光秀还对藤孝和顺庆的援军抱着一丝希望。不久，他收到消息——细川父子削发，借此表达对信长的哀悼之意。这暗示两人不会出战。但是，光秀还抱着侥幸心理，派出使者，恳切哀求。

如果细川父子不能出战，至少让其武将、家臣助一臂之力吧！

使者再三哀求。

光秀还派出重臣藤田传五前去说服顺庆，他本人也从京都赶到八幡附近的洞之岭迎接顺庆，但顺庆依旧按兵不动。

顺庆曾经在兴福寺成身院出家，笃信神佛，由衷地厌恶轻蔑神佛的信长。枭雄松永久秀反叛时，他"身在曹营心在汉"，装模作样地和久秀作战。战后，他郑重地把久秀的遗骸安葬在达磨寺内。从立场上分析，他应该和光秀并肩作战。

但他始终不肯欣然应允，而是决定骑墙。

十一日，光秀彻底不再指望这两方援军，无奈地离开洞之岭，前往下鸟羽，赶修淀城。然而他不能一开战就据城固守。于是，光秀军在汇入淀川的圆明寺川安营扎寨，以劣势兵力隔河迎战秀吉军。

2

十二日，秀吉在摄津富田召开作战会议，刚刚加入阵营的池田恒兴、中川清秀、高山右近、织田信孝也位列其中。前一日，秀吉得知细川父子和筒井顺庆已经保持中立，明白依靠自己的力量就能打败光秀，态度顿时强势起来。在会议中，他理所当然地坐在高处，俨然统帅一般发号施令，用天生的大嗓门对诸将呼来唤去。中川清秀等人刚进入大帐，秀吉就直呼其名："濑兵卫尉，辛苦了。"中川满脸通红，心怀怒火，无奈一切都已经尘埃落定，大势所趋。

就连作战配置也完全由秀吉决定。池田部配属在右翼的淀川岸边，其后方是羽柴军的加藤光泰。高山部、中川部配属在中间，沿西国街道展开，其后方是刚投靠羽柴军的堀秀政。秀政原本是信长近臣，本能寺之变时正好在高松城巡视，顺势被编入羽柴军。按照这种配属，其前方就是明智军的津田信春和斋藤利三部队。秀吉和从高松战场返回归队的秀长、官兵卫合兵一处，在左翼的天王山设立大本营。而信孝和丹羽军团则被配属在羽柴军的大后方，秀吉不想让他们上阵。

十三日——

明智军首先发动进攻，其右翼的并河易家、松田政近的部队悄悄迂回到圆明寺川对面，偷袭秀吉所在的大本营。在兵力悬殊的战斗中，劣势一方会集中兵力，攻打敌人的中枢，试图速战速决。这是用兵之道。秀长的部队前去迎击，双方首先在天王山一带展开激战。战火一开，池田、加藤的部队便毅然攻向明智军左翼，明智军的津田部队慢慢后退。高山、中川的中央部队也顺势进攻，压制住对面斋藤、阿闭的部队。

秀吉所在的主力部队起初在山崎的山隘处受到来自右翼的攻击，和敌人对峙，接着突破隘口，冲到平原地带。此时，兵力差异开始显现效果。秀吉军将明智军分割包围。在各条战线上，战局顿时有利于羽柴军。战斗持续两小时，明智军的各战斗单位相继脱离战场，光秀只能逃到胜龙寺城。

羽柴军将该城团团围住，此时已是日暮时分。到了晚间，秀吉联军出现疏忽，因为指挥系统混乱，包围圈上出现漏缝，光秀趁着多云的夜晚，弃城而逃。

光秀接下来的行动都来源于历史推测。

光秀打算带领数骑返回坂本城，中途沿淀川右岸，从久我、绳手赶往伏见方向，越过大龟谷，从桃山北走到小栗栖（现在的京都伏见区）时，遭到当地人袭击，深受重伤。据说光秀觉得人生已尽，决意自杀。一名随从割下他的头颅，藏在草丛中的小沟里，然后抽身离去。还有一种说法——随从拿着光秀的头颅离开，到处寻找掩埋地点，逡巡间，天色大亮，无奈之下，只好将其头颅埋在京都三条附近（现在当地还存有光秀的头颅冢）。

明智光秀的法号是秀岳宗光大禅定门。就大名而言，这个法号的规格非常低，属于三等。究竟是因为他身背反贼污名而无法享有大居士、居士的称号，还是因为按照当时习惯，光秀生前就喜欢比较中庸的法号呢？时至今日，一切无从知晓。

而且，在他的法号中，省去了明智的“明”和“智”，这或许也是因为避讳世人而故意为之吧。这令人心生哀鸣。

在作者不详的《明智军记》中，记载着光秀的辞世之作。

逆顺无二门，大道源心间。
五十五载过，梦醒复一元。

（究竟是违抗，还是顺从，无所选择。大彻大悟后的宽广大道源自心间。我这一生，五十五载，梦醒后，才发现非逆非顺，殊途同归……）

如果这是明智本人的诗作，还是颇有见地的。那些因私欲而想夺取天下的野心家根本无法读懂他创作这首诗的心境。信长的其他家臣倘若有良知和勇气，也会像光秀一样行动。

这才是人臣之道。然而，只有这个男人做到了，那就是“本能寺之变”。

3

战国时代，检查敌将首级时，为避开“死者的冤魂”，会举办一些戏剧性的仪式。信长对此不屑一顾，但秀吉忠实遵守这一惯例。其实，他觉得这种仪式有意思，这或许和他天生的爽朗性格有关。像演戏一样化妆、逗乐，这样可以心情愉悦地从事讨厌的工作。

天正十年六月十四日晚，在圆城寺（俗称三井寺）举行的“首级检验”会上，秀吉把自己的奇谈异行发挥到了极致。不管怎样，这可是谋杀主公织田信长的大逆贼明智光秀的首级。秀吉把织田家的其他家臣抛在一边，独自率领部属从遥远的备前高松长途跋涉，赶回来为信长成功复仇。秀吉在织田家的地位从此将无人可比，牢不可动。在这次的“首级检验”会上，他当然会兴高采烈地装扮一番。

秀吉在寺庙的方丈室中戴上假发，把厚厚的白粉涂在脸上，然后横竖画上好几道让人看着心惊肉跳的红线。他眉毛很粗，向上翘着。化妆之余，秀吉还和侍女们打情骂俏，手舞足蹈，开心无比。从方丈室传来女人们的娇媚声，听来十分刺耳，让人觉得格格不入。但无人敢加以责备。

（大人高兴也正常。）

武将们都这么想，相互颔首会意。这一天，他们也很兴奋，早早穿戴好各自喜好的头盔和战袍，有些人还认真地戴上面具，等待这一值得纪念的仪式开始。

秀吉脸上抹着厚粉，摇摇晃晃地走出方丈室，迈入已经准备好的宽达八间四方的白色帷幕中。他只穿着兜裆布，几乎赤身裸体，在随从的伺候下，穿上护胸和围腰。当时，这是“普通士卒”的着装，轻快而且方便。即便已经出人头地，秀吉还是喜欢这身打扮。随后，他套上大红色的华丽战袍，戴上轻便的赖政式头巾，再扎了一道红头带，那头带一直垂落到腰部，打了一个花结。他这身打扮和“首级验证”很不相称。

秀吉换装完毕，右手拿着团扇，朝帷幔内的案几走去。与此同时，周围的篝火同时被点燃，火焰熊熊，直指天穹。在通红的火焰映照下，化妆得怪模怪样的秀吉满脸通红，笑容满面地坐下来。几名持弓的侍卫紧跟着坐在秀吉身后。

等所有人落座，那正面的垂幔从内往外被卷上去。持弓的侍卫依照古例，不慌不忙地站起身，把弓递给秀吉。他把团扇插入腰间，左手接过弓，立在地上，然后从内侧，稍稍偏右拉开弓弦。拉弓仪式结束后，前去寻找光秀首级的搜索队一行人迫不及待地走到帷帐前。

两个农夫抬着白木坐棺，五个僧侣和五十多名武士紧随其后，整个队伍显得森严庄重。搜索队的指挥官池田恒兴站在队伍右侧。

（蠢货！谁命令你让僧侣随行供奉的？那可是杀死信长公的反贼！）

秀吉压住怒火，打开刚穿好的护胸，把团扇“啪嗒啪嗒”地扇起来。

“平身，辛苦了。”

他尽量用爽朗的声音迎接这一行人。不论从言辞，还是从态度上看，他都不再是织田手下的武将羽柴秀吉。一夜间，他摇身一变，成为取代信长的统帅——筑前守羽柴秀吉。

但是，那一行人沉默不语。虽然所有人抬起了头，但视线依旧朝下，没有露出大功告成后的放松感。不知为何，就连前来领取赏金的农夫也显得胆怯。

关键人物恒兴只是“哎”了一声，面容僵硬，毫无笑容。

（恒兴怎么了？）

秀吉暗暗纳闷，他算准了恒兴不会抱怨这项工作。

“恒兴大人，我之所以让你去寻找光秀的遗骸，是觉得你我是一家人……”

一大早，秀吉给恒兴戴高帽，将其送走。事实上，只有恒兴能辨认出光秀。听到“一家人”这个词，恒兴顿时联想到两天前双方结亲的事情，满脸笑容地离开了。秀吉在“中国大折返”的紧急情形下提出两家结亲，无非是处于战略考量的临时之举，并非真心。恒兴的母亲曾是信长的奶妈，他凭借“一奶同胞”关系才得以出人头地，并不了解人情世故，所以才会对秀吉的话信以为真。

此时，恒兴面无笑容，刚把头抬起，又赶紧俯下身，不敢仰起脸。

“怎么了？说实话！没找到首级？”

“不，不，完全不是这样。找到了。”

三天前，对方还是秀吉的同僚，此时却犹如家臣一般，唯唯诺诺，甚至都来不及觉得可耻。

“那到底怎么了？不会说呀？”

恒兴依旧趴在地上。

“你小子，没嘴吗？”

秀吉急躁了。他用了十四日一整天等他们找到光秀的首级，现下事情结束，他真想立刻跑去安土城。安土城目前是无主之城，却依旧是织田家的象征。该城虽然一度被光秀占领，但信长积存下来的金银财宝都藏在黑金门旁的信忠家的地下仓库；武器弹药则存放在秀吉家的墙壁夹层中。只有负责施工的秀吉和将右卫门知道这些秘密。为了从中国地方大撤军，秀吉把金银财宝挥霍一空，现在急需钱财和新武器。这些绝不能被从越前赶来的柴田胜家夺去。

（必须尽早赶往安土城……）

他从昨天就派人安排好信长曾经使用过的快速战船，在琵琶湖边等候。

“反贼光秀！对你就该这样。”

恒兴的暧昧态度让秀吉再也按捺不住怒气。他大步流星地走到坐棺前，猛地踢了一脚。坐棺的盖子落下来，一个被紫绸巾包裹着的东西像球一样滚了出来。那东西犹如生物一般在地上滚动着，在恒兴面前一下子停住。紫绸巾松散开，一个桶状的器物露了出来。

“啊！”

恒兴惨叫一声，一下子退后半间距离。

“胆小鬼！你害怕什么呢？快把首级拿来。”

秀吉大声呵斥着，又坐回到椅子上。被秀吉痛骂后，终于有一个池田的家臣胆战心惊地将首级拿出来，放在首级匣上。他用右手散开那首级上的发髻，左手捧着首级匣，走到秀吉面前，然后不紧不慢地将其放在地上，用左手大拇指搭在首级的耳朵上，用剩下的四根手指托着其下颌，再用右手从脸颊处略微抬起首级。

秀吉离开椅子，左手拿弓，右手拿着拔出一截的武士刀，用左眼角瞥了一下。他的这些动作俨然是在演戏。但是，秀吉只看了一眼，便情不自禁地大叫起来。

“这是什么玩意儿？”

这倒也正常。那个首级从额头开始，面部皮肤被完全剥去，不过是个漆黑的肉块。只有被耷拉下来的额头肉遮住一半的眼球才让人多少觉得这是人脸。

“首级……这是光秀的首级，肯定没错！”

恒兴趴在地上，声音听上去胆怯不安。

——你怎么知道这就是明智光秀的首级呢？

或许所有人都会提出这种疑问。但是秀吉瞪了那个首级一眼，便大喊起来。

“那就拨开，拨开眼球，让我看看！”

“是！”

另一个人跑到那个捧着首级的人身边，胆战心惊地把遮住首级上眼皮的肉块拉起来。

“笨蛋！你那么用力，我只能看见眼白，把下面也拨开。”

听到秀吉的斥责后，又有一个人跑上前，把下眼皮也拉开，在三个人的努力下，瞳孔终于露出来。

“照亮一点。”

两个人拿着火把，站在秀吉两侧。秀吉一眨不眨地看着肉块，两边脸颊很快就被烤得通红，他那引以为豪的八字胡似乎都要被烤焦了。站在秀吉两边的侍从很紧张，想把火把离得远点。

“没关系，靠近点！”

秀吉不管不顾，继续无言地凝视着首级，甚至忘了时间。

4

三十多分钟后，秀吉回到方丈室，脱下护胸和围腰，只穿着一条兜裆布，几近赤身裸体。

“真热！你们就不能扇一下风吗？”

秀吉一屁股坐在屋中央，命令侍从前后扇风，自己则闭着眼睛，纹丝不动。

（那是光秀的头颅吗？）

这个问题还在脑海中翻滚，但他不敢盘问恒兴。秀吉害怕自己的内心被人看穿，害怕“光秀还活着”的无稽之谈散布开去。

他之所以让手下人扒开那个首级的瞳孔，是有原因的。

——光秀长着一双天眼。

当时社会上流传着这种说法，秀吉想确认一下。所谓“天眼”就是瞳孔比普通人稍微偏上一些，佛教认为那是“五眼”之一，具有“神力”之目。秀吉对这种说法一笑了之。如果光秀真有如此神力，也就不会在昨天的山崎合战中败得一塌糊涂了。他只是天生眼睛往上偏罢了，但若他真有“天眼”，而那个皮肤被剥落的首级上的眼睛也是“天眼”的话，就可以证明那是光秀的头颅。

秀吉抱着这种想法，让人扒开首级的瞳孔，可惜那个首级的瞳孔只是丑陋地耷拉在眼窝下方，光泽暗淡，丝毫不能证明那就是光秀的头颅。

恒兴之所以认为这就是光秀的头颅，皆因现场旁边还有具无头尸，据说是光秀的遗骸。他将此作为旁证，得出上述结论。

的确，不管铠甲，还是武士刀的刀把上都刻着明智家的桔梗家纹，其他物品、衣装看上去也都是大将用的。但是，这些无法证明那就是光秀本人。

（或许是他让替身穿上的。）

秀吉还是很怀疑。

沉思不语，考虑一阵后，秀吉再度穿好衣服，把负责进攻坂本城的大将堀秀政喊进房间。

“把你喊来，不为别的，只有一件事，是关于光秀首级的。”

“是。”

“把它晾在京都本能寺的遗址上，作为谋反的惩戒。”

秀吉故意说得很粗野。

“遵命，我明天就安排。”

“不过，把首级台放得高些，至少六尺。否则闲话烦人。”

秀吉微微一笑，两人心照不宣，即便不说出口，秀政这个男人也会明白。爱说长论短的京都人或许会说“这不是光秀大人的首级”，秀吉可不想让他们嚼舌头。为此，最好把首级放得远一些。

“我一定会小心注意的。请放心。”

秀政狠命地点点头，似乎在说“我都明白”。

“接下来，就等天明时总攻坂本城了。你要负责打头阵。”

秀吉严肃地发布命令。他已经接到报告——失去城主后，八百多士卒树倒猢狲散，只有明智一族以及心腹还留在城内，不过一百几十人而已。说是总攻，其实易如反掌，秀吉不过把打头阵的荣誉让给秀政罢了。

在昨天的山崎合战中，秀政率领部属与明智军的最强阵容斋藤（利三）部队对垒，还极力呵斥畏缩不前的高山、中川部队，主动冲到第一线。他战斗勇猛，深受秀吉青睐。秀吉想立刻把他提拔成能进入中枢机构的近臣，必须要让他崭露头角，获得相应的荣誉。

秀政满脸堆笑道：“这是我的光荣。”

“不过……”秀吉又郑重补上一句，“不要杀死坂本城的女人们。”

“遵命。”

秀政趴在地上，有点纳闷。秀吉责备地看着他。

“笨蛋，我可不是想要女人。”

秀吉瞪着秀政，却非真的生气。按照常理，如果大将事先命令不要杀死女人，则其中必然有美若天仙之人。这种命令往往暗示大将想把她们纳为侧室。信长年轻时也经常这么干。但是，坂本城内没有这种美女。作为武将，光秀在当时是个怪人，一直没有立侧室。爱妻死后，他才找了一房负责照顾自己的日常起居。不过听说那是一个四十多的老女人。就连左马助的妻子——明智光秀的女儿，一度嫁到荒木家，后返回娘家——虽然长相柔美，但也年过三十，已是半老徐娘。

“我不想要女人，但你要尽量把他的侍女带回来，让她们辨认一下光秀的尸体。只有女人才能分辨出男人的下半身……”

正因为秀吉了解下情，才会说出这样的话来。

“原来如此。不过，大人……”

秀政突然换了一种表情，俨然另一个人。

“什么？”

“我觉得没有一个女人会来辨认……”

“为什么？”

“或许那个男人为了封口，会将所有人杀死。”

“哪个男人？”

“您应该知道的，就是明智左马助。”

“什么？你说左马助在城里？”

秀吉手中的扇子不由自主地掉到地上。他还没有收到相关报告。

“怎么会呢？作为留守部队，他应该在安土城呀，不是吗？”

秀吉的声音急促起来。

“今天早晨，他忽率三百骑兵离开安土城，直奔坂本……”

“躲开了沿途的守备队？秀政！我应该下过命令，从安土城到这里，不能放走一只狗，一只猫！我交给你的三千士兵都睡觉了？”

秀吉动怒了。一定要生擒活捉明智左马助，让他老老实实讲出在本能寺花三天时间搜寻信长遗骸的经过！

（那家伙肯定知道些事情……）

秀吉暗暗盘算清楚。这……究竟是怎么回事？

“守备没松懈。我的部下把左马助的三百随从冲得七零八落，四散溃逃。”

“哼，就左马助一人跑了？”

“只有他一人从大津岸边泅渡琵琶湖，回到了坂本城。”

“啊？渡湖？”

“是的。”

“竟然游过去了？那你们不追？你手下不是有的是水性很好的人？”

“很快就有十几个擅长水性的人去追了。”

“然后呢？”

“当时，左马助身穿铠甲，外挂披风，手拿黄金大刀，骑马冲进湖里。不要说我了，就连那些集聚在一起的游泳好手都觉得‘那是大将准备投水自戕’。他们说出于武士惺惺相惜，应当目送守护……对于一些不明原委的普通士兵，我还严厉训斥，制止他们露出嘲笑的神情。”

“难怪……武士的惺惺相惜？目送守护？”

秀吉喜欢那些讲述义理、人情的故事。他没有再追问下去，情不自禁地反复念叨着相同的话语。

“很快，马的后蹄消失在湖水里，褐色的马身也没入水中，一直淹到马头，左马助在波涛中此起彼伏……让人感觉他很快就要葬身湖底。但是……沉入湖水中一段时间后，他突然在坂本城附近浮出湖面，悠然自得地进入城内……这时，我们才发现被骗了，想去追赶，但为时已晚。”

“他穿着铠甲，手提大刀，骑马渡过湖泊的？”

“是的。说实话，我也想不到。手下那些擅长水性的人只是念叨‘不可想象’。”

“我年轻时也曾骑马渡河，但浑身上下没有穿一件衣服。尽管如此，中途还是觉得不行，最后只能拖着马，游泳前行。别说铠甲，就连重一点的大刀也不能拿。他是个高明的骑手，那匹马也一定是良驹……”

“说实话……有件事汇报晚了。”

秀政趴在地上。

“什么事？”

“那匹马，在那里！”

秀政指着方丈室前的庭院。

秀吉不禁笑道：“那马被活捉了？为何不早点说？笨蛋！”

“不，不是活捉的。左马助把它拴在坂本城的岸边……”

“是吗？他考虑得很细致呀。”

“他还竖了一块木牌，上面写着‘明智左马助横渡琵琶湖之马’。”

“这种做法让人恨得直咬牙……没想到他时间竟如此宽裕。”

嘴巴上虽然这么说，但秀吉内心中觉得佩服，情不自禁地拍了一下膝盖。

“那么……左马助进城后，情况怎样呢？”

秀政凑上来道：“到目前为止，有两个变化。”

“说！”

“一个就是：左马助进入后，过了两小时，城内士兵纷纷弃城而出，现在还有人零散离开。”

“弃城？逃跑吗？”

“不是的。左马助大人直接安抚下属，说不想连累和明智家没有关联的人。他还给所有人散发金银，远远多于路费。”

“把钱财分给离城而去的人？”

秀吉不由自主地露出微笑。

（太仁慈了。）

秀吉在信长这个苛刻的上司指挥下卖命二十五年，对于他而言，褒奖的前提是为了让对方今后更加努力。奖赏那些即将离开的人，简直让他无法想象。

“嗯，还有呢？”

“他指名道姓地给我送来一百枚金币，让我将其作为明智家的菩提寺西教寺的永世供奉费。”

“要供奉光秀？”

秀吉不禁一笑。

（看来，光秀到底是死了……）

“另外，他还把城内的名刀、茶具、墨宝等财物连同目录一并送到我处。”

“那也是左马助的决定？”

“是的。他还让我进城去取……”

“那你进城了？”

秀吉惊呆了。作为武将，这过于危险。

“我是这么打算的，但被部下阻拦住。于是，他便让人用棉被裹住那些财宝，再用女人的衣带扎好，从城墙上吊落下来。”

“他和松永久秀完全不同呀。”

“是的。”

两人一起笑出声来。

五年前，背叛信长的松永久秀困守大和信贵山城，在城池陷落前，他抱着有名的“蜘蛛锅”，和火药一起被炸得灰飞烟灭。虽然这给搜刮宝贝的信长一记响亮的耳光，但此后人们对他评价不高，认为其将天下财宝视为己有。

“左马助这个男人真是比传说中还要优秀呀，杀了可惜……”

但这个男人也不能生擒活捉。想到这里，秀吉改变了想法——为了掩盖信长之死的真相，必须要杀死他。

“今天早晨，按照预定计划发起总攻。既然要逃跑的人都已经离开，你们就不要留下一个活口。全都干掉！”

“明白。”

“我马上就要去安土。关于明天合战的情况，改天找个机会，说给我听听。”

如此一来，关于搜索信长遗体一事，掌握核心秘密的只剩下前野将右卫门一人了。山崎合战后，秀吉把将右卫门派遣到京都。

（将右卫门之后的报告有点晚。）

一瞬间，秀吉对此有点放心不下。

5

十五日早晨。

秀吉急速赶往安土，将城内两处秘密地窖中的金银、火药、武器弹药悉数接收。其中，金银数量是秀吉在姬路城散发给部下的十倍。趁着其他织田家臣还没有抱怨的时候，必须要把这些财物偷偷搬入和安土城同时夺回来的长浜城。秀吉决定用大船从琵琶湖运送金银，沿陆路用驮马运送武器弹药。如果从陆路运送沉重的金银，万一碰到前往京都的柴田胜家的先头部队，就会惹来麻烦。

秀吉直到最后，都很慎重。一切安排就绪后，秀吉觉得浑身瘫软。

（这样就行了。今后，万一围绕着继承者问题，要和整个织田家作战的话，只要有这些财力和武器……）

依靠现在的羽柴军团完全可以一战。秀吉心中狂喜，忍住笑容，急忙赶往位于天守二重（地上一层）的会见室。

前野将右卫门调查完本能寺的废墟后，已经返回，正在那里等候。这间会客室里的名品就是信长曾引以为豪的“四季花鸟图屏风”，那是狩野永德创作的。秀吉一屁股坐在那屏风前，那脸上的表情似乎在说“这是老子的东西”。

“将右卫门，替我高兴吧。我得到了日本第一号的宝山。”

秀吉叫嚷着，冲着将右卫门，他什么都想说，他喜欢看到对方开心的表情。

但是，将右卫门趴在地上，没有抬头。

“对不起。”

对方闷着嗓子答道，这让秀吉颇感意外。

“对不起什么呀？”

秀吉呆若木鸡，笑容僵住。

“好了，你说说看。”

“信长公的遗骸……不在暗道中。”

将右卫门好不容易才抬起头，声音也显得沉闷。

“你说什么？”

“我们打开堵墙，就是没有找到遗骸。一般人轻易弄不开那道堵墙的……”

“当真？”

秀吉大惊失色。一度消失的遗体，竟然从被封堵好的暗道中消失。竟然出现了如此匪夷所思的事！

秀吉左思右想，先就打了个寒战——信长还活着！从暗道逃脱的信长如今藏在京都的某个地方。他肯定被严重烧伤，惨不忍睹。但总有一天，他会再度现身，追查暗道被堵的真相。

只有秀吉知道暗道的存在。因此，封堵暗道一事不会是光秀干的。就算光秀后来打听到，也没时间封堵，最多在暗道出口守株待兔，等信长从空井处出来时生擒或者杀害。那种做法更可行。

如此一来，封堵暗道的始作俑者只有秀吉了。

没有任何辩白的余地。

秀吉眼前一黑。

（得快点停止搬运安土城中的金银。）

一瞬间，秀吉恐惧不已，连这个问题都考虑到了。但是，镇定下来的将右卫门认为信长完全不可能活下来。

“暗道的现场是这样的……”

他从怀里掏出满是泥土的暗道略图，随手打开。

秀吉忍不住拨开案几，从高座上奔到将右卫门面前，挤到他旁边。

他一看图纸，便大喊道：“快点说一下，快点！”他声嘶力竭地喊，连自己都觉得样子很难看，但是顾不上这么多了。秀吉想早点摆脱那种恐怖。

“那我就说一说。”将右卫门小声应道，缓缓讲述起来，“正如我以前汇报的，本能寺之变时，我曾混在明智军中，亲眼目睹信长公进入暗道。而且不止我一个人，还有人……”

“还有人？”

将右卫门之前没说这么多，秀吉隐隐抱着一丝期待。可能是混在其中的另外五名忍者。

“我带去的部下中，有两人曾是一向宗的门徒，父母兄弟被信长公烧死。光是封堵暗道，他们还不放心，想让信长公也品尝一下火刑的滋味。他们不惜一死，看见信长公进入暗道后，立刻冲到那口枯井边，把事先准备好的麻包点上火，那里面装着浸过油的松子、橡子、稻壳等，然后从上面一个接一个地扔下去。随后，他们待在原地，看见黑烟升起，井里犹如炼狱一般。最后，我不得不离开，而他们则没来得及脱身……”

“被杀死了？”

“不是，被倒塌下来的寺庙建筑压在底下。”

将右卫门在胸口轻轻地画了一个十字，或许受到官兵卫的影响，他不知从何时起，也成为了基督徒。

秀吉根本无视将右卫门的异教徒行为，继续追问下去。

“这么说来——”

“是的。信长公肯定无法呼吸，挠着嗓子活活憋死。他们还没来得及掘开堵墙，从暗道逃脱，就被烟雾闷死了。事实上，这次我在现场，亲自对地下暗道进行了实地检查。在本能寺一侧，散落着几把满是泥土，折弯的短刀，似乎是随从们的物品。而且堵墙上明显留有挖掘的痕迹。在教堂一侧的暗道两边则堆积着挖掘下来的泥土，从泥块大小可以推测，有几个人曾经使用农具挖掘过堵墙。”

将右卫门的分析冷静而且有逻辑。

“这么说，从现场情况看，信长公断气后，遗体被搬到什么地方去了？”

“是的。肯定没错。”

在秀吉看来，下了如此断言的将右卫门犹如神佛。

“那搬到什么地方去了呢？”

“关于这个，还……”

“既然教堂一侧有挖掘痕迹，那里的基督徒应该知道什么。你调查了吗？”

“本能寺之变后，那些基督徒四处逃散，我找到他们，盘问一番，似乎一无所知……我也不能太刨根问底，如果追问下去，就要追溯到三年前我们挖掘暗道的情况，那显然很危险。”

“那倒也是。这么说，你的调查到此为止了？”

即便如此，秀吉已经宽慰不少。

“不，我继续寻找教堂一侧的挖掘者。我觉得应该是日本人干的。因为教堂里的西方教士不可能那么自如地使用日本的农具。”

“原来如此。这倒也有道理。”

“我想再度进京……”

将右卫门似乎又准备出发。

秀吉暗呼庆幸，忙道：“你愿意再去？好啊。我想早日寻找到信长公的遗体，亲自举办隆重的葬礼。既然我已经独自讨伐了光秀，在织田家中占据优势地位，在葬礼问题上，也不愿意其他武将插手。你明白吧？”

“明白。”

“对了，对了，我差点忘记。刚才你提到的那两个在本能寺丧命的年轻人，他们还有家人吗？”

“没有了。刚才我汇报了，他们的父母兄弟都被杀死，本人也丧命了。”

“是啊。就没有年幼的弟妹？如果有，我想找出来，给予厚赏，这件事也拜托了。”

正因为这两个人，自己现在才能安心，不管给他们什么褒奖都值得。

将右卫门急匆匆地离开后，侍从前来通报，堀秀政请求召见，正在外面等候。

“让他进来。”

秀吉赶忙扶着案几，重新坐回高座上，清了一下嗓子，慢慢地把案几挪到身前，调整了一下呼吸。秀政进来后，他模仿信长的架势，威严地开口说起来。

“靠近一点！”

（这间屋子，这里的摆设，都属于老子。）

他自然而然地涌出这份自信，唯一介意的就是很长时间没修剪八字胡了。他拽着长胡须，欣然开口问话。

“攻陷坂本城了？”

秀政喜滋滋道："不费吹灰之力就攻下来了，简直有点不过瘾……"

"是吧。那么，左马助怎样了？"

"左马助大人登上天守阁，从容纵火自戕。"

秀政的措辞非常恭敬，这也反映出他的心情。

"是吗？可惜呀，失去了一个人才。"

秀吉这话是顺着秀政的话说的。他暗暗庆幸知道信长遗体下落的敌人又消失了一个。如此一来，他又多了些安全感。秀吉的话似乎让秀政觉得宽慰。

秀政继续说道："这是左马助大人交给在下的辞世之作。"

他捧上一张纸。

（多此一举……）

秀吉虽然不想看，但又不能拒绝秀政恭恭敬敬递上来的东西。他扫了一眼，那是一首难懂的五言汉诗，写得龙飞凤舞。

一战国中生，未知风月情。朝出师望魁，夕兵策运营。依几卧龙术，横戈千里行。英名几如梦，终节归清明。

"这个不好懂呀，你给我解释解释吧。"

这也是考查秀政文化素养的好机会。

"那我就……"秀政没有丝毫胆怯，流利地解说起来，似乎早就将内容默记于心，"我出生在战国，还没有领略风月之情。早晨引兵出征，希望打头阵；晚上谋划用兵之道。靠在案几上，便想起卧龙之术；手持刀戈，纵行千里。几多名声如梦幻，人生终了归清明——在下是这样理解的。"

"哎呀，解释得很好。我想问一下，这首诗当中提到的卧龙是怎么回事？"

"没有升天，还蜷卧着的龙。"

"那条龙为何不升天呢？"

"或许还没有得到展示自己才华的机会，所以蜷伏着。"

"就那么蜷伏着，等待腐朽吗？"

"未必如此。或许这是一种战术，等待时机罢了。"

"原来如此。"

秀吉在脑海中闪过一个念头，今后自己在织田阵营中就应该采取这种姿态，必须要这样。

（在争夺继承者位子的问题上，焦躁是无用的。）

“哎呀，你解说得非常棒，我要付给你高昂的学费。”

半是玩笑，半是心里话。

“您过奖了。”

“不，你解说得如此之好，我可不能用一些小钱打发你。”

“您能这么夸奖，我无上光荣。”

秀吉觉得虚心的秀政很可爱。

“对了，这首诗叫五言汉诗吗？”

“是的。”

“人在临死前，还能吟诵出如此壮怀激烈的诗句吗？”

秀吉有点羡慕左马助的文采。

“我对此不甚了了，不过听说一些武将为了以防万一，平素就悄悄准备好了辞世之作。明智光秀大人的辞世之作就放在西教寺，我读给您听听？”

说着，他在怀里摸索起来，好像把那首诗也带了过来。

“不需要了。如果我看了光秀的辞世之作，会被信长公叱骂的。”

秀吉付之一笑，突然想起了信长公的事情。

（在那条暗道中，难道没有信长的遗言或者辞世之作吗？）

在和将右卫门交谈的过程中，应该确认一下——除了侍卫们的短刀外，暗道中是否留有信长的遗物。这种不安从秀吉的脑海中划过。

将右卫门和秀政离开后，秀吉感到疲惫不堪。睡意再度袭来，他想随便找个地方休息一下，但感觉这里是别人家的起居室，总是不舒服。

就在他翻来覆去的时候，石田三也跑了进来。

“大人，出大事了。”

三也慌慌张张，秀吉笑着用手示意一下。

“什么事？弄出这么大的动静。”

秀吉扭头一看，只见三也歪着脸。这并非他躺着斜视的缘故。

“柴田大人的使者来了，让您立即回信。”

“什么？”

秀吉一下子跳起来，睡意全无。

第七章　阿弥陀寺

1

柴田胜家送来一封信，让秀吉去清洲。

在信中，他丝毫没有提及秀吉发动的“复仇之战”，只是单方面通告——十二天后的六月二十七日，在清洲城召开会议，“协商今后织田家的对策”。

听三也念完信，秀吉当即勃然大怒。

“我不知道使者是谁，也不想见。你就对他说我乐意参会，但坚决不会书面答复。”

在今后的一段时间中，说不定就会发生新情况，胜家或许就会成为“内部的敌人”，秀吉不想给他留下无聊的书面证据。

（或许因为没来得及赶上对光秀的“复仇之战”，胜家这浑蛋，感到难堪和生气吧，他就想用集团的力量对抗我。好，我就应战。）

秀吉做好思想准备，决定等前野将右卫门从京都返回后，把有血缘的将领（秀长、弥兵卫尉、家定）以及三位谋臣（官兵卫、小六、将右卫门）召集到长浜城，为即将到来的清洲会议研讨对策。

不用说，在即将召开的清洲会议上，问题的焦点是谁来指挥信长离去后的织田军团。最保险的选择就是拥立信长的一个孩子，由柴田胜家、丹羽长秀和秀吉等人担任监护人。如此一来，费尽周折消灭逆臣的秀吉就没讨到任何便宜。

（集体统治可不行。）

秀吉独自微笑——幸亏信长放在安土城中的金银财宝已经落入我手，现在名利双收，就看怎么运用那笔财富了。

“还是需要官兵卫的智慧呀。”

秀吉嘟囔着。在高松和安国寺的惠琼见过面后，官兵卫说了一句多余的话——大人您夺取天下的机会来了。打那以后，两人的关系一直比较别扭，但秀吉又不能点破。秀吉首先把官兵卫叫来，让人准备好他的专椅，椅把手上甚至镶嵌着珍奇贝壳。官兵卫一瘸一拐地走进房间，看见那把新椅子后，喜笑颜开。

长浜城的会议首先从有关清洲会议的情报分析入手。

根据小六收集的情报，这次出席会议的有信雄、神户信孝、柴田胜家、羽柴秀吉、丹羽长秀、池田恒兴等人。不过，有关会议的重要事项则由柴田胜家、丹羽长秀和池田恒兴三人决定。在继承人问题上，当事人信雄和信孝被排除在外，而关东地区统管泷川一益又没被邀请。泷川之所以被排除在最高会议之外，是因为他在和小田原北条氏进行的上野神流川合战中败北，放弃了信长奖赏的新领地，逃回势州长岛。

在六个部下面前，秀吉破颜大笑，叫嚷起来。

“胜家大人的处置真是不徇私情，像他的风格。”

这不是表扬，而是反话。

听闻泷川一益没有参加重要事项的研讨，秀吉松了口气。除了胜家，在织田阵营中最难对付的就是一益。人们常说“打头阵的是泷川，殿后的也是泷川”，他不仅作战英勇，而且擅长谋略和辩论。只是他运气不佳，没有好的部下和机会。这点和秀吉不同。

如果他参加会议，一定会站在柴田一方。

泷川不参加，而池田恒兴自以为是羽柴的人，而丹羽长秀则是性情相投的朋友，如此一来，论敌只有胜家一人。

秀吉一下子觉得内心舒坦。

（接下来就是怎么处理信长的两个笨儿子和领地问题……）

也就是次子信雄和三子信孝的问题。信雄和长子信忠乃一母所生，他们的生母是生驹氏；而信孝的生母则是坂氏，和信忠、信雄乃同父异母的兄弟。信孝比信雄还早出生二十天，因为生母家地位低，所以出生报告就被推后，反倒被弄成三子。这可不能一笑了之，鉴于此，从孩提时代起，在任何事情上，他和信雄都相互较劲，水火不容。

“这两个人大概会在其他房间等候，不参加会议。但这次和尼崎时不同，不能完全无视他们的存在。织田家的原定继承人信忠已经不在人世，这两个人肯定会纠缠不休，各自希望成为继承人。而且，有些人也想利用这个机会。谁想利用呢？你们猜猜！”

秀吉又一如平素地环视着参加讨论的武将们。

“秀长，从你开始。”

（先考验一下弟弟，看他能否稍微明白一点政治手腕。）

突然被兄长问到，秀长似乎不知所措。

他答道：“那还用说，肯定是柴田大人。”

“就他一个吗？还有人吗？”

秀吉笑嘻嘻地询问。

“这个，这个……难不成是三河大人？”

秀长胆战心惊地回答。

“那种可能性很大。但三河大人这次不参加会议，再往后，他可能会利用。”

“这么一来……”

秀长不知所措，求救般地看着官兵卫。官兵卫依旧侧着脸，那表情似乎在说“我可不想再废话，祸从口出”——秀吉知道他的想法。

“好了，官兵卫大人，您怎么想的？”

秀吉故意加上“大人”一词，让人觉得是在开玩笑。不能一本正经地发问，言外之意就是这不过是场游戏。官兵卫反应快，似乎马上就明白了。

“哎呀，哎呀，这可难办了。”

他嘴上这么说，但脸上一下子露出笑容，显得很开心。

“难办什么？”

秀吉紧追不舍。

“因为关于这个问题的回答，让人没有回旋的余地。”

官兵卫巧妙地避开话题。

“没有回旋的余地？什么意思？”

“剩下的人，只有大人您呢。因此，我才不知如何回答。”

他微微一笑。明明得出答案，却故意装糊涂，说不知如何回答——这倒符合官兵卫的性格。秀吉不禁暗暗叹息。在政治手腕的运用上，官兵卫远远超出秀长，两人不在一个层次上。

“不愧是官兵卫，这个回答的确不好讲，你没明说，但还是表达出这层意思。没错，没什么遮遮掩掩的，还有一个人想利用织田兄弟，那就是我。”秀吉环视一圈，“信孝恐怕会投靠柴田。他本来就讨厌我，而且胜家还是他的干爹……”

以前在清洲城的时候，信孝站在走廊的台子上大喊猴子，秀吉忙不迭地奔过去，不想当头被他撒了泡尿。即便如此，秀吉也只能忍辱负重，做出怪相，“少主人，我输了，输了”。这种痛苦回忆在秀吉的脑海中复苏。

“因此，在清洲会议上，在有关继承人的问题上，我反倒想支持信雄。但我的意思并不是认可信雄当继承人。这不过是会议上的策略罢了。不管怎么看，在继承织田家业这一点上，那对兄弟显得气度不够。不过，我也没打算说自己取而代之。如果说出来，必然会产生争执，对吧，官兵卫大人？”

官兵卫惶惶然，不知该如何回答秀吉的问题。秀吉就喜欢看到他这种样子。

“所以，在这件事情上，我觉得应采用卧龙之术。”

他在安土城刚刚学会这个词，此时便拿来蒙骗众人。

“卧龙之术吗？”

官兵卫似乎知道这个词，独自点头，其他人则面面相觑。

秀吉没有具体解释，而是得意扬扬地宣告起来。

“我用卧龙之术考虑后，决定让信忠大人的遗子三法师公子继承家业。”

“三法师公子？”

所有人都忘记了他的存在，但秀吉还清楚记得自己曾给信忠巨资，以此作为三法师公子的生日贺礼。

当时，三法师三岁。因为信长一再要求，想看看孙子，信忠才在进京的时候，将其一并带上。幸亏，光秀稍晚时才攻打妙觉寺，三法师得以从寺庙逃脱。这些内容都是里村绍巴报告的。

（就利用这个孩子。）

几天来，秀吉一直思考这个问题。

暂且拥立三法师……他年仅三岁，在正式被确定为继承人之前，还需要一段时间。如果一切顺利，其间我就可以获得天下……秀吉是这样盘算的。

但是，他对这些事情只字不提。何况要想拥立三法师，其依据也不足。

这就需要私下里采取别的行动。

“官兵卫。”

秀吉显得漫不经心地补充一句。

“在！”

“有件事要拜托你。你赶快去伊势的松岛城，说服信雄手下的三名家老。就说——在清洲会议上，继承人问题将会成为议题，柴田大人或许会支持信孝大人，而筑前打算推荐信雄大人，但恐怕大家最后的意见会发生分歧。如果这样，索性就主张让兄长信忠大人的遗子三法师继承家业，而信雄大人作为其监护人。与其让胜家支持的信孝夺取家业，倒不如这样做——这是中策，你要让家老们理解，要说服信雄。当然，你不要让他们白干，要舍得给那些家老一些小甜头。”

“明白了。”

喜好谋略的官兵卫充满自信地回答道。

“那就好。接下来轮到将右卫门了。关于本能寺的事，你有什么好消息……”

“有的。我想方设法，终于掌握了信长公遗体的去向。”

“知道了？太好了。”

如果不是有其他部下在，秀吉恨不得跳起来。

“那么是谁收殓了他的遗体呢？”

“是位于京都芝药师莲台野的阿弥陀寺。”

“阿弥陀寺？噢，噢，就是那个清玉上人所在的寺庙？”

“您认识？”

“我本人不认识，也没见过，但死去的竹中半兵卫曾提过他的名字。他是一个了不起的僧人，因为他，半兵卫才和我走到一起。而且，还有传言，说信长公的父亲信秀大人和京都舞女私通，生下了清玉上人。也就是说，清玉上人是信长公同父异母的兄弟。如果信长公知道，必然会像对待其他兄弟那样，杀死他，所以长期以来，清玉上人隐瞒了这件事。鉴于此，你们去要遗体的时候，一定要客气再客气。”

“明白了。”

“对了，提到清玉上人，我想起阿弥陀寺应该有个叫清如的僧人。”

这件事不可告人。清如和秀吉以前都是丹波的山民，两人十三岁时还在丹波年轻人的集训中一起生活了两年，不过之后就没再来往。

“是的。清如的确曾是清玉上人的左膀右臂，但是听宇留岸大人（耶稣会的京都主教）说，几年前，清如舍弃佛教，改信基督教，成为长崎修道院的旁听生。在校期间，当地的基督徒发现他是佛教界派来的密探，便杀了他。”

“佛教界派来的密探？有这等事？”

那个比一般人胆小的少年怎么可能成为密探？一瞬间，秀吉这样想。不过，两人成年后并无交往，所以也没必要深究。相比之下，需要考虑的是——离本能寺有相当一段距离的阿弥陀寺的清玉上人怎么会发现信长的遗体呢？秀吉把案几拽到身边，用手慢慢地摩挲下巴，思考着，但没有得出结论。

将右卫门看见秀吉这副模样，赶紧补充道：“我还没来得及讲。根据汇报，不是清玉上人发现信长公遗体的，而是明智左马助悄悄交给阿弥陀寺的。”

“什么？将右卫门，你为何不早点说？”

上次是左马助横渡琵琶湖，这次又是他。秀吉觉得再度被左马助玩弄于股掌之间，恼火不已。但是，他的怒气很快就转变成疑问。左马助是怎样得到信长遗体的？

（发现暗道后挖出来的？）

只能这么考虑。如此一来，左马助很可能把暗道封堵一事告诉光秀等人。

（万一首级验证会上的那个头颅不是光秀的，而是某个替身的……）

秀吉再度恐惧。三天前的十七日，秀吉接到报告，堀秀政抓获逃亡中的明智武将斋藤利三。起初，他下令将其游街示众，然后处死，但突然间念头一转，让他前往本能寺废墟，和光秀的头颅做个告别。秀吉让手下悄悄观察利三当时的反应。利三看见主公首级，竟然没有双手合十，只是微笑着点了点头。秀吉接到报告后勃然大怒，下令用最残酷的车裂处死利三。名义上的理由是因为他首先冲信长公射箭，这是以儆效尤，其实只是掩人耳目的借口。信长幸存的说法已经消失。但明智残敌和阿弥陀寺很有可能漏出风声，说秀吉是封堵暗道的罪犯。

（必须要更加严密地捉拿残敌……不管怎样，要封住清玉上人的嘴巴。）

秀吉暗下决心。首先用金钱。过去，秀吉曾被清玉上人表扬过，说他是一个讨厌无谓杀生的男人。所以，不能上来就胡作非为，要用金钱和供奉粮食来试着拉拢。阿弥陀寺曾凭借织田家的支持得以维持，现在失去后盾，寺庙的维护费用捉襟见肘。只要提供金钱和供奉粮食，或许能将他们的嘴巴堵上。

（为此……光让粗鲁的将右卫门前往，有点靠不住。）

秀吉环视一圈，想到起用浅野弥兵卫尉。他没有才干，但优点就在于质朴，待人和善。

“弥兵卫尉。”

“在！”

“你必须给我出马！”

“您尽管吩咐。”

“你和将右卫门作为使者，一同前往阿弥陀寺，见到清玉上人后，就说——此次您能尽早收殓信长公遗体，深表感谢。为了表达心意，特进献黄金百枚。而且，今后每年还会提供粮食百石，以此作为信长公的终生供奉。”

而且……我还要作为主持人，在阿弥陀寺操办盛大葬礼。对，为了不让对方说我做得过分，还是把养子秀胜推到前台吧。

（哎呀，这个主意可真好。）

我会把五山的僧人全都动员起来。让秀胜抬着信长棺材的后面，那前面呢？让和秀胜同岁的池田恒兴的儿子辉政吗？我则举着牌位和武士刀，安静地跟在他们的后面……秀吉一时间自我陶醉，沉浸在自导自演的宏大葬礼的美梦中。

2

时隔十年，秀吉重履清洲。年轻时望之雄伟宏大的清洲城如今显得非常寒酸，这或许也因秀吉的胸怀今非昔比。

秀吉百感交集，在马上昂首挺胸，挺直矮小的身躯。随行的警卫只有百骑，都是年轻侍卫以及精挑细选的忍者。但为了以防万一，秀吉还是做好了准备。在信忠的岐阜城所处的稻叶山（金华山）的山脚下，他悄悄地让三千将士待命，一旦有事，秀吉一行人便会冲出清洲，夺取无主之城的岐阜城固守，接着参加过山崎合战的主力部队一万五千人便从长浜赶来，压制美浓地区。或许因为这样的氛围，秀吉有点神经过敏，觉得前来迎接自己的诸将都眼露寒光。通过眼神，秀吉感到他们显然在责难自己——甩开众人，独自千里长驱，发动“复仇之战”。只有丹羽长秀恭敬地表示欢迎和谢意。

这也是预料中的事情，秀吉只字不提战功，悄悄在嘴里念叨（卧龙术、卧龙术），尽量像以前一样讨好卖乖。唯一让他觉得意外的便是在自己到达之前，少数的相关人等已经事先达成一致意见。

（胜家这家伙，机关算尽呀。）

秀吉努力克制着自己。讨论一开始，胜家就理所当然地担当起主持人一职。秀吉对此保持忍耐。

“需要讨论的议题有两个。”

胜家开口说道，并眼光犀利地瞥了秀吉一下。秀吉装模作样地清了一下嗓子，避开他的目光。

“首先是信长公继承人的问题。大多数人主张推举信孝大人……”

胜家正准备说下去，秀吉一下子打断他的话头。

“等一下，胜家大人。”

他又开始大嗓门起来。

“怎么？”

胜家遭到意外反击，显得吃惊。

“大多数人？这是什么意思？”

“大多数人就是大多数人。”

胜家随口甩出一句。

“哎呀，参加这次讨论的就这四个人。你不要说得含混，指名道姓吧。”

“除了你之外的所有人。”

胜家恨恨地叫喊着。不出所料，两人一开始便互不相让。

“是吗？那么，池田大人，你也同意信孝公子吗？”

秀吉瞪着恒兴，目光严厉。要想推翻随意的结论，在作战手法上，最好从最弱的恒兴开始进攻。在争吵辩论中，这是常规。

“根据柴田大人的说法，信孝公子……”

“等一下！我问的是池田大人的想法，不是柴田大人的意见。”

这句话给恒兴当头一棒。

“那我就陈述一下自己的意见。”恒兴被秀吉唬住，连声音都颤巍巍了，“首先，信孝公子比信雄公子年长……”

“就算信孝比信雄只小二十天，那也是三子。当年，因为织田家做法失当，才将二人的长幼顺序弄乱。把实际上的次子置之不理，将三子定为继承人，如果你们把当年的丑事公布于众，社会上会做何反应呢？”

“您这么一说，倒也是……”恒兴快语无伦次了，赶紧换个角度，“信孝公子在复仇之战中和我们并肩作战，而信雄公子却没参加……”

“啊哈哈。池田大人，你在山崎合战中的确表现不凡，但或许我孤陋寡闻，不知信孝公子在那场战斗中发挥了什么作用。你能把合战的详细经过告诉我吗？他在什么位置上？建立了多大的功勋？”

恒兴不得不沉默，他非常清楚信孝军只是预备队。但是，在这次会议的前一天，趁着秀吉未到，信孝冲着主宰局势的胜家谎报战果。恒兴当时没有说话，这也是为了向下一任主公讨好……

胜家苦着脸看着秀吉和恒兴。

秀吉扭过脸，冲着他说起来。

“基于以上原因，胜家大人，我反对信孝公子做继承人。”

秀吉微微一笑。

“那么，羽柴大人，你就列举一下推荐信雄公子的理由吧。”

胜家的声音中透着怒气。他的架势鲜明地表达出一个意思——如果你的理由站不住脚，我可不会善罢甘休。秀吉暗自窃笑对方上套了，缓缓开口。

“哎呀，哎呀，我也不打算推荐信雄公子。他没赶上复仇之战，如果被提为继承者，他本人都会愧疚吧。”

秀吉随意捏造出信雄的想法。

“那么，羽柴大人打算推举谁呢？”

胜家的脸上露出一丝笑容，那或许是在揶揄——难不成毛遂自荐？

秀吉不予理会。

“实际上，我来这里之前，曾去信长公的灵前汇报过复仇之战。”

“灵前？”

他们还没来得及询问是何处灵前，秀吉就赶紧说下去了。

“在那里，我看见信长公的幻影，他抱着孙子三法师，不停地向我致谢。”

秀吉打着信长的幌子，挖苦那些对自己复仇之战没有丝毫谢意的将领。丹羽长秀和恒兴两人露出惊讶神情，而胜家则显然不屑一顾。

“我由此一下子反应过来。对！信长公希望孙子三法师做继承人。次子和三子关系恶劣，不管谁当政都是前途叵测。他索性越过他们二人，将希望寄托在孙子身上。信长公一定这么想，才会在我面前以那样的姿态出现。世间的人不是常说吗？孙子比儿子可爱，对吧？柴田大人、丹羽大人，我筑前现在只关心谁来做监护人，你们觉得呢？”

胜家没听秀吉把话说完，便愤然离席。秀吉冷静地看着他的背影，等他进入信雄、信孝等候的房间后，也慢慢站起身，走到庭院中。此时正是烈日炎炎的下午。秀吉一走进松树围绕的小路，其手下的忍者便一下子出现，迅速地聚拢在他身旁，以防不知道哪里突然射来暗箭。紧张的气氛延续了一段时间。很快，侍从石田三也轻轻地靠近。

“在另外一个房间，当着胜家的面儿，两兄弟为了谁当监护人争吵起来。”

他低声汇报。

“是吗？胜家竟然让步了？”

秀吉旗开得胜，暗自窃笑。

直到夕阳西沉的傍晚时分，那两兄弟还在争吵。最后，在长秀的要求下，四个决策者再度聚拢，把兄弟二人喊来，进行讨论。但这场讨论还是无功而返，有的人建议信孝单独监护；有的人主张两人共同监护。这和两人得到的新领地也有关系。第二项议题就是如何分配信忠的领地。最后，信雄得到尾张地区；信孝得到美浓地区。信雄因为获得织田家的发祥地尾张而觉得骄傲，满足；信孝则因为获得美浓的金矿而暗自窃喜。但如此一来，两人因为要经营中部领地而无法脱身。另外，会议决定让三法师在织田家的象征地安土城立身。不仅秀吉，包括胜家在内的所有人都表示同意。如此一来，就距离而言，信雄和信孝两兄弟无法真正履行监护职责。结果，在长秀的建议下，监护的名头另当别论，实际工作落到信长生前的部下堀秀政之手，他认识许多王公大臣。胜家不知道堀秀政已是秀吉的部下，欣然同意。舍名取利的秀吉大获全胜。

关于其他领土问题，秀吉、丹羽和池田压倒柴田，一致同意应该给参加“复仇之战”的人以褒奖。结果，丹羽长秀除了若狭地区，还获得江州高岛、滋贺两郡；池田恒兴除了摄津的池田、有冈外，还获得大坂、尼崎；堀秀政则获得近江的佐和山。秀吉把原领地近江长浜交给胜家，换取播磨、山城、河内和光秀的旧领地丹波。

会议最后，信长的葬礼问题被提及。除了秀吉，其他人希望在织田家的发祥地清洲举办葬礼，而他一人则坚持在安土城或者京都举办，而且他还借口城防交换以及安排新领地的人事等，要求推迟葬礼日期。

“交换城防可是大事呀。”

他看着胜家，调侃一下。但不知为何，后者竟然爽快答应，同意将葬礼延迟到秋天。

（太好了！）

秀吉欣喜若狂。

秀吉的喜悦没有延续很长时间。

次日早晨，秀吉一行志得意满地离开清洲城，返回西部地区。他们看见远处有五百多柴田军护送着二十多顶轿子，那些轿子装饰华美，一看就是女人用的。

“那是怎么回事？”

秀吉眼尖，叫嚷起来。几名忍者随即追了上去，很快又折返回来。秀吉听完报告，怅然若失。

信长的妹妹阿市夫人出嫁了，目的地是北庄。在清洲会议上，柴田胜家获取的新领地不多，但有更好的收获，那就是娶到了信长的妹妹阿市夫人。她曾经嫁到浅井家，夫家灭亡后成了寡妇。胜家六十一岁，阿市夫人三十六岁。清洲会议的前几天，在信孝的斡旋下，两人悄悄地在岐阜举办了婚礼。

（胜家这家伙，之所以那么痛快地推迟信长公的葬礼，原因就在于此吧。）

秀吉苦笑。他决定尽量不去想阿市夫人的事，他知道自己有妻室，阿市夫人被胜家夺去是没办法的事。但是……

秀吉觉得某种老而苦的东西从胃里涌上来，无法遏止。

3

秀吉还叫藤吉郎的时候，就暗恋信长的妹妹阿市。

只要听说阿市要外出，他就会第一时间趴在回廊上，心潮澎湃地目送她离开。秀吉当然不敢抬头一睹芳容，但当阿市从他鼻尖前静静走过时，他便会悄悄地深吸一口气，嗅嗅阿市衣角的香味。阿市身上的异香，对秀吉而言宛如天堂中的莲花香气。很快，他从迷恋阿市身上的香气发展到暗恋其人。

（我早晚要建功立业，让阿市小姐当我的新娘。）

这种不知天高地厚的野心在秀吉心中萌发，熊熊燃烧。出人头地的机会很快就来到了。他做了两年侍从，二十三岁时，信长为了拜谒将军足利义辉，于早春时节前往京都。藤吉郎负责信长在途中和京都内的警卫工作。年少时，他曾沿途贩卖针线，凭借当年掌握的方言以及道路方位，藤吉郎识破将军和今川义元合伙谋害信长的阴谋，帮主公躲过一劫。因为这个功劳，他一下子被提拔成拥有百名部下的小头目。次年的桶狭间山一役，他又在不为人知的战线上负责总指挥，帮助织田家躲过了灭顶之灾。

根据一般说法，永禄三年（1560年）五月十九日，骏河的今川义元率两万五千人的大军前往京都，中途突然扭头去了西南方向的桶狭间山，稍作休息，顺便吃了中饭。织田方的一股精兵趁着雷雨交加突袭敌方，轻易将对方击破。

这当然只是胜者织田家的一面之词，而今川家的有关资料则完全被织田、德川等人销毁。前一晚，今川义元住在东海道以北的沓挂，他为何会在烈日炎炎下特意前往东海道以西的桶狭间山？这是个疑问。更让人费解的是，率领大军的武将怎么会在狭窄地带，在山上休息、吃饭？这不符合当时的行军常规。就算是侮辱对方，也不该这样做。更何况义元手下不乏原武田军团之人，他们跟随被儿子信玄驱逐的武田信虎从甲斐投奔而来，都是擅长谋略和排兵布阵的武将，绝非织田军可比。他们肯定不会让主公犯下如此低级的错误。

选择在违背常规的地方休息，必然有相应的特殊事由。

织田方的藤吉郎负责操作这件事，他拼命说服信长，装模作样地向敌方提出和谈议案。包括信长在内，前往义元大营的织田方使者不足十人，别说长矛、火枪，连佩刀都不许携带。信长一行果然按照事先约定，没有携带武器。义元及其手下都放宽了心——不，应该是装作放宽了心。他们向信长敬酒，其实那是毒酒，他们打算将信长毒死。义元之父就是出席武田家的宴席时被毒死的，他打算用同样的招数解决信长。

“兵者，诡道也。”

在那个时代，人们认为骗人或者被骗都是理所当然的事。今川军的上层只顾玩弄毒死信长的小伎俩，反而对其他事掉以轻心，而且他们自恃军力强大，放松了警惕。这一直影响到下层的搜索部队。前方的侦察部队本来一直掌握着织田军的动向，对包括信长在内的使者团的动向也了如指掌。但是，对于几天前，沿着东海道北部山区迁徙的牧马人却懈怠了警惕。之所以忽视他们，是因为今川军也非常清楚，每年到了这个季节，那些人就会在这里迁徙放牧。

约有百人的“山民”敢死队带着军犬潜藏在那些牧马人中。那些军犬没有发出一声吠叫。他们收到同乡藤吉郎的求援，赶来帮忙。敢死队以藤吉郎的笛声为号，和军犬一起冒着雷雨，一拥而上。他们当天早晨做了周密安排，打算利用西移的浓雾和雷雨作为掩护。一切按照计划实施，受过训练的军犬勇往直前。

事情皆是一瞬间。

大帐中的义元及其手下被咬断喉咙，由“山民”组成的敢死队毫发未损，迅速消失。脸和手脚上抹上狗油的信长等人幸免于难。在信长来进行和谈之前，山顶大帐周围的五千多今川军一直严阵以待。藤吉郎的部下化装成当地的村长、神官、说唱者、滑稽师以及农夫，拿来众多酒菜，说是庆祝胜利。今川军初时谨慎，无人吃喝，哪知信长一行进了大帐后，义元允许部下一同开始酒宴。他打算以此分散将士们的注意力，避免大家察觉信长在大帐内被毒杀一事。

就在那时，雷雨突然来袭。今川军舍弃不下面前的酒菜，抱着碟碟罐罐，在雨中又喊又叫，东奔西跑。而浓雾则把大帐内的惨剧完全遮住。

最后，今川军傻呵呵地看着一行手无寸铁的人拿着一个包袱（里面放着义元的首级），再次跨上拴在山脚下的马匹，绝尘而去。

桶狭间山之战是秀吉表演的初夏时节的瞬间演出。事实上，在这场战斗中，双方并没有发生激烈交锋。

此后的论功行赏有点奇怪。给“山民”带路的当地人梁田政纲被破格提拔，一下子成了沓挂城主，而自称斩杀义元的服部小兵太和毛利新介却只获得几枚金币。提拔政纲当然是要封口，另两人只是把被军犬咬断脖子的义元首级拿了回来。

几天后，藤吉郎被密召到信长的起居室。

信长迎击义元的大军前，经常嘟囔着一些万念俱灰的悱恻诗句，什么“人必有一死，一味忍耐何所为”云云。而此时，他喜笑颜开，似乎完全忘却之前准备玉碎的悲壮情怀。

“你这次的功劳最大。”信长叫嚷着握住藤吉郎的手，“想要什么，尽管说。”

直至二十二年后的今天，秀吉还清楚记得自己当时的回答。在被召见前，他已经翻来覆去练习过好多遍。

“主公，我有三个愿望。”

藤吉郎昂然地挺起胸膛。

（我建立的功勋应该得到相应回报。）

信长笑道：“你只管说。”

“一个愿望和京都的朝廷有关系。我恳请主公您今后更加忠诚于朝廷。”

藤吉郎诚恳地说出第一个愿望。

“哦？”信长露出意外的神情，“为何要尊敬天皇之类的人啊？”

他问了个愚蠢的问题。当时，信长自封了“上总介”这一官号，其朝廷观也就是这个水平。

“因为它年代久远。”藤吉郎率真地答道，“哪怕一砖一瓦、一棵大树，只要年代久远就有价值，更何况天皇乃是日本创立者的子孙。他常常为民着想，现在还率先垂范，过着俭朴的生活。听说皇室延绵到现在都一百零六代啦。”

“都一百零六代啦？那么，天皇和将军相比，怎么样呢？谁更伟大？”

“把两者相比，就是对天皇的失礼。”

藤吉郎答道，暗暗有些不悦。然而信长依旧满不在乎，随口说了一句。

“所谓天皇，就是这样啊……好了，我明白了。”

“接下来的第二个愿望，和我自己有关……”

藤吉郎努力平静心情。

“嗯。”

“今后，您能不能不喊‘猴子’而喊我的名字——藤吉郎？”

“你为何如此在意呢？”

信长反应迟钝，根本没察觉自己起的外号严重伤害了对方的自尊心，此时此刻还笑嘻嘻的，满不在乎。

“我倒不是很在意，但我的部属经常被人嘲笑……‘那是小猴子的部队，那是猴子团队！’听到这些，我藤吉郎非常非常可怜部下。”

藤吉郎开始擦眼角了。这不是演技，他平素确实觉得屈辱，这是有感而发。

“明白了，明白了。我以后一定注意。”信长的声音听上去格外柔和，但他之后从未遵守约定，“最后一个愿望呢？钱？领地？城？”

信长催促藤吉郎说出第三个愿望。

“第三个……”

“说吧！”

藤吉郎事先练习了很久，此时却无法开口，觉得嗓子眼被什么东西拉扯着。

“第三个就是……”

信长有点不耐烦了，催道：“所以我叫你说呀！”

“第三个就是……”藤吉郎突然想到从阿市衣角飘来的香味，立刻觉得此际不宜胡思乱想，羞愧得满脸通红，不知不觉地匍匐在了地上，“第三个，那个……阿……市……”

他趴在地上，甚至连“小姐”这两个字都没说出来。

“你说什么？”

信长缓缓说了一句，继而仰面大笑。

（为何要笑呢？难道是嘲笑我的卓越功勋？）

藤吉郎一直趴在那里，不知过了多久，面前的地上满是泪水和鼻涕。他猛地抬起头，信长早没影子了。藤吉郎垂头丧气，咬着嘴唇，退出房间。

之后，四处都出现了对藤吉郎的嘲讽——在桶狭间山的战斗中，藤吉郎那家伙消失得无影无踪，现在却突然跳出来胡说八道，让阿市小姐做他的女人，信长公当然不会理睬；还有些添枝加叶的传闻——阿市小姐对兄长大喊“在房间里被小猴子抱着，我可受不了，那样真不如一死了事”，说完大笑着跑出房间。

美貌的阿市小姐比藤吉郎高出五寸多。就从身高而言，两人也不相称。藤吉郎的要求真是“不知天高地厚”，难怪阿市小姐会生气呀。

无人知道藤吉郎此时痛苦的心情。不，只有一个人——蜂须贺小六。

同僚们全都嘲笑阿市和藤吉郎的事。藤吉郎难以忍受，冲到了小六家。小六深受藤吉郎的器重，也是“山民”出身。

“小六，拜托你。”

“什么事？你脸色铁青，这可不像藤吉郎大人。”

小六看着藤吉郎笑了，目光柔和。

“帮我找个媳妇。”

“是吗？这话也不像你说的。”

小六早就想帮藤吉郎物色妻子了，但每次提出的人选都被否决。只有这天，情况例外。藤吉郎不管不顾地讲述起来。

“条件只有一个，和织田家没有血缘关系就行了，哪个女人都行。”

藤吉郎始终相信中关白藤原道隆（关白藤原道长的亲哥哥）是自家祖先。道隆和卑贱的下女生了孩子，污秽了本来和天皇有血脉关联的高贵的藤原血统。之后，其子孙引以为戒，避免和“下等人”发生关系。而藤吉郎也一直遵从祖训，发誓不娶卑贱女子，但他此时此刻不在乎这些了。

他自暴自弃的结果就是娶了现在的正房宁宁。否则，他不会迎娶她的。小六挑选的宁宁是织田家臣浅野氏的养女，其生父是林弥七郎。弥七郎是射箭名手，直到永禄初年都是小六的手下。

当时，在织田家中，小六效命于岩仓的织田信安，在“浮野原合战”中让弥七郎射杀了信长手下的神枪手桥本一巴。一巴也曾是小六手下，后被信长重金收买，成了火枪队的教练。这种叛变违背了流浪武士的规矩，必须追杀到底；而普通武士则把改弦易辙、口蜜腹剑看作家常便饭，两者无法相比。

“论火枪，你比不过一巴；但论射箭，你绝对百发百中。”

小六命令弥七郎杀死一巴。弥七郎没有辜负他的期望，果然射死了一巴，而他本人也被一巴手下的火枪打成了马蜂窝。宁宁就这样失去了父亲。站在信长的角度而言，她父亲是敌人，但对藤吉郎而言，她和争端不绝的织田家没有任何血缘关系，是最合适的对象。而且，宁宁像藤吉郎母亲一般聪明。这两人进展顺利，很快就办了婚礼，有关阿市和藤吉郎的传言也自然而然地消逝了。

不过，就算他改叫羽柴秀吉，仍然念念不忘阿市。直到阿市嫁给了浅井长政以后，秀吉都没有死心。那不是毛头小子的青涩回忆和憧憬，秀吉的内心可没有那么纯净。那只是一个功成名就的男人对往昔小瞧自己的女人的无限厌恶。那种感情，接近于愤怒。

（你就等着瞧吧，我一定还以颜色。）

再加上他素来憎恨的胜家，秀吉的这种心理更加阴暗。

“阿市夫人和浅井有女儿吧？”

秀吉望着朝北远去的柴田一行，若无其事地问部下忍者。严格意义上，应该是“有女儿幸存吧”——秀吉曾奉信长之命，杀死阿市的儿子。

“是的，全是女儿，共有三位。”

“多大岁数？”

“十六岁、十五岁和十岁。名字分别是……”

“没必要知道名字。”

当年，三个女孩从浅井家的小谷城被救出。都这么大了，那时只是小女孩，连名字都没记住。秀吉回忆着。现下，那三个女孩都去了他无法触及的地方，所以他就不想知道她们的名字了。

“最大的都十六岁了？”

正是二八年华呀。秀吉只是突然想到她们有织田家的血统，应该长相秀美，别的事情则无暇顾及。和女人相比，当前更重要的是筑城。姬路城太远，长浜城又让给了柴田，如此一来，附近就没地方掩藏从安土城搜刮而来的大量金银了。必须赶紧在京都附近修建新城，以作储备物资之用。

随着秀吉掉转马头，那三个女孩完全从他脑海中消失。

4

秀吉从清洲出发，途经今尾，在长松住宿一晚，第二天回到长浜。他把长浜城移交给柴田的事情通告部下，决定暂时将城内的财宝、武器、弹药等东西转移到姬路城。

秀吉之后的行动让人目不暇接。

七月十日，入京；七月十三日，前往姬路。

历史上留有记录——秀吉在姬路城召集所有家臣，对他们之前的齐心协力表示诚挚谢意，接下来的三天时间，所有人不分贵贱大吃大喝，狂欢歌舞。

七月十七日，着手在山崎筑城。

七月二十四日，前往丹波龟山。

八月二十四日，在姬路会见津田宗及。

九月十五日，在山崎会见冷泉为满。

九月十八日，在吉田山会见丹羽长秀。

九月二十日，在三条伊藤道光的家中，再度会见长秀。

九月二十一日，为法事赶赴紫野，住在伊藤家中。

七八月间，秀吉往来于京都、姬路、丹波龟山，在每一处都来去匆匆。

关于一直悬而未决的信长遗体，浅野弥兵卫尉的报告是——和阿弥陀寺之间关于遗体交接的谈判还要拖长。秀吉没有多说，只是指示继续客气地进行谈判，可以抬高价码。在清洲会议上，出席者都同意葬礼延期，而且遗体也火化完毕，没必要着急。

八月中旬后，葬礼问题再次意想不到地凸现出来。起因竟然是因为信长的那些女人们各行其是。

其侧室之一的阿锅夫人率先行动。阿锅夫人并不漂亮，令人不可思议的是，她竟然受到性情乖戾的信长的宠爱，先后生下两男一女，分别是信高、信吉和阿振。本能寺之变后，她曾一度被蒲生贤秀从安土城带出，逃往日野城，此后急急忙忙地赶到岐阜城。或许她非常怀念信长吧，阿锅夫人擅自在岐阜城长良川对岸的崇福寺让人建造了信长的牌位所，那里是她和信长邂逅之地。阿锅夫人通过丹羽长秀向秀吉表达了自己的意愿——希望能得到信长的一部分骨灰或者临终前的衣物等。

接着，秀吉作为养子接纳的秀胜的母亲养观院也开始行动。根据清洲会议的结果，秀吉获得原明智领地丹波，并让刚刚十五岁的秀胜做丹波龟山城的城主。之后，秀胜的母亲养观院便迫不及待地要求在龟山城内建造信长的墓地。

“女人考虑问题就是肤浅。”秀吉苦着脸，冲秀长抱怨道，“难道不是？阿锅选择了崇福寺，快川和尚就是从那座寺庙出来的，并在盐山的惠林寺被信长公烧死。而不久之前，龟山城还是光秀的城池。在那两个地方祭祀信长公，你觉得他能安心成佛吗？真愚蠢。你告诉她们——我完全不会提供帮助。”

秀吉索性把这两件事搁置一边。但是，另一个女人的行动尤其让秀吉头痛。

九月十一日，柴田胜家的夫人阿市要在京都的妙心寺为信长举办百日忌。阿市夫人并没有通知秀吉，这是妙心寺私下里告诉的。

该寺僧人一定觉得奇怪，在信长的复仇之战中建立功绩的秀吉怎么没有参加这个忌辰活动。

（阿市，你竟然瞧不起我！）

秀吉对她的憎恨又添一分。

九月，建造城池一事有了着落，移交长浜城的事情也有了头绪，就在这时，丹羽长秀作为代表，发来催促函，希望能决定正式举行葬礼的日程。很快，长秀发现光靠信函对方没有回应，便于九月十八日来到秀吉所在的吉田，隔了一天后，又于二十日追到秀吉在京都的下榻地伊藤道光的府邸，要求和他促膝恳谈。

当然，会谈中包括了信长的骨灰问题。

“筑前大人，您究竟把信长公的骨灰放在何处？如果您为了移城而忙碌的话，暂且让我来保管吧。我向您保证——为复仇之战立下汗马功劳的您不在场，我们绝不举行葬礼。”长秀的态度非常恭敬，但他毕竟是个诚实、耿直的人，看见秀吉态度暧昧，终于忍耐不住，“虽说您在复仇之战中建立功勋，但把信长公的骨灰占为己有，真是可耻。”

长秀勃然大怒，青筋暴起。在清洲会议上，秀吉曾得到长秀的帮助，对他可不能置之不理。当时，他想尽办法搪塞过去，但已经不能再装聋作哑了。

秀吉急不可耐地把弥兵卫尉和将右卫门叫到伊藤府邸，盘问起来。

“你们的谈判到底怎么样？”

秀吉一开口就怒气冲冲。

弥兵卫尉叹道：“这个……不顺利。”

“这可不是我想要的回答。真让人想不通，清玉为何不愿意合作？我想知道原因。你把和清玉谈判的过程逐个汇报一下。清玉的真实想法究竟是什么？”

清玉到底知道多少真相？这让秀吉恐慌。

浅野弥兵卫尉和阿弥陀寺的清玉上人的谈判过程是这样的——

六月下旬，弥兵卫尉带着三十人左右的家臣，首次来到阿弥陀寺。因为有秀吉的指示，弥兵卫尉的态度非常恭敬。

他和前野将右卫门仔细商谈后，首先这样开口——

“此次，我等主公羽柴筑前讨伐了谋反之徒明智光秀，请您安心吧。我等赶走明智军后，迅速入京搜寻信长公的遗体，心有惴惴——或许信长公的遗体受到光秀的污辱，首级已被割下示众。这也是筑前大人唯一担心的。不过，幸亏上人您及时出动，从逆贼光秀的手中，保护下信长公的遗骸。欣闻详情的筑前大人喜不自胜，泪水差点夺眶而出，说您不愧是和织田家有渊源的高僧，英明果敢，不停地催促我们前来致谢。此次，我等作为筑前大人的代表，前来拜会，这些金子不过是筑前大人的一点心意，请笑纳。另外，筑前大人还下令从今往后，每年提供稻米百石以作供奉之用。筑前大人改日会亲自来和您商讨正式葬礼一事，并请您接受供奉。”

两人端着盛有百枚金币的盘子，恭敬地趴在地上，但是清玉当场回绝。

清玉凛然说道："哎呀，虽然筑前大人一片好意，但葬礼和这个盘中的金子，老衲一概不能接受。"

"那又是因为……"

弥兵卫尉刚想询问缘由，就被清玉的气势压倒，不由自主地将话咽了回去。不知原委的弥兵卫尉做梦都没想到清玉会拒绝。

"您为何要拒绝呢？"

这是个愚蠢的问题，但询问者非常认真。

"你们知道这个寺庙的由来吗？"

清玉开始说教。

"不知道。"

弥兵卫尉非常老实。由于信长公一味偏袒基督教，最近加入阵营的家臣几乎都不知道阿弥陀寺的来龙去脉。

"这座寺庙是根据信长公的父亲信秀大人的意愿建造的，是织田家在京都的庙堂。贫僧被任命为开山宗师，在织田家存亡之际，收殓族人的遗体，实乃理所当然之举。即便筑前大人是织田家臣，由他来褒奖我们也是不合常规。况且贫僧也没道理接受金子和供奉的稻米，请你们拿回去吧。"

虽然他语调客气，但让对方手足无措。

"而且，因为其家人不在，我们未敢拖延，已经为信长公举行了葬礼。而且，不是贫僧自说自话，我等没有仓促行事，那可是按照佛教仪式举行的正规葬礼。已经不用再举行其他什么葬礼了。"

弥兵卫尉被清玉的毅然态度震慑，暂且返回长浜。此后，他接受秀吉指示，继续拜访了两三次，将所奉稻米的数量从每年百石提高到两百石、三百石，但清玉依旧保持拒绝的态度，眉毛都没动一下，最后甚至不愿再出来和他们见面。

"浑蛋！清玉，走着瞧！我们谦虚，喊你一声师父，你反倒扬扬得意了。"秀吉听完汇报，忍无可忍，对清玉上人的尊敬之情也转变成厌恶，"弥兵卫尉，你的任务到此为止，退下吧。"

（他无功而返，轻易就被人赶了回来。）

秀吉只想咂舌。弥兵卫尉垂头丧气地退出去。屋内只剩下将右卫门后，秀吉的语调更加粗野起来。

"将右卫门，你赶紧带人去阿弥陀寺，把清玉关起来。然后把其他和尚，包括库房里的小沙弥都绑起来，让他们交代出收纳遗体的真相。你立刻出发。”

将右卫门似乎想说什么，但秀吉根本就不想听。

隔了一天，夜半时分，秀吉接到报告，说将右卫门从京都返回，立刻悄悄地和他密谈起来。

秀吉怒道：“逼供没有？”

“是的。按照您的命令，我把所有人都抓起来。我斗胆把清玉上人关进阿弥陀寺的一个祖师塔中。其他和尚都嘴硬，让人束手无策，最后终于让一个年轻僧侣开口了。”

“嗯，他说什么了？”

“包括信长公在内，几名僧人的确从教堂带回几具遗体。这是事实。他说这是六月三日下午的事情。不过……”

“不过什么？”

“那些遗体被放在大雄宝殿火化了。之后，其中一个人的骨灰，估计是信长公的，被拿出大殿。”

“其中一个人的骨灰？为什么呢？”

“据说火化前，一个僧侣打扮，个头高大的人来到阿弥陀寺，在方丈室和清玉上人密谈了两小时左右，最后就做了那样的处置。”

“什么？一个僧人出现在阿弥陀寺？难不成是……光秀……”

秀吉的后背冒出冷汗。

“不，不可能是他。当时，明智光秀大人肯定是率兵前往近江地区了。”

“是吗？这又是那个叫左马助的家伙干的？”

“恐怕是。”

秀吉本打算苦笑一下，却笑不出来，脸抽搐着，他从没想到竟会几番被左马助戏耍，只得无奈地追问道：“那么，之后呢？”

“那家伙说没看见之后的事情，无可奉告，就闭口不说了……”

“想法撬开他的嘴。弄折他的指头，让他抱石头。他应该还知道些什么。”

秀吉怒上心头，忘乎所以。

将右卫门摇头道：“都试过了，弄折手指、拔掉指甲、抱石头……但是……”

“但是什么？”

“他说不知道就是不知道，最后咬舌自尽。”

将右卫门痛苦地歪着脸，但秀吉不屑一顾。

“那么，就这样办。”

“您说。”

“你给我画一张阿弥陀寺的草图。”

秀吉对直觉颇有自信，他打算像占卜师一样在草图上指出相关地方。

“那我就画一画。”

将右卫门手法熟练地画出草图。

“给我！”

秀吉一把夺过图纸。

当时的阿弥陀寺是一座方圆八町的大寺，其占地面积是本能寺的三十多倍，中央是宽敞的殿宇、方丈室、十三座祖师塔以及无数小屋；南面有一片广大的草药园和几处疗养所；北面则是宽阔的墓地、火化场以及一大片空地。

“这空地是干什么用的？”

“无家可归者的墓地。清玉上人在京都市内化缘后，一定会把倒在路上的人、弃儿、孕妇、病重者装在板车上带回寺内。人数没有限制，可能是几十人，也可能是几百人。为了收留和治疗那些人，寺庙都变成收容院了。那些人死后就被埋在这里——这是无家可归者的墓地。”

“我知道了。我看他们不会把信长公埋在那种地方，所以就是药草园吧。你们仔细搜搜南侧，那些新挖的地方都值得怀疑。如果还没找到，就把所有草药连根拔掉，翻个底朝天。”

“如此一来，阿弥陀寺培育出来的草药就会绝迹。在京都，有几千名患者依赖阿弥陀寺的免费草药……希望您替那些人考虑一下。”

将右卫门不知不觉开始违抗秀吉的命令了。秀吉对这种妇人之仁嗤之以鼻。

“说什么呢！大事当头，那都算小事。你可以把信长公在伊吹山推行的药草园计划告诉患者，得到他们的理解。哦，对了，如果清玉上人和我合作，可以让他当伊吹山药草园的园主。”

“但是，正如您知道的，许多人反对那个计划……”

“你给我闭嘴！不需要你问。你赶快进京。再在这个问题上浪费时间，我在织田阵营中就孤立了，或许我们就要和整个织田阵营作战。你要明白，将右卫门！”

秀吉到最后已经是央求了。织田阵营中几乎无人知晓伊吹山的药草园计划，只有负责施工的秀吉和将右卫门知道。当时，信长和教士悄悄商定“西方药草园计划”，准备在伊吹山的半山腰开垦出大约五十町的土地，移植西方的三千种草药。作为实验田，已经在南面开垦了近十町的面积。伊吹山从奈良时代就是宗教圣地，其周围的神社、寺庙闻听此讯，大发雷霆，纷纷向负责施工的秀吉抱怨，绝不允许西方的异教徒踏入一步。另外，曲直濑道三从中医大师的角度陈述意见，认为伊吹山的草原地带自古就是草药宝库，生长有一千五百多种药草，随着外国植物的侵入，它们很可能受到危害和淘汰。由于种种原因，秀吉本人延缓了施工。

但是，为了确保今后在织田家内部的领导力，信长的骨灰必不可少。只要能交换成功，不管受到怎样的责难都在所不辞。秀吉被逼到了这一步。

5

秀吉一方面命令强行搜查阿弥陀寺的药草园，一方面着手寻觅找到骨灰之后举办葬礼的地点。

织田家信仰法华宗，按说京都二条的妙显寺是法华宗的京都总寺，最适合举办葬礼，可惜信长曾在“安土宗论”上做出不利于法华宗的裁定，并监禁所有僧人。事情刚过三年，只怕他们还记恨往事，要不然就是担心秀吉主持的葬礼会招致后患，反正当秀吉私下打探时，对方没有爽快应允。

秀吉自负地认为祖先属于皇室一族，对佛教上的宗派差异根本没当回事。

（既然这样，索性挑选一座能感恩戴德的寺庙作为葬礼举办地……）

这时，他想到了紫野的临济宗大德寺。该寺自嘉历元年（1326年）创建，曾被后醍醐天皇授予“本朝无双禅院”封号，荣膺五山之首，后则被足利义满厌恶，沦为十大名刹中的第九位。永享三年（1431年），该寺主动辞去十大名刹的封号，严守肃穆禅风，鲜明表达出不干预政治的立场。享德二年（1453年）该寺失火，大部分殿宇被焚，翻新后又碰上应仁之乱，庙堂毁于战火。幸好后来有后土御门天皇的重建令和该寺第四十七代方丈一休宗纯的努力，该寺才总算保住原貌，但实质上已经破落潦倒。

（这寺庙曾被天皇赞扬，被足利幕府厌恶，正是我举办葬礼的理想场所。）

秀吉立即付诸行动，“不惜钱财”的鼓动发挥效力，大德寺一方没有表示反对。就这样，葬礼举办地早早谈妥，关键的骨灰却犹未从阿弥陀寺的药草园中寻获。秀吉再次叫来将右卫门，低声嗫嚅起来。

“我觉得不可能……但现在只剩下无家可归者的墓地了。”

“是。”

“把那里翻个遍，肯定在。那里有多大面积？”

“这个……毕竟是方圆八町的大寺庙，那片墓地和闲职空地之间又没有明确的分界线，很难估算出来呀。”

将右卫门显然很为难。

“当时事态紧急，他们不会埋得很深。而且，注重形式的清玉既然选择了那片复杂的地方，必然会将骨灰放进骨灰罐中。你挖的时候留神些，别把骨灰罐打破了，这对你的部下来说有点强人所难……你多带些银矿的挖掘工去。如果有人完好无损地找到，就给予重赏。行不行？”

此后的十几天中，秀吉一直在等消息。报告称，总数三百人的挖掘工分东西两个方向，每一百五十人排成一列，从两端开始挖掘。那个时候，只要没有传染性疾病，无家可归者都会被土葬。据说清玉二十几年间在京都市内带回许多倒在路上的人、弃儿、孕妇、病重者，被埋葬的无家可归者数以万计，甚至超过十万。那些被翻出来的累累白骨散发出腐臭，导致挖掘工都歪着脸迟滞不前。

“再怎样来钱，干这种活，身上都有了腐臭味，本来想和京都的女人乐和乐和，现在人家都不愿意抱一下了！”

逃亡者层出不穷，挖掘工作迟迟没有进展。另外，秀吉对负责交涉的丹羽长秀态度暧昧，这让以柴田、泷川为首的“清洲葬礼推进派”群情激愤。气氛紧张，似乎他们明天就会打着“夺回信长公骨灰”的旗号，率兵攻入京都。秀吉唯有和将右卫门再度谋划。

——十月十一日，在大德寺举办信长公葬礼。

他们首先决定了葬礼的日期。举办葬礼的前两天傍晚，将右卫门突然从京都回到山崎城，按照和秀吉商定好的，尚未进城就开始大叫大喊。

“急报，信长公的骨灰找到了！”

城内将士顿时欢呼和拍起手来。只见将右卫门恭恭敬敬地抱着一个满是泥土的小骨灰罐，来到城内刚刚赶建完毕的会客厅。那个丹波陶罐被封得严严实实的，人们无法看到里面。秀吉一如先前商定好的，连滚带爬地冲了出来，泪腺完全打开，泪如滂沱，抱着骨灰罐连哭带叫。

“信长公，您没事就好。筑前我等您很长时间了……”

他泣不成声。骨灰罐里的东西，只有他们两人知晓，如果打开，就会一目了然，那不过是信长木像的灰烬罢了。

6

大德寺从天正十年十月十一日开始举办为期七天的葬礼仪式。秀吉自编自演了一切，其中最让人瞠目结舌的是导师、僧侣的数量。大导师是七十八岁的长老开岭大和尚，继之则有古溪宗陈、仙岳宗洞等七名高僧。他们一直为信长公念经超度。从邻近地区来了五百多僧侣，负责给信长公念诵佛经中的赞美诗。

举办葬礼的大德寺同样引人注目。在金线织花锦缎包裹下的信长骨灰罐被放置在棺木中，众人无法看见。吸引众人眼球的是“旧貌换新颜”的大殿。在很短的时间内，陈旧的栏杆上镶嵌起金银，长长的回廊铺上了地毯，四周的柱子被涂上鲜艳的红、蓝色。

为了接受大导师的引导，信长的棺木从本能寺的废墟处移往紫野的大德寺。这是要完全否定阿弥陀寺举办的葬礼和他们收殓遗骨的事实，顺带向世人表明信长的遗骨确实是从本能寺的废墟中寻获的。

大约有三千人跟随在信长棺木之后。

所有参加者仪态端庄，头戴乌帽子①，身穿直垂②。池田恒兴的次子辉政抬着棺木前端，信长四子也就是秀吉的养子秀胜则抬着后端。秀吉怀抱牌位和武士刀，凛然随后。

此次葬礼的警卫力量让人觉得怪异。从葬礼举办地的大德寺到本能寺之间的所有路口、小道上都安排了手持弓箭、火枪的武士，人数竟然达到三万。名义上是防备明智余党的袭击，实则是防止柴田、泷川等人率兵进京抢夺信长骨灰。

周围看热闹的人但凡知道一点来龙去脉，便不会把这看成织田家的正式

---

① 古式礼帽，使用者一般是武士和贵族，后来主要由神职人员使用。

② 镰仓时期出现的一种武士礼服，方领，带胸扣。

葬礼。不过大家还是陶醉于此次葬礼的奢华绚烂。秀吉每天都会派人配发点心、酒菜以及大量铜钱，人们蜂拥而至，无人说三道四。

——如同看见了极乐净土中的五百罗汉、三千佛家弟子。（《天正记》）

——此乃古今少见的葬礼。（《前野家文书》）

留存的记录中都是赞誉之词。

大德寺的葬礼顺利结束，有关葬礼的传言就要消失时——

浅野弥兵卫尉再度被秀吉起用，作为正使，威严地进入阿弥陀寺。

“羽柴筑前守秀吉公口谕。”他派人把软禁中的清玉上人拖到庭院里，恭敬地从怀里掏出文书，宣布了秀吉的口头命令，“阿弥陀寺的开山大师清玉重病在身，特命辞去阿弥陀寺住持一职。净土宗总寺也已同意此项事务。”

“敢问贫僧得了什么病？”

弥兵卫尉木然答道：“估计你脑子有病。”

清玉的脸颊有点抽搐，问道：“脑子？是说贫僧我？”

“正是。病情不言自明。你四处吹嘘，无中生有地说得到了信长公的骨灰，诓骗秀吉公。而且，你还向世人胡说八道，说秀吉公的所作所为都不是人干的事。秀吉公觉得这不符合平素高僧的正常思维，只能认为是脑子产生问题。不过，你和这座阿弥陀寺渊源颇深，特准许你继续借住在其中的一个祖师塔中。你谢恩吧。”

弥兵卫尉根本不容清玉争辩。

“那么，谁来做新的住持呢？”

“第二代住持是圆以大师。”

圆以是来自总寺的高僧。

清玉被允许住在归白院，这是阿弥陀寺最小的祖师塔。清玉名义上不再被软禁，而是闭门思过。当天，那座祖师塔周围被围起顶部插有竹竿的板墙，入口处有一道宽大的栅栏格子门。清玉只好把原先放在方丈室的小佛坛、十几卷经书以及几尊亲手制作的木像带进去。他从本能寺之变后就开始制作信长的木像，不知为何只有这尊木像尚未完工就去向不明了。

此后，清玉的行动受到二十四小时监控，三名小姓（侍从）和五名士卒常驻寺庙负责看管，杜绝他和外界的一切接触。清玉每天只能吃一顿斋饭，十天才能洗一次澡，即便严冬也禁止生火取暖。

清玉终日诵读经书，依旧不肯说出信长骨灰的去向。

之后，阿弥陀寺的第二任住持圆以未能从清玉口中打探出骨灰去向，自知引得秀吉大怒，便早早辞职而去。其接班人贞顺依然不合秀吉心意，而总寺也无法再派出能担当住持一职的人选，众人只好从阿弥陀寺内部选出第四任住持圆誉，结果秀吉对他又不满意，再次从总寺挑选出第五任住持贞安。贞安曾以安土西光寺住持的身份参加天正七年的“安土宗论”，取胜后受到信长庇护，在总寺担当要职。

贞安是个现实主义者，他担心阿弥陀寺的现状，继任后便赶紧贿赂归白院看守，得以和清玉面谈，寻求妥协之路。清玉在开垦药草园的过程中锻炼得精干健壮，此时却已憔悴不堪，唯有意识清醒。贞安提议他向秀吉妥协——你形式上向秀吉道个歉，余下的事情让我来谋划。清玉只说了一句话，便闭口不言了。

“我谢谢你的好意。”

时光静静地流淌。

第八章　征讨旧主

1

秀吉和柴田、泷川围绕葬礼问题对立，丹羽长秀则穿梭其间，负责协调。

在举办葬礼前，长秀曾两度要求和秀吉促膝商谈。葬礼完毕后不久，十月二十八日，长秀突然进京，和秀吉面谈。紧接着，十一月十日、十二月四日，两人单独交谈了三次，会见地都在伊藤道光的府邸中。在京都，伊藤是秀吉的支持者。

长秀一开始就要求秀吉“交出骨灰，在尾张办葬礼”。按照清洲会议的决定，柴田、泷川认为“由三法师做丧主”，丹羽长秀则说服他们，“羽柴大人在复仇之战中功劳最大，就由他来做丧主吧”。长秀就是带着这样的让步方案进京的。

而秀吉的说法依旧没有改变。

“丹羽大人，希望您不要误解我呀。”

秀吉一直很客气，皆因长秀对他有恩。秀吉以前叫藤吉郎时，常常受到柴田胜家的欺负，每次都是年轻的长秀挺身而出保护他。秀吉不想对他失礼。

“和清洲出身的将领不同，我筑前只是一介叫卖针线的小人物……我比一般人更要拥戴、尊敬信长公。我想抱着信长公的骨灰罐，把他一直送到那个世界，所以才在胸前搂着他的牌位。葬礼的丧主自始至终都是信长公的儿子秀胜。我无意排挤其他将领，更无意擅自行事。我可以向天地神明发誓。”

秀吉举办葬礼时剃了个大光头，这时便把大光头抵在了榻榻米上，情真意切地诉说。长秀被秀吉的秃头和泪流满面的样子弄得手足无措，直到最后也未得出结论，白白浪费时间。两人的会谈结束不久，信孝因为自己未能成为京都葬礼上的丧主，又被排除尾张当地的葬礼，愤愤不平，突然在美浓地区举起打倒羽柴的大旗。长秀发觉自己的努力化为泡影，主动辞去了协调一职。不仅如此，十二月十一日，当秀吉率兵前往美浓地区迎战时，长秀还把新获得的佐和山城提供给秀吉军使用。

秀吉失去长浜城后，在新领地和美浓地区之间一直没有合适的中转地，长秀此举真可谓雪中送炭。与此同时，长秀还让麾下五千部属悄然脱离信孝，这个结果同样是秀吉军求之不得的。

信孝赖以依靠的柴田胜家被大雪隔绝在越前地区，无法出征。信孝一时冲动，起兵抗争，结果落到孤立无援的地步，轻而易举地陷入秀吉的圈套。

此时，终于表明立场的筒井顺庆派出三千五百人，细川藤孝（幽斋）则派出由儿子忠兴率领的两千人支持秀吉军，除此另有摄津、大和地区的人前来加盟。秀吉军登时壮大，总人数达到四万。回想半年前进攻高松城之际，秀吉竟然要苦苦集中两万兵力，真是今非昔比。这支军队壮大之快，简直不可思议。

秀吉现在可以随意分兵了。他亲率三万主力，去了美浓的大垣城。面对秀吉大军，当地望族氏家直通和清水城主稻叶良通甚是惧怕，很快便主动来投。秀吉大军由此开始围困信孝所在的岐阜城。

随着美浓当地人投向秀吉，城内兵力仅剩两千。信孝到此时才醒悟，发现自己在一个错误的时期举兵，索性放弃抵抗，于十二月二十日投降。

秀吉给信孝开出了纳降的两个条件。信孝没有遵守清洲会议的约定，一直把织田三法师留在身边。此次，他必须交出三法师。而且，信孝要赞成三法师前往安土，由织田信雄做唯一的监护人。

清洲会议后，安土城被人烧毁了大半部分。秀吉散布传言，说是信孝不愿三法师前往安土才派人干的。但是，这些传言没有证据，也可能是附近农民因为当年建造该城失去许多亲人而怀恨在心，纵火焚烧的。不管怎样，秀吉进军美浓之前，特意命人翻新了安土城，打算把三法师的新居修葺一新。

次年正月，秀吉把三法师安顿到了安土城，一度返回姬路城。在正月的三天里，他召集主要武将，悠然自得地举办茶会。没有参加山崎合战的摄津和播州地区的降将也都接到邀请。

秀吉有些话非常想对众武将说。

“从今往后，所有人都可以随意喝茶。”

秀吉尽量漫不经心地宣告。话虽然说得随意、简短，但在场武将应该都有反应。前主公信长对部下品茶总是说三道四，没有他的允许，不让随意召开茶会。秀吉想破除这些繁文缛节。这实际上是借着茶会，宣告和信长时代告别。当年，秀吉成为中国地方的战场统帅，首次得到信长恩准正式举办茶会。当时，秀吉感激涕零，趴在地上，嘴里不停念叨太幸福了。秀吉时至今日都忘不了那种惨状，忘不了那种可怜相。茶道又不是信长创立的……

正月三日早晨，秀吉主办的茶会开始，一直持续到下午四点。他起用在信长时代不愿抛头露面的千宗易作为司茶者。火炉边放着信长赠予的茶锅，壁龛上挂着牧谷的山水画。秀吉不管怎样忍着，都克制不住微笑，只得悄悄扭动身体。

茶会后，和山崎合战后一样，众人不拘礼节地吃喝起来。秀吉亲自给大家斟酒，感谢众人平素的帮助和努力。他总是瞅准时机借着秀长的鼓点和弥兵卫尉的歌声，笨拙地模仿信长跳起“敦盛”舞，引得部下们哄堂大笑。秀吉天生是个帅才，时不时装疯卖傻，信长就不具备这种素质。

秀吉的盛宴一直延续到晚上九点多，最后，他叫上股肱之人，一起睡在客厅里。

“君臣同心。如此盛宴，前所未闻。”

《前野家文书》对此赞不绝口，不能说这全是阿谀奉承之词，毕竟那也是秀吉的魅力之一。不过，秀吉尽管喝醉了也没忘记考虑即将来到的战斗——和胜家、泷川决战。

（如果是那两人，很难利用谋略让他们内部分化瓦解。）

柴田军团忠心耿耿地支持胜家，而一益本人也是神枪手，深得火枪部队的信服。秀吉擅长的谋略对这两员将领不适用。

（很快就要同时和这两人作战了。）

秀吉预感到腥风血雨的决战即将来临。

四日黎明，秀吉一大早就收到报告，“势州长岛的泷川有动作”。

（果然来了。）

一睡醒便精力充沛的秀吉赶紧起床，把众将领相继叫进起居室，昨晚的醉意荡然无存。他和股肱之臣认真商量后，决定花一天时间醒酒，五日在议事厅召开全体武将参加的军事会议。他打算极力申明己方行动的正义性。他告诫自己不能说“夺取天下”——天下不是夺来的，而是偶然获得的，是创造条件之后偶然获得的。现在还要用“卧龙术”蛰伏。

秀吉手舞足蹈，嚷道：“去年六月，我在清洲城拥戴三法师公子继承信长公的基业，并决定在安土城将他培养成人，不料监护人之一的神户信孝始终将三法师公子留在身边，而且把我筑前看作眼中钉、肉中刺，起兵反对。去年年底，他一度降服，把三法师公子交给我，此次却又无耻地勾结柴田、泷川，再度发兵，企图将我排斥出去。我唯有毅然起兵，帮回到安土的三法师公子实现清洲约定。”

他强调，这是为了保护三法师公子而进行的自卫战。

六日，秀吉率一万五千人的先头部队离开姬路城。从近江进入伊势地区的羽柴军将八百多人的火枪队摆在阵前，让泷川方的火枪队大吃一惊。之后，秀吉让秀长和将右卫门指挥部队，自己则悄悄地奔向安土城拜谒年幼的三法师公子以及监护人中将信雄。他事先就考虑好了这次的行动。三法师搬进安土后，信雄在秀吉的恳请下也进入安土城，直至现在都没识破秀吉的“卧龙术”。

“中将大人。”三法师和信雄并排坐在高处，秀吉谦恭地趴在地上，大声说了起来，“听闻泷川一益诓骗您弟弟信孝大人，磨刀霍霍冲三法师公子而来，所以我打算率兵去势州征讨一益。恳请中将大人替三法师公子亲征。若中将大人出马，跟随我的众将领也会再次想起信长公的恩典，奋勇向前，在所不惜。”

信长会冲着比他强大的上杉谦信等人说肉麻话，而秀吉为了达到目的，更会不分对象地拍马屁，必要时甚至会流眼泪。他在这一点上远远超过信长。秀吉考虑到信孝和信雄虽然关系恶劣，毕竟是兄弟，于是巧妙地淡化进攻信孝的色彩，一味强调敌人是一益。信雄果然上当了，或许他误以为只要参战，就能像父亲和兄长信忠一样担当统帅。他不仅让辖下的南伊势和尾张派人讨伐泷川，还决定亲率两千多兵马加入羽柴军。他真是个老实孩子，根本不懂人情世故，直到参战后才懂得现实残酷。在羽柴军团中，他带来的部队微不足道，而且他在羽柴大军中仅被看作一员普通武将，但一切为时已晚。

秀吉攻入伊势地区，把一益军赶到龟山城、峰城和长岛地区，但他得知北方的胜家出动，没有也无法进一步追击。一益决定据守势州长岛，皆因胜家军南进的速度比预想中快。秀吉本打算先消灭一益再和胜家作战，如此一来，他的如意算盘破灭了。战斗持续两个月时，前方传来的报告正如秀吉顾虑的那样——胜家挥军西进，抵达江北。秀吉撇开一益，率主力至贱岳一带布阵迎击。

四月，正如官兵卫预想的，信孝和一益联合行动，开始攻击。秀吉再度被迫掉头，于四月十六日折回大垣城。秀吉此时的行动方式依然拘泥于最初的作战构想，就是先收拾信孝、一益的联军。在他左奔右跑之际，军队数量进一步增多。尽管如此，他不得不将兵力一分为二，一分为三，分别应付北面的柴田和南面的信孝、一益。羽柴军的战斗力受到消减。

但是，幸运之神再次照顾了秀吉。

四月十六日的大雨导致揖斐河、长良河泛滥，秀吉无法进攻岐阜城，只好滞留大垣，无法前进。秀吉扼腕切齿，兀自不知幸运降临。正因他滞留大垣，所以在二十日接到柴田军袭击大岩山的报告后才能迅速掉头，前往贱岳。倘若他踏进岐阜、伊势，羽柴主力就会因为上述两河泛滥而无法返回，贱岳的留守部队就会被柴田军蹂躏，吃个大败仗。

据报告称，二十日早晨，由于柴田手下的佐久间盛政的袭击，大岩山守将中川清秀战死，相邻的岩崎山的高山重友也被迫退却。贱岳方面的羽柴军已经军心动摇。

“清秀阵亡了？怎么回事？”

秀吉惊闻清秀之死，立刻做出决断——率全军离开这里，先打败柴田再说。洪水固然让秀吉军无法前进，却也让信孝、一益的联军无法攻来。但是，这一带河流湍急，洪水来得快，去得也快，秀吉要想避免腹背受敌，所剩时间不多。

就这样，羽柴军主力火速撤出美浓地区。去年“中国大折返”的经验让秀吉充满自信。这次和当初撤离高松不同，没时间分开移送人员和物资，只能同时行动，好在距离比上次短——从高松城到摄津富田有一百七十五公里，从大垣到贱岳则只有五十公里。最难得的是沿途乡镇曾是秀吉领地，有许多支持他的人。农民们只要一条指令便会全体出动，点燃篝火，不惜力气地帮助秀吉。这一次，秀吉占了地利。

临出发前，秀吉向主要将领表明了心志。

“相信我的运气，拼死跑！这次没有奖金，但是有更大的奖励在等待我们，那就是天下——天下！天下！”

这一瞬间，秀吉第一次完全抛开了“卧龙术”。

二十日下午三点，秀吉离开大垣，从关原沿着伊吹山脚向西北前行，黄昏时到达小谷。当晚七至九点左右，抵达木之本。就是说，两万五千人的羽柴军带着重装备，只用五小时就走了五十多公里路。

这是秀吉宣告“夺天下”后的首次表演。

2

贱岳位于琵琶湖东北，是海拔四百二十二米的险峻山峰，从其北部能俯瞰正下方的余吴湖。受到佐久间偷袭，吃了败仗的大岩山堡垒和岩崎山堡垒位于余吴湖的东侧，是羽柴军的第二条战线。第一条战线在其前方，由东野山的堀秀政、仲之乡的小川佑忠和神明山的木村隼人构成。

佐久间盛政是一位有“夜叉”之誉的猛将。他带领两万柴田军中的八千人，于二十日凌晨两点离开余吴湖西岸，从左边绕过湖泊，趁贱岳的羽柴军（桑山重晴部队）疏忽之际，自其下方穿过，从背后突破了第二条战线。

盛政把这一计划称作“出其不意之策”并说服胜家同意。据说胜家同意实施该计划时，曾附加条件——“可以偷袭，如成功则会鼓舞士气。但偷袭就是偷袭，即便成功也不宜久留，要立即抄近道撤回。”

这传闻难辨真假，但盛政偷袭成功后确实没有遵照胜家的要求。人们一般认为他是因偷袭成功而忘乎所以，事实或许不然。当时的情况是，贱岳的桑山重晴害怕胜家，不战而退；田上山的秀长部队则没有任何动作。所以盛政想在大岩山过一晚，等充分休整之后就跟胜家的主力部队从南北两个方向进行夹击，彻底打垮羽柴军的第一线部队。这种作战构想很可能赢得辉煌战果，所以尽管胜家再三发布撤退命令，盛政依然充满自信，不予理会。然而，不管是下达撤退命令的胜家还是不予理会的盛政，都没想到羽柴的主力部队会从美浓地区神速撤回。

二十日半夜，佐久间盛政接到瞭望台报告，得知秀吉大军从南面悄然而至。这可谓晴天霹雳。盛政叫醒休息中的八千部下，进行撤离，却因下山的路途狭窄、险峻，加上那天是下弦月，天色昏暗，大部队很快便陷入混乱之中。另一方面，秀吉率领的羽柴军在木之本稍事休憩，四月二十一日黎明越过观音坂，到达贱岳东北的尾根地区。他们从坂上往北行进，正下方就是大岩山。他们从那里向混乱中的盛政部队胡乱射击，加以恐吓，等待天明发起总攻。

其间，秀吉为了消除己方前段时间失败所带来的负面影响，采用了各种手段。首先就是重组那些拼凑起来的降兵。他下令让他们交出人质，又在排兵布阵时把最可能反叛的筒井顺庆清除在外，命令带援军从坂本沿水路朝贱岳进发的丹羽长秀叫回临阵脱逃的桑山重晴。等桑山归队后，秀吉让长秀监视他，在第二天的战斗中将其放在最前列，以此作为惩戒。其次，他当众狠狠训诫了弟弟秀长。秀长据守田上山，没有任何动作，眼睁睁看着中川清秀被敌人打败、杀死。这种事情，就算是亲弟弟也不能饶恕。只有这样，羽柴军才能恢复士气。最后，秀吉让年轻将领和侍从打头阵。全军从美浓地区历经五小时的大撤退，又未得到充分休息，只有那些不知疲倦的年轻人才能在接下来的激战中扛得住。秀吉打算以年轻将领为突破口，鼓起全军士气，和胜家一决雌雄。

“今天，你们的命交给我！我会付给你们高报酬！”秀吉召集起年轻将领，指着天哈哈大笑，“那个报酬就是夺取天下！等到那一天，你们可以按照各自的意愿，得到六十四州中的任何一个地方。”

他开出的价码很大。

秀吉也没有忘掉擅长的策反工作，悄悄派出使者去见柴田的部将前田利家。前田的部队部署在余吴湖的西北。他们两人当织田家臣时，都住在尾张的局促的下等武士宅院，是邻居。去年十一月二日，利家拿着柴田胜家的责问信来到秀吉处，两人回忆年轻时夫妻吵架的事，聊得不亦乐乎。他们把责问信抛在一边，一直喝到天亮。从利家当时的友好态度看，秀吉觉得有戏，所以便用不熟练的假名写了封亲笔信让使者带去。信中没有涉及交战的事，内容挺平淡的。

“又左，终于相遇了。找个机会，我、宁宁、阿松夫人，还有你，四个人聊聊往事，好吗？”

他就写了这几句。

等不及天亮，秀吉便开始俯瞰山下。

盛政部队虽然是赶夜路，行动却快得惊人，没蒙受太大损失便撤走了。不过这也在秀吉预料之中，所以他没在意。

秀吉望向一旁的官兵卫，笑道：“撤退的盛政部队和援军会合之际，就是发起总攻的最佳时机。谁会是援军将领呢？官兵卫，天亮前我想和你赌一把。赌金嘛，我出九十枚银币，你只要出十枚。你把想到的名字写在纸上，我也会写的。”

两人随即在白纸上写了起来，同时给对方看。

——柴田胜政。

两张纸上写着同一个名字。胜政是盛政的亲弟弟，被胜家赐予柴田之姓。只有他才会来救援哥哥撤退。秀吉和官兵卫的预测不谋而合。

“真不愧是官兵卫，看得很准。好了，我们就把这一百枚银币分给突击队的年轻将领吧，每人十枚，就算是他们前往西天的路费吧。”

秀吉从一开始就想这样表演。他从待命的侍从和年轻将领中挑选出十名身强力壮、忠心耿耿之人，分别是石川兵助、福岛正则、加藤清正、加藤嘉明、平野权平、胁坂甚内、糟屋助右卫门、樱井佐吉、片桐助作、伊木半七郎，然后分别给了每人十枚银币。

“让你们久等了，我雪藏的孩子们。稍后听我的号令，从这里冲下去！敌人就是下面的佐久间兄弟。我会在这里好好观看，就看你们谁能夺得头功。这些银币是你们渡过三途川的船费，都给我拿好喽！不过，你们不要弄错，这是往返船费。你们要告诉船头的恶鬼，这是往返船费，然后再上船。明白？”

秀吉让亲手栽培的年轻将领打头阵，这是空前绝后的事情。他做好了思想准备——这些人会一去不复返。

四月二十一日，上午八点。秀吉轻轻扬起葫芦形的团扇，所有的螺号都被吹响，刹那间鼓声震天。以此为号，一千多支火枪同时开火，与此同时，几百支弓箭发出犹如恶魔吼叫的“咻咻”声，飞了出去。敌营一片混乱，士兵们纷纷倒下，呈现出一片地狱景象。敌方的火枪队很快开始还击，四周腾起黑烟，天空都昏暗下来。敌方的火枪很快就因为连续射击而烤焦，无法发挥作用，而一片黑烟中胡乱飞来的弓箭也没有准头。发现敌方指挥系统混乱后，慎重的秀吉瞅准时机，声嘶力竭地下达了命令。

“就现在，冲啊。”

早已严阵以待的年轻将领们发出野兽般的吼叫，冲了下去。这三年，他们从未经历过像样的合战，早想血战一场。他们手持各自擅长的兵器，瞬间就闯入敌营，很快便消失在浓烟中。秀吉随即扭头大叫起来。

“追上那些年轻人！不要让他们死一个人。保护年轻人。不要畏惧！”

上午九点，在以年轻将领打头阵的羽柴军的总攻下，柴田军慌了手脚，士兵相继逃跑，七千人的部队很快就不足三千了。胜家本想就此和对方决一死战，但随从毛受家照自愿做替身，胜家深思熟虑后接受了他的恳请，交出金质大印，带着为数不多的侍从逃回北庄。他想和妻子阿市以及三个女儿做最后告别。

天正十一年四月二十一日上午，贱岳合战以羽柴军的意外大胜落下帷幕。

3

对秀吉军而言，接下来的战斗势如破竹。

秀吉亲自点将，让堀秀政、桑山重晴等率六千人，秀长率一万两千人的播州部队，充当攻打北庄的先锋。从形式上看，这是给桑山和秀长洗刷贱岳耻辱的机会。先头部队出发前，秀吉把弟弟秀长叫到了树底下。

“秀长，你过来一下。”秀吉柔声说道，“原谅我。我在贱岳决战前斥责你，是为了严明纪律而做的戏。我曾经命令‘哥哥从美浓地区返回前，你不要轻举妄动’……我不是存心斥责你。你没有争辩，忍耐得很好。”

秀长喜道：“我起初也大吃一惊，后来想想，觉得您或许就是要严明纪律，才……”

“抱歉，我一不小心又说漏嘴。你哥就是这张嘴不好，这张嘴不好。”

秀吉噼里啪啦地打着嘴巴，向弟弟道歉。

二十三日，秀吉军包围北庄城。二十四日凌晨四点，总攻开始；下午五点，落城。胜家把阿市夫人的三个女儿送到羽柴军的阵营，傍晚时和阿市夫人登上熊熊燃烧的天守阁，自杀了。一片混乱中，前田利家交给胜家的人质——十一岁的女儿摩阿姬——在侍女的帮助下安然脱逃。

秀吉看见天守阁烧了起来，便离开了。他不忍看见阿市死去。

（桶狭间山合战后，阿市若肯嫁给我……就不会有这种下场了。）

秀吉有点感伤，很快又开始斥责起自己来。

（现在不要考虑蠢事。）

看着火苗升腾，回过神的秀吉吐了口唾沫，头也不回地策马走开，向全军发号施令。下一个目标是加贺地区——佐久间盛政的金泽城。

秀吉开始向全军鼓吹前进的目的。

“敌人是佐久间盛政。从现在开始，我们要为中川清秀报仇。”

手下的武将们终于反应过来。原来如此，接下来是复仇之战！

二十五日，秀吉军攻入加贺地区。二十六日，秀吉军夺取金泽城。

秀吉军攻势如潮。秀吉起用前田利家作为攻打金泽城的先锋。作为胜家的部下，利家和盛政素来不和。这是秀吉左思右想后做出的最佳决定。

二十八日，秀吉悠然自得地进入金泽城，随即把石川、河北两郡（三十万石）加封给原来就拥有能登地区（十八万石）的前田利家，还破格赠予他金泽城。这让与利家等级相同的武将大吃一惊。

秀吉明白，贱岳一役表面上是年轻将领立功，实则全靠背后的利家。利家念及旧交，不战而退，不与秀吉军为敌。而让他退兵的则是秀吉本人，是那封用歪歪斜斜假名写成的信函。秀吉一进金泽，就用胳膊捅了利家小腹一下。

“又左，那封信能还给我吗？”

秀吉一拿到信便撕碎了，不能让外人知道利家反叛的经过。为了平息加封事件惹出的风波，秀吉又想出一计。

“又左，不好意思，你交给我一个人质吧，否则部下们会啰唆，说你可能会叛变。只要走个过场就好。对了，就那个从北庄安全脱逃的女孩吧，叫什么来着？对，摩阿姬。”

她当时十一岁。后来，秀吉让摩阿姬住在大坂城，算是一个侧室——名不副实的侧室。她和利家天正初年送给秀吉的另一个女儿豪姬一样，都被当成养女。秀吉不喜欢少女，而且摩阿姬成年后体弱多病，无法尽到妻子的责任。

人质事情谈妥后，秀吉没有离开。

“对了，又左，好长时间没赛马了，有兴趣和我跑到七尾吗？”

秀吉不管不顾地拖着利家，两人去了七尾湾，那里有利家的小丸山城。利家的部下出城迎候两人，哪知秀吉要去的地方竟是险峻的古七尾城遗址。

“就去那里，我无论如何都要去看看。”

秀吉摸着嘴唇上的稀疏胡子，感慨万千。

“为什么呢，大人？”

利家态度恭敬，完全以秀吉的部下自居。

“那是六年前吧，上杉谦信曾吟诵过那首著名的诗句……”

天正五年九月，智勇双全的谦信随手打败以柴田胜家为统帅的织田北越军，占领了胜家控制下的七尾城，即兴吟诵了一首诗。

“就是那首叫‘十三夜’的汉诗吧？”

利家诚惶诚恐地应和一声。

“对，那首诗的后半段是这样说的——并得越山望能州，美景于我又何益，远征他乡思故里。又左，你记得吗？虽然我不擅长诗文，但那首诗记得很清楚。”

“我大致能想起来，它的开篇第一句是……霜满军营秋气清。”

“竹中半兵卫说那首诗是古今名句。而且它是我和半兵卫的最大救星。”

“什么？救星？您用了个奇怪的词呢。”

“奇怪吗？当时，我故意和胜家争吵，擅自脱离北方战场，所以织田军大败时才没受连累……后来，信长公让我反思、蛰居，我一度担心脑袋搬家。就在那时，你悄悄地把这首诗告诉了我。时至今日，我还清楚记得，半兵卫读完后欣喜若狂。他是这样说的——大人，通过这首诗，能看出谦信的心境。谦信归心似箭，无心追击。如此一来，大人的罪过就会减轻。太好了，太好了。我们和织田军暂时都有救了。”

秀吉说到这里，又想起半兵卫。

（半兵卫，你在哪里？在干什么？老子赢了，老子就要夺得天下了！为老子高兴吧！）

秀吉情不自禁地仰面望天，胸中充满怀旧之情、胜利后的喜悦之情以及难以言表的悲切之情。

回头再说美浓战场。

秀吉离开时，让信雄率领他的五千兵马解决美浓、势州的战斗，同时又拨出一万五千多人让蒲生等人统领，以监视信雄军的动向。

秀吉根本就看不上信雄——他爱反叛就反叛吧。连胜家都不在了，他很快就会丧失斗志。到时就把他和信孝一起处理，让兄弟二人同时消失，这反倒方便。

信雄接受命令后，感觉被秀吉当成部下，情绪低落。秀吉临走前曾安抚过他——如果消灭信孝，就把美浓的三十万石和岐阜城送给你。信雄没有上当，直到洪水消退也无意攻打岐阜城。信孝也全无进攻架势。或许他们都醒悟了“兄弟相残”的愚蠢。兄弟二人这半个月来都等着贱岳那边的战况，很快就听到了羽柴军大获全胜的消息。信雄无奈之下，开始引兵进攻信孝的岐阜城。信孝不久就举手投降了。他这次投降的对象是兄弟信雄，比上次投降秀吉还要难堪。至于怎么处置信孝，自尊心强的信雄不会向秀吉请示，秀吉也很难下令。

五月二日，兄弟两人得出结论——信孝切腹。他选择位于尾张知多半岛前端的大御堂寺作为切腹场所，那里风光秀美，这也许是信雄照顾他吧。信孝年方二十六，史书中留有他吟诵的辞世之诗。那是一首饮恨之作。

从古至今，征讨旧主，必遭天谴。筑前羽柴，来日可待。

诗中提及的旧主是谁呢？是他父亲信长还是他本人？若指信长，则诗中“征讨”一词是否暗示着本能寺秘道的真相？然而，谁会把本能寺的真相告诉信孝……

恐怕只有德川家康。

信孝了断生命后，泷川一益也在七月削发投降，之后自称“泷川入道”，号“入庵”。当然，他的北伊势领地被没收，靠着秀吉怜悯，拿着小俸禄苟且偷生，三年后寿终正寝，享年六十二岁。

4

五月上旬。

秀吉刚回到长浜，就接到信孝切腹的报告。

（这样就行了。）

秀吉露出微笑，和当初处理信长一样，没有脏手就处理掉了第二个人。第三个目标是信雄本人，对于夺取天下而言，这个男人没用了。秀吉一直考虑给部下论功行赏，这可不是件易事。与此同时，趁着信雄还未返回，他抽空去了安土城，急急忙忙拜谒三法师（此时改名三郎秀信）并汇报讨伐胜家的战斗。如果信雄回来后作为监护人坐在秀信边上，秀吉觉得心理上无法接受。

虽说拜谒，但对方是个四岁幼儿，根本不懂秀吉讲话的意思。秀吉趁机把信孝在美浓的三十万石领地献给秀信，还决定让秀信移居岐阜城，而这些本来是许诺给信雄的。秀吉已经改变态度，从等待时机转变为主动出击。他想要夺取天下的野心越发露骨。当秀信的监护人信雄赶回时，万事休矣！秀信移居岐阜城成为既定事实。美浓的三十万石领地明明是征讨信孝的回报，本该由他获得才是，现在却荡然无存，而且接受方竟是秀信……信雄无可奈何，也无法抱怨。

信雄赶回后，秀吉和他在安土城内商谈相关事宜，此时，秀信坐在上座，秀吉坐在旁边，而把信雄丢在远远的末座。

仅仅五个月，情况就发生逆转。

秀吉煞有介事地单方面宣布——下月二日，恰逢信长公一周年忌辰，在大德寺举办佛事活动。

之后，他又下了一道命令。

“有关佛事的相关活动，我会吩咐信雄和前田玄以。”

前田利家曾是织田信忠的部下，而玄以则是利家一族的，充其量不过是一名行政官员。

秀吉把信雄和那种男人放在一起看待。

信雄甚觉屈辱，勃然大怒，但这一切都在秀吉意料之中。他完全无视信雄，匆匆忙忙地赶回长浜。

六月一日。

秀吉乘船从长浜，经坂本入京，和手下诸将住进慈照院，准备第二天的周年忌。

秀吉接受诸将的请安，自始至终微笑着。就在这里，他听到一个传言——就在最近，有盗贼进入大德寺。

“是吗？进入寺庙偷盗？这些盗贼可要遭天谴。”

秀吉笑着说道。虽然在自己的援助下，大德寺正在修整殿宇，但原本就是个穷庙，虽然有一些天皇家和一休和尚用过的东西，但几乎没什么让人眼馋的金银制品。

“很多人都说，那些盗贼的目标不是财物，而是骨灰。”

池田恒兴也听到这种传闻，随口回答一句。

“什么？你说他们想要骨灰？”

秀吉吓了一跳。

“那么，谁的骨灰呢？”

秀吉不由自主地探出身子。

“既然他们悄悄潜入总见院，恐怕是想夺回信长公的骨灰吧。”

听着听着，秀吉感觉脸颊一个劲抽动。他装作若无其事，轻摸了一下脸颊。

“那么，结果怎样呢？应该抓住盗贼了吧？”

他问道。

“没有，根本没有。那些和尚对付不了那帮盗贼。不过，幸好发现及时，他们还没来得及挖掘信长公的坟墓，就逃之夭夭。”

恒兴回答着，根本没意识到秀吉心惊肉跳。

秀吉没有收到来自寺庙的汇报。他们之所以没有报告，是因为这是一起未遂案件呢，还是因为觉得这是寺庙耻辱而隐瞒下来呢？

（时至今日，还有谁想得到信长公的骨灰呢……）

秀吉只能想到信雄或者一益的余党，除此之外，别无他人。

“不过，太好了，好极了。哇哈哈哈。”

秀吉用笑声掩盖恐慌。想到那骨灰盒被人打开，他便毛骨悚然……那是木灰，还是骨灰，可谓一目了然。秀吉觉得早知道这样，事先应该放些骨灰进去，管那是谁的骨灰呢……

第二天的佛事活动顺利结束。关于有人试图偷盗骨灰的传言，大德寺方面只字未提。

佛事活动后的宴会异常热闹。大家把偷盗骨灰的事情弃之脑后，起劲地聊着两个月前的合战。

瞅准时机，秀吉站起身。

“诸位，听好喽。我这里有一首诗，光秀那家伙在谋反的前三天，在爱宕山诗会上诵读过。”

“是吗？”

众将领的视线一下子集中到秀吉手中的纸张上。

在座将领，无人知晓光秀谋反前后的经过。

他们非常想知道这类事情。

“我马上让绍巴诵读反贼的诗句，请你们听一听。”

在秀吉的催促下，诗人里村绍巴站起身，声调缓慢、抑扬顿挫地吟诵起光秀的起头诗，“时维五月，土岐知天下”。他把原文中的“春雨沥沥”换成了“知天下”，但在座者无人知道。（事详《信长之棺》。）

“哎呀，哎呀，我等乃一介武夫，根本就不懂……”

满座的将领叫嚷起来，他们都是秀吉的多年部下，讲起话来并不拘束。于是，坐在秀吉身边的黑田官兵卫离开座位。

“那我来解释一下。”

一切都按照秀吉的策划进行。

“哦？官兵卫大人来解释？”

有人赞叹，有人不屑地笑出声。怎么看，都让人无法把官兵卫和诗歌联系在一起。要论解释诗歌，还是绍巴本人来做比较好。

如果诗意晦涩，在座的人当中，还有细川幽斋可以依靠。真没想到是官兵卫……

不过，此时官兵卫的解说必然对那些粗野武将很有说服力。秀吉只是简单说明了一下——爱宕山诗会的参加者是谁；主持人里村绍巴向自己汇报了这首诗等，接下来便把主要矛头指向这首诗的寓意。

“首先，在‘土岐知天下’这句话中，包含着光秀的心思……”

官兵卫瞪大眼睛，看看周围人，然后让人在自己身后立了一块屏风，贴上一张大纸，把这句话大大地写在上面。

“你们看，正如诸位所知道的，‘土岐’是光秀的家乡。所谓‘知天下’，就是了解掌握天下情况。也就是说……”

说到这里，官兵卫提高了声调。

“光秀借用这首诗表达出野心——土岐出身的我要掌握天下大势。我是这么理解的。”

听到官兵卫的断言，所有人一下骚动起来。很快，武将们窃窃私语，相互对视，表示同意。

“原来如此，经官兵卫大人一解释，倒的确是这样。”

“如此一来，事情就清楚了。多么无耻的一首诗呀，对吧，诸位？”

其实，但凡仔细想想，爱宕山距离本能寺只有四五里路，光秀不会愚蠢到在谋反的前三天，在如此近的地方，透露出自己的野心……武将们没有考虑到这一点。秀吉自始至终面带微笑，看着官兵卫，对他的解释一一颔首。这样就足够了。

只有负责篡改原作的绍巴一味低着头。幽斋也显得“事不关己”，别过脸，面无表情。

对这两个诗人，秀吉只是看了一下。秀吉觉得没必要瞪眼，可以让他们苦笑。此时此刻，不管他们采取什么态度，默认就表示同意。有权有势的人可以指鹿为马，权力就有这样的魔力。

官兵卫解释完，秀吉在心里嘀咕起来。

（这样就行了。还剩下两个人。）

信雄和一益。他已经消灭掉胜家和信孝。虽然在这场“内战”中，只消除了一半的敌人，但最强大的敌手胜家已经不复存在，基本上大局已定。

“可以不用慌忙从事了。”

秀吉盘算着，发自内心地笑起来，突然想到一点——当年，信长公在决战前，得知宿敌上杉谦信猝死，上杉军不战而溃时，应该和自己此时的心情一样吧。

秀吉猛地对自己此时的面部表情产生了兴趣。

“拿个镜子来！”

他冲侍从命令道。

侍从飞奔出去，花费不少时间，四处找镜子，但等拿回来的时候，秀吉已经换了心情。

他不想看自己的脸了，却想起一个在远方的女人。

与其说不检点，倒不如说他已经从紧张的佛事活动中解放出来。

（那个女人应该叫阿虎吧。）

秀吉想起那个女人，她是蒲生氏乡的妹妹。

贱岳合战时，为了抑制伊贺、伊势方面的敌对力量，氏乡留在日野城。虽然这是秀吉的命令，但老实本分的氏乡还是为自己未能参加争夺天下的贱岳合战而羞愧，也为如何明哲保身而苦恼。合战结束后，为了证明自己没有二心，主动向秀吉提出——要不然交出人质；要不然让妹妹做大人的侧室。

这是半个多月前的事情。

秀吉有点好奇地选择了后者。

秀吉对女人的事情很认真，一旦决定后，五月中旬，便瞒着宁宁，悄悄离开长浜城，前往日野城，看看阿虎。虽然她长相平平，又是离过婚的人，但秀吉看见她哥哥氏乡面带愁容，心有不忍，便同意让阿虎做侧室。

“那要举办一下婚礼。”

秀吉特意在同房前，在日野城秘密举办了一场婚礼。

这究竟是好色呢，还是体贴呢，抑或是对氏乡采取的怀柔之策呢？连秀吉本人也无法弄清楚。

总而言之，阿虎，也就是后来的三条局夫人便这样成为了秀吉的第一号正式侧室。

她的体形也偏胖，不是秀吉喜欢的那一型，但或许是有过婚史的人吧，“床上功夫”了得。在床上，她拼命服侍秀吉，充分展示女人的魅力，扭动、翻滚着身躯，抽泣着。看见那么淫荡的姿态，秀吉甚至怀疑她是装出来的。但每次房事过后，阿虎身体发热，整个床上都湿乎乎，她害羞得想把褥单藏起来。秀吉突然觉得她很可爱。

（回去时，从陆路走，顺便去一趟日野，再抱抱她。）

秀吉偷笑起来，满脑子这样打算。但是，同来参加佛事的宁宁或许看透了秀吉的心思，不同意从陆路回去。

“大人，您别那样随意安排，陆路可不安全。”

宁宁半开玩笑半当真地提出反对意见。

所谓“随意安排”，指的是在论功行赏中的不公安排。有传言说秀吉过于庇护自己人，惹出怨恨，途中会遭到袭击。

（怎么可能有人敢……）

秀吉付之一笑，对于正在进行的战后安排，他从未觉得自己随心所欲。

（我比信长会用人，对他们的处置也是公平的。）

秀吉充满自信，但还是拗不过宁宁，无法改从陆路返回。

5

信长周年忌前后，秀吉开始论功行赏。他没有忘掉竹中半兵卫当年的忠告——给有功之人以厚禄。但是，问题就出在封地上。关于部将的配置，考虑到物流问题，秀吉煞费苦心，把重点放在主干道路上。

其结果是：濑田城，浅野弥兵卫尉；坂本城，杉原家次；高岛城（湖西），加藤作内；佐和山城，堀秀政。

他把亲信和亲手提拔的部下安排在主要驿站附近。如此一来，那些年长功臣明显被排除出了核心圈。

首当其冲的是丹羽长秀。年轻时的恩情姑且不论，就算在清洲会议上、秀吉擅自举办信长公葬礼时、美浓远征、贱岳合战，长秀都是秀吉最有力的支持者。而且，长秀理应获得的近江滋贺、高岛两郡以及坂本城也是在清洲会议上正式议定的结果。秀吉甚至没等到一年就把长秀调至越前，让众人大跌眼镜。不过，发布命令前，秀吉亲热地邀长秀参加茶会，采用哭泣术——“为了防止北方的上杉军，只能依靠利家和您的智慧与胆识。请理解我的苦心。”如此一来，秀吉就不会像信长那样遭人怨恨了。

接着，池田恒兴的调动也出乎意料。山崎合战时，秀吉曾提出收恒兴之子辉政为养子，此时却装聋作哑。不仅如此，他还收回在清洲会议上正式交给恒兴的大坂城，将其移封至美浓地区。和对付长秀一样，秀吉也私下召见对方，这次采用了私语术——“虽然你会不满，但秀信公子已经移居到岐阜城，为了照顾、培养他，你是不可或缺的人选，所以才把你安排在他的附近。不，这还是做给别人看的。其实，我的本意是想让你悄悄监视信雄和一益的动向。虽然我羽柴兵多将广，但能托付这种秘密工作的，除你之外，别无他人。”

秀吉拼命表演，希望所有人都相信他没有被贬。信长当年的人事政策很严酷，秀吉吸取教训，运用计谋，但那两人如何理解就另当别论了。他把播州和但州悉数交给了亲信的武将。

时值盛夏，秀吉忍受酷热，下达了命令。

播州两郡、但马七郡，羽柴秀长；三木城下两郡，前野将右卫门；龙野城下两郡，蜂须贺彦右卫门（小六）。

他又给将右卫门和小六分别加封一万三千石、一万五千石俸禄，让他们出任三木城和龙野城的城主，命两人担任建造大坂新城的行政官。

秀吉本人的直辖领地扩大到江州、丹波、备前、摄津、泉州等十三国，总俸禄超过两百二十万石。除此之外，石见银山、但马生野银山等七处金银矿产地也统统被列入直辖地。这些地方盛产金银，后来给秀吉带去令人难以想象的财富。

最后，秀吉要奖赏在贱岳合战中担任突击队的年轻将领。关于这道命令，秀吉考虑到方方面面的问题，最后才公布于众。

七月一日，十名年轻将领中的石川兵助战死，余下九人受到嘉奖，但其中只有福岛、加藤清正、加藤嘉明、平野、胁坂、糟屋、片桐七人得到大肆宣传，得享“七本枪”之名。他们都直属于秀吉。当时“九”作为最后一个数字是不吉利的，而“七”则被认为是最大的吉祥数，故有“七本枪”之说。然而这七人中只有福岛正则（秀吉的表兄弟）、加藤清正（秀吉的从表兄弟）两人获得了五千石俸禄，他们都是秀吉的亲戚。虽然表面上的理由是他们勇猛善战，但在烟沙弥漫的战场上，从远处根本无法一一判断。这不过是秀吉偏袒性的论功行赏罢了。

秀吉没太关注别的年轻人。他的心思此时已经转到别的方面了，那就是建造大坂新城。秀吉频繁地前往工地视察。

秀吉命令“建造一个超过安土城的，空前绝后、天下无双的城池”，除了确定两名建造行政官外，他还任命千宗易、细川幽斋等人负责购置日用物品，让石田三成（三也）负责财务。他把所有心思都花在建造大坂城的人事选拔上。

秀吉的视察还有个目的，就是在大坂和前野将右卫门密谈。

傍晚，在大坂城建设工地内的一处树丛中的亭子里，秀吉叫来将右卫门，望着正下方滚滚流淌的淀川，悄悄地说起来。

“上次偷盗大德寺内骨灰的事……”秀吉犹自挂念着那件未遂的偷盗案，“当时那些罪犯的行踪，后来一直没有消息。而且……”

秀吉夸张地皱着眉头，随口诉说。他觉得只有将右卫门才是足以畅所欲言之人。此时此刻，他内心的想法全都表现在了脸上。

“大德寺的宗陈（总见院开山鼻祖）那家伙不听我的话，我让他建造天正寺，他却推三阻四。我觉得纳闷，就派人秘密调查，终于弄明白了。好像有人给宗陈出谋划策，说了些没必要的话。”

秀吉从去年十月举办完葬礼，就提议在紫野大德寺西南的船冈山建造一座新的信长菩提寺——天正寺，结果这件事迟迟没有进展。

将右卫门歪着脑袋，问道：“是吗？那些人说了什么？”

他每天在室外工作，脸被晒得黝黑。

“他们说我放在总见院墓地里的信长公骨灰是假的……最近，一些人到处张贴传单，上面写的都是这些令人讨厌的内容。我觉得头痛。”

石田三成每天带着人在京都奔波，忙着撕这些传单。

“这些谣言大多出自美浓人、尾张人的嘴巴吧，抑或是……”

将右卫门露出满不在乎的微笑，似乎在说不用重视这些传单。秀吉一问才知——建造大坂城时，因为这里原本是石山本愿寺所在地，那些被驱赶走的菜农、小商小贩、僧人等对秀吉的污蔑、中伤更加过分。

秀吉黯然道："不，不，如果是美浓人、尾张人造谣，我会认为是杂音，置之不理的。但情况似乎不是这样。"

"怎么回事呢？"

"谣言……好像出自阿弥陀寺的清玉。"

"那不可能。大人。"将右卫门立刻摇头，"我和手下们一直遵照您的命令，严密监视阿弥陀寺的清玉上人，未曾懈怠过。"

将右卫门依然微笑着，那或许是自信的象征。

秀吉紧盯着将右卫门，确认道："肯定没问题？"

"没问题。正如我汇报过的，清玉上人被关在阿弥陀寺最小的祖师塔中，其周围是带有竹竿的板墙，入口处也被封住。三名侍从和五名士卒终日把守，上人不可能和外人接触。"

"是吗？既然你都这么说了，我相信。如此说来，那些关于骨灰的传言究竟来自何处呢？"

秀吉沉默不语，思考了一阵子，似乎还是没有想到其他答案。

"那么，清玉之后怎么样？进餐没有变化吧？"

秀吉换了个话题。

"遵照您的命令，一天只提供一餐，就是薄薄的稀粥。所以，他最近非常消瘦，身体衰竭，连坐一下都困难，除了每天早晚诵经，他几乎一直卧床不起。他的样子让人看着可怜……"

"不能因为这样就放了他。不需要同情他。那个男人是信长公同父异母的兄弟，如果还俗，就有可能成为我等的敌人。"

"怎么会？我觉得清玉上人不像……"

"哎呀，你的想法幼稚呀。你想想看，今川义元、足利义昭都是从僧人还俗的。古代还有源义经，他从鞍马山逃脱，后来独霸天下，不是吗？"

"原来是这样。"

将右卫门的杂学水平自然比不上秀吉，闻言表情惊诧。

"获得天下大权后，为将者必须冷峻考虑问题。"秀吉似乎是冲着自己说的，一字一句说得铿锵有力，"提到义经，就要说说平清盛公，他就是因为听了义母池禅尼的劝告，饶了义经之兄赖朝的命，导致平家被灭。"

“这就是东郭先生和狼的故事呀。”

“对！最近，我在蒲生的日野城，经常听平曲（平家琵琶）。这也是现学现卖，突然产生如此感慨。”

为了帮秀吉骗过宁宁，找到和阿虎相见的借口，氏乡想到一计，让一方流的艺人集体演奏平家琵琶，从“平物”到“传授物”、“秘事”总共两百多曲。以此作为秀吉外出的借口，再合适不过了。

宁宁不时抱怨“您那么喜欢平家琵琶的话，可以把那些艺人全都叫到长浜城来”。秀吉就大放烟幕弹，“像‘秘事’这样的曲子，一方流有规定，一生只能演奏三次，不可能被人叫来叫去多次演奏的”。

秀吉续道：“我年轻时，在叫卖针线的途中，常常听街头乞讨的僧人唱平曲，当时只是泪流满面，但根本没有想过平家的盛衰。或许是上了年纪的缘故，我现在开始考虑起别的事情来。我体味清盛的心境，听着平曲，不知不觉地想到了信长公的事情……”

“啊，怎么回事呢？”

将右卫门凑过身子，被秀吉的话吸引住了。

“此时此刻，我似乎明白了信长公的贪婪，明白了他旁若无人、不惧神佛的非人行径。”

秀吉本人都觉得不可思议。说实话，他害怕这样的自己。但这些话，他不能冲将右卫门说出来。

将右卫门问道：“此话怎讲？”

“例如，万福丸的事情。”

“就是阿市夫人的孩子吧。”

将右卫门善于接话。秀吉顺着他的话头，讲了下去。

“对。我攻下小谷城后，遵照信长公的要求，拼命搜寻万福丸，最后接到刺死他的命令。无奈之下，我只能照办，但心中还是恨恨地，觉得信长公怎么会下达如此无情的命令。半兵卫生前也常常这样念叨。阿市夫人也恨吧。但是……有件事，你不知道。我事后从竹生岛弁财天[①]寺的僧人那里听说的。阿市夫人嫁给浅井后，几乎每天从小谷城望着竹生岛祈祷，‘弁财天女神，请赐予我一个能称霸天下的孩子’。后来，她生下两男三女，每年六

① 掌管口才、音乐、财富、智慧的女神，是日本的七福神之一。

月，都穿戴成神女模样，闷在竹生岛的大殿中祈祷。这种事情自然会传入她哥哥信长的耳中。如此一来……如果你是信长公，会作何感想？应该会不舒服吧。更何况，他的三个孩子，信忠、信孝、信雄都没有继承父亲大业的气度。在这种情况下，信长公该怎么办呢？”

将右卫门不知该如何回答，想了一想才道：“我也会觉得阿市夫人的孩子……是个障碍。”

“对吧，我也同样。如此一来，即便那是同胞妹妹的孩子，为将者要想夺得天下，就要抛却亲情，痛下杀手。谁都不想成为平清盛第二。”

“但是，阿市夫人为何要撇开兄长，单单祈祷神灵赐予能夺得天下的孩子呢？”

“那是另一回事，我也不知道。等等，说不定她是为了儿时的事情，报复兄长信长公。”

“报复？”

秀吉的意外之词让将右卫门哑然。

“这都是我在叫卖针线时听到的丑闻，不能放到台面上说。阿市夫人小时候受到兄长的暴力侵犯。因此，骏河、三河一带的人都骂吉法师（信长的乳名）是畜生、浑蛋。他被母亲土田御前夫人讨厌，也是理所当然的。”

信长在尾张时一度被称作“戏子”。所谓“戏”原本是“戏耍”、“戏弄”之意，这里却带有轻蔑的意味，暗示“调戏”、“乱伦”的意思。

将右卫门惊呼道：“所以阿市夫人才会祈祷她的孩子夺取天下？”

“这些都是嘴损者说的。不过，信长公对待女人那么憎恨、残暴，或许那些传言就是真的。好了，无关紧要的话聊到这里，还是说刚才那个话题吧。我接下来要说的事情非常重要，你要用心听，好吗？”

秀吉郑重其事。

“是。”

“我可是有什么说什么呢。现在，对我而言，阿弥陀寺的清玉也同样是障碍。这就是我想说的话。”

“哎？”

“那个僧人就是我夺取天下过程中的麻烦。那家伙是信长公的弟弟，天下百姓如果知道这个背景，就不会把他说的话当普通传言！”

“这么说……”

将右卫门的脸一下子黑了。

“杀掉清玉！但是，要一点点……不露痕迹。”

说到这里，秀吉目不转睛地盯着将右卫门，看着对方的反应。

将右卫门黝黑的脸上很快泛起红潮，渗出汗珠，看上去很丑陋。

秀吉傲然地看着将右卫门，紧盯不放。他的表情没有任何变化，心跳也正常。

此时此刻，在和将右卫门的会谈中，他的心思已飞到别处，联想到其他事。

（阿市本来想让儿子夺取天下，结果儿子被杀。但是，她还有女儿。如果她的一个女儿生下我的孩子，会怎样呢？那孩子将来就可以统掌天下，这不是符合阿市的心愿吗？如果这样……）

他的脑海中再次涌出一个念头，如同受到上天启示一般。

（借我的种子，织田家的血脉就可以复苏，继续掌管天下。如此一来，对信长被杀负有一定责任的我也可以减轻一些负罪感。对，只能这样做。）

秀吉再次提醒将右卫门。

“这是我的命令。杀死清玉！明白没有？”

将右卫门没有回答，只是低着头，握着胸前的十字架。

（将右卫门不可能不听我的命令。）

秀吉故意很粗野地离开亭子，他知道低着头的将右卫门会轻吻十字架，然后泪如雨下。秀吉没有再往后看，他觉得如果回头，必然会影响自己的决断。

脑海中，阿市三个女儿的身影沉沉浮浮。之前，秀吉没有关心过，所以连她们的名字都记得不很清楚，只是依稀记得大女儿好像最像年幼时的阿市。

（那个女孩应该叫茶茶……）

第九章 心头阴影

1

天正十一年（1583年）的下半年，秀吉几乎每天都从暂住地去大坂城的施工现场监工。

他想早日建成一座超越安土城的名城，更希望周围的女人中有谁早点给他生个孩子。如果可能，最好是那个和野心家母亲长得惟妙惟肖的长女茶茶……

秀吉决意如此。

他几乎每天都跟筑城的行政官将右卫门见面，却有意回避杀死清玉上人一事。将右卫门不曾明确汇报，但秀吉相信这家伙肯定会以适当的措施解决清玉。

以下是秀吉后半年的行程：

七月二日，在大坂城召开首次茶会。

七月二十日，前往坂本。

八月四日，从坂本返回大坂。

八月十七日，前往有马。

八月二十七日，在大坂城会见贝冢本愿寺的使者。

八月三十日，在大坂城工地会见吉田兼和——日后的兼见。

十一月九日，在京都妙显寺再度会见兼和。

七月下旬，秀吉去坂本城（城主：杉原七郎左卫门家次）召见濑田城主（浅野弥兵卫尉）、高岛城主（加藤作内）、佐和山城主（堀秀政）等人，分析美浓、尾张一带的形势。

天下人都知道秀吉想夺取天下的野心了。美浓、尾张地区的武士和乡人非常抵触。

“让羽柴这种贱民夺得天下，哪儿受得了！如此一来，曾经帮助织田家的我们将颜面全无！”

他们超越了各自小集团的利益，紧密团结，的确让人头疼。

聚集坂本的这些新城主都被刻上了“抢夺天下的卑劣者的同党”之烙印。他们对此无法漠然置之，名义上是来向秀吉汇报情况，实则想要得到他的新指示和对策。然而，秀吉一直都很淡定。

“好了，好了，别太急躁，等待时机吧。”

他只是把大家宽慰一番，不允许他们采取特别行动。

“我们要等到几时啊？”

年轻的堀秀政等人一如往常地问道。

秀吉微笑道：“看对方的情况。”

“您的意思是对方动了，我们再动？您是指信雄大人吧？”

“不宜明说。这可不像你提出来的问题呀。”秀吉稍稍责备秀政，又笑道，“不管怎样，我们先动手是愚蠢的。”

秀吉没讲明其中的道理。他不是害怕信雄，而是不想刺激信雄背后的德川家康。家康这个人搞不好知道本能寺之变的真相，一旦他和美浓、尾张等地的豪族结盟，情况就会复杂。

家康的情报不光是来自水尾的茶屋四郎次郎别墅。那个挑唆光秀的罪魁祸首——近卫前久，本能寺之变后竟悄悄跑到了浜松的家康那里，完全出乎秀吉的意料。

（那两人当然会聊到信长公遗骸消失一事。家康恐怕会派忍者重新调查本能寺的遗址……）

那就太可怕了。

秀吉有意避开年轻城主们不满的矛头，同时默默掂量冈崎的家康。

（那家伙到底知道多少真相呢？）

秀吉曾几番派忍者打探家康动向，每次都被服部半藏手下的伊贺忍者发现，被迫折回，无法掌握情况。

（没办法，那就这样吧……）

他用易守难攻的大坂城向世人展现了“夺天下”的大势，把这弄成一个事实。

而且，他有一个不可告人的想法——五十岁之前无论如何要生个儿子，向内外发表后继者宣言。考虑到他本人的年龄和孩子成长所需的时间，这几年就是最后的期限了，一定要生个孩子才行。

（我想要孩子，想要孩子，想要一个继承我血脉的孩子……）

秀吉独自狂呼。

秀吉想方设法安抚住年轻的城主们，就此回到大坂。因要调养身体和生孩子，他决定前往有马，结果光是挑选随同的侧室就颇费功夫，白白浪费了十几天。

他很想带上茶茶。如果茶茶给他生下孩子，尾张人就会觉得秀吉和信长家有血脉联系，从而放弃抵抗。

可惜茶茶断然拒绝陪秀吉去有马，说是近来心情不好。

“心情不好的话，就去有马的温泉散散心嘛。”

秀吉几次劝说都没有效果。

茶茶明白，她只要去了有马，就会变成秀吉的侧室。她正是因此才会拒绝。

有一次，秀吉索性直接讲出内心想法：“我都这把年纪了，竟然还那么喜欢你。你要明白我对你的心意。”

听到这个话，茶茶随即跑到宁宁房间，大吵大闹。

“如果他用强，我就咬舌自尽。”

茶茶哭喊着，她已经十七岁了，与其说不解风情，倒不如说她之所以如此坚持，或许是那个在北庄城自杀的母亲阿市曾在临终前对她说过什么。

秀吉愁眉苦脸，觉得茶茶是个软硬不吃的女子。

就在此时，在谈论阿市的二女儿、茶茶的妹妹阿初出嫁的座席上，秀吉遇到京极高次的姐姐龙子。她的亡夫是明智手下的大将武田元明，年纪比茶茶大了一轮，但美貌丝毫不逊色。秀吉悄悄派人打探过，龙子试图凭借本人的姿色，重振京极家族，主动想成为秀吉的侧室。

“哦？京极家的女人……”

秀吉眯缝起眼睛。

室町幕府时期，有四个家族轮流侍奉皇室，分别是山名、一色、京极和赤松。茶茶父系的浅井家曾是京极氏家臣，后来借内讧获得实权。从出身来看，龙子无疑要比浅井家的茶茶高。从打击自命不凡的茶茶的角度而言，龙子大概是最合适的女人。

最重要的是，龙子和前夫之间有孩子。

（她肯定会怀上我的孩子啊。）

这个意外发现让秀吉异常欣喜。

他不理茶茶了，带上龙子直奔有马。

当时去有马，人不像现在这样泡在温泉中，而是蒸汽浴，让从岩缝中喷出的蒸汽冲刷身体。

在专用浴场中，秀吉和龙子两人赤身裸体地躺着，随心所欲地相互戏耍。他们经常相互按摩肩膀，然后就亲热起来，拥抱着走进房间。

龙子生过孩子，但身体依然纤细，两个乳房犹如牵牛花一般高耸，非常美丽。腰部虽然丰腴，但柔软而有弹性，和蒲生氏乡的妹妹阿虎不同，其大小正好能让小个头的秀吉抱住。

在夫妻房事中，她也很直接。

“从现在开始，你就是我的奴仆。”

秀吉在床上半开玩笑道。

“是，龙子很高兴当您的仆人……”

龙子用力点头，让人觉得可爱。

“那么，你睁着眼睛，伸出舌头。”

听到秀吉的命令，她沉默不语，将细细的、可爱的舌头伸进他的嘴里。

“让我吸你的唾沫。”

秀吉嗫嚅着。龙子便鼓起腮帮子，将满口的唾沫让他吸进喉咙口，似乎在说“我会让您吸个够”。

当时的男人以为在房事中吸吮年轻女子的唾液，就能长生不老。

她不仅仅在前戏中放得开，不管秀吉要求什么体位，都不会表现出反感。

她嘴里咬着睡衣一角，口中发出犹如绢绸撕裂的呻吟声却还在拼命克制。看到女人这种样子，没有一个男人能受得了。

秀吉一时兴起，使了个坏心眼，剥掉龙子的睡衣。即便如此，龙子也没有反抗，而是将雪白的身子缩成一团，犹如白兔一般在床上颤抖着。

秀吉温柔地展开龙子的雪白身子，把她的两只手举到头顶，然后把两个乳房轻轻地含进嘴里，上下其手，尽情抚摸。

正当龙子难以忍受，准备闭上眼睛的时候，秀吉叫嚷起来：“不行，不行。你睁着眼睛，为了我，尽管叫。不用在乎任何人！”

说着便轻轻咬住她的耳垂。

这是一个四十七岁的男人最幸福的时刻，他征服了一个年轻女人。

“是。”

龙子遵照他的要求，拼命睁大圆圆的眼睛，嘴角松弛下来，微弱喘息。

她有意识的反应到此为止，很快，她猛地呼出一口气，整个身子软下来，痉挛起来，眼神恍惚，任凭秀吉折腾。

一直等待时机的秀吉让神志不清的龙子转身跪在床上，从后面抱住那圆腰身，用俗称的“九深五浅”法动作起来。

最近，秀吉经常采用这种体位，这是曲直濑道三悄悄教他的。用这种体位，男人最省劲，女人也容易受孕。

“你叫吧，叫呀。给我生孩子，龙子！”

秀吉想象着孩子的模样，拼命运动着；龙子则在无意识中扭动腰身，承受着秀吉的爱抚。

对秀吉而言，这绝不是好色之徒的交合，而是生孩子的神圣之举。

秀吉明白——他想要孩子的心情，龙子这女人最能理解。

曾经发生过这么一件事。

在有马的一天，秀吉一不小心喝多了酒，半开玩笑地说起来。

“今天晚上，酒喝多了，那东西没用了。”

他不想同房。

“至少让我睡在您边上吧，我不会乱动的。明天早晨，如果恢复精神，您可以稍微爱抚一下龙子呀……”

龙子低喃着，老老实实地闭上眼睛。

从她紧闭的双眼中，突然落下白玉般的泪滴。

秀吉对她的爱意更盛，情不自禁地轻吮起泪滴来。

那是美好的一瞬间，这对男女似乎返老还童了。

秀吉默默思量着。

“如果茶茶再那样固执，我就不管尾张人的闲言碎语了，非要跟她生个孩子才行。我想早点要个孩子，想亲眼看着孩子长大成人！”

秀吉怀着向神佛祈祷的心情，一直抱着龙子。

2

在有马住了十几天后，八月下旬，秀吉心不甘情不愿地回到大坂，他要和本愿寺的使者会面。

本愿寺和信长长年争斗后，在朝廷的调解下，退出大坂石山，迁移到纪州鹭森，那里路途遥远，对信徒参拜非常不便。但是，秀吉本人正在石山本愿寺的遗址上修建大坂城，也不能将这块地方交出去。

秀吉首先就主公信长的种种无礼向使者道歉，接着拼命阐述自己的观点——为了祈祷万民的和平，为了不再让这个国家燃起战火，这次将要建造无与伦比的大坂城，建议他们暂时将贝冢作为临时寺庙所在地。

“时间不会长。只要大坂城建造完毕，我就会在临近的大坂天满处，给你们修建一座气派的寺庙。”

两年后的天正十三年，秀吉实现了这个约定。

秀吉还会见了吉田兼和，两人在建造工地匆忙碰头，相约年底再见，便分开了。

秀吉想秘密会见兼和，确认一件事情。在建造工地，他们不能谈论那件事。

短暂会见后，秀吉下令建造妙显寺，将其作为下次和兼和见面的场所。秀吉早就想在京都拥有自己的下榻地了，他希望这个建造工作能在下次会面前完成。

十一月九日，一个大风呼啸，透着丝丝寒意的日子。

新妙显寺顺利完工，秀吉正式邀请吉田兼和。去年在大德寺举办完信长葬礼的十月十九日，两人在山崎的营寨中曾经见过面；八月，在大坂城的施工现场，两人也短暂地会见过；这次是双方第三次碰面了。

（今天，我一定要确认事情的真伪……）

秀吉想着那道渺无踪影的“追讨右府”的天皇圣旨，人们都以为光秀曾收到过。如果确有其事，秀吉就很担心它的去向。如果可能，他想从历史中抹杀掉那道圣旨。

“一年了，时间过得真快呀。”

秀吉装出漫不经心的样子，首先回顾过去，展开话题。

这是一座建在庭院角落中，可以铺三张榻榻米的狭窄茶室。

“是呀。”

兼和弯下瘦长的身子，慢慢地接过秀吉制作的抹茶，感慨万千地回答道。

“照这个样子，很快就要下第一场雪了。”

他试图把话题引向无关痛痒的气候。

去年也是这样。兼和巧妙地避开核心话题，秀吉未能得到自己想要的答案。

（这次，不给兼和一点甜头，他不会说实话的。）

秀吉事先就想到这一点，做好了准备。

其中之一就是对近卫前久免罪。

秀吉原本就没有流放前久。近卫本人害怕自己和光秀的密谋曝光，自作主张地逃到浜松的家康处。

秀吉主动说出这件事。

“好长时间没看见前久大人了，他还在浜松吗？”

秀吉瞪着对方。

兼和一下子避开他的视线，回答道：“这个，我也不知道他在什么地方。”

（又开始回避了。）

秀吉还是没有再追问下去。

“是吗？如果你不知道，那就没办法了……不管怎样，他可是在京都长大的高贵之人，肯定住不惯乡下，如果一直待在那里，真让人可怜。其实，他可以早点返京，为当今天皇效力的。”

秀吉不动声色，悄悄暗示他不再追究近卫。

不出所料，听到秀吉的话，兼和顿时来了兴趣。

“大人，您允许前关白大人复归朝政吗？”

兼和两眼冒光，那不安的眼神中混杂着希望和疑惑。

“为什么不允许？明智的事情，已经过去了。”

秀吉笑起来，显得很大气。

“这可是一个比什么都好的消息……前关白大人一定会高兴的。我马上就去寻找他。但是——”

兼和再度盯着秀吉，琢磨他的神色。

“但是什么呀？”

“他不在的时候，京都近卫家内部似乎出了一点麻烦事。恐怕轻易……”

“你说说看。究竟是什么麻烦事？”

“是。听说关于近卫家的庄园，前关白大人和嗣子信尹大人之间发生了矛盾。”

前久先去向不明，后成为家康的食客。其间，信尹独占庄园收入，不返还给父亲。

（这算什么事呀！）

秀吉暗自窃笑。

当时，朝廷王公大臣的收入非常少，就算天皇，也只有一万石。近卫家的收入最多是天皇的一半，高不到哪里。

（就算承担那父子两人的费用，也不是什么沉重负担。）

秀吉敏锐地领悟到——只要解决这个问题，前久的回报将是巨大的。

“好了，这件事情就交给我秀吉吧。我会给双方一个满意的答复。前久大人可以宽心地复归中央。你就这么转告他。”

“太好了。我马上就……”

吉田兼和一下子坐立不安起来。他是想早点报告好消息呢，还是想逃离这里？

秀吉又把话题引回来，他不愿放吉田走。

“等一下。去年我问的那件事……之后，你有没有好好调查？”

秀吉故意用责问的语调说话。去年谈论到底有没有圣旨的问题时，兼和只说了一句“我会调查”便溜走了。

“哪件事？啊，是说那件事啊……”

兼和再度正襟危坐，似乎觉得无法回避这个问题了。

“对，就是那件事。”

这犹如问禅，无形的火花在两人之间迸发。

“依然不知道那东西的下落。但是，我认真想了想，今上不大会对反贼光秀直接下指令吧。就算万一误下指令，接受者……我说不好谁会是接受者。”兼和说到这里，微微一顿，“我推测，不会有人愚蠢到无故公开圣旨，让今上独自受苦。”

兼和的脸上露出意味深长的微笑。

“哎？大概是吧……很好。”

秀吉一瞬间明白了。藏着那道圣旨的，只怕就是兼和本人。他这是悄然约定永远不会向世人公开那道圣旨。

秀吉释然点头，拍拍手喊来水房里候命的侍从，吩咐道："把那个拿来。"

"明白。"

侍从很快就拿来两个盖着绸巾的盘子。

秀吉微笑道："兼和大人，这里有两份金子，麻烦您将其中一份给前久大人，就算他复归朝政时的贴补；另一份就交给您口中那个藏着圣旨的人，希望他不要公开那东西，以免混淆视听。这就算是'永久供奉费'吧。"

3

秀吉在大坂城平静地迎来新年，但就在天正十二年的正月，世间又发生动荡之事。一个男人因为秀吉"攫取天下"而愤愤不平，起了叛心。

这个男人就是信雄的老臣泷川三郎兵卫。

他是泷川一益的养子，原本是木造具康的儿子，是一员从僧侣还俗的武将。在信雄和秀吉对立，而养父一益懦弱降服后，他对秀吉的拉拢腐蚀不屑一顾，驳斥当地的稳健派，独自声讨秀吉。

当地武将打算向邻国的家康求援，三郎兵卫斥责他们胆小怕事，决定依靠一己之力暗杀秀吉。

唯一时机就是正月的祝贺大会。

"正月，三法师公子将会登上安土城，与筑前会面。作为监护人，信雄大人将会随同。那将是千载难逢的好机会。我等随臣将会趁筑前麻痹大意之时，加以诛杀。请您允许我们这样干。"

信雄还在犹豫不决，三郎兵卫则推波助澜，让其坚定决心。

三郎兵卫制订了周密计划——祝贺大会当天，从部下当中挑选二十名精干者，躲在房间的屏风后，等三法师召见筑前时，跳出来诛杀。

但是，信雄的三个长老早就把这个计划原原本本地泄露给了秀吉。

正月元旦。

秀吉若无其事地前往安土，拜见三法师，他穿着华丽的新年衣服，骑着马。

但随行武将都穿着或红或黑的盔甲，带着五百人的火枪队以及一千两百人的步卒，俨然一副戒备森严的战斗架势。

按照规矩，只允许少数警卫进入安土城的正门，但秀吉的部下根本无视规矩，在正门前列队集合。而且，羽柴的二十名亲信武将根本不理会守卫的劝阻，身穿盔甲，以“七杆枪”的加藤、福岛等打头阵，将秀吉围在中间，大摇大摆地走进城内。

信雄一方的杀手有二十人；羽柴一方的亲信武将也有二十人。

秀吉事先掌握内情，却带着同等人数进城，完全是出于武将的自信和固执。当然，他这些武将都不是等闲之辈，他们各提刀枪，做好了战斗准备。

三郎兵卫的手下根本没机会跳出来。

“有些捕风捉影的传言，说有人企图利用我来安土城的机会袭击我……”秀吉厚颜无耻地装疯卖傻，“这些年轻人听到传言，怕我有个闪失，就冲进来了。回去后，对他们的无礼，我会严加斥责，请您原谅。”

秀吉说话圆滑，似乎所有事情都和自己无关。

信雄胆战心惊，都没有陪同三法师参加接见，就逃回尾张。

秀吉没有追赶，甚至没处理留在安土城的首犯三郎兵卫，反而想方设法拉拢三郎兵卫，可惜被断然拒绝。

如此一来，秀吉也拗起来。

（这男子如此坚持，将来必成大器，杀了可惜。）

秀吉决定继续忍耐，放走三郎兵卫。

但秀吉没有简单地放他走，而是把泄露其暗杀计划的三个长老的名字告诉了他。秀吉觉得要在适当时候清除那些不忠不义之人，否则将来恐有麻烦。

三郎兵卫回去后，立即把秘密泄露以及三个长老投靠秀吉的事情汇报给信雄，然后打着信雄的名义，把他们叫到长岛城，悄悄处死。

到此为止，一切事情都在秀吉预料中。但三郎兵卫之后采取的行动出乎意料。

他和信雄一起进入临战状态，并自降身份，向家康请求援军。

秀吉觉得糟了，但为时已晚。他一度觉得家康不会出兵，但这次也失算了。

虽然秀吉觉得自己放走信雄和三郎兵卫是愚蠢之举，但绝没料到家康竟然如此轻易答应参战……

“帮助信雄这样的人，他能得到什么好处呢？”

秀吉觉得纳闷，把秀长以下的武将们召集到大坂城的居室中，悄悄征询他们的意见。

“或许家康的心境就是——同情走投无路之人吧。”

秀长率先发言。此人性情耿直，这种见解确实符合他的性格。

秀吉暗暗咂舌，那个三河老狐狸才不会以如此崇高的想法帮助信雄呢！他环视众人，只见大家的神情都不像是同意秀长的看法，却没人再开口了。

（最近，所有人都顾忌秀长，觉得这是我弟弟的意见。）

秀吉觉得这可不行。听说家康召集会议时，手下人畅所欲言，根本不顾虑地位高低和年龄大小。秀吉希望他的部下也能这样。

“官兵卫，你觉得呢？”秀吉只好先让官兵卫说话，“你直说，别顾虑秀长。”

秀吉觉得现在只能依靠官兵卫，有点孤单。

“是。”

官兵卫趴在地上，然后抬起头，望望在座的众人，确定连秀长也露出“拜托你”的神情后，才缓缓开口陈述。

“如果站在三河大人的角度去考虑的话，我的想法有点……”

他没有说“不同”，而是装模作样地叹口气。

他是故意的，但秀吉却等不了，随即顺着官兵卫的话，说了一句。

“对！首先要站在敌人的立场去考虑。在考虑作战时，这是真谛。其他人也要这样做。”

秀长的脸一下子变得苍白，秀吉无视他的神情，仰仰下巴，让官兵卫继续说下去。

“三河大人或许觉得筑前大人只对五畿内以西地区感兴趣。如此一来，他只要卖个人情给信雄，说不定就能得到池田大人掌管的美浓金矿。”

“就是为了这个。三河那家伙要是出兵，就是为了获得金银。说不定吝啬的三河还会让信雄承担所有的出兵费用。如此一来，这场仗的结果会怎样呢？这个问题，还是官兵卫回答吗？”

“三河大人觉得信雄大人如果失败，让人头疼。但他又不想让己方付出巨大牺牲。”

“问题看得很透，官兵卫。我完全同意你的意见。如此一来，三河就不会真正下力战斗。”

“是的。”

“那我们也抱着同样的态度和他较劲吧。不过，如果我们有胜算，就算对方是三河，也绝不能放过。”

无论兵力，还是火力，秀吉都充满自信，觉得会让家康吃惊，自己不会输掉这次战斗。

“那么，大家就不急不慢地赶来战斗吧。”

秀吉和家康的龙虎斗就这样开始了。

根据之后的情报，家康果然从信雄军那儿得到人质和巨额军费后，率领三万多人进入尾张清洲城，加上信雄军的五千人，他们的总兵力为三万五千人。

“他们最多就集合这么些人呀。”

秀吉笑道，下令集结空前庞大的十二万大军。

家康采用谋略来弥补人数上的不足。

首先，榊原康政给全国诸将送去如下檄文，在各地竖立布告牌，谴责秀吉诸多不忠不义的行径。

“秀吉将主公信长的恩典抛之脑后，先杀死主公三子信孝大人，此次又企图加害主公次子信雄大人，实乃大逆不道。对此憎恶不已的家康公念及与信长公的旧交，怜惜信雄大人的势单力薄，为大义而举兵。但凡厌恶秀吉残暴之士，请与我义军合力讨伐。”

秀吉明知这是康政的挑衅，但还是因为其言辞激烈，不由自主地恼火，怒上心头，甚至公然宣称“取得康政首级者，可获得十万石封地”。

接着，家康把纪州的两万多杂贺人以及四国长宗我部的一万人拉入己方阵线。他意图明显，就是想趁着秀吉军远征尾张时，让上述力量一举占领空虚的五畿内地区。

（三河真不愧是擅长作战之人。）

秀吉暗暗佩服。

更让秀吉心惊肉跳的是家康还试图策反从大坂被左迁到大垣城的池田恒兴。

因为从大坂被移封到大垣，恒兴心怀不满，并且对秀吉“中国大折返”后的傲慢跋扈也颇有微词。

当时，他最有可能背叛秀吉。

秀吉大惊失色，立即派蜂须贺小六拿着“天下大定之日，将尾张国赐予恒兴”的誓约，前去交给恒兴。如此一来，恒兴才继续留在羽柴阵营。

秀吉自然不会忘记让恒兴盟誓。“你要赶紧摆出姿态，证明自己留在羽柴阵营。”

于是，恒兴便在三月十三日，突袭并占领了犬山城，将其作为秀吉进入尾张地区的桥头堡，同时也旗帜鲜明地表达出自己加入羽柴阵营的立场。

在秀吉对家康的前哨战中，因为恒兴的胜利，秀吉方先拔头筹。但四天后，酒井忠次率领家康的精锐部队，攻打在羽黑八幡林扎营的森长可，大获全胜。森长可是恒兴的女婿，也是美浓兼山城的城主。

如此一来，双方各一胜一败。

秀吉得知前哨战的情况后，终于穿着华丽战袍，从大坂城出发了。

那天是三月二十一日。

他的总兵力达到十二万，分成十四个方阵。在日本历史上，除了承久之乱时（1221年）幕府曾动员十四万大军，就数这次的兵力盛况空前。

三月二十七日，秀吉被隆重地迎进被池田恒兴抢夺过来的犬山城。当天，他便前往羽黑、乐田一带（犬山市乐田地区）巡视，针对家康在小牧山设立大本营，下令建造五处要塞，呈半月状包围，随后回到犬山城。

次日，三月二十八日，随着要塞的建造，秀吉离开犬山城，将大本营迁移到乐田城。那不过是一座土墙结构、四周有壕沟的小城，东西四十间，南北五十四间。秀吉想以此地为据点，想方设法诱使家康在平原地带决战，然后一气呵成，取得胜利。

但是，家康没有一丝动作。他一开始就没打算认真作战，这种反应也属正常。

还有一点，家康之所以不动作，是因为此时他背上长了一个大痈。家康非常着急，希望在开战前治好，便命令侍从用贝壳挤夹患处，试图消除脓肿。他疼得无法动弹，好不容易才忍熬下来，根本不可能到平原地带作战。

不过，家康的这个秘密被严密封锁，反倒是秀吉方对他们的“安静”不安。

近十天来，秀吉一直观察着对方的态势。就在这时，池田恒兴献上一道超越常理的计策——迂回到敌人后方，攻打守备空虚的冈崎城。

冈崎城当时是家康的主城，犹如一国首都。

“三河那家伙煽动纪州的杂贺人以及四国的长宗我部，让他们趁您不在，攻打大坂。我们也可以迂回到他们的后方，攻击防守空虚的冈崎，进而孤立小牧山。您觉得如何？”

为了搅乱敌人后方以及切断补给路线，攻击冈崎的确有效果。但在古今的用兵之道上，有一条铁的规定，那就是大军不可行歪道。而且要迂回到冈崎，这也过于深入敌后。如果年轻的堀秀政等人提出如此计谋，秀吉甚至想踢他们。

而且，秀吉也难以捉摸恒兴的真实想法，他甚至怀疑恒兴会借机叛逃。

池田部队有六千人，其女婿森长可有三千人。如果他们背叛，不仅会在兵力上消减己方力量，而且还会严重影响士气。不过，秀吉不能打回恒兴的提案，那样会让这个得力干将的脸面荡然无存。

思前想后，秀吉还是同意了恒兴的建议，但还是留了一个心眼，让自己最信赖的后军负责监视他们。这次行动的总兵力为两万人，池田、森长可为第一序列和第二序列，堀秀政率领的三千人为第三序列，羽柴秀次率领的八千人为第四序列。

作为迂回部队，这个兵力太多；作为正面突击部队，这个兵力又太少，可谓是不伦不类。如此一来，既不能秘密前进，也不能迅速移动。

事实上，据史书记载，这支迂回部队前后长达八公里。

这显然不像秀吉的用兵之道，其中隐藏着他的意图。

（对手是家康，恒兴的企图不可能得逞；但若恒兴战死，那倒……）

对于像恒兴之类的织田军时代的伙伴，秀吉有点发怵，希望这样的人越少越好。

这真是冷酷的心计。

家康军坚如磐石，以本多忠胜为首的将领都是由家康一手调教、栽培出来的。对此，秀吉羡慕不已，痛心疾首地感到自己也要多培养一些亲信子弟。

而且，把整个尾张地区都送给恒兴有点可惜。

在迂回部队出发前，秀吉把第三序列的将领堀秀政叫过来，悄悄下达指示。

“听清楚，如果池田这次偷袭未成，你们绝不要救援他，赶紧和秀次一起撤退。但在撤退时，要想方设法佯动，让家康军前沿的榊原部队紧追不放。如此一来，三河就会按捺不住，从小牧山分兵出去。这样，他的大本营就会兵力空虚，我乘虚而入，肯定获胜。”

以池田部为诱饵调动家康军。秀吉的这个战术非常漂亮。

大本营的家康不知池田部队迂回的真实意图，急忙率一万多人尾随追击，同时派人向信雄禀告自己是难以忍受痈痛，匆忙间撤军返乡……

结果，只有信雄、酒井、本多等六千人留在小牧山，其中大部分是信雄的部下，胆小怯战。战斗力最强的榊原部队完全被堀秀政部队的佯动作战牵着鼻子走，陷在富士根一带，无法脱身。

“现在是进攻小牧山的最佳时机。”

秀吉高兴得手舞足蹈，狂呼乱叫。

“全体出动，目标是小牧山山顶。”

胜利俨然已是囊中物。

哪知，出了一件始料未及的事。

家康的谋臣本多忠胜还留在小牧山上，秀吉太忽视他的存在了。

平八郎忠胜有撒手锏。

就在秀吉下达总攻令前，三个使者举着白旗，从小牧山的敌方阵地拿来了一个奇怪的包裹。

“三河大人临走之前交代过，这是给筑前大人的礼物。”

说完，使者就掉头回去了。

那是一个用柿漆[1]纸包裹着的木箱。

秀吉留了一个心眼，让部下查看，似乎没有什么危险品。部下将打开一半的包裹放到他面前。

“打开！”

听到秀吉的命令，部下撕开柿漆纸。

里面放着满是油污的漆木屐和一把满是黑煤灰的武士刀，这两样东西都沾满了油渍和泥土。

“这是什么东西？什么东西呀？”

随从们一片哗然。

秀吉也心情放松地和他们一起观看，漫不经心地说道：“把那把刀拿过来看看。”说着便伸手把武士刀拿过来，掸掸上面的煤灰，然后把刀拔出刀鞘。

就在这一瞬间，他眼前一片空白，惊慌不已。

——佐卫门三郎安吉。

秀吉知道这把刀上面的刻字，其他在场者则无从知晓。

这是筑前的刀匠打制的。在桶狭间袭杀今川义元之后，信长将其作为物

---

① 由涩柿提取，有防腐之效。

证，悄悄带回，平素别在腰间。

（如此说来……）

前野将右卫门把信长熏死在本能寺的暗道中时，那木屐是现场的残留物。

（三河老狐狸，究竟是从哪里弄到这把刀和木屐的？）

秀吉掉过脸，望着空中，似乎被锁链捆缚住一般，纹丝不动。

他立刻喊来将右卫门，两人密谈起来。

起初，秀吉想破口大骂对方，但看见将右卫门无精打采、失魂落魄的样子，他也没那个心思了。

“半藏那伙人似乎捷足先登了。”

秀吉只说了一句话。

“是的。”

将右卫门的肩膀垂得更低。

本能寺之变时，伊贺忍者迅速把待在堺港的家康经伊贺地区护送到三河，然后掉头返回京都，在明智左马助离开后的本能寺内搜索起来。如果情况属实，他们比将右卫门先找到信长的遗物也属正常。本能寺之变后，阿弥陀寺的清玉上人等为了搬运遗体，忙得不可开交，何况他本来就讨厌刀枪，对于信长的腰刀或许就弃之不管了。

（如此说来……）

半藏等人很可能弄到了信长的腰刀（大小两把）——就是说，本多忠胜的手中尚且留有一把短刀。

（真该听从竹中半兵卫的遗言，把信长父子引到中国地方，借毛利家之手加以消灭……）

秀吉浑身颤抖。

此后，在没有任何说明的情况下，对于小牧山的进攻戛然而止。

另一方面，池田突击队的下场比预料的还要悲惨。池田部队本来应该直奔冈崎，但九日凌晨，中途遭到来自岩崎城的攻击，他们出于自信，贸然迎战，白白浪费许多时间。

这是恒兴用兵上的失误，他忘记己方最重要的目的是突袭冈崎城。家康由此赢得时间，整顿队形，在富士根和榊原部队会合，攻打秀吉迂回部队的后续部队。

担当先锋的榊原部队首先突击最弱的秀次部队。

秀次有八千人，是榊原的两倍，但主将秀次作战经验欠缺，不是康政的对手，很快就败下阵来。第三方队的堀秀政一边收容秀次残部，一边齐射火枪，但并没反攻。

秀政遵照秀吉的指示，保护秀次，迅速撤离。

池田和森长可打下岩崎城，得意扬扬地到达富士根时，本应紧随其后的秀政部队和秀次部队已经全无人影。

结果，池田、森长可的九千兵马和一万人的家康军以及因为战胜而斗志昂扬的四千榊原部队对阵，双方激战一场。

战斗持续了四个多小时，羽柴方惨败，失去了池田恒兴和森长可两员大将，战死两千五百条人。

听到迂回部队的败报后，秀吉立刻率领两万兵马朝长久手进发，但并没有发起进攻，很快就下令打道回府。

将士们无法明白秀吉的真实想法，只能遵照命令撤退。

之后的二十多天中，秀吉维持着固有战线，既不进攻也不后退，磨磨蹭蹭地浪费时光。

其间，除了给京都的王公大臣们写信，他就每天和侍从或者石田三成等下棋、喝茶。

秀吉平素的意气风发劲消失得无影无踪。

为何不进攻家康离去的小牧山？除了将右卫门，秀吉身边的其他武将都在私下里嘀咕。也有人询问秀吉，却碰了一鼻子灰，未得到任何答复。

他们把怀疑的目光投向曾和秀吉密谈过的将右卫门。

但将右卫门只说了一句话。

“主公肯定有自己的考虑。我们就让他安静一些吧。”

五月一日，秀吉突然宣布只留下小部队在小牧战线，全军撤往美浓地区。途中，他们攻占了信雄方的加贺野井城、竹之鼻城，但这些都不过是顺手牵羊罢了。

五月三日，侥幸偷生的信雄逃到伊势长岛。家康也把酒井忠次的五千人留在小牧山，大军撤回清洲城。他需要治疗痈病。

六月二十八日，秀吉回到大坂。

小牧·长久手一役，秀吉拥有压倒性的兵力，却没获得相应战果，可谓完败。然而所有人都不敢说出口，只能在史书中这样记载——“三河大人未败，筑前大人以优势兵力获胜”并加以宣传。否则，首次从举世无双的大坂城隆重出阵的秀吉就会颜面扫地。

4

几天中，秀吉一直睡得死去活来。

补足觉后，他便在大坂城内频繁地转来转去，对各处进行小修整。这些都是为了调整心情。

其间，秀吉在脑海中考虑着其他事情，找到了应对之策。

他的新战略就是分割信雄和家康的联系，进而孤立家康。

丹羽长秀首先悄悄出使，前往势州信雄处。

“马上要和您说的事情，乃天皇意旨，请不要外传。”

长秀一开头就封堵住信雄和家康商量的余地，然后令人吃惊地摆低姿态。

“筑前此次始料未及，竟然和信雄大人兵戎相见，深感行为可耻。”

那口吻听上去犹如败军之将。

“之所以这么说，是因为天皇非常担忧此种事态，通过关白家，向筑前传达了意旨。天皇觉得筑前的使命应该是和信雄中将同心协力平定疆土，佑护王城。而筑前竟然忘却使命，让无辜的黎民百姓哀叹，此罪不轻。为此，天皇严词斥责了筑前。”

这话听上去就是秀吉畏惧天皇忧虑，被迫和解。过去，信长攻打朝仓，被浅井长政背叛，不得已逃回京都时，也曾巧妙地利用朝廷做挡箭牌，谋求和解。

信长是确有其事，但这次秀吉所讲的话究竟有多少水分，令人怀疑。不过此时，曾一度逃往浜松的近卫前久已经返京。从秀吉免除前久之罪的行动来看，他应该没有完全撒谎。

接下来，关于和解的条件，秀吉保证归还信雄原有的伊势领地以及部分的尾张地区。

“筑前没有忘记已故信长公的大恩大德，打算在他三周年忌辰时，在京都北面的紫野船冈山建造一座庙宇，祭奠他的在天之灵。已经指定建造官，并做出相应指示。”

在信长一周年忌辰时，秀吉对信雄颐指气使，让他勃然大怒。而这次的约定却让人觉得秀吉早已忘记往事，试图让信雄感动。

信雄方负责交涉的是泷川三郎兵卫。

三郎兵卫并不知道信雄在一年前曾受到轻视，而且目睹尾张、伊势地区因为战火化作一片焦土，当地人穷困潦倒而于心不忍，便积极地接受秀吉方的议和条件。

经过谈判，秀吉将尾张地区的领地多归还了一部分，并特别奉送了三万石稻米，算是给那些因为战火而穷困潦倒的百姓以解燃眉之急。负责谈判的三郎兵卫带着这些优惠条件，返回信雄处。

十一月十五日，信雄被三郎兵卫等部下说服，没和家康商量便同意在桑名的矢田河边跟秀吉议和。这或许是因为信雄的自大，或许是因为他的轻率，也或许两者兼而有之。

在这次和谈的过程中，三郎兵卫或许感受到秀吉的大气，或许被秀吉的“驭人之术”所迷惑，决定不再跟随信雄，选择了成为秀吉武将之路。这是不久后的事情。

总而言之，使者丹羽长秀成功避开家康的介入。如此一来，家康失去了和秀吉作战的名分，而且也未能参与和谈，心怀不满，十一月十六日回到冈崎。

“这样就行了。”

一切都在掌控之中，秀吉毫不掩饰地满脸堆笑。

但是，秀吉并没有停止运用计谋，他要彻底孤立家康。

这个谋略就是“经济封锁”。

秀吉表面上无所作为，暗地里却悄悄地施展手腕。

家康统辖三河、远江、骏河，东有北条氏，北有上杉氏，原本是信长方抵御外敌的第一道屏障。他的辖地盛产山珍海味和丰富的木材，所以尽可能在京都、大坂一带寻找销路，然后用货款以及辖地内的金银从大坂、堺港地区购置大量的军需物品。

秀吉悄悄限制大坂等地和德川领地间的流通渠道。尤其是堺港一带的商人垄断销售进口硝石，这可是制造黑火药的原料之一，秀吉命令严格控制此类商品进入三河、远江和骏河。

因为硝石枯竭，加上价格暴涨，家康陷入困境。

在这种经济制裁的基础上，秀吉向家康提出了议和提案。

“为了今后羽柴、德川两家的和平，请你交出人质。”

这是一个非常强硬的要求。

以下是小六偷偷收集到的德川方面的情形。

浜松城内，从上至下都因为秀吉的人质要求而一片哗然。

年轻武将拥到家康身边，纷纷高呼道：“绝不能容忍那只猴子的无理！”家康也在年轻人的怂恿下，一时间表露出毅然决然的架势——隐忍克制，到此为止！哪知本多忠胜竟冲着狂躁的众人怒喝一声，然后一把鼻涕一把眼泪冲着家康陈述自己的意见。

“大人，如果您选择决战，就请先砍下我的脑袋。现在是忍耐的时候，请忍住。”

看见家康一屁股坐下来后，忠胜跑到他的身旁，低语起来。当然，由于小六害怕秀吉听见不高兴，就没有如实汇报这后半部分的内容。

“大人，您还年轻，相信我。那个没有一儿半女的猴子如今正被蒲生的妹妹和武田家的寡妇龙子吸取精气。那猴子会越发精气衰竭，年迈昏聩。我们只要等待，他就会遭报应。为了千秋大业，您要等待我们的时机到来。”

天正十二年十一月二十一日，双方经反复交涉达成共识，家康次子於义丸（侧室阿万之子，后来的结城秀康）不是以人质身份，而是作为秀吉养子前往秀吉处。羽柴、德川和解。

家康早就怀疑於义丸是阿万和别人生的孩子，这次也算消除麻烦。

但在和解时，家康毕竟有些不悦，始终没有和秀吉会面。

5

和家康停战后，秀吉的“敌人”只有北面柴田家的余党佐佐成政、纪州的杂贺人、四国的长宗我部三方。他们都是互不联系的地方势力，没有携手的可能性，只要逐一攻击，很容易就能消灭。

事实上，从“本能寺之变”后，在短短的两年半中，秀吉就以惊人的速度夺取了织田家的基业。

如此一来，朝廷虽然没有大张旗鼓地宣传，但也不得不拉拢新兴势力——羽柴秀吉。从往昔的源平之乱开始，没有武力支撑的朝廷就一直维持着这种自我保护的体制。尤其是秀吉发自内心地“喜欢朝廷”，这一点让朝廷和王公大臣们非常满意。当然，秀吉在背地里也撒了不少的金银。

秀吉一下子被称颂为“朝廷最大的忠臣”。

为此摇旗呐喊的当然是近卫前久，为了消除和光秀同谋的历史，他非常卖力地表现着。

在羽柴秀吉和德川、织田两方达成和解的天正十二年十一月，原本不过是从五位的秀吉被连续提升官职，速度之快，令人瞠目结舌。

天正十二年十一月，从三位，权大纳言。

天正十三年三月，正二位，内大臣。

到此为止，人们还可以接受。但在天正十三年七月，他竟被任命为从一位——关白，接着姓氏也从羽柴改为“藤原”！人们对此惊愕不已。许多人都怀疑他的血统，搞不懂这猴子为何是藤原氏的后人，其中还有些人对此轻蔑不已，哂道：“那不过是小人得志，僭越姓氏罢了。”

此番操作者也是近卫前久。

事情起源于围绕“关白”轮值制度的争斗。

所谓“关白”，是一个辅佐天皇，率领百官，执行大政的重要职位。根据中国西汉的典故，百官要就“相关”事情上奏，并“陈白”意见，由此称作“关白”。仁和三年（887年），宇多天皇首次将这个称号赐予太政大臣藤原基经，之后逐渐演变成官职。从冷泉天皇（967—969）时代起，天皇年少时要设置“摄政”官，成人后要设置“关白”，并成为惯例。

这个摄政、关白的官职一直被藤原氏独占，尤其是藤原道长后，一直由他的子孙世袭。镰仓幕府后，一脉相承的近卫、九条、二条、一条、鹰司家轮流执掌这个职位。

但是，天正十三年——

从前一年开始，二条昭实和近卫信尹两人就围绕着下一任关白产生内讧。双方一度达成妥协，由二条昭实任关白，近卫信尹任左大臣，但后来两方又产生争斗，根本无法执行朝政。

秀吉本来看着前久的面子，打算推举信尹，但不知该说不幸呢，还是幸运呢，这父子两人因为过去的领地问题竟然反目成仇，一直闹腾着。如此一来，秀吉就不想再帮助任何一方了。

（既然这样，索性我来……）

秀吉开始这样考虑了，这也是事情的起源。

自从三月成为正二位内大臣，秀吉亲眼目睹了王公大臣们在朝会上的混账表现后，心中产生不可遏制的强烈欲望。

秀吉早就有心理准备，如此一来，世人必然会认为自己“狂妄自大”。

如果要为秀吉辩解一下的话，他的野心并不是简单的“得志小人的欲望”。那五家之所以能独占“关白”，无非是因为他们用实力侵吞了历代天皇的领地，露骨地排斥掉其他家族。既然原本侍奉贵族的武士阶层再度用实力取而代之，他们成为“关白”也是理所当然的。

其道理就是“夺来的东西再度被夺走”。

王公大臣们的内讧给秀吉提供了“渔翁之利”。

直接帮助秀吉谋取官职的是今出川晴季（当时的右大臣）。他事先四处打招呼。

“既然如此，还不如让秀吉成为关白，条件就是仅此一代。”

有人在朝廷内提出异议，认为这打破了“五家轮流执掌”的惯例。

但是，对于这种反对声，秀吉用了一招撒手锏，就是让自己成为近卫前久的“犹子”。

所谓“犹子”，就是没有继承权的养子。如此一来，至少在形式上没有破坏“五家轮流执掌”的传统。

对于秀吉而言，虽然其表面上因为“犹子”的身份而继承了藤原的姓氏，但本人却不以为然，在内心当中，他一直相信出生于丹波的父亲的话。

“我们的祖先可以追溯到中关白藤原道隆，他弟弟道长及其一族趁道隆早亡，夺走了关白一职。”

秀吉觉得自己不过是把失去的官职重新夺回来罢了。

他的养父近卫前久出生于天文五年，比养子秀吉只大了一岁。为了结成“一岁之差”的养父子关系，秀吉送给近卫家一千石俸禄，送给其余四家各五百石。

天正十三年七月十一日，从一位关白藤原秀吉诞生，他取代了二条昭实。

细川幽斋首先跑来庆祝他就任关白，他告诉秀吉，藤原道长的最高职位也就是摄政，没当成关白。

“是吗？这么说，有关道长当过关白的说法是误传啊。那我就超过那个自诩一生没有遗憾的道长了呢。”

秀吉喜不自胜。

“是的。而且，您这个天下人不仅在官职上超过道长……”

幽斋翻着眼睛嘀咕着，似乎准备在这重要时刻展露出自己的全部学识。其他人都称呼秀吉“大人”，只有他率先喊“天下人”。

“是吗，理由呢？”

“‘四海之内皆吾土，此生无月缺之憾。’道长是在宽仁二年十月吟诵这首望月诗的。”

“十月？这么说是在冬季呀。不是中秋赏月吗？”

秀吉愕然，露出苦笑。

“是的。不仅不是中秋，也不是道长的鼎盛时期。据说道长当时视力下降，心脏不好，身体到处疼痛，无法入眠。道长为了掩盖心中的哀叹而吟诵了这首诗。与那时的道长相比，天下人您还依然身体矍铄，只会令他羡慕不已。”

幽斋不知廉耻地阿谀奉承，秀吉觉得有点扫兴。

“也不像你说的。我现在眼睛也不好，看字费力。我让传教士给我弄一副适合的眼镜，可到现在也没消息。而且……”

“什么？”

“道长也许没能当成关白，但有三个女儿，都被天皇御召，他因此成为‘三后之父’不是吗？与此相比，我连一个女儿都没有，无人继承血脉，不是很倒霉吗？我还是比不过道长。”

秀吉觉得有点失落。

“天下人您还年轻，还可以……”

幽斋拼命宽慰他。

“你的意思是还可以继续做男人，继续努力？你尽说好听的。”

秀吉微微一笑。

他一下子想到龙子。

（我们关系那么亲密，但她还是没有怀孕的迹象。）

这令秀吉觉得孤寂。

另一方面，茶茶已经十九岁，正是女人最好的时光，但她对秀吉依然态度冷淡。而妻子宁宁也很烦人，“如果你对主公家的女孩下手，那可就是魔鬼，就不是人”。

尽管如此，秀吉对茶茶还是没有死心。

（龙子没怀上孩子或许是她年过三十的缘故。年轻的茶茶没准能生下孩子。）

去年，阿市的三女儿小督嫁给了尾张大野城主佐治一成。今年，二女儿阿初要嫁给京极高次。

（如此一来，茶茶就孤单了，无所依靠，说不定会依顺我……）

这只是不靠谱的愿望。秀吉明年就五十岁了，年龄超过信长，不能再晃晃悠悠了。

（我究竟到多少岁还能抱得动女人啊？）

秀吉一下子回到现实中。

“幽斋。”

秀吉见对方一直从旁观察自己，索性唤了一句。

“在！”

“吟诵完这首诗，道长又活了多长时间？”

秀吉隐隐有些不安，怀疑那是道长的辞世之作。

幽斋寻思片刻，答道：“好像是九年吧。”

“活了九年？”

秀吉松了口气。如果九年，只要自己现在得子，还能和孩子相处七八年，也能定夺孩子的未来。

“但是……”

“但是什么？”

“道长后来得了重病，后背上长了一个如同女人乳房的大痈，无法入睡，折腾了四个月，最后死了。”

“别说多余的话。听你这么一讲，我今晚喝酒都觉得不舒服了。”

秀吉笑了笑，轻声呵斥了一下。

“抱歉。确实不该在这种庆祝的场合说那种事，希望您宽恕。”

幽斋像螃蟹一样匍匐在地上。

“道长多少岁死的？”

“万寿四年……”幽斋思前想后，答道，“我记得是六十二岁。”

“六十二岁？”

（还有十三年呀……）

秀吉猛然一醒，暗笑这想法之蠢——为何会觉得自己的寿命和道长一样长呢？

此时的他，根本就没料到自己确实和道长一样活到六十二岁。

“就说到这儿吧。天下也安定了，我希望能再向你讨教作诗之道。不光是连歌，还有真正的和歌。”

“我很高兴接受这个任务。”

“我想速成。一个月三次，不，这样还不够。今后的一段时间内，你每五天来这里一次。我想学习诗歌和《源氏物语》。虽然相关内容，我断断续续地听说过一些，但整本书没看过。既然成了关白，就必须掌握朝廷的风雅之术。”

因为官职提升的速度出乎意料，秀吉痛感自己不了解朝廷文化，修养不够，想拼命学习。

事实上，秀吉除了在大坂城向幽斋学习基础知识外，还频繁地参加在京都圣护院、里村绍巴宅邸举办的诗会。一个月多达十几次。

他的诗歌水平明显提高。

其间，他也更加努力地“造子”。

秀吉依然和龙子性趣相投，和她同房的次数最多。与其他人相比，秀吉觉得和龙子在一起最舒心。

但是，龙子依然没有怀孕的迹象。

（对龙子，要放弃希望吗？）

无奈之下，秀吉把手伸向了信长弟弟信包的女儿，她同样具有织田家的血脉。秀吉害怕宁宁反对，起初让她住在姬路城。由此，后来她被称作“姬路夫人”。秀吉还悄悄占有了另一个女子，她是信长和长子信忠的奶妈所生，后来被称作“三丸夫人”。因为她乃下人所生，宁宁也就睁一只眼闭一只眼地默许了，秀吉一开始就让她住进大坂城。

不过，这两人虽说都具有织田家的血脉，但都是旁系女子。秀吉真正想要的还是茶茶。

最重要的是她母亲阿市祈祷“给我一个能成为天下人的孩子”后不久，茶茶就出生了。秀吉就中意这点。

（这个女子才最合适生下我的继承者。）

秀吉独自胡思乱想。

但是，宁宁对茶茶异常抵触。

或许这是因为宁宁知道在自己嫁入羽柴家之前，丈夫秀吉迷恋茶茶的母亲阿市，而对方却冷若冰霜的缘故吧。宁宁把对两代人的嫉妒都集中到茶茶一人身上。

“迷恋那样的女子，我丈夫真是可怜。”

宁宁公然这样说，话都传入秀吉的耳中。

无奈之下，秀吉买来京都北野天神的长五郎饼，来到宁宁住处。

“你和别的女人可不一样。”

他又开始重复陈词滥调，暗地里希冀宁宁能同意自己接近茶茶。但宁宁非常顽固，充耳不闻。

已经没有时间了。一来自己余生有限，二来最近自感对女人的欲望急速下降，这更加剧了内心的焦躁。

最近，即便和喜欢的龙子同房，有时也会突然阳痿，不过龙子总是笑笑，并没在意。据说不管是谁，男人随着年纪增长，那东西都会自然而然地不起作用。

（或许我衰老得太快。如果这样，我必须早点把茶茶弄到手……）

秀吉如此打算，但一回到城内，看见茶茶那副和母亲一模一样的冰冷神情，顿时就没了心思。

秀吉很生气，觉得自己没用。

很快，这种内心中的愤懑就表现在了人事安排上。

6

就任关白后，秀吉对于被征服者的态度一下子刻薄起来。

或许这是因为所有人都卑躬屈膝、讨好卖乖的缘故吧。只要秀吉冲对方打声招呼，所有人都会喜极而泣。这和当年信长进京后，人们对待他的态度如出一辙。

（如果我让他们舔屁股，那帮家伙说不定都会照办。）

秀吉只能苦笑。

而且所有人都畏惧他，见到他，都夸张地趴在地上，即便听到“平身”，也一直低着头。如此一来，秀吉就无法洞察对方的表情和眼神了。

秀吉原本充满自信，觉得自己能洞察部下心理并能驾驭得游刃有余，但现在，他已经很难做到这点。

之后，他变得严酷。

或许因为未能得到子嗣，他把所有的愤懑都发泄到别人身上。

就任关白十四天后，长宗我部元亲向由羽柴秀长担任主帅，毛利、宇喜多、三好等将领指挥的关白军投降。元亲曾经激烈对抗信长，号称“四国地区都属于我”，但在“关白”的威严面前，只能恐惧战栗。

秀长发来请示函，“该如何处理？请大人裁断”。秀吉的命令则是“只给他土佐一国，其他领地一概收回”。

如此一来，包括阿波、讚岐、伊予在内，四国最富饶的地方几乎都被收回。尽管如此，元亲没有抱怨一声，反倒对秀吉的处置诚惶诚恐、感激涕零。

（原来是这样呀。）

秀吉独自窃笑，再次感受到“关白”的权威。

第二年八月，越中地区的佐佐成政投降。秀吉饶他不死，只允许他管辖越中东半部的新川郡。即便如此，成政还是喜不自胜，发誓以后勤勉效忠。

秀吉捧腹大笑，自信越发膨胀。早在四月，纪州的杂贺人略作抵抗，便投降了。

如此一来，所有看得见的对抗者都已消失，已经不再需要谋略之道了。

首先不需要的自是谋臣，只因这些人了解秀吉的过去，知道合战后面的黑幕，故而是麻烦所在。

八月，秀吉冲着三名谋臣中的两名下达指令，让他们从自己身边离开。

蜂须贺小六（及其儿子家政），阿波国十七万石封地；前野将右卫门，但马七郡七万五千石封地。

对他们本人而言，这可是空前的论功行赏。

小六知道秀吉的痛苦往事——暗恋信长的妹妹阿市；因为内心悲痛，才娶了宁宁。将右卫门则掌握本能寺之变的所有黑幕。换个角度说，他们都是令秀吉发怵的人，离得越远越好。

秀吉只把黑田官兵卫留在身边，准备远征九州时，让他担当监军。不过，秀吉打算一平定九州，就把他留在当地。

与此同时，秀吉决定把擅长“论理和数算”的石田三成、堀秀政等年轻人留在左右。

就这样，那些和秀吉一路走来，了解过去的部下从他周围离开。那些留下的人则主动地把不论尊卑的伙伴意识封存在心底，只是一味地摇尾乞怜。而那些在织田信长时代把秀吉看作同辈人的中川、池田等早已不在人世。

大坂城内很容易就建立起了严格的上下级关系。

（我也要……像那些王公大臣。）

此时，为了明确身份、地位的差别，秀吉开始穿戴符合从一位关白身份的服装。

起初，他偷偷地，很快就明目张胆地像王公大臣一般，往脸上涂抹白粉，剃掉原来的眉毛，然后再描眉。对于自己的改变，秀吉心旌荡漾。

（我终于明白女人为什么要化妆了。）

秀吉独自偷笑。最后，他甚至染黑牙齿，独自陶醉在快感中，感觉自己不再是过去的秀吉。

虽然容貌大变，但秀吉天生苦瓜脸，皱纹多，面部肌肉松弛，白粉涂得再厚，夏天都会融化，冬天则大块剥落。

这太滑稽可笑了，但秀吉本人却丝毫没感觉到。

他就这样一副扮相，穿着肥大、漂亮的红色窄袖便服（天冷时则穿着薄棉衣），一屁股坐在“谒见室”的最上层，然后说“平身”。不论是谁，只要抬起头，看见他那副模样，想不笑都难。

但是，那些满不在乎笑出声的人已经从秀吉身边消失了。

当所有人都趴在秀吉面前讨好时，只有一个人例外。一些诽谤秀吉的话语不知从何处传出，一经调查，才明白此人是阿弥陀寺的清玉。

“什么？清玉还活着？”

秀吉觉得自己疏忽大意。

原来，皈依基督教的前野将右卫门没有执行秀吉的暗杀命令，想等着蛰居的清玉自然死亡。清玉虽然虚弱至极，但依然在病榻上激烈地批判秀吉。

即便秀吉成为关白，清玉依旧我行我素。

现在就算责备将右卫门也没用，他已经成为大名，从秀吉身边离开。秀吉也不想重新给他下令，再度起用不听从命令的人从事相同的工作，这让秀吉的自尊心受不了。

于是，秀吉把今年四月投降，成为自己新部下的杂贺人头领孙市叫了过来，面授机宜。

天正十三年九月十五日，清玉上人圆寂。

这是秀吉出任关白两个月后的事情。清玉不是身体衰竭而死，面容扭曲、狰狞，这让监管他的士卒都觉得纳闷。很显然，他不是正常死亡，但他们还是按照“自然死亡”向上汇报，秀吉也没有多问，就照此受理。

（这样就万事大吉了。）

随着清玉的死亡，对秀吉可见的抵抗彻底偃旗息鼓。

在夺取天下的进程中，终于只剩下“和外部力量作战”了。

他们是九州的岛津、关东的北条、东北的伊达。这些地区的领主都很嘴硬，说“戴着帽子的猴子竟然成了关白，让人可笑”。这些话都传到了秀吉耳中。

秀吉手下的武将因为内战胜利而自我陶醉，跃跃欲试——“赶快讨伐岛津吧！”萨摩的岛津氏趁着中央混乱，急速北上，几乎攻取了九州全境。丰后的大友宗麟、义统父子，筑前的高桥绍运、立花统虎父子被逼得走投无路，不住向秀吉求援。

秀吉并不想真心理会这事，一直拖到十月二日才以关白的名义命令岛津义久停战，然后就置之不理了。

（到时候，你们这些人会像猴子一样趴在地上。）

秀吉自信满满，不慌不忙。虽不能告知部下，但他已暗下决定，“我就要五十岁了，就要走下坡路了，只有生孩子才是眼下的大事”。这三年，他发自内心地想要个孩子，但没有一个侧室传来喜讯。不过，秀吉没有放弃。

以下就是关白秀吉此时的日程和行动。在此之前，秀吉为了应付战乱而终日忙碌，此时却整天享受着惬意的人生，“得意之时须尽欢”。

他更加明目张胆地猎艳。

只要听到“有美女”，不管什么地方，他都会恬不知耻地赶去。即便对方已经为人妻妾，他都满不在乎，露骨地以势压人，试图占为己有。“我可是关白秀吉！”他得逞了，为此遭来许多仇恨，声名一落千丈，但他还是不管不顾。

（即便声名败坏也无所谓。如果能在五十岁前留下血脉，即便被人说成恶鬼也无所谓。）

秀吉的“好色面具”只是一种“假恶”，目的是不让别人看出他的焦躁。

天正十三年九月十四日，秀吉前往天满本愿寺，接着去了有马。在有马，他和新侧室相继同房，但只待到上半夜，下半夜一定要回到龙子身边才能安然入睡。龙子已经三十一岁，秀吉对她生孩子的事情已经不再抱有什么希望，但只有抱着她，才觉得心情放松。秀吉从天正十一年八月起常去有马，一生去了九次，要不是因为伏见地震，那里被长期封闭，他去的次数可能会更多吧。

从第二次开始，他每次都要带上龙子。上半夜，为了生孩子，和年轻的侧室同房；下半夜，为了安然入睡，和龙子同房。一直到这一年的年末，秀吉都是这样过夜的。

这是后话了，在秀吉晚年的文禄三年（1594年），龙子害了眼病。那或许是因为她和后来成为淀夫人的茶茶钩心斗角，身心交瘁导致的。秀吉明白这一点，便主动建议龙子一人去有马温泉治疗。

在秀吉当时写的一封信中，有如下一段内容。

“我事务繁忙，无法一同前往，让你首次独自入浴，觉得不知所措。”

老人秀吉的妒忌心理都凝缩在“不知所措”这个词中，他觉得龙子眼睛不好，入浴时即便被人偷看也不知道。在另一封信中，他再三叮嘱。

“你可以带着母亲入浴，不要带其他不相关的人。”

此时，秀吉五十八岁，龙子已是四十岁的半老徐娘……他和龙子就是如此性情相投。

天正十三年十月七日，秀吉在宫内举办茶会，天皇赐予千宗易“利休大居士”的称号。为了让宗易能和自己一同进宫，担当首席茶师，“大居士”这称号必不可少，否则就没有上殿的资格。为此，秀吉恳请天皇垂念，给千宗易赐下这一称号。

不过，“利休”这个称号意味复杂。“利休”是从禅语“老古锥”演变而来的。老锥子常年使用，前端被磨平，就算放入袋中也不会戳破袋子，而锐利的锥子则会伤人。基于“老古锥”的此种含义，“利休”就包含有忠告之意——收起锐气。

当然，这是秀吉征询许多学识渊博者的意见，深思熟虑后才向天皇申请的称号。当时，宗易仗着秀吉的垂青而多嘴多舌，说了些秀吉不爱听的话。如果宗易就政事插嘴，秀吉可以置之不理，但对于茶道，宗易可是这方面的前辈，也是他的师父，秀吉可不能充耳不闻。

有时，两人会正面冲突。

争论的焦点之一就是秀吉当年让御用工匠建造的“黄金茶室”。这是个可以拼装的移动茶室，有三张榻榻米大，从天花板、墙壁到门框都镶着黄金。就连茶道用具，从茶筒、茶碗到火筷子、茶锅都是黄金造的，只有茶勺和茶刷是竹质的。秀吉想在这个豪华、亮堂的茶室中为自己最热爱的天皇泡茶，以此感谢天皇任命自己为关白。他之所以建造可拼装的移动茶室，就是不愿天皇屈尊出宫，而是由自己带着茶室进宫。但宗易显得很不快。

“好了，好了。这不过是个黄金道具，看上去很大，其实也没用多少黄金，不算浪费。你就不要再说什么了。”

秀吉如此规劝，但宗易还是坚持己见，不肯让步。

“茶道的精髓就在于‘幽’、‘寂’，只要把纯净之身置于‘一期一会’的时空中就可以了。金光闪闪的茶室可是歪门邪道。”

秀吉用手指指脑袋，苦笑道：“你这里僵硬。”

秀吉觉得茶道上的“幽”、“寂”也可以接受，但有时也需要带点“娱乐”的心态。此时，底层社会已经流行喝茶，卖茶人走在大马路上，四处叫卖，只要花一文铜板就可以喝一杯。普通百姓在路边，谈笑风生，嘻嘻哈哈，享受着喝茶的乐趣，为什么我们武士偏要板着脸，中规中矩地喝茶呢？最多保留一些沉静心灵的简单礼节。在爱茶的同时，也喜欢茶具，这不也很好吗？

尤其是“一期一会”的想法源自过去一种充满悲怆感的仪式——武将从主公手中接过一杯茶，借此“告别今生”，然后奔赴战场。现在天下太平，这种想法已经过时。事实上，秀吉出任关白后不久，就实施了“没收刀枪”的政策，让民间自愿交出兵器，上自高野山、多武峰寺，下至普通农民，概不能免。“一期一会的茶道”已经多此一举。为何还要如此注重形式呢？

宗易却不赞同。

秀吉常说“更加放松地品茶”。他越这么说，宗易就越顽固，将茶室设计得更加矮小，犹如朝鲜的贫苦农家。秀吉无法容忍的是，宗易不仅把茶室弄得矮小，还把入口设计得很小，自称“膝行门”，人只有蜷身低头才能进去。秀吉以关白自诩，想按照旧例从宽敞的“贵人门”进入，宗易却以首席茶师为挡箭牌，取消了茶室的“贵人门”。如此一来，秀吉要想进茶室，就算不愿意，也不得不弯腰，冲着宗易低头。秀吉觉得这是对自己的不尊敬。

（信长绝不允许这种事出现，会立即将他斩首的。）

秀吉非常懊恼，但又怕招来众人的非议，只能在天正十三年将这口怒气暂时憋下去。“利休”这称号就是一个警告。秀吉的怒火直到五年半以后才爆发。

石田三成等人讨厌宗易，听说“利休”这个称号后，手舞足蹈，眉开眼笑。

“大人，‘利休’这称号太棒了。老百姓都说‘如此一来，宗易的题字费就会便宜许多’。”

石田三成背着宗易，在秀吉面前说坏话。他曲解了“利休”这个称号，以为是“不要谋利，休息、休息，不要赚钱了”。

天正十四年。

一月十五日，秀吉让正亲町天皇欣赏黄金茶室。

一月十八日，秀吉进宫，陪同天皇观赏申乐[①]。

一月二十八日，秀吉在大津召开诗会。

二月二十三日，秀吉在聚乐第丈量面积。

二月二十八日，秀吉进宫观赏樱花，天皇赠诗，他也写诗回赠。

聚乐第是秀吉在京都修建的自家府邸，名字是天皇命名的，意思是“相聚一起，同享长生不老之乐的府邸”。

名义上是府邸，规模却像一座城。壕沟宽二十间（约三十六米），深三丈（约五点四米），四周长一千多间（约一千八百米）。内里划分成多个区域，有北之丸、西之丸和南面的二丸等，本城上耸立着高达五层的天守阁。

两年后的天正十六年四月十四日到十八日，后阳成天皇驾临此地。

天正十四年三月十六日，秀吉在大坂城会见日本耶稣会的弗洛伊斯等人，领他们参观天守阁。据说他说了一句话，“只要没有勿近女色这条戒律，我也可以入教”。不过，这只是一句客气话，秀吉和天皇一样，都是纯

① 能乐、狂言的前身。

粹的神道主义者，压根就没想成为基督徒。

同年四月五日，大友宗麟来到大坂城，就岛津侵略一事向秀吉申诉。四月十日，秀吉命毛利辉元整修通往九州的道路并设立宿营地。

秀吉直接向宗麟询问了九州的实际状况，进入远征的准备阶段。

接到宗麟的申诉之后，秀吉又向岛津家派去使者，提出方案——除了萨摩、大隅两国，还允许他们统辖肥后、筑后、日向半国，怎奈岛津家就是不肯接受。秀吉勃然大怒，但还是没有马上采取行动。不，应该说他无法采取行动。

这是有原因的。如果远征九州，近畿地区就会空虚。三河的家康很可能乘虚而入。何况尚有织田信雄之流——这些织田家的“星星之火”虽然畏惧秀吉的力量，但毕竟紧邻家康领地，一旦有人“纵火”，那就可以“燎原”。现在的秀吉军团规模庞大，不再拥有当年“中国大折返”时的机动应战能力。

他尤其担心本多忠胜趁自己不在，再次拿出信长留在暗道中的遗物，在中央大呼小叫，“秀吉是杀死信长的同案犯”。而且，秀吉无法把这种忧虑向别人倾诉。

（说不定忠胜手上还拿着一把安吉短刀。）

如果忠胜硬来，一切将无可挽回，就连好不容易得到的关白职位都可能失去。

（远征九州前，要想个办法把家康叫到大坂，让他以部下的身份谒见我。）

如此一来，秀吉被暴露历史问题的危险就会消除。秀吉前思后想后，做出一个痛苦的决断。

（让家康娶我妹妹吧，这样我就成了他的内兄。）

这是一条奇计。虽然实际上是交了一个人质，但通过这种内兄弟的关系，总算可以搪塞一下流言蜚语。

秀吉做出决断，立即付诸实施，不听任何人的意见。

7

秀吉有个亲妹妹叫阿旭，比他小六岁，当时四十四岁，称得上是老太婆了，而且她还是秀吉家臣佐治日向守的妻子。他们夫妻关系非常好，秀吉却强行让两人离婚，条件就是给日向守多五百石的俸禄。用妻子换取俸禄，此举有损武士的面子。结果，日向守切腹自杀了。

“作为武士，我毫无颜面。”

对待这件突如其来的事，所有人都大吃一惊，觉得不论从哪个角度考虑都不像话，甚至冒出疑问：“关白大人对待三河大人，为何如此卑微？”

难以用正常思维看待这件事。秀吉的母亲率先跑来质问，但秀吉无法把心头阴影（杀死信长）讲出口，只能逃避。秀吉好多次差点就在半道上被母亲截住，好不容易甩开。

家康没有正房，突然被秀吉钻了空子，赶紧叫来三位谋臣商讨对策。谋臣之首的本多忠胜态度非常明确。主臣二人的对话推测如下。

忠胜首先发表意见。

“这是打着‘新娘’名义的人质。您可以这样理解，索要巨额陪嫁。不过，光是阿旭夫人和陪嫁，您还没争足面子，还要让他交出一个真正的人质。”

“谁呢？”

家康依旧咬着大拇指的指甲。

“就是秀吉最不想交出来的人质。”

忠胜的脸上浮现出一丝嘲弄的笑容。

家康有点急了，追问道：“所以我才问是谁！快说！”

忠胜冷冷道：“秀吉的母亲。”

“那猴子怎么可能让妈妈当人质呢……听说他非常孝顺。”

“正因为如此，大人您才有说的价值。如果他不同意，那就算了。如果他连这种条件都接受，那就证明半藏（服部）从教堂暗道捡到的遗物对秀吉那家伙起了作用……”

不愧是谋臣忠胜，这个提议简直无懈可击。

结果和他们预想的不完全一致，这个条件经历了一些波折，最后，秀吉只同意在家康进京期间，把母亲暂时送到对方处当人质。

这次，秀吉不能自说自话让母亲前往。他让母亲坐在大坂城的关白座位上，自己则远远地趴在地上。

“老娘，请您先静静地听我说。之前，因为一些原因，我让妹妹阿旭离婚，嫁给家康。作为关白，为了天下太平，我觉得这是一件好事。之所以这样，也是因为我没用。”

“没用？”

母亲未曾想到儿子会说出这样的话，怒火不知不觉地消散。她一直觉得秀吉是她最有出息的儿子。

“是的。我怎么都生不出孩子。如果我像三河大人那样多子，这次就不会让妹妹痛哭流涕了。我秀吉没有孩子，太可怜了，太可怜了。老娘，希望您体察我的悲苦。”秀吉巧妙地狸猫换太子，把人质问题和自己无子的痛苦混杂在一起，博得母亲的同情，“不过，虽然阿旭同意了，但我没想到她体弱多病。因此，我这次恐怕又要让您老人家难过了。”

母亲转过脸，叹道：“你要让我也痛哭流涕吗？”

“是的。为了照顾阿旭，希望您暂时陪她去冈崎城。这也是为了天下太平。秀吉我老是做出不孝之事，向您赔罪了。”

秀吉泪如雨下，心中难受，不由自主地跑到上座，抱着母亲。尽管如此，他还是没有把自己如此对家康忍辱负重的原因，也就是“心头阴影”告诉母亲。

那太痛苦了。

秀吉抱着母亲，脑子里思考起来。

（没想到为了夺取天下，竟然要做出如此不孝之事。我本应该用其他方式夺取天下的。）

真该听取竹中半兵卫的忠告，把信长引诱到中国地方，让毛利军收拾他。正因为借着明智谋反出手，才让自己现在背负着沉重包袱。

秀吉第一次也是最后一次悔恨。

依靠屈辱条件，针对三河方面的工作告一段落。天正十四年十月二十七日，妹夫德川家康来到大坂城，在众人面前拜谒关白秀吉，行臣下之礼。背后的工作暂且不论，秀吉赢得了表面上的胜利。

如此一来，秀吉没了后顾之忧，可以向九州进发。但是，因为要举行新天皇的登基大典，关白不能不列席，所以秀吉没有立即出发。

天正十四年十一月七日，后阳成天皇即位，秀吉进宫。天正十四年十一月二十五日，举行登基大典，秀吉进宫。天正十四年十二月十九日，天皇任命秀吉为太政大臣，赐姓丰臣。

秀吉舍弃藤原姓氏，被天皇赐姓丰臣，其中经过以及含义是很复杂的。

之前，即便成为“犹子”，五摄家内部还是有人反对秀吉姓藤原，认为“这件事可笑，和他身份不相称”。新天皇即位后，朝廷只能重新给秀吉赐姓。

后阳成天皇没把理由直接告诉秀吉，这其中有原委。包括之前的正亲町天皇在内，历代天皇即位后，因为国库空虚，常常要过两三年甚至十年二十年才举行登基大典。秀吉是历史上第一个有才干的关白，他没有让天皇觉得手头紧张，脸上无光。天皇自然无法对秀吉说“你姓藤原不合适”。或者，天皇想法乐观，觉得秀吉没有子嗣，“丰臣”只能存续一代。

但秀吉没有这样理解，他很随意地认为，天皇赐下“丰臣”姓氏，表明会在轮流执掌关白的五摄家基础上新增一个摄家。

（如此一来，不仅我这一代人，子子孙孙都能当关白了。）

他的大梦想更加膨胀，其结果就是更加专注于“生孩子”。冷静下来一想，秀吉觉得从年纪上考虑，即便自己能有孩子，还需要一个人担当“承上启下”的任务。秀长和自己相差三岁，很难承担此任务。那就只有外甥秀次了。

秀次十九岁。

（作为武将，他没有过人之处，在小牧·长久手之战中还打了败仗……）

秀吉转念一想，堀秀政曾汇报秀次在文治方面的才华出众，比秀长有过之而无不及。平定纪州、四国后，秀吉把湖东地区交给秀次管辖。秀次兴建了八幡城，年纪轻轻，却把当地管理得井井有条，显示出执政才干。他把城市规划成和京都一样的棋盘状，将安土的工商业者整体迁移到那里的工商业区并加以保护，这批人便是后世“近江商人”的祖辈。他在当地热衷于发展生产，振兴产业，还致力于八幡瓦的开发。

秀政总结道：“老百姓对他的评价很高。”

秀吉有些怀疑，确认道：“你不会撒谎吧？”

“我怎么可能撒谎呢？别人怎样，我不知道，反正依我的性格，不会对天下人您溜须拍马。”

秀政的脸色都变了。

“好了，好了，我不是怀疑你。不过正因为是家人，我才有必要公正、严格地观察。我上年纪了，已经无法像以前那么敏锐了，所以才说了刚才一番话。我道歉，道歉。”

秀吉大喜，笑着岔开话题，突然又想起当年的信长也喜欢听他说奉承话。

天下大定后，秀次不善于领兵打仗这一点或许倒是好事。为了还没出生的后继者的安全，文绉绉的武将大概更加合适。秀吉眯起眼睛，开始寻思。

（把后事托付给秀次。我就在九州专心地生孩子。十年前，我曾让女人怀孕过，现在不可能不行。）

即便到了现在的年纪，秀吉还不觉得“孩子是上天赐予的”。

（如果是上天赐予的，那为何不赐给我？我这个男人完全有资格获得上天的赐予。我这个男人……）

如果得不到上天的赐予，那原因只有一个，但不能对妻子开口。

（或许因为宁宁是下等人出身吧。）

秀吉私下里这样想过。当年自己因为没有得到阿市，一气之下才娶了宁宁。因为年轻气盛，自己才会违背“不能和下等人发生关系”的家规。

（上天不赐予孩子，或许是上天的惩罚。）

现在为时不晚，就主动生孩子吧！只要努力，还是能生出来的——秀吉相信这点。

（不过，从老子的年龄考虑，这次的九州之行是最后的机会。如果失败……）

为了维系刚刚被赐姓的“丰臣”家族，秀吉必须要做出某种重大的决断。

秀吉自言自语，决意出战。

第十章　远征九州

1

关白秀吉率三万大军离开大坂城，水陆并进，缓缓西下。

天正十五年（1587年）三月一日。

秀吉早在二十天前就派出了九万余人的主力部队，命弟弟秀长担任大将，官兵卫担任监军。岛津军最初小看了秀吉军，从筑后北上迎战，见到双方兵力尤其是火力差距很大，一时惊呆，慌忙开始撤退。

“大人您不用特意前来，光是我等足矣……”

秀长他们胜券在握。

秀吉对此有数，却坚持亲征，以便平定九州后实地把握各地情况。他此行的重点是“令人垂涎三尺的商业之都”博多。博多可以和近畿地区的堺港相提并论。不，从和西方进行贸易往来的地理位置而言，它的价值要超过堺港。大友家、龙造寺家常年争斗，就是想要控制这里，岛津家也想闯进来获得渔翁之利。

秀吉要先把岛津军赶回萨摩，再分别会见大友、龙造寺等人，听听他们的想法，促成大家和解。作为斡旋和谈的回报，要为部属们抢夺多少封地呢？而且这些封地必须毗邻博多，以监视那里的一举一动。这种软硬兼施、相互交易的工作，秀长怕是无法应对。

（只有老子亲自去才行啊。）

秀吉非常自负。而且他还有个紧急课题，就是实地查看已经演变成基督教王国的长崎地区。那里情况危急，基督徒破坏寺庙、神社。不仅佛教界，就连朝廷也多次向秀吉抱怨诉苦。不过，这些都是表面上的工作，秀吉本就擅长软硬兼施的谈判，更何况还有强大兵力做后盾，解决上述问题并非难事。

身着华美服饰，笑容满面的秀吉，有着不为人知的烦恼。

（这可是最后一次机会，对生孩子的事情，我是否该放弃呢？）

秀吉已经五十一岁，没多少时间周旋了，如果在这次远征中未能得到孩子，就必须认真考虑“接班人问题”了。

秀吉想要个亲生孩子，他尚且留有男人的自信，不肯彻底放弃。唯其如此，他把这次远征看作最后的机会，带去很多女人，光是轿子的数量就超出五十顶，可谓一次绚烂多姿的行军。

出发时，秀吉首先叫了最性情相投的龙子。她住在大坂城的西之丸，相当于侧室之首，人称“西之丸夫人”。龙子三十三岁，虽然“三十不同房”的习惯尚未确立，但就当时女性而言，早就过了生育年龄。事实上，她和秀吉保持了四年多的琴瑟关系，却仍无怀孕征兆。最近，她读了《梁尘秘抄》后妄自菲薄，说自己是“红花下的绿叶”，多次主动地推辞陪侍。

正因如此，听到秀吉说“也带你去九州”时，龙子喜不自胜，泪流满面，毫不避讳周围人的眼光。秀吉也非常喜欢她这种死心眼。和这种女人同房，或许只是“空耗精力”罢了，但他还是不忍将其搁在一旁。

第二个女人是阿福。她四十二岁，早就和秀吉断了肌肤之亲，但一直受到厚待。大坂城完工后，秀吉把她从冈山城叫来，称作“备前夫人”。远征九州要路过冈山城，不喊阿福有点说不过去。秀吉做事情很细致，临出发时特地跑到阿福的房间，夸张地握着她的手，窃窃私语。

“阿福，备中高梁川以西的地区，我完全不熟悉，没有你们冈山人带路，我恐怕无法向西前进。就拜托你啦。”

阿福听到这样的话，一下子开心起来，把平素的“空闺怨”抛之脑后。

除此之外，秀吉还带了两个织田家的女人——三丸夫人和姬路夫人。她们的长处就是老实。这两个女人就像木偶一样，几乎没有身体反应，根本让男人产生不了兴致，但秀吉一直希望能和织田家的女人生下后代，就把“最后的希望”寄托在她们身上。

这也是对茶茶的一种制衡。茶茶依然抵触成为秀吉的侧室，当得知包括龙子在内的三个堂表姐妹都为了九州之行而忙着准备后，她显得很蔑视，不屑一顾。

（随你便！）

秀吉不觉有了这样的想法。

在这次远征中，有个意外发现，就是“阿锅二世”。她是信长侧室“阿锅”的养女，两人有点血缘关系。秀吉向隐居岐阜的“阿锅”提供了五百石的“胭脂费”，因为这个缘故，阿锅把养女送给龙子做了侍女。

这个养女和阿锅一样肤色黝黑，长相和体形都不精致。正因为如此，龙子才安心地将其留在身边。当龙子得知她和秀吉发生关系后，一时间因为嫉妒，恨得咬牙切齿。

“真没想到天下人竟然会对她下手！”

这全怪秀吉一时兴起，谁让“阿锅二世”当时服侍他洗澡呢？不过，她性情温和，头脑也非常灵活，最难能可贵的是她自知长相平平，从而态度谦恭，富有献身精神。这让秀吉喜欢。秀吉第一次和这样的女人发生肌肤之亲。他一度担心如果和这么难看的女人生下孩子，将来可不好办，但因为她擅长床上功夫，秀吉难以割舍。

第一天住在明石，秀吉让她晚上陪寝。她情深意浓，让秀吉感叹不已。而且，她作为侍女长期劳作，年轻的身体富有弹性，略呈褐色的四肢紧紧地贴附在秀吉身上，其他侧室从来没给他带来这种感觉。秀吉在床榻上抚摸着“阿锅二世”的身体，调笑道：“你的这些功夫都是养母教的吧？”听到这种话，她低头不语，脸上和身体上都泛出红潮。她是个彻彻底底的老实人。

（信长公或许也喜欢这样的女人吧。）

秀吉觉得这个意外发现有趣。

在“阿锅二世”身上尝到甜头后，秀吉决定扩大搜寻女人的范围。在远征途中的宴席上，他会从武将的女儿、侧室中物色；在游山玩水，徜徉于名胜古迹之中时，只要听到“有好女人”就会派人前去，召到身边。

通过和“阿锅二世”的经验，秀吉把“不能和下等人发生关系”的想法抛诸脑后。现在，自己的年龄越来越老，再也不能说这样的话了。女人长相过得去就行，即便土气一点，只要性情温和、头脑聪慧，腰身看起来能怀上孩子就行。和长相平平的女人发生关系，将来不会招致不必要的仇恨。而且也少了许多“狸猫换太子”（把和别人生的孩子硬说成“关白大人的公子”）的危险。

得知秀吉的想法后，负责招待他的人家以及相关人等都非常恐慌，一些勇敢的女人接到出席宴会的命令后，甚至会在怀中揣上一把匕首以示抵抗。但是，秀吉根本就不在意。如果用金钱解决不了，他就会用“流放”、“更改宗教信仰”等名头威胁那些女人的父亲或丈夫。不管被多少人憎恨，秀吉都不在乎了。

每次听到别人的指责，秀吉都会私下里嘟囔起最近才学到的一句话。

“在这世上，没有男人比我孤独。我是全天下的贫民。”

周围人都觉得诧异，但无人敢问情由。

——老而无子谓之为独，幼而无父谓之为孤。

这是《孟子·梁惠王》中的话。孟子把这样的人称为全天下的贫民。

秀吉住在高耸入云的天守阁中，身边美女如云，把玩着黄金茶器，在人们眼中，他离“孤独”很远，更谈不上“全天下的贫民”一语。

秀吉“心中的阴影”超出了人们的理解。

关白大人好色无比。在山阳道一带，其所到之处，这种憎恨秀吉的传言一下子散播开来。有些高僧曾向秀吉进言，其中一人还附上《金刚经》的一段。

若以色见我，以音色求我，是人行邪道，不能见如来。

秀吉瞥了一眼，嗤之以鼻，将纸张撕得粉碎。

“告诉那个和尚，‘你不知道色即是空的真正意思吗’？这句话的真正含义就是‘色就像空气一样必不可少’。”

这是他的信口开河。秀吉随即命部下找出那人并拖了来，凑到惊慌失措的僧人面前，轻声开口。

“师父，这些话，我只对你说。这次远征是我最后的‘爱欲行’。请您闭上眼睛，不要说没有风情的话。如果可以，请您帮我调查一下，看看出席今晚宴会的女人中，有多少人有‘那种想法’，宴会后就劝她们留下。这样，我就不用再一一劝说，反倒省事了。这才是出家人真正的‘功德’。”

僧人被弄得摸不着头脑。秀吉发起最后的进攻，那就是堆放在盘子里的金银。没有一个高僧能抵御住这种进奉。一些识相的僧侣收到巨额的进奉后，作为回礼，会通过药师送来“海狗肾”。这是中国宋代医书《和剂局方》中的壮阳药，把海狗的阳物干燥后磨成粉。海狗在自然界中是一夫多妻制的代表。这种药以“大力丸”之名普及后世，但在当时可是稀罕物，只能在虾夷地区弄到。秀吉也知道这种东西，但之前不管别人怎么劝说都不肯饮用。

（鹿角之类的也就算了，怎么能吃这玩意儿……）

但在这次远征中，一个识相僧人说“听说三河大人喜欢吃这东西”。这句话具有杀伤力，秀吉顿时放弃了成见。为了获得孩子，他皱眉吃了下去，虽然苦得都快落泪，虽然不知道是否有效，但至少得到了心理安慰。

2

秀吉的这次远征，乍看像是放荡之行，实际上，这其中隐藏着他本人的悲壮念头。

大约过了十天，三月十二日，秀吉在备后赤坂会见了一位意想不到的人物，足利义昭。这倒不是秀吉想见足利，他此时满脑袋想着女人，而且他也没有恶意——以天下人的身份，叫来“落魄的前幕府将军”。

去年年末，在劝告岛津和谈之际，秀吉起用了原将军义昭，两度让他撰写劝告书。那是安国寺惠琼建议的，也为两人时隔十五年的会见埋下伏线。

秀吉经过深思熟虑，没有把会见场所安排在室内，而是选择在津之乡田边寺的庭院中。他让人在杜鹃花烂漫的院子里，放了两把从南国传来的藤椅，中间放着圆桌。如此一来，不管在哪个位子就座，都不会让人产生上下尊卑之分。秀吉这也是为对方考虑。

会见时，秀吉脱下王公大臣的服装，换上武士服，没有化妆，也没染黑牙。他想掩饰一下“小人得志”后的心虚。

早晨，比预定时间提前了一点，义昭坐着毛利家安排的竹轿到了。他穿着宽大的茶褐色道袍，扎着头巾，没有佩带武士刀。

走进后，他摘下头巾，先冲着秀吉微微鞠了一躬。

这让秀吉心里很舒服，他使劲地点点头，张开双臂，打起招呼。

“哎呀，哎呀，义昭大人。真想念您呀，真想念。请那边坐。”

他指指庭院中的藤椅。

义昭瞥了一下藤椅，点点头，慢慢地走过去。他神情安详，看得出，他对没有上下之分的座位安排很满意。

很快，按照事先的安排，两个沏茶的僧人静静地端来干果和茶水。他们在义昭面前摆放好两碗淡茶，一个是黑色茶碗，一个是茶褐色茶碗。

“您喜欢哪个颜色的茶碗，就选哪个，尝尝我们的粗茶。”

秀吉毕恭毕敬地轻声说道，他让义昭选茶碗，也是为了表明茶碗中没有下毒。

“那么，我先选了。”

义昭挑了黑色茶碗，但或许还不放心，就那样拿在手中，欣赏起景色来。秀吉点点头。

“那么，我就用这个茶碗喝了。”

他拿起茶褐色的茶碗，行礼按照茶道形式一饮而尽，又把一颗干果放入嘴中。义昭目不转睛地看着秀吉，不慌不忙地紧随其后，似乎没有起初那么紧张了。只见他露出微笑，缓缓开口。

“这次，大人您忙着赶路，还接见我，真让我诚惶诚恐。”

秀吉一看他的眼神，明白他说的不是讽刺话。被昔日的将军大人用“大人”称呼，他登时觉得脸上滚烫。

“哎呀，哎呀，您可别这么说。去年年末，为了规劝岛津和谈，我可没少麻烦您呀。”

去年，秀吉通过惠琼给义昭送去了丰厚的酬金，但此时此刻，两人都没有俗套地提及此事。秀吉指指五颜六色的杜鹃花。

“真不凑巧，樱花都凋谢了，而紫藤才结出花骨朵。不过，今年这一带的杜鹃花开得很漂亮，也没凋零。昨天，我让人仔细修剪过，您喜欢吧？”

“何止喜欢。我能意想不到地饱此眼福，真是感谢。不过，这个花色对于我这个老人而言，过于鲜艳，有点晃眼。”

义昭的脸上露出略含羞涩的笑容。

“怎么会？怎么会？您还不能称作老人。我和义昭大人同岁，我可不想进入老年人的行列啊。哈哈哈。”

秀吉有句话没说出口——

（我还想生孩子呢！）

“秀吉大人和我同岁？是吗？那我失敬了。”

义昭随即道歉，但声音颤抖，似乎得知两人同岁后，受到了冲击。也许是身体不舒服吧，义昭面颊显黄，皱纹比秀吉还深，皮肤松弛。他默默地欣赏了一阵杜鹃花。

（他肯定因为命运的捉弄而百感交集。）

秀吉也没有迫不及待地和义昭商谈正事，反正这次远征不赶时间。他耐心地等着义昭开口。

等待中，秀吉百无聊赖，竟然想起昨晚二度和“阿锅二世”同房时两人说的下流话。或许因为身体倦怠，秀吉昨晚突然想到曲直濑道三的教导，没有使用平素的体位，而是主动躺在下面。

道三曾指着男女交媾的图示，满脸严肃地教过秀吉。

“这种体位叫兔吮式。虽然对它的由来，我不甚了了，但或许是因为两只手抬起来后，酷似兔子喝水的样子而得名的。不管怎样，这种体位最适合吞吸骑在上面的年轻女子的唾液。尤其是在疲惫的时候，我建议您用这种姿势。”

所有侧室都很畏缩，觉得“怎么能骑在天下人的身体上呢”。秀吉也没当真，只是想看看“阿锅二世”会如何反应。

不料“阿锅二世”竟和其他女人不同，只说了声“是”便起身打开房门，让月光照在身上，然后褪去衣服，赤身裸体，毫不胆怯地骑在秀吉身上。

这反倒让秀吉大吃一惊。

“你干什么？把房门打开，不冷吗？”

秀吉不由自主地呵斥起来。幸亏他们的住所在半山腰的最高处，四周戒备严密，而且警卫点设在低处，不会被人偷窥。但是，彻骨的凉气伴着月光一下子袭入屋内，秀吉觉得很冷。

年轻的“阿锅二世”浑身滚烫，秀吉从下面抱住她，就像要以此取暖。“阿锅二世”蜷着身体凑过来，两个圆碗状的丰满乳房贴在秀吉的脸颊上。

她在秀吉耳边轻声说道：“这屋子对面的大山允许我采用这种姿势。因此，我打开房门，想让大山看一眼。”

她嘿嘿地笑了。秀吉本来含着乳头，听到她的话，情不自禁地松开口。

“这对面的大山……你说它允许这种姿势？”

“是的。”

“它说什么了，你觉得它允许了呢？”

“它说‘高潮了吗’。”

秀吉情不自禁地“扑哧”笑出声。“阿锅二世”也被他带着笑起来。两人在床上翻滚着，大笑不止。他们屋子对面有一座小山，当地人俗称“高潮山”。“阿锅二世”借题发挥，即兴创作。秀吉真没想到她竟会把山名用在床笫之欢中……

（不管怎样，她是个反应机敏、有趣的女人。）

秀吉独自窃笑……

“秀吉大人。”义昭洪亮的声音让秀吉回过神，“说实话，今天我来拜访您，是为了一件无聊的事，所以一直不好意思说。”

义昭笑起来，显得挺开心的。

“您尽管说。”

秀吉讨好地笑起来，突然发现嘴角的唾液快掉下来，赶忙用手擦了擦。

“那我就说了。我想看看秀吉大人的手相。”

“我还以为什么事呢，原来是为了这个。这件事容易。这样，行吗？”秀吉在义昭面前摊开双手，“这么说，惠琼师父又在义昭大人面前多说了什么？”

“是的。百闻不如一见，我想亲自看看。那我就失礼了。”

义昭把秀吉的双手高高举起，放在阳光下，入神地观察起来。

“几年前，和惠琼见面时，他曾说过一句无聊的话，说我手上的阳线非常长。”

“秀吉大人的阳线的确一直延伸到中指指尖。”

“奇怪吗？”

“何止是奇怪。这种手相，恐怕几十万人、几百万人中才出一个。”

“怎么可能呀！”

“不，就是这样。您看看我的手掌。阳线虽然有，但短得可怜，在中指下方老远处就断掉了。”

秀吉顺势看了看，义昭手上的阳线果然很短，在掌中央就断开。

“这么说来，我无法战胜秀吉大人也正常。”

义昭呵呵一笑，收回了手。

“听您的意思，要是我的阳线不像惠琼说的那么长，义昭大人还准备……您觉得还有胜利的希望？”

秀吉的每一个字眼都带着讽刺意味，暗想“时到今日，你还说什么梦话”……

“如果我说没那种想法，那才是撒谎。”

义昭神情认真，随口回了一句，突然站起身来。他个头中等，但就坐在藤椅中的秀吉看来，犹如大岩石一般高大。

只见义昭从怀里掏出一把类似匕首的东西。

（糟了。）

一瞬间，秀吉吓了一跳，自己可是手无寸铁，而且整个身体陷在高高的藤椅中，离开地面的短腿在那里晃晃悠悠，毫无还手之力。秀吉顿感喉咙痉挛，冷汗顺着后背流下。哪知义昭只是微微一笑，转身背对秀吉，朝烂漫盛开的杜鹃花走去。

他走到花坛前，再次回头，轻唤道："秀吉大人。"

"嗯。"

秀吉因为惊吓，连声音都小了。

"能让我像盗花贼一样采一枝吗？"

"我很愿意。"

（哎呀，不过是个威胁呀。）

秀吉没有流露出内心的想法，觉得喉咙干干的。

"那我就动手了。"

义昭无忧无虑地挑选花枝，掏出怀里的匕首，轻轻割下两枝。随后，他把匕首放进怀里，将一枝杜鹃花插在道袍上，又将另一枝横含在嘴里，微笑。

"请原谅我的无礼，我打算就以这样的风雅之姿，沿着海边回去。嘴里还要吟诵着《万叶集》中有关杜鹃花的诗歌。对了，对了，吟诵什么诗呢？"

他煞有介事地歪着脖子思考起来，看上去是想考验一下秀吉的诗歌造诣。偏偏秀吉有关诗歌的修养只限于《古今集》、《新古今集》，几乎没有《万叶集》的诗歌知识，甚至连《万叶集》中有吟诵杜鹃花的诗歌这一点都不知晓。

秀吉只能悔恨地沉默。义昭朗朗地吟诵起来，显得颇为骄傲。

浦回[1]湖边杜鹃花，繁茂盛放掩小径。

---

① 日语"浦回"（うらみ）和"仇恨"读音相同。

（什么？仇恨的杜鹃花？）

秀吉闭上眼，拼命默记住这首诗。他对整首诗的意思不甚了了，只能茫然地看着义昭走出门外，坐上毛利家的座轿，绝尘而去。

（浑蛋！我对你礼遇有加，你倒得势地要弄我……）

秀吉后悔不已，狠命咬着嘴唇。

3

秀吉回到房间，立即派人快马加鞭通知细川幽斋回来。幽斋正和儿子忠兴一道远征九州。两天后，幽斋飞身赶到，秀吉板着脸，把默记下来的诗歌用假名写在纸上，递过去，也没有说明前因后果。

“你能把这首诗翻译成汉字吗？我不懂它的意思。”

“哎呀呀，您突然给我出难题……”

幽斋小心谨慎，接过纸看了一眼，随即微微点头，颇有把握地拿起了笔。看来，那是一首有名的诗歌。他很快把诗歌翻译成了汉字，递给秀吉。

“请您过目。”

“原来是这几个字啊……你知道这首诗？”

“是的。这是《万叶集》第二卷的诗，也是万叶集中为数不多的吟诵杜鹃花的诗。”

“真不愧是诗歌大家。在《万叶集》中，有几首吟诵杜鹃花的诗？”

“我记得有九首。”

“有这么多？你回头都给我写下来吧，好吗？把吟诵梅花、樱花的诗歌也分门别类地写下来吧，以便我今后学习，对了，给那些难念的汉字注上读音。”

“明白。”

“不过，汉字都很难认啊。”秀吉发自内心地感慨，“例如这个‘うらみ’，我不知道可以写成‘浦回’。既然现在我做了关白，就不能不掌握这些知识。”

秀吉自叹浅学无知，竟然把义昭诗歌中的“浦回”理解成了“仇恨”。

“幽斋。”

“在。”

“今后，你要教我更多、更深奥的诗歌。你曾经说过，要想擅长作诗，不太需要理论知识，只要多吟诵就可以了，哪怕是一些拙作……”

“是的。”

“但这次，我的想法有点改变，必须要默记住有名的诗集。必须要知道一些特殊的词汇，比如这里的‘浦回’等。你尽早给我讲解《万叶集》。”

“明白了。我很高兴给您解说，不过——”

“什么？”

“虽然您的诗歌水平还不是太高，但大人您最近的书法水平可谓天下一绝。大家都这么评论。”

秀吉根本不予理会，撇嘴道：“不要拿我开涮。”

“不，我没有戏弄您，也没有奉承您。尤其是您今天写的草书，我觉得无人能比。这是书法家们的一致意见。”

“我的书法不过自成体系罢了……”

秀吉嘟囔着，还是不为所动。

“您的书法不是临摹、学习来的，这反倒鲜活，让看的人觉得是一种享受。最重要的是，您笔尖所到之处，充满了自信。与此相比，信玄、谦信的书法只能说好，但没有意思。”

“那么，信长公的书法呢？”

秀吉转过脸，故意问了个居心叵测的问题。

“得罪人的话可不能说。请您不要让我评论吧。”

幽斋避开话题。

“你这家伙，躲得倒快。啊哈哈哈。”

秀吉觉得心情好了一点。

事实上，信长的字写得不好，但他本人完全不如此觉得，反倒以此为荣。“我脑子动得比手快，所以字才写得差。这说明书法好的人脑子笨。”秀吉听到这个传闻后，有意识地锻炼自己，写字速度比一般人快得多。

（不论动脑还是动手，我都比信长快。）

他那样做是为了挑战信长。正因为如此，他现在才能快速地写下遒劲有力的大字。

“总而言之，即便到了后世，天下人您的书法也会被当作古今绝品。我幽斋保证，您现在写的诗一定会洛阳纸贵。”

“是吗？就算你拍马屁，这话听得也高兴。那么，三河大人的书法如何？”

秀吉觉得顺便听听他对家康书法的评论也不是坏事。

“三河大人功底扎实，能写一手漂亮的字。不过，仅此而已，稍微欠缺一点乐趣。”

“是吗？没有乐趣？”

自己的强敌遭到贬低，即便这是奉承话，听上去也舒服。

“好了，趁我心情好，想拜托你一件事。”

秀吉换了个话题。

“您尽管吩咐。”

“你是隐居之身，还要回九州战场吗？”

“是的。我要去一下，很快就返回京都。怎么了？”

“那么，你返回九州的时候，顺便替我拜访一下义昭。”

义昭或许刚刚离开此地。

“我很愿意。有什么事吗？”

“请转告义昭，让他以后住在京都。我会令人给他相应的补贴，不会让他捉襟见肘。”

给义昭多少俸禄比较合适呢？秀吉觉得一万石差不多，但此时没有明说。幽斋的嘴巴不牢，不知会蹦出什么话来。

“还有一点，义昭住到京都后，为了不让这位原将军抬不起头，我觉得要给他相应的名分。你回到京都后，找机会面见近卫前久大人，听听他的意见。”

(如果知道我为他做了这些事，那个从我面前趾高气扬离开的义昭会是怎样一副表情呢？)

秀吉很想看看。这会产生一种“关白宽容”的效果，很有意思。

秀吉露出从容的笑容，站起身。

4

天正十五年。

三月十八日，秀吉前往严岛游玩。

三月二十五日，秀吉前往赤间关。

三月二十八日，秀吉从柳之浦登陆九州。

三月二十九日，秀吉到达丰前的马之岳。

整整一个月，除了晚上和女人“作战”外，秀吉在白天都游山玩水，没有打过一场仗。

（至少白天能作战一次。）

为了能生下孩子，秀吉每天晚上都要“作战”，但一直都是女人们主动“进攻”。秀吉想在白天恢复男人的威严，向人们展示出自己豪迈的战斗风采。而且，按照当时的风俗，合战前连续三天不能近女色。

哪怕三天也好，秀吉想独自好好睡一觉。他和率领主力先行出发的秀长商量了一下。秀长也因为萨摩军不战而逃，和秀吉一样无所事事。

好不容易出现了敌人。秋月种实及其党羽守卫着三座山城。秀吉暗自窃喜——这样就可以独自入睡了。

“秋月种实？”

秀吉没有听说过这个人。

或许觉得百无聊赖，秀吉此时再度化妆，打扮成原来的王公大臣模样。他表面上装得文雅沉静，手上却不停地打开扇子，又合拢起来。他因为无所事事而坐立不安。

“秋月氏是历史悠久的名门望族，延续了四百多年。他们自诩是中国东汉灵帝的后裔。”

监军官兵卫卖弄起学识来。

“是吗？汉人的后裔？真不愧是九州地区，有形形色色的人，有意思。但是他们为何此时反抗我？”

虽然好不容易出现了敌人，秀吉还是想了解一下对方的心态，他们明明知道就算反抗，也不会有胜算，为何还要造反？

“秋月所在的古处山城自古就是天然要冲，他们愚蠢地相信，只要拖延时间，逃走的岛津军就会卷土重来。”

“这种想法天真，天真。”

秀吉嗤之以鼻，认真地观看起三座山城的地图来。他越看越油然产生攻城的本能欲望，连自己都觉得开心。这些城池都位于连绵群山的半山腰处，尤其是种实所在的古处山城位于和古处山（海拔八百六十米）相连的尾根山的山顶。

“在这么高的地方，水和粮食的问题怎么解决？”

官兵卫答道：“山顶附近有井，水量充沛。自古以来，他们从未因为干旱而缺过水。据说他们的粮食储备也很充裕，可以维持半年。”

如此一来，秀吉就无法实施擅长的“围困战”，就算能采用此种战法，在这里白白浪费半年的时间实在不值得。

“从这里的岩石城发起攻击。不过你们要记住，为了让种实害怕，你们要一鼓作气拿下，不能给他们喘气的时间。要让九州的乡下武士看到我们大军的威武雄壮，让他们胆战心惊。不过，也不能白白牺牲士兵。”

“您的要求太难了。”

官兵卫嘴上这样说，却是满脸微笑，用手敲打着头部，从秀吉面前离开。官兵卫如此离去，就证明他有信心。秀吉安心了。

开战前，所有武将都争先恐后地请求打头阵。秀吉听到汇报，非常高兴，欣然命令善于作战的蒲生氏乡攻打正面，锐不可当的前田利长攻打敌人后方，前野将右卫门负责指挥使用炸药的特种部队。

接下来的三天中，秀吉赶走所有侧室，独自酣睡。虽然已经五十岁了，但精力恢复得很快。

四月一日拂晓，两队火枪手开始从正面和背面夹攻海拔四百四十六米的敌人。他们各有一千人，排成十列，每列百人。蒲生和前田在各自阵营中挥动一下白扇，战斗的锣鼓顿时响彻天空。关白军枪弹如雨，全都倾注在敌方阵地上，丝毫不给对方还手的余地。步兵穿着和草木一样颜色的衣服，手拿长矛，腰里别着石块，在火枪手的掩护下像蜘蛛一样攀爬山体。敌人那零星的冷枪根本打不中他们，反倒是抛下的落石给秀吉军造成重大伤亡。但秀吉军很快就用土包和木栅栏进行防御，有效遏制住对方的攻击。

将右卫门的特种部队则沿着山体从两边向上挖掘细长的隧道，一直挖到城墙和仓库的正下方，堆放好带有引线的炸药包，随即全员后撤。他们可以通过引线的长度调整爆炸时间，退到安全地带后，瞅准时机，从远处点燃引线，火苗眼见着蹿向前方，很快便传来响彻山谷的轰鸣。敌人的堡垒、粮仓、弹药库瞬间崩塌。

忍者们不甘落后，都想建功立业，身手敏捷地潜入敌人的城防工事和仓库，将带有引线的炸药罐安装在柱子上。很快，各处又发生小爆炸，城内一片混乱。

在秀吉军强大的火力压制下，城内士兵无所适从。当天下午四点，岩石城的攻防战斗结束了。敌方的两员大将芥田、熊井以及城内的大部分士兵都被击毙，余者溃逃而去。

攻下岩石城后，秀吉军又直奔西南三里处的大隈城。该城位于古处山城和岩石城之间，海拔一百八十米。结果，敌人不战而退。

（真是没有出息的家伙。）

秀吉发着牢骚进城，只见到处都是瓦砾，所有建筑物都被毁坏殆尽。

“他们这种抵抗真是愚蠢。”秀吉苦笑着，突然想到一个点子，“对，何不把瓦砾堆积起来，建一座‘一夜城’呢？”

这只是秀吉一时兴起的念头。监军官兵卫满脸狐疑地从旁看着秀吉，他不知道秀吉过去曾干过同样的事情。

“一夜城？这是……”

只有秀长、将右卫门和少数武将知道秀吉的这种戏法，他们暧昧地笑笑，相继散开，留下官兵卫呆坐在原位。

这种戏法，如果明说，就没意思。其实，就是把瓦砾堆积起来，然后把白纸贴在从附近农家收集来的门板上，立在瓦砾前，犹如白墙一般，接着让擅长作画的人用墨水在白纸上塑造各种造型。当时还没有望远镜。关原之战结束以后很久，望远镜才传到日本。因此，从两里多外的古处山城望过来，大隈城犹如一座崭新的白墙之城。

果然。次日早晨，待在古处山城的秋月种实看见一夜之间出现一座崭新的白墙之城，大惊失色，当即放弃战斗，提出投降。秀吉捧腹大笑。秋月种实得知新城戏法后，再度大惊失色。不过，与其说后悔，倒不如说他对秀吉深不见底的才智感叹不已。或许因为这个缘故，种实投降后，作为谢礼，欢天喜地地带来了十五岁的爱女以及珍藏的楢柴茶罐。楢柴茶罐是中国风格的一种茶罐，别名“博多茶罐”，和初花茶罐、新田茶罐一起，合称天下三宝。秋月氏是延续几百年的名门望族，这是他们的传家之宝。秀吉笑纳了他的礼物。种实希望女儿成为关白的侧室，秀吉却没有马上染指。

她的确是绝代佳人，难怪种实引以为豪。

“我们家族孩子多。据史料记载，从没出现过生不出孩子的女人。我希望能抱到您的儿子，也就是我的外孙。”

秋月的这个请求充满诱惑力，但她毕竟有汉人血统。秀吉对此还是很在意的。

（万一我和这个女孩生下孩子，朝廷是否能允许他继承关白之位呢？）

这不过是杞人忧天，但这也说明秀吉在九州猎艳并非是简单的寻花问柳。

四日傍晚，秀吉进入古处山城。

中途发生一点小变故，有人偷袭秀吉，但他根本不以为然，因为有个男人被他叫到这里来了，秀吉一直希望他能成为自己的直属部下。这个男人名唤立花统虎，正是日后的立花宗茂。

统虎当时是筑前立花城的城主，出于对衰弱主家大友氏的忠诚，从去年七月以来，直到秀吉军赶到，长达十个月，一直抵御着岛津义久的入侵。秀吉特别喜欢这个二十岁出头的男人。在这个变节如同家常便饭的年代，统虎严守着忠义之道。秀吉像当年喜欢尼子氏的山中鹿介一样，对统虎念念不忘。

秀吉把统虎叫进古处山城的客厅，主动从高高的主位上冲下来，坐在统虎面前，他不愿像外人似的接见这员武将。

“你勇猛善战，可谓九州第一骁将。我太想和你见面了。”

秀吉叫嚷着，抱住统虎的肩头。

（我想把这个男人带回近畿地区。）

秀吉一直抱着这个念头，但统虎比传闻中还要顽固。接见结束后，秀吉举办了宴会，频频举杯劝说统虎。

“你能来大坂、京都吗？”

“虽然您热心邀请，我还是要拒绝。我不喜欢京都和大坂。”

秀吉故意惊讶道：“是吗？为什么不喜欢呢？”

统虎冷冷答道：“京都的鱼不好吃。”

“那么大坂呢？”

“听说水不好。去年大友（宗麟）大人去过您那里，我是听他说的。在我们九州，不论鱼还是水，都是天下美味。”

（宗麟这家伙，尽说废话……）

秀吉苦笑，却未放弃说服工作。

“关键在于女人，对吧？据说九州的女人皮肤褐色，眉毛浓而丑，嘴巴周围的汗毛重，手腕和胸口处竟然还长出硬硬的体毛。不是吗？”

秀吉为了激怒统虎，故意夸大其词地贬低九州女人。

“不是，不是，也有相当漂亮、文雅的女人。我老婆就是其中一人……”统虎毫无惧色地回答，接着又说了一句多余的话，“我不了解京都一带的女人，很难将双方比较。不管怎样，我原本就不是非常喜欢女人。女人长得好看还是丑陋，我并不在意。”

“真服你了。你讨厌女人？还是只迷恋老婆？”

秀吉觉得统虎说的话似乎在讽刺自己，但看统虎的样子又不像。他的表情一本正经。

“为什么不喜欢呢？我和正常人一样，也喜欢。不过……”

“不过什么？”

秀吉探出身子，听得津津有味。

“我从少年时就开始听说大友氏历代家督和女人之间的蠢事……”

统虎含糊其词。大友家的前主公义镇、再前一代主公义鉴都是好色之徒，甚至染指家臣的妻女。好多武士因为被主公夺走妻子而失去面子，悲愤而死。

“那个义镇现在改名宗麟，向异国神灵寻求‘死后灵魂的救赎’……对吧？而且他还擅长表演滑稽戏。好了，大友家的事情随它去吧。你不会因为主公那样而回避女人吧？难道还有别的原因？比如说，像上杉谦信那样……”

谦信没有孩子。有两个版本的说法——谦信本人就是女人；他在战场上用竹筒小便，结果跌落到山谷中，成了废人。时至今日，相关说法依旧像模像样地流传于坊间。

“不，我很健全。但是每次听到老婆在‘那一瞬间’讲出的下流话，看到她扭动的丑态，我的头脑就会清醒起来。”

“老婆？这么说，你和老婆睡觉，也那么勇猛？”

秀吉笑出声，他突然想到宁宁。从年轻时开始，宁宁在床上就羞羞答答，让秀吉觉得不过瘾，这也是他寻找其他女人的一个原因。

“没有和其他女人比较过，我不知道。”

“如此说来，你没接触过其他女人？”

“不，我也曾有过两三次寻花问柳，但觉得女人都一样。有些女人狂呼乱叫后失去知觉，我看见她们很痛苦，总是忍不住拍打她们的脸，问她们有事没事。”

“你真是个完全不懂风情的男人。”

秀吉呆若木鸡，直勾勾地瞪着统虎。

“也许吧。”

“女人表面如菩萨，内里如夜叉。让她们暴露本性，让她们疯狂，这是男人最快乐的事情，也是有价值的事情。而你竟然拍打沉浸在快感中的女人，真是太不懂风情了。”

“如果真像您所说的，请原谅我。”

秀吉故意嚷嚷道：“不行，我可不会听了就忘，不能原谅你。”

“那我怎样做，您才能原谅呢？”

“两者选一。”秀吉忍住笑，“要不然你就把你老婆的胡言乱语说出来，让我听听，今后也可以学习学习。”

秀吉不了解九州的女人，也没有染指秋月种实的女儿。他突然涌起好奇心。

“这件事，请您放过我吧。那不过是夫妻之间的无聊话语罢了。”

“你不用为难，我不会对别人说，你就告诉我一个人。说不定这对我生孩子有帮助。我们到隔壁房间，两个人好好聊聊。”

“真不行。我认输。”统虎满脸通红地抱着头，“如果我死活都不愿意说，您会怎么处置我呢？”

“那就按第二个条件办。作为违抗关白命令的处罚，我要把你移封到大坂。”

“移封到大坂？”

“对。给你二十万石俸禄，如何？”

“二十万石？在近畿地区，我能得到这么高的俸禄？”

“如果不够，三十万石也行。我就是想把你留在身边。”

这男人丝毫不比家康的亲信逊色，他肯定能成为保护自己未来儿子的最大忠臣。

可惜，统虎瞪圆双眼，又一次摇了摇头。

“虽然您一片好意，但让我这个九州男人说出和老婆的‘私房话’……我统虎觉得可耻。”

“是吗？反正两者选其一，那你就去大坂吧。”

秀吉就要为自己“诱导作战”露出会心的微笑，不料统虎的回答出乎意料。

“不，我不是这个意思。”

“那是什么意思？”

“我回去征得老婆同意后，会再来的。”

三天后，统虎仪表堂堂地来了，他穿着窄袖便服、坎肩和裤裙。负责接待的茶僧回来报告——他面色苍白，心中似有隐情。他说想悄悄地和秀吉单独面谈。既然三天前允许他回去商量，秀吉此时不能不见。

“好吧。”

秀吉始终装得很冷静。其实，秀吉后来对自己在酒宴中提出的淫荡要求进行了反省。他理解统虎的心境，对一个男人而言，讲述那种事的确是耻辱。

（是我造孽呀。）

为了修复两人的关系，秀吉决定先入为主。

统虎被带进房间，趴在地上。就在他抬头的一瞬间，秀吉赶紧叫嚷起来。

“你是来回答我那天在酒宴上提出的问题？”

“是的。”

“如果这样，你就不用回答了。就当没那回事……”

然而，统虎没有避开话头。

“不，那可不行。作为武士，一言既出，驷马难追。我回去后就告诉了老婆，她笑着对我说‘要是移封大坂等地，我还不如死掉。而且，我自己都不知道在那种时候说了什么话。如果用女人在快乐时说的胡言乱语就能免除移封大坂的话，那也太划算了。你就尽管说吧。不过……’”

“你老婆最后还附加了一个条件？什么条件？”

“她说‘虽然我觉得划算，但如果让外人知道这些话，你将蒙羞。所以，如果秀吉大人非让你说，你就问他要一个严守秘密的保证书，还要和他口头约定，不会告诉侧室。否则，你绝不能说’。”

“你老婆说得好。”秀吉哈哈大笑，赞道，“好，我真是骑虎难下，这就写一份你老婆要的保证书吧。”他让人拿来纸笔，闭了一下眼睛，然后用引以为豪的速度，流畅地写了起来，“你看，我写了一首杂诗，算是保证书吧。”

纸上赫然写着一首诗，墨迹未干。

发誓愿闻鸟语声，山间小路独自行。

“怎么样？”

秀吉问道，自我感觉这首诗不错。

“可以。那我就收好这个保证书，将来作为我们家的传家之宝。接下来，请您看看我老婆的私房话。”

统虎从怀里掏出纸，捧递给秀吉。秀吉接过一看，上面写着一句话——

“夫君，我已融化，即便如此，依然在娑婆吗？”

所谓娑婆，就是梵语中“必然经历的六道”，由此衍变成“这个痛苦的世道”。这是女人无比陶醉时吐露出来的“豪言壮语”——被丈夫搂在怀里，身心如此舒畅，我还活在这世上吗？

秀吉“啪”地拍了一下膝盖。

“统虎，你连夫妻间的私房话都告诉我，太好了。起初，我太想让你成为近臣，有点兴起，才会提出这种要求。请原谅。不过，现在不同了，我感觉自己到了这把岁数，再次领悟到‘女人的深不可测’，怎么说呢？‘被年轻人教育了’吧。这或许能激励我生孩子。不过，我一定遵守约定，这是我们两人之间的秘密。”

秀吉当着统虎的面，缓缓地将那张纸撕碎。

5

天正十五年。

四月三日，秀吉来到秋月、荒平一带。

四月十六日，秀吉抵达隈本城。

四月十九日，秀吉到达八代城。

四月二十七日，秀吉到达出水城。

五月三日，秀吉进入萨摩。

五月八日，秀吉在水引乡（川内市）泰平寺建立大本营，接受岛津义久的投降。

和立花统虎见过面后，秀吉在城下的秋月公馆住了几天。这是建在一个叫“荒平”的小高地上的草斋，面朝着从古处山流出的野鸟川。古处山城地势太高，周围无法让部下安营扎寨。但秀吉觉得这里充满不可思议之气，不愿离开。

把这里定为住所后的第一个晚上，秀吉睡得很香，第二天早晨神清气爽，想生孩子的欲望又油然而生。但是，滞留在高地上的住所，容易受到敌袭，何况周围又是幽深的峡谷。四月三日枪击秀吉的犯人还没被捉拿到，其四周更加戒备森严。即便在卧室中，为了防备有人趁黑偷袭，身边人也想了各种新的应对之策。

负责卧室警卫工作的是女管家孝藏主。她是蒲生家臣川副胜重的女儿，出家后改叫孝藏主。秀吉压根就不想让她来九州，但她在宁宁的授意下硬是赶了过来。秀吉不知道她的确切年纪，反正岁数不小。她赶过来的目的好像就是为了向宁宁逐一报告秀吉晚上的女伴。秀吉对此装聋作哑，反正她也不会说多余的话。

“现在，恳请您能在卧室中做四个准备。”

孝藏主首先开口。她虽然嘴上说的是“恳请”，口气却极强硬，似乎不容许秀吉说“不”。

“竟然有四个……”

她还没说，秀吉已经战战兢兢，瞪着这个尼姑。

“第一……”孝藏主没有一丝笑容，缓缓说道，“她们陪侍后，休息的时候，请您穿戴这个。”

她不是请求，而是命令，递过来一件大红色的薄绢女装。这是为了防备刺客趁黑偷袭。秀吉不情愿地同意了。

“第二……您今后就寝的时候，要睡在女人的左边。”

秀吉从她恨恨的语气中能嗅到嫉妒的气味，孝藏主从未接触过男人。

“为什么？”

秀吉故意使了个坏心眼。他是个右撇子，之前总是睡在女人的右边，早晨一觉醒来，可以很方便地伸开右手，玩弄女人的胸和腰。

孝藏主背过脸去，装没听见。

“第三……”

孝藏主说到一半，突然低下了头。秀吉善于通过神情洞察对方的内心活动，尤其是对女人。他觉得这尼姑之所以会低下头，肯定是因为接下来的话令她尴尬。果然，孝藏主说出一句令人始料未及的话。

"今后，希望您不要呈'川'字形休息。"

"'川'字形？什么意思？"

秀吉故意装糊涂。事实上，来到九州后，秀吉曾同时把身体反应迟钝的三丸夫人和姬路夫人叫入卧室，希望借此刺激她们。那时，秀吉居中，将两个女人放在左右，形成所谓的"川"字形。就寝的时候也保持这种姿态。

（难道这个尼姑偷看了？）

秀吉一瞬间感到不快，但孝藏主毫不在意，继续说了下去。

"比如，您可以这样……"

孝藏主趴在地上，递过来一张图解。秀吉接过一看，只能苦笑。上面画着两幅图，一幅是所谓的"川字形"图，女人、男人、女人并排而卧；另一幅则是三个人冲着三个方向，保持圆形的等间距而卧，用现在的话而言，就是三人呈放射状，保持一百二十度间隔。

"原来如此。"

如此一来，偷袭者在黑暗中无法一瞬间找到秀吉，更何况他还穿着女人的衣服。当对方犹豫不决的时候，秀吉就有可能趁机逃脱。

秀吉刚要脱口而出"有趣"，突然间冒出一个疑问——理应没接触过男人的孝藏主从哪里学到这么多的"房中术"呢？

（要让三成调查一下这个女人的情况……）

秀吉漫不经心地想着。孝藏主继续说下去。

"最后一点，为了防备穿过走廊时遭到偷袭，请您在自己房间等女人来。"

孝藏主说到这里，又抬起头露出那不苟言笑的表情。秀吉回想起当年自己还是小头目的时候，曾经在清洲的妓院中因为等女人而睡过去。

（不去女人的房间，而是躺在屋子里等，这也算是乐趣吧。）

秀吉只对这最后一项没有抵触。他知道在屋子里等女人会产生意想不到的效果。侧室来之前会沐浴更衣、化妆打扮。秀吉在等待的时候，就会迷迷糊糊地打盹，一不小心熟睡过去，当他被女人的衣服摩擦声弄醒后，体力很快就能恢复，这让他本人都觉得吃惊。这是个意外发现。秀吉曾偶然询问当地的专业医师，得到的回答是："两小时的熟睡能恢复精力，所以您醒来后会特别亢奋。不过，超出两小时就不行了，那反倒会让男人不行。"

"是吗？我受益匪浅。"秀吉褒奖了药师，开始付诸行动。

（道三那家伙，没有告诉我这样做。）

秀吉嘟囔着。当地医师无心的一番话比任何壮阳药都管用，秀吉就此恢复了男人的阳刚之气。后来，他回到大坂后，也尽可能地遵守这个方法。

四月十日，秀吉心不甘情不愿地离开荒平。之后，他十六日进入隈本城，十九日进入八代城，二十七日进入出水城。一路上，岛津军都没有抵抗。

将近一个月，秀吉又只能和女人“作战”。

岛津义久来到秀吉设在泰平寺的大本营，正式请求投降。

（这个男人曾经非常瞧不起我，原来就是这副德行。）

秀吉端坐在他的正面，琢磨是否要讽刺几句。那个低头趴在地上的大个头男人肤色黝黑，做好切腹的思想准备，从鹿儿岛赶了十三里路，来到这里，整个人看上去很憔悴，而且他还剃了个大光头。

（那不过是形式上的光头罢了。）

秀吉忍住心中的笑意，爽快地饶了义久。

秀吉的这次远征本来就只是为了把岛津限制在萨摩地区。如果没收他的封地，就必须找人接替管理。萨摩和肥后一样排外，是很难统治的地区。一想到要左思右想，考虑新的统治者，秀吉就觉得烦。何况在这一路上，也没遇到像样的抵抗，己方几乎没有损失。这些都让秀吉觉得没必要惩罚义久。

秀吉非常大方地提出受降条件，只要义久交出女儿当人质就行了，并且允许岛津义久如前统辖萨摩、大隅以及日向的部分地区。后来，秀吉看了看他女儿，觉得没什么兴趣。

（希望我替他们复仇的大友家，怕是会不满这种处理……）

秀吉想到大友宗麟去年曾被岛津痛打，卧床不起。不过，此时必须抛却私情。之后，虽然还有岛津一族的零星抵抗，但都圆满解决。秀吉终于踏上归途。

武将们因为凯旋而一下子兴高采烈起来。秀吉感觉到这种氛围，当即下令就地解散，六月五日在太宰府集合，在剩下来的路程中任由他们各自行动。

不过，他本人的返程之路却极为保密。五月之后，秀吉军行踪不定，这也是产生多种传闻的原因之一。

一个月后的六月六日，秀吉突然现身太宰府，前往附近的岩屋城。

他去那里是有原因的。岩屋城位于太宰府西北四王寺山的一角，海拔两百五十米，是个很普通的小城。但是，这是立花统虎的亲生父亲，大友家武将高桥镇种（绍运）修建的城，是宝满城的支城。去年（天正十四年）七月，绍运主动进入岩屋城和岛津对抗。他在岛津军的猛攻下，坚守了半个月。七月二十七日，绍运和城内七百六十三名将士一起玉碎。在翻手为云覆手为雨的战国时代，在战斗中全体玉碎的事情非常罕见。二十八日，宝满城也陷入岛津军之手。

只有绍运的儿子立花统虎统辖的立花城，虽然只有千余士兵，却在约一个月的时间中牵制住五万多岛津军，直至秀吉的先头部队毛利军到达九州（天正十四年八月二十四日）。岛津军开始撤退后，统虎又立刻夺回岩屋城、宝满城，并跟踪追击，给岛津军造成五千多人的巨大伤亡。秀吉郑重其事地悼念完岩屋城的战死者，再次称赞起统虎的将才，只可惜统虎拒绝到他身边效力。

“那家伙老婆的私密话要价太高。”

秀吉唯有苦笑。

6

秀吉六月七日参拜吕崎八幡宫，由此开始了他在九州最后也是最大的政务工作。他想重新规划对九州以及对基督教的政策，打算用一个月的时间来处理这两项事务。对“当机立断”的秀吉而言，这是很罕见的事，何况他也没有面对什么特殊的困难。

秀吉一直观察着一个当地男人死后的情况变化，那个人就是信仰基督教的大名大友宗麟。宗麟曾是君临九州六国的伟人，前两年因岛津家的大举进攻而失去霸权，落魄失意，一直卧床不起。

从九年前的天正六年（1578年）开始，宗麟从佛教改信基督教。

四月攻陷岩石城之后，秀吉就让同样是基督徒的黑田官兵卫离开远征军，紧跟在宗麟前后，所以对他的一举一动了如指掌。

（大村纯忠碰巧四月死了，宗麟也快不行了。等他死了再重新划分九州地区吧，事情似乎挺好办的。）

秀吉基于这种形势判断，从容不迫。

大村纯忠也是个基督徒，早在永禄六年（1563年）就改信基督教，比宗麟的年头还长。天正八年，为了教会的相关建设，他把长崎一带的土地捐献给耶稣会。后来秀吉派人调查过，他似乎得到了信长的同意。天正十五年四月十八日，大村纯忠离世，秀吉兵不血刃地占领了隈本城、隈庄城。一个月后的五月二十三日，宗麟步他后尘死去。宗麟虽然向异教祈祷，却也没能长寿，只活了短短五十八年。

宗麟死后，儿子义统继承家业。秀吉看他地位稳固，便把丰后国交给了他。和父亲宗麟的时代相比，义统沦落成小国之主。宗麟生前信仰基督教，并强迫部下、百姓信仰，而义统也在当年三月改信基督教，这让父亲宗麟高兴，却失去了许多讨厌基督教的勇猛武将。秀吉算准了义统即便沦为小国之主，也不会有太大的抵触情绪。

"我本想把丰后地区赏给你，把日向地区赏给你父亲，但一心向往天国的宗麟大人却说不需要现世的领地……他主动推辞。"

这样一来，义统就算只获得丰后一国，也不好抱怨什么。谁让"死人不会开口说话"呢？

那些在八幡宫一带安营扎寨，迫不及待等着封赏的武将全都同意秀吉对大友家的处置。他们期待自己能相应地多获得一些领地。

但是，秀吉的封赏让所有人大吃一惊。

小早川隆景，筑前国全境加筑后国两郡，五十二万石；佐佐成政，肥后国，五十二万石；黑田官兵卫，丰前国马之岳城主，十八万石；立花统虎，筑后国四郡，十三万石。

那些武将不仅感叹，更多的是不满。

（为何连筑前地区都要赏给小早川……）

武将们毫无例外地这么想。秀吉甚至听到他们挑唆直接受害者立花统虎。

"对吧，立花大人？不该给小早川吧！"

统虎获得了筑后四郡的十三万石封地，但他的旧封地，包括立花城在内都被划到小早川的辖区中。这时，又出了件意想不到的事。统虎是入赘的女婿，他妻子对这次封赏颇为抵触。她根本就不想离开。

"我要留在父亲长眠的地方。"

她根本不听统虎的劝说。六月中旬，统虎只能将妻子留在旧领地，独自前往新封地柳河。半个月后，统虎的妻子俨然被小早川的家臣驱逐出来一般，满脸不甘地离开了筑前地区。或许因为这次封赏产生隔阂，她即便来到柳河，也和丈夫分居。两人似乎要离婚了。

（两人曾那样琴瑟相和，现在竟如此别扭。招女婿进门的女人就是难伺候。）

听到传闻的秀吉也觉得棘手，但又不能因此改变人事决定，只能抛却私情。经过调查，秀吉得知统虎幸亏和这个要强的妻子没有孩子。既然两人陷入分居状态，不管愿意与否，统虎都要找个侧室。

（这不是一次好机会吗？他可以找个侧室，抛却不喜欢其他女人的念头。他早晚会感谢关白我。说不定他想法一变，会为了我离开九州。）

秀吉又想再劝统虎去近畿地区。

他把九州的一部分地区封赏给小早川，是要回报毛利家。五年前，他从毛利家手中获得了中国地方的领土。在外行人看来，小早川获得的筑前一国和筑后两郡土地肥沃，比秀吉从毛利手中得到的中央山脉更有价值。但是，外行人只是从“耕地”这个角度考虑问题。要知道，秀吉得到的中央山脉是金银宝库。

“控制下一个时代的是金银。”

秀吉敏锐地觉悟到这一点，才会让毛利家进入九州。能如此深谋远虑的，除了秀吉，只有前野将右卫门。

佐佐成政获得了肥后的五十二万石封地，这也远出武将们意料。四年前，成政是柴田胜家的部下，曾抵抗秀吉和利家的联军，最后被织田信雄劝说，改弦易辙沦落成小领主，手里只剩下北陆地区的新川郡。

最初，因为秀吉免其切腹，他大为感激，拼命效力。随着他在各地勇猛战斗建立战功后，逐渐忘却了秀吉的恩情，抱怨不断。秀吉看透了这一点，干脆一举将其提拔成隈本城的城主。乍一看，这是秀吉的让步，是怀柔之策。其实，他根本就没打算让这个男人成为享有五十二万石封地的大名。

这次封赏中隐含着秀吉更深远的计谋。在秀吉出生的天文初期，肥后地区的名门菊池氏没落了，这里被五十二位豪族割据。当地人自尊心强，导致这里和萨摩一样难以统治。秀吉做事天衣无缝，他让弟弟秀长一进入九州，就告诉那些豪族——你们的领地不会被没收，由此打消了他们起兵反抗的想法。也正因为如此，他们现在应该不会听成政的命令。

（让那个家伙管理肥后，失败了，我就让自己的亲信取而代之。）

秀吉的一箭双雕之策就隐藏在这次的封赏中。秀吉把肥后地区的管理权交给成政的时候，特地把他叫到身边。

“就交给你了，行吗，成政？肥后地区难以管理，除你之外，我找不到合适人选。那我可就拜托你了。但是，你要小心，不要刺激当地的豪族。”

“如此一来，那大人您说该怎么做？”

时至今日，成政下意识中还觉得秀吉当年比自己职位低，听到秀吉盛气凌人的命令时，内心感到很受伤。

（我又不是小孩子，要你说那么多废话。）

成政显得非常不开心，他这种反应完全在秀吉预料中。

“今后三年，不要丈量土地。”

秀吉微微一笑，漫不经心地说了一句。

“那怎么行呢？”

成政很愤慨，不丈量土地就难以确保领地的收入。如果没有稳定的收入，就无法管理领地。秀吉提出的要求难以实现。成政进入肥后地区后，无视秀吉的忠告，强行丈量土地，遭到当地豪族的一致反抗。这是秀吉返回大坂之后的事。

在对待基督教的新政策上，秀吉希望慎重行事。

他亲自奔赴博多，和对成政提出的要求相反，他命人认真丈量土地，调查租税收入。结果，他掌握了一个惊人的事实——从天正十二年（1584年）起，不仅是长崎教会的土地，就连长崎周边所有土地的年收入都划归基督教会。

“大村纯忠大人和佐贺地区的龙造寺家作战时，因为军费枯竭，无奈之下以这一带的土地年收入做担保，向葡萄牙人借了百贯银钱。他到期无法偿还，只能继续抵押，这种情况一直延续到现在。”

也就是说，完全丧失了土地管理权。或许因为主公纯忠已经离世，大村氏的财务行政官才会放心大胆地把其中的秘密毫无保留地告知秀吉。

“那家伙真让人受不了。”秀吉勃然大怒，但也不能冲着死人挥鞭子，而且他也发布过“维持各领地现状”的命令，“没办法。如果你们没钱，我来替你们还给葡萄牙人。你快去交涉，收回长崎一带的土地年收入的支配权。这个国家的真正统治者是当今天皇，我们都是从天皇那里获得土地的。你们要牢牢记住这一点。我关白秀吉绝不允许把哪怕一寸土地交给西方人！”

耶稣会日本区的总负责人听说秀吉勃然大怒，立刻赶了过来。他看见秀吉个头不高，顿时态度一变，显得倨傲狂妄。他晃着高大的身躯，俯视着秀吉，然后像头熊一样在屋内转来转去。他时不时露出一丝浅笑，得意扬扬地炫耀着那些停泊在博多、长崎、平户海面上的舰艇的优越性能。

“我说句多余的话，那些船上的大炮能轻松地从大坂港打到大坂城。”他跟着提出要求，“希望您允许我们在博多也设立基督教会。”

这明显是威胁。日本的执政者们在和西方人半个多世纪的历史交流中，第一次看到了他们宗教外衣下隐藏着的侵略野心。

秀吉怒从心头起，但还是忍而未发。说实话，他是有些惧怕那些大舰船的。

“我考虑一下。”

秀吉只说了这么一句，便结束了会谈。他压根就没准备考虑。秀吉下定决心要赶走传教士，镇压基督教徒。

秀吉结束这两项工作后，于七月二日离开吕崎，经过立花山西角，踏上返京之路。他特地把统虎从任地柳河叫来。

“送送我吧。”

秀吉名义上是想听听有关立花山城当年的攻防经过，其实还是想劝他跟随自己左右。立花山有七座山峰，据说当年统虎就把大本营设在海拔三百六十七米的最高峰上。其北面有水源，从那里喷涌而出的泉水对全城而言必不可少。统虎讲述起立花城，颇有自豪感。

“不仅有水，在这座立花城中，到处都存放着粮食，从地下到墙壁中。当年，就算毛利大人的军队再晚来三个月，我们也能支撑住。”

“是吗？也就是你呀，能有这样的精神准备，也做好了相关的防范工作。很棒！”

秀吉更想把他留在身边。统虎看出了他的想法，先发制人。

“大人。”

统虎两眼放光。

“什么？”

“我必须再次感谢大人您。”

“感谢什么？难不成你有了新的女人……”

“根本就没有。自从和老婆分居后，我更加不喜欢女人了。”

“是吗？”

“和女人相比，我更喜欢水。”

“什么？你又提到水了。”

“柳河那里的水比立花山的水甘美。我统虎更加不想离开九州。这全是托大人您的福。”

秀吉听到统虎的话，真不知该如何开口。

和统虎分别后，在返京途中，秀吉品尝各地的水，到处夸奖“古今名水”，留下了许多“太阁水”的名迹。光是确认到的，在筑前宗像就有两处，一处是八并，一处是宗像正法寺。在备后地区有一处，就是安那郡的神边。秀吉之所以如此爱水，或许还是念念不忘统虎，“爱屋及乌”吧。

第十一章　淀夫人

1

天正十五年（1587年）七月十四日，秀吉返回大坂城，首先奔到母亲房间问安，献上一大堆的九州特产，然后手舞足蹈地和她交谈了很长时间。

离开那里时，日头开始西斜。秀吉忙不迭地奔向北之丸的妻子宁宁处。

“老婆，老婆。”

秀吉从老远处便冲着北之丸入口大声叫嚷起来。他跌跌撞撞地冲到宁宁面前，一屁股坐下，随即用尾张方言说起来。

“还是想你了。”

说完，秀吉沉默不语，搂着宁宁瘦小的肩头。两人之间心意相通。秀吉手中提着一盒让侍从买来的长五郎饼，这是送给宁宁的礼物。

“还是想你了，还是你这儿好。喝着你泡的茶，吃这个糕饼，是最好的放松。”

秀吉傻乎乎地说着。

宁宁微微瞪了秀吉一眼，嗔道：“又开始讨好我。”

她天生福相，即便生气，那也会让人觉得笑容可掬。此时此刻，宁宁因为久别重逢，笑逐颜开。年轻时起，从外归来的秀吉必定会在门口叫喊宁宁。他越是在外面寻花问柳，就越会厚着脸皮放声叫喊“老婆、老婆”。唯一变化的就是他带回来的糕饼——清洲特产、岐阜特产、京都特产等。那时，秀吉有意识地装模作样，而宁宁也了然于心，怎么也无法开怀一笑。但现在不同，秀吉上了年纪后，发现自己那样叫喊“老婆”，更多是出自真心。宁宁或许也感受到，笑容绽放的速度一年比一年快。

这天，秀吉言为心声，觉得“还是老婆好”。喝着宁宁泡的茶，和她一起吃完糕饼后，秀吉长吁一口气，觉得整个身心都放松下来。他躺在地上，觉得宛如躺在佛祖面前的莲花台上，心无杂念。

他爬到宁宁身边，将光秃秃的脑袋搭在她的腿上，轻轻合上眼睛。

“老婆！”

“怎么了？”

宁宁的大腿已经不像侧室那样富有弹性，声音也没她们可爱，但躺在她的腿上，秀吉觉得犹如孩提时躺在妈妈身边一般，油然产生一种安心感。

“在这次远征中，我好像还是没得到孩子。”

秀吉嘟囔道。虽然号称远征九州，但在结发妻子看来，那不过是一次漫长的寻花问柳之行。

秀吉微微睁开眼睛，看看宁宁的反应，那犹如一个做错事的孩子冲着母亲辩解。前晚，在船只驶入大坂港之前，秀吉让孝藏主检查侧室的月经情况。所有人都正常，没有怀孕征兆。

“还要再观察两个月左右，现在什么都不好说……”

孝藏主最后宽慰了一下秀吉，那或许就是讨好卖乖的话。

秀吉没生过孩子，所以不了解女人身体的微妙变化。在这一点上，宁宁也一样。听到秀吉的嘟囔，宁宁没有应答。或许在他看望母亲的时候，孝藏主已经把相关情况逐一汇报给宁宁了，也可能是宁宁不知道该如何回答。宁宁没有说话，而是伸出暖乎乎的手，轻摸一下秀吉的脸颊，那意思似乎是“你真可怜”。

“或许老子真的会绝后了。”

这句话秀吉说过很多次，但这天再度说起，他感到一股悲怨之情从心底涌起。

往昔，每次说到这句话，秀吉都会自我否定。

（不可能。那个阿南不是生了秀胜吗？）

但现在，秀吉的想法改变了。

（或许，阿南生的秀胜是别人的孩子。）

秀吉甚至有了这样的念头。

阿南是秀吉当年在京都玩乐时认识的女人，自称出生于没落公卿家。其实，她就是个风月场所的浪荡女子，曾经交往过男人。时至今日，秀吉还记得第一晚通过身体接触，就能感受出她早已不是处女。

（如此一来，我不就和家康一样，都当上“鷦鷯”了？）

今川义元曾强迫家康迎娶一个怀有自己骨肉的女人。秀吉不能光取笑别人，他觉得难以承受，缓缓站起身。

“老婆。”

他开始舍弃心头的一些想法。

“怎么了？”

宁宁天真地笑着。

“我或许该放弃生孩子的念头。”秀吉强忍悔恨，嘟囔起来，“那样一来，我就要决定继承人……”

“你可有好几个养子呢。”

宁宁并没把这件事看得很重。的确，秀吉有好几个养子，排第一的是他姐姐智子的儿子秀次，还有侧室阿福带来的前夫之子秀家（宇喜多秀家）、木下家定的五子辰之助（后来的小早川秀秋）、家康的次子秀康（於义丸，后来的结城秀康）。

“不行，不行，所有人都不行。”

（看来女人还是不行呀。）

秀吉话到嘴边，又咽了回去。

宁宁不以为然，问道：“为什么呢？”

“难道你不明白？如果我们还是原来的羽柴家，这些养子都可以继承家业。我觉得秀家最适合。但是我们是丰臣家，所以那不行。他们都不符合条件。”

关白一职本由五摄家轮流执掌，“丰臣家”是后来挤进去的，秀吉想让“丰臣家”永远存续，还想当六摄家之首，独占关白职位。这无疑需要血缘的权威。

养子都不符合条件。

“是吗？那你打算怎么做呢？”

“我只告诉你吧。我相信你嘴巴紧，所以才会讲出真实想法……”秀吉盯着宁宁，让侍女全部退下，就剩下他们两人，“我左思右想，最后做出决断，在尘埃落定前，你千万不能外传。”

“好的。”

“我决定向天皇要一个继承人。”

秀吉远征九州时就开始考虑这个问题。之后，他一边努力“造子”一边悄悄地在天皇身边物色，最后找到合适人选。那就是后阳成天皇之弟胡佐丸，当时九岁。秀吉从细川幽斋那里隐约听说了一些胡佐丸公子的传闻。他可谓年少才俊，从小就擅长吟诗诵赋，造诣颇深，幽斋打算在其成人后，亲自教诲《古今传授》，这让胡佐丸公子顿时吸引住世人目光。想收其为养子的家族必然不少，事不宜迟。

但是，宁宁没当真，天皇怎么可能把宝贝弟弟下送到羽柴家呢……

宁宁的表情真实地反映出内心想法。

“你又想得不切实际。”

宁宁刚露出笑容，又赶紧板起面孔，她感觉丈夫是认真的。

“我是认真的，绝对认真。要想让丰臣家延续关白职位，除了我的亲生儿子，就只有天皇一脉。在和皇家的血脉关系上，这个人选必须比其他五摄家更深厚。否则，关白一职又要恢复到五摄家轮流坐庄。不是吗？”

实际上，不仅是关白一职的问题，如果丰臣家的继任者拥有皇室血统，宿敌家康自然不敢轻易出手。如此一来，自己在本能寺之变中的罪孽就会一笔勾销。这种效果绝不能告诉宁宁。

“你想到了谁呢？有眉目吗……”

“有，有一丝希望。但现在不能说出姓名。我只能告诉你这么多。再重复一遍，你不能把此事告诉任何人。”

“遵命。”

宁宁立刻显得很老实，但从表情看，她似乎还没想明白。

“到时，这座城的本丸就要让给那个人喽？”

一瞬间，不安的神色显现在宁宁那老好人的面孔上。

（女人呀，只会第一时间联想到自己的窝。窝嘛，你想要多少，我就可以给你建多少……）

秀吉这么琢磨着，笑了笑，态度柔和地回答起来。

“当然啦，老婆。何止本丸，整座城都要让给那人。我打算和你们搬到京都内野的新府邸。说实话，我建造那地方时就盘算好了，一旦天皇赐予养子，我们就住到那里去。”

秀吉故意挑这个时候讲明了他兴建京都新府的意图。宁宁对那些事似乎缺乏兴趣，很快又把话题引回到切身问题上。

“如此一来，孙七郎（秀次）将会怎样呢？”

她战战兢兢地问道。秀次不是亲生骨肉，宁宁却一直把他当亲儿子，疼爱有加。秀吉因此对宁宁充满感谢之情。

“那个，你不用担心。我打算让秀次做养子的第一辅佐官，让他留在大坂城。他人不错，能文能武，应该和那个养子对脾气吧。如果秀次听从安排，努力治国，我是这么考虑的——在养子行成人礼，成为关白前，还有六年，我再干两三年，就从关白的位子上退下来，然后让秀次承上启下，干个两三年。我会向天皇祈求。如此一来，那家伙也会被称作‘前关白’，脸上有光，哈哈哈。”

之后，秀吉的这个“继承者计划”便通过近卫前久迅速付诸实施。因为秀吉没有儿子，所以他打算将胡佐丸做第一养子（有继承权），而不是犹子（没有继承权）。如此一来，秀吉的庞大家产将来就会归属天皇一族。对朝廷而言，这可是具有很大诱惑力的。事实上，根据小道消息，后阳成天皇似乎对和关白秀吉结亲最积极。

五摄家的情况又怎样呢？其反应有点微妙。如果丰臣家和皇室攀亲，成为新权贵加入其中，成为六摄家，他们将永远得不到关白一职。但是，以近卫家为首，所有人都从秀吉处获得丰厚俸禄，表面上无法反对，只能忍气吞声，无可奈何。

天正十五年九月十三日，新府邸竣工，秀吉移居。新府邸刚刚竣工，秀吉就迫不及待地搬去，这说明他和皇室攀亲的事情正在紧锣密鼓地进行。与此同时，这也意味着朝廷已经默认秀吉不是“乡野村夫”出身。

“一切尽在掌握中。”

秀吉喜不自胜。这种喜悦之情很快便反映在他对茶道的强势态度上。

迄今为止，在茶道世界，秀吉一直被利休压得抬不起头，他对利休顽固坚持的茶道美学逐渐产生怀疑。

“‘寂寥’、‘素朴’的确是精髓，但有时也要允许人们放开心情，万人一起享受茶道之乐，更加轻松，更加开放……”

秀吉想召开一次庞大茶会。八月二日，秀吉让人在京都的街头巷尾竖起高高的布告牌，上面贴着“茶道一事”七条。

开头第一条的内容如下：

从十月一日起，根据天气情况，将在京都的北野松林召开为期十天的大茶会，届时秀吉大人将会向热心茶道之人展示自己收集的茶道名品。

第二条的内容是：

除了热心茶道之人，那些对茶道知之甚少的年轻人、商人，甚至平民百姓皆可参与。只要带上柳罐、茶锅、茶碗就行，不必购置新品。没有茶叶者可携带大麦茶，无妨。

接着，第三条的内容是：

茶会会场位于松林地带，原则上参加者要携带两张榻榻米。手头不宽裕者铺上带有补丁的榻榻米抑或是秋收扫稻用的粗陋草席也无妨。

第四条允许日本人之外的中国人、西洋人参加。第五条则是为远道而来的人考虑的，茶会日程可以延长。第六条的内容又显出高压态势——

此茶会乃体恤手头拮据者的特别活动，如不参加，则今后禁止其饮用大麦茶。

不过，这是秀吉为了让更多人参与其中而进行的恫吓，并非本意。或许秀吉觉得这种高压态势有点过分，又补充上第七条。

关白大人将会为所有清贫之士沏茶。

所谓北野松林，就是在祭祀菅原道真的北野天满宫前面的一片松树林。茶会当天，晴空万里，无风。在引以为豪的黄金茶室及其左右两边的茶室中，在利休、宗及、宗久的茶室中，秀吉悉数展出了收藏的茶道名品。

然而，对于重要的参加者人数，史料中的说法各执一词。《丰鉴》称“约有千人”；《多闻院日记》称“有一千五六百间茶室”；《莆庵太阁记》则称“方圆一里，概无空地”……还是相信《丰鉴》的说法为好，因其作者竹中重门和父亲竹中半兵卫一样，很少对掌权者趋炎附势。而《多闻院日记》只提及茶室数量，没有表明参加者人数，《莆庵太阁记》则全书几乎都是对秀吉的阿谀奉承。

为何当天的参加者为数不多呢？这或许是因为秀吉“想和万人共享茶道之乐”的本意未能充分传递给普通民众。命令发出者是“一夜暴富”之人，拥有鼎鼎大名的黄金茶室，拥有许多价值数十枚金币的中国茶碗、天目茶碗等。这个人说要到郊外和粗鄙民众一起喝茶，欣赏茶具，倾听心声。

对于这种身份、地位上的悬殊差异，普通百姓疑惑、畏惧、恐惧，这都是正常反应。主要的原因就在于许多人觉得自己的茶具寒碜，对是否参加犹豫不决。

秀吉无法理解普通民众的想法。第一天，他深受打击（来的人怎么这么少），害怕从第二天起，参加者会愈来愈少。秀吉害怕这次茶会因为参加者少而成为笑柄，将原定十天的计划缩短到一天，当机立断中止了茶会。

他考虑了一下中止的理由。肥后地区发生叛乱，佐佐成政陷入苦战，叛乱分子甚至渗入京都，此时此刻，在荒郊野外品茶，实属危险，被迫中止。

不过，这些都是秀吉本人为了中止茶会而找出的牵强之词。成政施政失败早在秀吉预料之中，怎么会到今日才开始担心呢？

2

茶会就进行了一天，要说收获，那就是茶茶积极主动地要求参加。

（这是刮的哪阵风呀？）

在召开茶会的三天前，为了选择茶会当日要展出的茶具以及预演，秀吉把女人们叫到聚乐第本丸，让她们充当茶客，召开茶会。茶茶突然出现，紧挨着正室宁宁坐下，一副理所当然的表情。

那可是龙子的固定座位。在聚乐第中，龙子住在西之丸。城内的“西之丸”原本是城主嗣子的住处，抑或是前城主引退后的居所。因为秀吉没有嗣子，加之龙子还有可能为秀吉生下嗣子，所以秀吉便把西之丸供其居住。这也就说明龙子当时是侧室之首。

茶茶占了龙子的座位，两人自然冲突。茶茶根本不理会龙子的说教，推搡她一下，自己也打个踉跄，倒向旁边的宁宁，将其压在身下。

宁宁被大个头的茶茶压住，幸好没有受伤。

“我上了年纪，经常站不稳，哎呀，好后怕。”

宁宁宽厚地笑笑，茶会继续进行，但事情并没就此了结。

傍晚时分，服侍茶茶的女总管大藏卿局到秀吉房间，请求拜谒。大藏卿局和孝藏主一样，都是出生年月不详的老人，她是秀吉近臣大野治长的妈妈，出身名门望族。闲杂人退下后，屋内就剩下他们两人。大藏卿局趴在地上，低着头，一个劲地替茶茶道歉。

“茶茶公主现在也非常后悔，恨不得找个地洞钻进去。她说想尽早向大人您和北政所夫人道歉。”

秀吉被弄得一团迷雾。先不提是否原谅，他首先无法理解那个一直轻视自己的茶茶为何会突然转性，出席茶会。无奈之下，秀吉决定先听听宁宁的意见，没承想她竟然爽快应允，表示原谅。但是，宁宁原谅的理由再次让秀吉烦恼。

宁宁的代言人孝藏主很快便来传话。

“茶茶公主是丰臣家的客人，因此北政所夫人不觉得她非常无礼。茶茶公主不用亲自道歉。”

这句话的反面意思就是告诉秀吉，不要把茶茶看作侧室。秀吉只能苦笑，这件事就这样不了了之。

在十一年后的“醍醐赏花”酒宴上，再度发生类似事件。那是酒杯之争，北政所夫人准备把酒杯传给龙子（当时叫松之丸夫人），但淀夫人叫喊着“没规矩，我排在你前面”从旁夺走。不过，这些都是后话。

从北野大茶会后，茶茶的“客人”身份就被固定、延续下来。秀吉为女人们沏茶时的顺序转变为宁宁、茶茶、龙子。

龙子受到伤害。追本溯源，她的家世比茶茶高。自尊心和骄傲感让她无法接受被排在后面。

“如果我再年轻一点……如果我为主公生下孩子……”

因为过于委屈，龙子哭了三天三夜，最后连眼睛都疼了。好长一阵子，这种说法一直在聚乐第的后宫中流传。

此后，茶茶开始主动参与各种活动。她的转性依然是个谜。

不久，临近十二月的一天，大藏卿局再度拜见秀吉。

“川端道喜给茶茶公主送来许多茶点，算是过年贺礼。如果您方便，能否一起尝尝？当然，请北政所夫人也同去。除此之外，茶茶公主还另备一份，送给大政所夫人。”

对此，喜欢茶点的秀吉和宁宁都没有异议。

川端道喜原本是住在京都南郊鸟羽的渡边进的女婿，原名中村五郎左卫门，成为手艺人后，改名道喜。据说他永正初期（1504年）住在皇宫外护城河一带，以“川端”为店名从事糕点生意。他穿着褐色的武士礼服，把糕饼盛放在砚台盖上，进贡给朝廷，逐渐扬名内外。天正五年（1577年），朝廷打算修复因为台风而遭到损坏的房屋，但苦于没有财力。道喜得知后，随即奉上相应钱款。织田信长赞许他的忠心，下令免除他今后的税金。当时，他除了制作糕点，还到处贩卖酒水。从此以后，他和织田家交往颇深。

秀吉来到茶茶位于南二丸的房间，看见道喜送来的各色精美糕点，叹为观止。那些糕点看起来和道喜送给秀吉的一样精美，不，应该说更加别致。

（道喜真是个人物呀。）

秀吉只能苦笑。

信长免除道喜的税金有时间限制，应该是五年。清洲会议后，秀吉掌管山城国，依稀有些记忆。天正五年，信长被北面的上杉谦信等众多敌人所围困，四面楚歌，根本无暇顾及朝廷。无奈之下，信长胡乱颁布免税令，让京都的富裕人家替自己向朝廷进奉费用。但本能寺之变后，免税令何去何从，无人过问。或许还在延续吧。道喜之所以如此照顾茶茶，或许和这个也有关联。

秀吉并不关心征税这种细枝末节的事。

（随便吧，反正又不是什么大不了的事情。）

秀吉显得很大气。他更在意道喜的糕点。

因为错过季节，所以没有其特色糕点粽子。尽管如此，秀吉夫妇还是大快朵颐，享用着道喜亲手特制的各色精美点心。

茶会结束后，茶茶为他们准备酒宴。宁宁不喜欢喝酒，冲着丈夫唠叨几声“不要喝多”就回去了。她相信丈夫说的“我已经放弃生孩子”……

她冲着大藏卿局反复叮嘱，面容慈祥。

“接下来就拜托你了，尽量让他早点回去。这个人，一旦喝醉，就像个缠人的孩子。”

大藏卿局的回答颇耐人寻味。

“北政所夫人，您就放心吧。我会在适当的时候让大人安然无恙地回去。”

当北政所夫人安心地离去后，大藏卿局莞尔一笑。

“好了，现在这个宴会只剩下自己人了。”

她们似乎早就迫不及待，把宴席转移到茶茶的房间里。三人的小型酒宴就这样开始。茶茶和大藏卿局酒量很大。二女一男，你来我往，觥筹交错。很快，对喝酒颇有自信的秀吉就率先醉了。醉眼蒙眬中，他看见茶茶轻快地站起身。

（她要去哪里？）

秀吉斜着眼睛，看着。

“我回敬您一杯。”

大藏卿局说道。茶茶的身影已经消失在屋外。过了一会儿，一名侍女轻轻走进房间，冲着大藏卿局耳语几句。大藏卿局随后凑到秀吉耳边，轻声说出一句让他始料未及的话。

“大人，今晚请在这里留宿。茶茶公主在卧室等候。”

“什么？茶茶在卧室里等我？”

“嘘——”

大藏卿局满脸微笑，用手堵住秀吉的嘴巴。

宁宁离开后，秀吉喝酒的时候，也不是没想过——

（今晚，弄得好，可以和茶茶……）

但他真没料到茶茶会主动相邀。

（为什么呢？茶茶是真心的吗？）

一瞬间，秀吉甚至怀疑自己的耳朵，胆战心惊地环顾四周。

“我老婆那边，你要想想办法。”

大藏卿局狠命点点头，显得早有思想准备。

“您放心。所有事情，已经安排周全。”

3

秀吉站起身，故意夸张地靠在大藏卿局的肩头上，缓缓走向茶茶的卧室。他没有丧失戒心。平素和新人同房前，他总是情绪高涨，此时此刻，秀吉尽量让心绪平静下来。只见昏黄的卧室里点着纸灯笼，屋中央铺着白被褥，上面放着两个红枕头。茶茶重新梳妆过，打扮得漂漂亮亮，内穿窄袖便服，下套长裤裙，端坐在那里。茶茶听到秀吉进屋的声响后，轻轻垂下了头，保持坐姿。

这个女人和年轻时低眉垂目的阿市一模一样。

阿市是个美女，人们都说她像从画里跳出来的。茶茶没有阿市那么高，这反倒让秀吉觉得容易亲近。秀吉隔着床铺和两个枕头在她对面坐下，看着低着头的茶茶。茶茶的身上微微散发出沐浴后的清香，但她的肩膀稍稍有些颤抖。

“茶茶……”秀吉尚未弄明白她的本意，“这是怎么回事？”

茶茶低着头，没有作答。

“我在问你呢，怎么回事？回答我，茶茶。”

秀吉故意提高嗓门。

“希望能得到您的宠幸……”茶茶很快答道，声音犹如蚊子哼，“希望……得到您的宠幸。”

茶茶又说了一遍。这次，她抬起头，目不转睛地看着秀吉，眼神中透出一丝哀怨。

“为什么是这个时候？”

在秀吉的眼前，茶茶和母亲阿市的影像重叠在一起。无论如何，他都没想到那个心气高的阿市的女儿竟然会不顾羞耻，请求男人宠幸。

“说吧。这是你的真心话吗？是实话吗？”

“是的。”

“不是撒谎？”

“不是。我等不及了。”

“等不及什么？”

秀吉的嗓门又提高不少。

“在北庄分别的时候，妈妈曾经严厉地吩咐过……”

“她说什么？”

“那是女人的对话，我不能说。”

“她是不是说‘那个羽柴，是个下贱的好色之徒，你要当心’？你母亲非常讨厌我……”秀吉自我嘲讽，说到最后，喉咙嘶哑，发不出声，“反正是差不多的意思吧。”

茶茶点点头，面无表情。

“好了。过去就让它过去吧。那是太久以前的事了。不过，茶茶——”

“哎？”

“保险起见，我还是告诉你吧。我不知道你母亲是怎么说的，但杀死你哥哥的，是你的舅舅信长。我奉信长公之命，找到了一度去向不明的万福丸。我本以为信长公担心外甥下落，没想到，人被找到后，信长公竟然下令当场处死。无奈下，我只能照办。你能理解吗，茶茶？”

“我明白。之后，就给您添麻烦了。据说哥哥受刑时，您自始至终都在流泪，仰面朝天。妈妈误解您了。”

“你能理解就好。对了，你刚才说等不及了，那是何意？”

“本来，我是这样考虑的，至少在妈妈七周年忌辰前……还要谨遵母命，保持处女之身。但是，当大人您长期不在我身边后，我开始察觉到内心的真实想法，这种想法让我自己都意外。您不在的时候，茶茶我每天过得无滋无味，犹如行尸走肉。我都不好意思说，到了晚上，眼前竟然会闪现出您和其他侧室在卧室中的情形……我常常夜不能寐。不知从何时起，我望着日历，期盼大人归来。您要明白，我现在离开您，已经无法活下去……”茶茶深呼一口气，无声地站起身，静静地滑入被窝，“大人，请您把灯火……把灯火灭掉吧。”

她的声音低得几乎听不见。秀吉和其他侧室同房的时候，从未灭过灯。秀吉讨厌屋内漆黑一片。原因不仅如此，这和他的视觉感官也有关系。尤其和龙子同房，秀吉会让人再点一根蜡烛，把卧室照得通亮，肆无忌惮地观赏她的媚态。

但今天或许是茶茶的初夜吧。秀吉按照她所说的，吹灭了纸灯笼中的蜡烛。

之后，屋内黑得伸手不见五指。秀吉脱掉所有衣服，甩在地上，在黑暗中摩挲着茶茶的肩膀。她的肩膀和身体都非常僵硬，不停颤抖。

年轻女子初次和男人同房时，多少会有这种抵触反应，秀吉司空见惯。

秀吉往往从正上方，用力掰开女人双肩，狠命摁住，目不转睛地盯着对方，等待着。很快，女人就会放弃抵抗，身体瘫软，也不再颤抖。茶茶亦然。

秀吉耐心等待。看见茶茶平静后，秀吉把手伸到她的窄袖便服处，开始宽衣解带。茶茶柔韧的双手一下子伸过来，抵住秀吉手腕，但那只是形式上的反抗，很快就没了气力，接着便轻轻地将手臂从衣服中抽出来，似乎配合着秀吉。

秀吉静静地敞开茶茶胸前的衣服，在她的脖子上亲吻一下。茶茶的身体又开始发抖、僵硬，但很快恢复正常，不，她在拼命忍耐。由此，秀吉能感觉到，茶茶为了得到宠幸，已经做好充分的精神准备。虽然黑暗中无法看得真切，但秀吉能清楚感受到茶茶丰润的乳房挺立着，骄傲地炫耀着年轻。那对圆球富有弹性，而且很丰满，甚至让秀吉无法弓下身子亲吻她的嘴巴。

秀吉慢慢地吸吮着偏大的乳头，一只手则用力地解起茶茶裤裙的腰带。此时，她没有反抗，也没有颤抖。茶茶裸露的身体温润柔软。虽说严冬季节，她身上已经渗出汗珠。那肌肤摸上去犹如蜜一般柔滑、甘醇。

秀吉第一次觉得茶茶可爱。于是，他的动作更加大胆，迅速张开茶茶的双臂并抬上去，将其固定在枕头上方。如此一来，女人毫无防备。这是秀吉最喜欢的姿势，可以随心所欲地享用女人，但今晚情况有点不同。当他把茶茶的双臂抬起来的一瞬间，从她的腋下突然飘来一股气味，让秀吉猝不及防。

那气味非常强烈，至今为止，秀吉没在其他侧室身上嗅到过。秀吉没有反感，相反，他在黑暗中晕乎乎地沉醉于茶茶腋下散发出的那股不可思议的气味。秀吉再度深吸一口茶茶腋下的香气，顿时觉得精力充沛。

秀吉小心翼翼地趴在茶茶身上，似乎在测量双方的身高差，然后温柔地进入其体内。茶茶整个身体都很柔滑，毫无抵抗。正如人们常说的——那感觉就是“滑入体内”。秀吉能感受到自己很顺畅地进入了。

一瞬间，他觉得奇怪。他太顺利地进入了茶茶的体内。

（难道不是处女？）

秀吉一度疑惑，但很快就抛掷脑后。接下来的一瞬间，从茶茶的下半身，伴随着热气，冒出一股强烈的、令人留恋的蛊惑香味，这冲垮了秀吉的理智。

（对！这就是当年阿市身上散发出的……）

突然间，秀吉想起自己当年趴在清洲城的走廊上，像狗一般闻嗅着阿市衣角的香气。那悲惨的情形浮现在眼前。那种样子太可怜，太凄惨。秀吉瞬间觉得可耻，分不清怀里的女人究竟是阿市，还是茶茶。

（茶茶、阿市、茶茶、阿市……）

秀吉在潜意识中来回叫喊两人的名字，今昔交错。

（算了，就这样吧。）

秀吉粗野地抱住茶茶，似乎想忘却当年的惨状，使出全身气力，紧搂不放。

4

天正十六年。

在正月的庆贺活动告一段落后的十三日，秀吉陪着足利义昭，前往宫内参拜。从去年秋天起，秀吉给他一万石俸禄，让其在京都安居。之后，秀吉又通过近卫前久，在朝廷运作，让其获得扈从关白的资格。这次参拜就是义昭再度登上政治舞台的首场亮相。

秀吉本人并没恶意，但对义昭而言，跟随秀吉入宫的确难堪。他毕竟曾是幕府将军。但是，看在一万石俸禄的面子上，他无法拒绝，只能随行。结果，不出所料，后阳成天皇对其不屑一顾。义昭感受到双重屈辱。

反过来，就秀吉而言，陪同义昭入宫相当于向内外宣告胜利。而且，在这次参拜中，后阳成天皇还恩准秀吉可以和弟弟胡佐丸公子结成养父子关系，只等天皇父亲诚仁亲王（天正十四年驾崩）丧期一满，就正式公布。作为答谢，秀吉打算在去年秋天刚刚竣工的京都新府中宴请天皇。在过去的历史记录中，天皇只有两次驾临臣子府邸。一次是应永十五年（1408年），当时的天皇驾临第四代幕府将军足利义持的北山苑；一次是永享九年（1437年），天皇驾临第六代幕府将军足利义教的室町苑。如果天皇应允，这将是第三次。秀吉参照往昔记录，反复推敲，最后向天皇提出请求，希望他能在四月十四日驾临。

皇宫到秀吉住的地方只有一公里，可称咫尺之遥。当天，秀吉率文武百官恭恭敬敬地陪天皇出行。此次出宫长达五日。在招待宴会上，天皇正式命名其府邸为“聚乐第”，秀吉获得无上殊荣。

四月十五日，秀吉向天皇进献京都地区的土地税。

四月十六日，秀吉提议各地大名向朝廷呈送效忠书。

四月十八日，天皇回宫。

以上就是天皇当年的外出活动。

翌年五月二十日，秀吉在聚乐第正门，摆上台子，向王公大臣、各地大名散发金银。据史书载，共耗费六千枚金币、两万五千枚银币。这是为了庆贺丰臣家和皇室结亲。就秀吉而言，这是莫大殊荣，德川等人从此皆不足为惧了。具有讽刺意味的是，把天皇邀请到自家府邸喻示秀吉达到权力顶峰，享有最高荣誉，之后，其命运就直线下降。

荣衰的关键点在于茶茶。两人从去年年末就一直维持关系。秀吉害怕被宁宁发现，打着"茶会"的幌子和对方幽会。每次在卧室，秀吉都会沉迷于茶茶年轻的身体。尤其是那股强烈的腋下气味以及房事时从其下半身散发出的难以言喻的"蛊惑香气"让秀吉不能自拔。他前往南二丸的次数越发频繁，胆子也越来越大。

与此同时，秀吉懈怠政务，处理问题不再深思熟虑。因为肥后地区的骚乱，他很随意地让佐佐成政自杀。接着，他又无视民意，颁布了没收刀枪令。

龙子最先察觉秀吉和茶茶的关系。秀吉在南二丸和茶茶幽会后，害怕听到传言的宁宁盘问，就会避开北之丸，逃到西之丸的龙子房间。宁宁不会来这里查看，而且秀吉自九州远征后便不再和龙子同房，故可来此休息，消除疲劳。但秀吉不该掉以轻心，在龙子房间沐浴。从九州回来后，"阿锅二世"再度成为龙子侍从，正是她嗅到茶茶残留在秀吉身上的香气。

"阿锅二世"随即把情况告诉龙子。

"难道又要让我哭吗？"龙子恨恨地诉说着，平添空闺之怨，"如果我再痛哭，眼睛就要失明。医生是这样郑重警告的。"

说着说着，她的眼睛里又充满泪水。

"对不起，对不起。"

秀吉只能趴在地上，低头道歉，不过他不会就此舍弃茶茶。

"因为茶茶的'香气'而暴露的？是呀，茶茶的体香太浓了……"

秀吉学着源氏公子的样子，轻嗅一下衣服，做出思考状，但他的心思很快就被识破。

"那不是茶茶的体香。"

龙子柳眉倒竖，叫嚷起来。龙子从不喊“茶茶公主”，自始至终都直呼其名。

“那是什么味道呢？”

“不知道。”

龙子背过脸。

几天后，在秀吉的安慰、哄骗下，龙子终于打开“金口”。他们再度提及茶茶身上的香味。

“那总不会是兰麝香吧？”

秀吉问道，他明知不是，故意套话。兰麝香是一种储存在正仓院[1]中仓的香木，因为位居六十一香之首而广为人知。足利义满和织田信长曾冒天下之大不韪，割取过此木。也正因为信长的胡作非为，秀吉才一度闻过那种香味。那是一种沁人心脾的雅香，和茶茶身上的香气迥然不同，似是而非。

龙子瞪着秀吉，道：“您明知道……”

“是吗？我曾经对你说过兰麝香的气味吗？”

“我只是听说过，从未闻过。”

龙子还在怄气。说着，龙子叫侍女拿来一个小木箱，取出里面的纱巾，让秀吉看看里面一块灰色的小骨头一般的东西。

“您闻闻。”

秀吉把那东西拿到鼻头处，轻闻一下。

“怎么样？”

“很好闻，和茶茶身上的香味相似，但有点不同。我觉得那种更香。”

“随便您说。我不知道。”

龙子表情悲伤。

“怎么回事？怎么了？”

龙子不答，从秀吉手中夺过香木。

“扔掉这玩意儿吧，我不想再看见了。”

龙子独自生着闷气。

“就算你噘嘴生气，我也莫名其妙。你不要生气，讲出原因。龙子，你

---

① 日本奈良时代的仓库，内分北仓、南仓和中仓。

看，我这个天下人都这样呢。”

秀吉趴在地上，在龙子面前绕了三圈，然后做出轻微头晕状，故意倒在她的膝盖前。这是秀吉对付女人的老套路，龙子上当了。

“哎呀，没事吧？”龙子慌忙抱住秀吉，“您上年纪了，别这样胡来。”

龙子的情绪稳定下来，一点点道出原委。

“这是春药，叫龙涎香。”

不知何时，她手上已经拿着一张纸，上面用汉字写着“龙涎香”。

龙涎香。飞翔在海面上的巨龙吐出唾沫，落入海中，随即，那一片海域都散发芳香……古代中国人通过遐想，给其命名。

秀吉大惊道：“春药？”

“是的。”

“那么，为何连你也有这种春药呢？”

“说起来难为情，结婚当夜，前夫（武田）元明给的，当时我一无所知。他说‘龙子，这个东西和你名字吻合，以后在睡衣上熏这种香’，打那以后，我就经常用。”

“原来如此。龙涎香配龙子。”

秀吉笑起来，龙子却皱着眉头。

“讨厌。我不愿用春药魅惑丈夫。后来，知道这是何物后，我就后悔不迭，但在丈夫死前，我还是遵照要求使用的。”

“那后来，你来到我身边，为何不用呢？”

“我想在大人宠幸时用更柔和的香料。不过，说实话，还有别的原因。”

“嗯？”

“我来到您身边时，茶茶已经……”

“你是说茶茶先用了？”

“是的。我调查过，她的龙涎香比我的还高一个等级。我非常懊恼，懊恼。”

说到这里，龙子又失声痛哭。

龙涎香有三种，当时的人知之甚少。这原本是抹香鲸的结石分泌物，漂浮在印度洋、太平洋上，有时被打捞上来。在海里浸泡时间长的呈琥珀色，没有杂质，是上等品。其他是灰色。从抹香鲸肠内直接取出的则是黑色。也就是说，龙子手中的龙涎香属于二等品。

秀吉束手无策。要想找到琥珀色的上等龙涎香，并非难事。但龙子不愿意第二个使用它。

（没办法。只能再在这里留宿，稍微抱抱龙子。）

只有这一种安慰方法。

但是，春药带来的骚动才刚刚开始。

5

天正十六年十月上旬，正当秀吉在摄津茨木附近猎鹰时，大藏卿局送来一封密函。秀吉满不在乎地坐在椅子上，打开信纸。

“为向天下人通报喜讯，特书信一封……”

秀吉迅速扫过信头，被接下来的文字吸引住。

“茶茶公主有喜。”

（怎么可能？怎么可能？怎么可能？）

秀吉嘟囔三次，拿着信纸茫然望天。三十多年来，他一直想要孩子，他的种种风流韵事让妻子老泪纵横，他染指过的女子不下百人，光侧室就有先后十六人。尽管如此，他还是没得到孩子，未料和茶茶相处不到一年，竟然就有了……

这难道是梦？

（这真是亲生骨肉吗？）

秀吉还没来得及高兴，脑海中疑问先生。当年，他也曾怀疑过阿南夫人……

紧接着，恐怖感席卷全身。

（我该如何向天皇道歉？）

秀吉一度对生孩子不抱幻想，三叩九拜，希望把天皇的弟弟胡佐丸公子收为养子，最终得到恩准。此事已经一年，只等天皇之父诚仁亲王的三年丧期一过，就会挑选吉日，对外正式公布。

将近夜半时分，秀吉回到聚乐第。北之丸和西之丸一片漆黑，那或许是宁宁和龙子对秀吉的无声抗议。只有南二丸内灯火通明，人声鼎沸，似乎在夸耀什么。茶茶带着三百多女子，站在被火把照得通亮的门口，迎接秀吉。

“太好了，太好了，茶茶。身体没有什么不适吧？”

秀吉满脸堆笑，若无其事地问候道。秀吉等不及天气凉爽，又开茶会，又猎鹰，找出各种由头，离开聚乐第，在外已经一个多月。说实话，夏日酷暑以及和茶茶频繁的床笫之事已经让他受不了。秀吉想换换心情。

时隔一个多月，茶茶已经变成富态、丰满之人。

“多亏托您的福，我很好。”

茶茶嘴巴上回答得很文雅，但眼神中明显流露出自信和喜悦。去年年末，她献身于秀吉，此时此刻，她再也不是当年那个无依无靠、不修边幅的茶茶。

“好，好。”

秀吉点点头，先在休息室喘息片刻，喝喝淡茶，润润喉咙，然后单独召见茶茶的主管医生曲直濑玄朔。

秀吉挤出笑容，问道：“估计何时出生？”

“估计是明年五月。”

玄朔是曲直濑道三的女婿，年纪轻轻便已经是闻名遐迩的名医，可谓年轻才俊。他不会误诊。

“是吗？明年五月？那么，是五月上旬呢，还是下旬？”

根据孩子出生日期的不同，可以推断出怀孕时间。对秀吉而言，这和自己去茶茶那里的日子密切相关，非常重要。

“现在无法断定。从茶茶公主之前的月经情况来看，应该是五月下旬吧。”

“下旬？不管怎么说，那时天气不热，太好了。”

秀吉不禁有点泄气。他在七月前常去茶茶那里，但若是明年五月下旬生，那么在怀孕时间上有点微妙差异。不过，玄朔不知道秀吉的想法。

“是的，夏天生孩子可遭罪了，幸好茶茶公主非常结实，食欲也没有衰减，肯定能安然生下一个了不起的公子。”

玄朔满脸笑容。

“那太好了，太好了。”秀吉再次露出笑容，接着把茶茶召唤进来，“茶茶，今后你要好好保重身体，不要像今晚这样，等我等得太迟。今晚，你也早点回房休息吧。”

秀吉说完站起，玄朔也默默点头。秀吉没有和茶茶对视，她的目光中透出一丝哀怨，那意思是“如果您真关心、在意我，今晚就请在南二丸留宿”。

秀吉满脑袋都在考虑如何处理“内忧外患”——如何向宁宁和朝廷解

释。明天一大早，宁宁应该会先冲过来，到时该如何分辩？想到这些，秀吉无论如何也不能在茶茶屋内安心过夜。而且，想到孩子的出生日期——

（五月上旬还是下旬呢？）

秀吉心神不宁。

（总不会是情夫的孽种吧……）

在返京途中，一抹不安的阴云就在秀吉胸中翻滚。而玄朔的说明更加深疑问。当时，聚乐第后宫的管理不像后来的“德川后宫”那么严格。只要是女人们的家眷，就能轻易进入并幽会。

秀吉看那封信时，眼前首先浮现出大藏卿局的儿子大野治长的那张扁脸。

（那是茶茶喜欢的美男子。）

之前，治长出入南二丸时，秀吉能从茶茶的眼神中感受到这点。如果茶茶真和大野母子勾结，任何幽会都可以掩人耳目。秀吉一想到治长那张白净、女里女气的面孔，就不由自主地颤抖起来。他赶紧连说了几声“不可能”，独自躺在床上。猎鹰后的疲倦感消失得无影无踪，辗转反侧，难以入眠。

（或许是八月吧。）

秀吉下意识地在脑子里计算茶茶的受孕日。以前，秀吉曾和为数众多的女人发生过关系，也曾多次计算过受孕日。因此，他虽然是男人，却精于此道。

他九月十日离开聚乐第，那么茶茶就必须在八月到九月九日这四十天中受孕。如果茶茶过了五月下旬才生孩子，那么这个受孕期就会再缩短。

（至少这四十天，我在聚乐第，也曾多次去过茶茶那里。但我大多是去喝茶……）

秀吉想告诉自己，茶茶将要生的孩子是亲生骨肉，无奈“鸺鹠之危”的念头就是不停地在脑中浮现。秀吉一夜无眠，直到天色大亮。

天一亮，秀吉就变成“救火队员”了。

宁宁首先冲来，一屁股坐在秀吉面前。

“大人，怎么回事……”

宁宁说到一半哽咽起来，讲不下去。过了片刻，宁宁抬起因为恼怒和哭泣而扭曲的脸庞，连珠炮似的责问起来。

秀吉第一次领教到——面容富态的人真的动怒，比般若[1]还可怕。

“真是您的孩子？”

宁宁一上来就捅到秀吉的要害。秀吉沉默不语，点了点头。昨晚的“自问自答”让秀吉觉得这时最好保持沉默，胡乱开口只会搞得漏洞百出。

“真的？”宁宁凑近身子，满脸狐疑，“那我现在就告诉您一件事……”

宁宁伸直了略微弯曲的后背。作为妻子，宁宁总是保持这种姿势，向丈夫直言不讳，而且还会目不转睛地凝视着他。

“大人，听说您小时候得过腮腺炎。我年轻时，因为总是怀不上孩子，曾向大政所夫人（秀吉的母亲）请罪，甚至一时想不开，动过让您休妻的念头。结果我得知您曾得过腮腺炎……据说，凡是得过那种病的男人，长大后不知为何都生不出孩子。大政所夫人握着我的手，哭着说，‘宁宁，这不是你的罪过，是藤吉郎（秀吉）不好，不，是我这个母亲不好，没有保护好藤吉郎。你宽恕我吧’。”宁宁把脸凑得更近，“大政所夫人还说，‘萍水相逢也是前世姻缘，既然结成夫妻，就要白头偕老。再也不准提休妻的事情。你们夫妻二人从他姐姐的孩子中挑一个当养子吧’。”

宁宁说到这里，控制不住情绪，“哇”一声恸哭起来。秀吉茫然若失。说实话，他从不知道母亲和妻子曾如此深谈。然而，他想和命运抗衡。信长和家康都有许多孩子，为何偏偏老子倒霉？在诅咒命运之前，秀吉想先大喊一句“老子不会输在腮腺炎手上”。

目前要先设法抵御妻子的进攻，否则茶茶的孩子还未出生，就会背上“私生子”的恶名。秀吉尚是孩提时，穷乡僻壤的尾张中村有些孩子会冲他扔石头，欺负他，嘴里喊着“没爹的杂种、杂种”。秀吉没有力气，无法正面阻止欺负人的孩子，只能过后悄悄地吃点柿子和河鱼，自我安慰。

阿南夫人的孩子秀胜或许也是“私生子”。秀吉不敢提他的名字，否则会被妻子驳斥，“那也是骗你的”。

秀吉思前想后，打算说说自己得腮腺炎时的症状以及父亲不顾一切照料的情况。宁宁对这些知之不详。他只能通过这种方式回避宁宁的攻击。

“老婆，老婆，等一下。你先把眼泪擦干净。”秀吉抱住宁宁，降低音

---

① 日本的怨灵，面容骇人。

调，“母亲对你说了……我也没忘记那场病，长大后，我才知道那个病能让人生不出孩子。那是七岁时的事情。在一个寒冬的日子，我因为贪玩，很晚才回家。那天，我本来和父亲约定，晚饭前学习术算，但玩得都忘记了，被狠狠地臭骂一顿。现在，我还记忆犹新。”

父亲从秀吉五岁开始就一直教他算术。

父亲曾这样说过：“你手脚笨拙，无法继承家业，制作茶刷。而且，你身材矮小，无法靠刀剑立身。那么，你不能用身体，只能依靠两耳之间的脑袋谋生。你要默记住普通人不会的术算，能够脱口而出，让人为之一惊。”

秀吉从简单的加减学起，七岁半时开始练习三位数的乘除。正因从小打下坚实基础，他后来到大坂学习算盘时才能迅速掌握那项技能。

秀吉八岁时，父亲因为卷入土地之争而撒手归天。他不过是一个普通的算账先生，竟然也被卷进纷争中……

父亲的遇难让秀吉觉得光靠算术无法生存，立志当武士，一直努力到现在。

秀吉抱着宁宁，哄着她。

“当晚，我一直忍着，坐在父亲面前，头疼得厉害，眼前恍惚，发起高烧。父亲看我没有平时那么起劲，感觉情形不对，用手摸摸我的额头，赶紧让我睡觉。之后的五天，我高烧不退，右耳垂下方开始肿胀。父亲手足无措，非常慌张，不再制作茶刷，日夜守着我。每次我要起来，都会被他怒斥这种病需要静养。父亲没睡过一个安稳觉，从井里打来凉水，把毛巾浸湿后，敷在耳朵下面的肿胀处。他有时用手抵着毛巾，就打起瞌睡……”秀吉回想父亲为自己做的一切，心头不知不觉地酸楚起来。他揉揉眼睛，忍住泪水，继续说下去，“后来左耳下方也肿了。幸亏父亲精心照料，左边没有右边肿得厉害，很快就消下去。又过了几天，右耳下方也消肿了。”

宁宁疑惑道：“你的意思是说，你的腮腺炎不算厉害？”

“对，我相信不厉害。我当了武士后曾几次向最好的医生确认。医生听我讲完小时候的症状，说‘如果左耳下方没有完全肿起来，那就是不幸中的万幸。没有完全丧失生孩子的可能性。只肿一边的人可以生孩子，这样的实例有的是’。”

“有的是”这个词是秀吉编造的，他说得有点夸张。曲直濑道三的原话是这样的——

“羽柴大人，很可惜，您生孩子的可能性最多只有平常人的百分之一。不过……”

秀吉对他后面的补充非常感兴趣。

“羽柴大人，如果您实在想要孩子，今后就要注意保持精气，‘一发就中’。那时，您不要顾忌面子，尽管紧抱住自己喜欢的女人，直接射进女人身体的最深处……古书在不孕症一章中，是这么写的，‘两神相搏，合而成形’。您试试看。”

不过，如果秀吉现在把这个话讲出来，就无法为自己的“拈花惹草”开脱。

秀吉把道三的这种微妙解释埋在心里。宁宁听着秀吉解释，最后才开口。

“总之，您的意思是自己还有生孩子的希望，对吗？”

宁宁一语概括。

“简言之，是的。”

秀吉点点头，满脸不情愿。

“那好，即便如此，您怎么向天皇道歉呢？”

（这个问题来了。）

“我还不知道是否要道歉。”

秀吉左思右想，决定通过这种方式逃避回答。

“为什么呢？”

“或许是个女孩。”

“原来如此。如果这样，您打算怎么办？”

“要是女孩，就让她嫁给胡佐丸公子。”

“原来您上次说的人就是胡佐丸公子呀。”

“啊，我一不留神，把他的名字说出来了。”

秀吉想笑，但整张脸都抽搐着，笑不出来。

“如果真那样，反倒圆满……不过，不过，您不要掉以轻心。茶茶是个要强的女人，一定会生男孩。到时，您怎么办？”

“到时再说吧。那只能一个劲地道歉了。”

“这么说，您准备不收胡佐丸公子当养子，而是让茶茶的孩子继承家业？”

“很遗憾，恐怕要这样。”

秀吉能感觉到自己的脸因为痛苦而扭曲。

“什么叫恐怕？我弄不明白。您把话说清楚——还是自己儿子重要，不要胡佐丸公子，对吗？”

“是的。”

秀吉点点头，愁眉苦脸。

宁宁追问道：“是吗？这么说，您就是愚弄天皇。我说得没错吧？”

“这种说法不好。现在，这个问题最让我头疼。你有什么好主意吗？老婆，拜托你了，帮我一起想想吧。”

秀吉不想再和宁宁斗嘴，只想寻求帮助。

“大人，您行为不检才会造成如此结果……茶茶的这个孩子来得不是时候。”

宁宁恨恨地说道。最后，她又甩出一句：

“不过，也没办法。您必须考虑一下对策……”

说完，宁宁便离去了。

（帮助丈夫处理女人方面的问题，这是妻子的义务。）

秀吉想说但没说出口，只能望着宁宁的背影，双手合十。

6

听说茶茶怀孕，龙子的反应就是大哭特哭，她为没生下孩子而懊悔。龙子的眼睛再度肿起来，甚至看不清秀吉的面容。和宁宁不同，龙子没有责怪秀吉，而是一味自责，这更让人觉得可怜。

大约过了十天，心绪平复后的龙子说出一句奇怪的话。

“听‘阿锅’讲，茶茶的侍女们私下里骂我们，让我们滚出西之丸。”

她戴着黑眼套，用手摸索，爬到秀吉膝盖处，惴惴不安地诉说着。那样子让人看了心疼。

“我还没说话，她们就让你们滚出西之丸？什么混账话！”

秀吉握住龙子双手，不断安慰对方。

“她们说，‘不能为天下人生孩子的女人就赶紧离开西之丸，怎么能霸着地方呢？真是一个不懂事的女人’。我要回近江，回到弟弟那里。”

龙子趴在秀吉膝盖旁，哭得不成人样。

如果天子坐北朝南，那“西面”就是“右边”，“西”和“右”是同义。当时的日本仿效中国，以“右”为上。在武士的城池中，本丸之后就是西之丸，那是排名靠前的贵人的居处。也就是说，如果有嗣子，母子就住在西之丸，城主引退后则和嗣子交换居所，移住西之丸。这是当时的惯例。秀吉没孩子的时候，无论在大坂城，还是在聚乐第，当时的侧室之首，也是最有可能生孩子的龙子都住在西之丸，被称作“西之丸夫人”。如果茶茶生下嗣子，茶茶就会取代龙子，搬进西之丸。但是，秀吉无法因此把龙子赶到南二丸。

龙子要回近江的娘家，但那里的掌门人是弟弟京极高次。其妻是茶茶的妹妹阿初。如果说这里是地狱，那里或许也是地狱。那个弟妹一定会觉得龙子碍眼，龙子根本无法安居。

“我知道了，龙子。别担心，你就住西之丸。茶茶那边，我想办法安排。”

在所有侧室中，龙子和秀吉最投脾气，是唯一能真正理解道三所说的“两神相搏，合而成形”的女人。秀吉不想离开她。秀吉温柔地抚摸着龙子瘦削的肩头，在脑子里盘算。

（没办法。只能给茶茶建造一所超出西之丸的住处，让她搬进去。）

名义上，那是“茶茶的产房”。镰仓幕府和室町幕府的将军在妻妾生孩子的时候，会专门设立“夫人产房”。秀吉想仿效先例。很幸运的是，茶茶被“夫人产房”这个词吸引住了，但她没有忘记提出条件。

“既然要造，不如就建造一座城吧。”

“为一个女人建造城池”的“淀城计划”就这样出炉，这可是前所未闻的事。

天正十七年年头，建造工作开始，地点位于京都以南的淀川附近，那里是宇治川和木津川会合之处，也是交通要道，四通八达，出行方便，茶茶非常满意。

不过，坊间流言让秀吉烦恼。

天正十七年二月二十五日，发生了一起讥讽秀吉沉溺女色的“聚乐第匿名诗”事件。有人在聚乐第的白墙上贴了首诗，被发现时，墨迹犹新。

内野原中，矮竹绝迹，茶树茂盛，倾城风流，异香扑面。

以前也有人多次贴过讽刺诗，但秀吉从不在意。

“反对的声音，压是压不住的，最好置之不理。”

秀吉装聋作哑，有时还会揭下来放在手边，自称要留作参考。他会哈哈大笑，随意解读，以此表现大度风范。但是，这次的讽刺诗让秀吉恼羞成怒。

“矮竹[1]绝迹”的意思就是佐佐成政因为肥后地区骚乱而自杀。“内野原”或许指的就是聚乐第。到此为止，秀吉还能忍受。之后的内容确实让他大为光火。竟然侮辱自己的侧室“倾城风流”，这让秀吉无法释怀。而且，“异香扑面”这句话也暗示茶茶使用“龙涎香”。

“不能饶恕！要抓住作者！”

结果，抓捕工作没有取得任何成果。秀吉只弄懂一点——熟悉聚乐第内情的人把相关消息透露给作者。

秀吉立即把被提拔成五奉行之一的石田三成叫到起居室，单独密谈。他把自己和茶茶的真实关系如实告诉三成，又大致讲述了龙涎香之事。

“如此看来，这首讽刺诗倒是一语中的呀。我总是放心不下。”

“都是我们防卫工作疏漏造成的。我颜面全无，发自内心地向您请罪。”

三成道起歉来，原本个头不高的他看上去更加矮小。

两人的密谈涉及核心问题。

“天下人。”

“怎么？”

只见三成正容道：“我想利用这个机会，整顿聚乐第后宫的秩序。”

秀吉叹道：“这真是没办法呀。”

“至于具体的规定，交给在下办理，您看如何？”

“我看行。所有事情由你全权处理。”

此事安排妥当后，三成又膝行几步，凑近身子。

“前段时间，您让我调查孝藏主的身份……”

三成抬起头来，直望秀吉。三成冲秀吉说话时从不躲避他的目光，而是目不转睛地跟秀吉对视。秀吉喜欢三成这种不献媚、沉稳的目光。

秀吉问道：“知道什么了？”

---

① 日语“矮竹”（ささ）和“佐佐”（さっさ）读音相近。

“没有，总是抓不住那个尼姑的尾巴。尽管如此，还是有点小收获。”

“但说不妨，不要有顾虑。”

“那个尼姑，说不定是……”

“什么？”

“我觉得可能是三河方面的密探。”

“怎么可能？”

“当然，尚无确证，我不能妄下结论。前段时间，您曾说过一件怪事……”

“怪事？”

“就是那件事，在九州时，您和两个女人同房时的睡姿。”

秀吉耸耸肩道：“啊，那件事呀。”

——以后，您和两个侧室同房、休息时，不要呈川字形，应分别朝着三个方向。

这是孝藏主的要求，秀吉曾让三成调查这种睡法的出处。三成一丝不苟地调查了，他却连下过这道命令的事情都忘却了。

秀吉问道：“那又如何呢？”

“我把忍者派到各地，让他们先调查武将们在卧室中的睡姿，终于听说有一个男人就是这样睡觉的。”

三成答道，脸上没有一丝笑容。就连说到如此“逸闻”，他都面无表情，讲述时不夹杂任何感情。这才像三成。

“是吗？那么是什么地方的什么人呢？这个男人可够小心谨慎的。”

“您想不到这个男人，他竟然是三河那家伙。”

“你说什么？那个老狐狸和两个女人睡觉时，竟然那么谨慎？”秀吉对家康的小心谨慎和周到防范佩服得直咂舌，“其他人呢？对了，对了，原幕府将军呢？你确认过义昭的情况吗？”

“我首先调查的就是义昭。他从未和女人那样睡过。据说他不知道这种做法。”

“这么说来……”

“话说得有点跳跃性，我觉得孝藏主是在三河地区学到那种睡姿的。”

“那个尼姑在三河地区有亲人？说不定自古以来，那个地方的男人和两个女人睡觉时，就会采用那种姿势。”

“没有，那个尼姑在三河地区没有任何亲人。”

“如此说来，正如你所说的，她就是三河方面的密探喽？”

“我确信如此。”

“说不定孝藏主过去曾被那只老狐狸抱过。”

“怎么会呢？就她那副尊容。”

“不一定，三河那家伙喜欢下贱女人。”

“可不可以这样认为，她被其他女人从三河那家伙的床上挤走后，成为他的密探？”

“这倒也是。”

难道孝藏主不打自招？总之，有一点不容置疑——孝藏主和家康有关联。

秀吉无言以对，他不愿相信这是事实。只要想到这个尼姑竟然潜藏在宁宁身边，秀吉就觉得毛骨悚然。

（竹中半兵卫临终前叮嘱过要注意三河大人的忍者……）

如果三成说的是事实，那么秀吉之前在宁宁房间里说的话都会原原本本传到家康耳中。他从九州返回后，想把胡佐丸公子收作养子的谈话，或许也会被家康知晓。思考到这里，秀吉的想象力进一步发散开。

（说不定，不仅宁宁那里，就连茶茶那里也潜入了家康的密探。如此一来……）

秀吉不禁浑身颤抖。他回想起前年秋天，从大坂城迁居到聚乐第时，其他侧室都为能住进京都而喜气洋洋，唯有茶茶满脸不悦。之后不久，茶茶就变了，或许她在迁居时得知内定胡佐丸公子为养子之事。

胡佐丸公子成为丰臣家的继承者，一旦茶茶的保护者秀吉发生不测，情况会怎样呢？茶茶年纪轻轻就要削发为尼，在尼姑庵中度过一生。

（那女人不愿意过这种日子，便委身于我，然后找个情人，怀上孩子？）

秀吉被一种绝望感围绕，感觉自己被打入地狱。

7

“茶茶怀孕”的消息越传越广，秀吉终于下定决心。去年，妻子宁宁被晋升为从一位夫人。于是，秀吉打着答谢天皇的名义，带着宁宁一同进宫，然后为“自己的不检点”道歉，希望解除养父子关系。

后阳成天皇自然表现出不满之意。本来，他可以一举获得巨额财富，那将超过以往的庄园收入。因为养父子关系的解除，他也失去良机。不过，五摄家都举双手赞成，表示接受秀吉的道歉。如果出现一个继承秀吉巨额资产的新摄家，原来的五摄家将永无出头之日。这个担忧让平素关系不好的五摄家难得地精诚团结，共同说服年轻的天皇。当然，秀吉背后也动用大量资金，进行运作。

五摄家说服天皇的根据简单得出乎意料。

“一旦判断失误，嫡子和养子会对立。在朝廷的漫长历史中，这样的事例数不胜数。如果处理不当，这将成为朝野一分为二的祸根。”

对于历史知识，年轻的天皇比不上五摄家，根本说不过他们。结果，棘手之事竟然解决得相当顺利，天皇同意解除胡佐丸和秀吉的养父子关系。

最主要的原因在于胡佐丸公子本人讨厌这种嫡养子之争。

于是，秀吉和胡佐丸公子的养父子关系只是停留在内定阶段便从历史舞台上消失。在此过程中，双方都没受到伤害。

与此同时，朝廷内定：胡佐丸公子被封为智仁亲王，并为其创建新的八条宫。翌年，也就是天正十八年，择吉日对外宣布。

秀吉夫妇自然是诚惶诚恐，感激涕零。

喜不自胜的秀吉开年就着手修葺皇宫，以此表达对朝廷的歉意和感谢。另外，他还在京都建造大佛殿，不过，这其中隐含着祈祷茶茶顺产的意思。

在茶茶临产的五月二十日，秀吉再度散发金银，其数额超过了天正十七年的六千枚金币、两万五千枚银币。

据史书记载，他首先散发给胡佐丸公子、织田信雄和德川家康三人，他们各获得两千两黄金、一万两白银。显然，胡佐丸公子收到的是“道歉费”，而后两人收到的则是有关茶茶孩子来历的“封口费”。

接着，他散发给自己人，秀长获得三万两黄金，一万两白银；秀次、秀家、毛利辉元各获得一千两黄金，一万两白银；大政所夫人获得三千两黄金，一万两白银；北政所夫人和德川家康夫人（秀吉的妹妹阿旭）各获得一万两黄金。

部将也获得封赏，上杉景胜获得一千两黄金，一万两白银；前田利家获得一万两白银；两名中将、五名少将以及十三名随从共获得三千两黄金和一万两白银。

秀吉没有咨询任何人，直接决定了各个对象的散发金额。

因为他这次出手阔绰，有关茶茶之子的传言顿时烟消云散。

命运之日来了。天正十七年五月二十七日，茶茶顺利生下一个男孩——阿舍。在淀城的一片欢呼声中，秀吉第一次由衷的开心。从此，茶茶晋升为侧室之首，被称作“淀夫人”，俗称“淀君”。在后来的江户时代，“淀君”是一种蔑称，其中含意为茶茶是个淫妇、妓女。这说明在德川家，“淀夫人”的不伦行径是公开事实。

“我来负责养育阿舍……”

宁宁突然提出这个要求。按当时习俗，侧室的孩子要由正房养育。阿南夫人的孩子秀胜就是交给宁宁养育的。整个大家族才是最重要的，“不过是借侧室的肚子，生个孩子”，这就是当时人的思想。宁宁在这个问题上寸步不让，而淀夫人也极力反抗。她觉得秀吉都为自己建造了淀城，阿舍当然应该在自己身边长大。

于是，夹在两个女人中间的秀吉再度成为“救火队员”。秀吉多次往返于聚乐第和淀城，筋疲力尽。因为在胡佐丸公子的事情上，宁宁帮了不少忙，这次，秀吉不得不听她的。

八月二十三日，阿舍出生大约三个月，秀吉把鹤松（为了他能健康成长，将其名字从阿舍改作鹤松）强行从哭天喊地的淀夫人手中夺走，带回大坂城。

恼怒的淀夫人愤然冲出淀城，紧随其后，一直追到大坂。但在大坂城内，宁宁控制着本丸和西之丸，没有拱手相让。淀夫人和大藏卿局只能住在二丸，那里是昔日的来宾休息室。这次轮到淀夫人痛哭失声。

第十二章　驱逐家康

1

秀吉率领三万两千人的直属大军，从聚乐第出发。

时至今日，小田原的北条氏政、氏直父子依然无视秀吉的进京觐见命令，继续顽抗。为了教训这对父子，秀吉率兵远征。其他地区的属下也接到出征小田原的命令，总兵力达到二十万人左右，比远征九州时还要庞大。

这次的出兵数量可谓是盛况空前。

天正十八年三月一日。

秀吉离开聚乐第后，先前往皇宫前的阅兵台，向天皇告假，然后渡过装饰一新的三条大桥，在民众的欢呼声中，沿东海道进发。秀吉还在当年年初，重建三条大桥的栏杆，以此作为出兵远征的纪念。其上的铭文流传至今，“天正十八年庚寅正月日，丰臣初之御代奉增田右卫门尉长盛造之”。

据史书记载，因为民众蜂拥而至，三条大桥一时水泄不通，人群从三条河原町一直延绵到粟田口、大津八町的道路附近，众人搭起高台，目送大军远行。

上次远征九州，大军是从大坂港出发，沿海路前进。这次则是在天皇和民众的目送下，浩浩荡荡地从京都出发。这次效果斐然的大进军是为了向世人宣示，此次战斗是奉了天皇之命的“圣战”。

三条大桥栏杆的铭文上刻着“丰臣初之御代”，这表现出秀吉的自负和权威——当年是作为天皇臣子的第一年，这是为了天皇而进行的首度远征。

其实，和北条氏之间的摩擦根本无须秀吉兴师动众远征，双方的摩擦微不足道。去年十月，北条父子抢夺了上野的一座小城——名胡桃城。秀吉本来将那里封赏给了真田昌幸。解决摩擦的手段很多，可以协商，也可以仲裁。但秀吉偏听偏信，相信真田方面的报告，决定讨伐北条。而且他还把这次战役抬高到“圣战”层面，请求天皇出宫送行。

秀吉之所以如此夸大行事，有着相应考量。因为德川家康和北条氏有着亲缘关系，所以秀吉想在这次“圣战”中，把家康拉入己方阵营，从而让他们双方产生隔阂。在此基础上，寻机和家康决战，确立丰臣家族的永久霸权。

迄今为止，在许多事情上，秀吉都被家康弄得怒不可遏。

最近的一件事发生在去年九月，秀吉向全国大名发出指令，强行要求他们把妻儿送到大坂居住。这是为鹤松消除未来隐患的人质战。如果按照原计划，九岁（天正十五年时的年纪）的胡佐丸公子能成为养子，或许就无须采用如此强制措施。而且，胡佐丸公子不足五年就要行成人礼，秀吉本人也完全能为他定夺未来。

没想到的是，鹤松偏偏在此时出生。

冷静考虑一下，秀吉能否活到鹤松成年，这还是未知数。秀吉的人生设计在最后的岁月里出现偏差。而且，身世让人质疑的鹤松前途叵测，一旦秀吉有个三长两短，情况就会如同定海神针脱落一般，宁宁和淀夫人之间必然产生纷争，鹤松的身世之谜便会大白于天下，丰臣家族也将四分五裂。

（现在我用金钱让众人沉默，但这件事不会就此永远了结。）

苦思冥想后，秀吉向部下发出“上交人质”令。他自以为这是一道妙计。

西部地区的大名纷纷让妻儿搬到大坂居住，但秀吉最耿耿于怀的家康却置之不理。

“鄙人已经交出於义丸（秀吉的养子秀康），至于妻子阿旭完全可以留在大坂，住多长时间都可以。”

家康就这样装聋作哑。

秀吉的妹妹阿旭因为生病，正在休养。而家康却把她当“人质”送还回来。就秀吉而言，把亲妹妹留作“人质”毫无意义，真可谓作茧自缚。

而且，被家康当包袱踢回来的阿旭因长期在外，身心疲惫，患上失眠症，如同换了个人，憔悴瘦弱。有传言说，她常常被前夫的亡灵折磨。

天正十八年一月十四日，尽管秀吉的母亲和妻子精心照料，她还是撒手归西。这都是秀吉自作自受，时至今日，他母亲依然无法理解秀吉把妹妹嫁给家康的本意，对他怨恨不已。秀吉只能把母亲的指责深藏心底，但他发誓一定要让家康为此付出代价。

阿旭虽说是秀吉强加于人的，但毕竟是家康妻子。聚乐第发出“阿旭病故”的消息后，家康本应立即赶到病床边，或者表达一下吊唁之意。这也是对关白本人的礼节。但阿旭死后的第二天，德川方面才派人前来，而且还是家康的嗣子秀忠。家康真让人恨。

秀吉冷淡地接见了独自前来吊唁的秀忠，当即决定要让家康蒙羞。秀吉可以轻易扣下秀忠，将其作为人质。不过，就算这个一无才气二无霸气的儿子被扣留，家康也不会痛心疾首。思前想后，秀吉决定趁着讨伐北条，展开宏大的“驱逐家康战”。

乍看上去，他有点舍近求远。但他的想法是先隔绝德川氏和北条氏的联系，然后灭绝北条氏，接着孤立织田信雄，让其在指挥作战上蒙受奇耻大辱，以此为借口，夺走他的领地尾张和伊势。在北条氏灭亡后，将德川氏驱逐到关八州。家康被驱赶到那里后，不得不花费重金，开垦荒地，治水筑城。关东地区没有储量丰富的金矿，家康的财力会越发枯竭。其间，丰臣家族则可以加强团结，最终伺机诱使家康决战并消灭之。但是——

（万一家康拒绝前往关东地区，我该怎么办呢？）

秀吉继续绞尽脑汁地思索。他想到一条计策，就是在讨伐北条氏的途中，要求德川家“出借诸城”。在举办妹妹葬礼的过程中，秀吉冲着秀忠，擦擦满是泪水的脸颊，漫不经心地提出请求。

“对了，我差点忘记一件事。在远征途中，为了能给将士们提供歇脚地，想暂时借用德川大人的城池。没有其他意思，请你们斟酌处理。”

不知是胆小紧张，还是轻率，抑或是被弄了一个出其不意，秀忠竟然答应秀吉的要求。如果家康本人进京，事情进展得不会如此顺利。秀吉打算以这个仓促间达成的要求为盾牌，在前往小田原的途中，让将士们长期驻留在德川家的各个城池中。只要说等待战机，就可以找到许多敷衍的理由。

关白军来了，城内的德川家臣就不得不出城回避。如此一来，己方就可以不慌不忙地调查城内情况，从外壕深度、城墙高度、内城城门高度直至城池内部构造，有无武器弹药库、粮食库、地窖等。顺利的话，甚至可以让前野将右卫门调查地下土质，为以后的爆破攻击做准备。如此一来，如果家康拒绝前往关东地区，他们的城池对秀吉军而言，已无秘密可言。

（如此一来，在将右卫门调查结束后……在攻打小田原的战斗进行到一半的时候……我要发布命令，让德川那家伙前往关东地区。）

阿旭下葬后，秀忠踏上归途，秀吉煞有介事地前去送行，难以抑制内心喜悦。

三月一日，比预想的时间稍晚一点，秀吉军开始远征，讨伐北条。

这是因为秀吉本身有些私人事情和活动与远征发生冲突。尽管如此，母亲对他三月一日的出征还是颇有微词，“妹妹的七七还没有结束，就……”

然而，正月时，秀吉已经和天皇约好三月一日出发，他不能随意改变日程。

秀吉一度因为妻妾抢夺鹤松而心情郁闷，此次出征，他为换个心情，又重新染黑牙齿，头上套了个做工豪华的假发髻，腰上别着武士刀，一身装束，美丽至极。

（进攻小田原的战斗进行到什么时候，我诱使那个老狐狸交出现有领地，前往关东地区呢？）

他一个劲地在脑子里琢磨着谈话场所以及步步诱导的策略。

以下是秀吉在当年三月的旅程：

三月一日，下榻大津。

三月二日，下榻八幡山城。

三月九日，下榻冈崎。

秀吉特意在八幡山城住宿，是想亲眼检查养子秀次的执政状况，也想和他单独密谈。秀吉一直不放心，不知道宁宁怎样冲秀次说鹤松的事情。

将右卫门的汇报没有造假，秀次把当地治理得井井有条、面面俱到，从城市规划、产业振兴到招商引资。关于鹤松之事，秀吉还没开口，他就递上了效忠书，大致意思是“将来会诚心诚意辅佐鹤松公子”。秀吉喜不自胜。要想打败假想敌德川，就需要弟弟秀长、养子秀次的坚强支持。而且，与经常生病，此次未能参加远征的秀长相比，年轻的秀次更加让人信赖。

“来这里后，我才充分了解你的执政才能。你还要能带兵作战。不过，这需要积累经验。这样行吗？我任命你为攻打北条的前锋大将。”

秀吉当机立断。

以下是秀吉接下来的日程。

三月十二日到达浜松，逗留到十七日。三月十七日，下榻挂川城。三月十八日，下榻田中城。三月十九日，到达骏府城，逗留到二十三日。三月二十六日，到达吉原。三月二十七日，到达沼津的三枚桥城。三月二十八日，到达长久保城。三月二十九日，到达山中城。

秀吉滞留浜松和骏府，皆因要让将右卫门对两城（尤其是骏府）进行详尽调查。他甚至发布临时命令，让将右卫门担当骏府留守官。

秀吉的“借用诸城”对德川方造成巨大冲击。作为旁证，历史上曾有这样的记录——家康的谋臣本多忠胜后悔不迭，捶胸顿足，自嘲“城都能借给别人，就算把老婆借出去又何妨啊”，幸好家康当时没有老婆。

三月二十九日。

秀吉终于到达此次作战的前方基地，其西面就是北条军所在的箱根山。

按照约定，秀吉让秀次担任总指挥，负责攻打前方基地之一的山中城（静冈县三岛市）；让织田信雄担任总指挥，负责攻打另一个前方基地，伊豆的韭山城。他想让两人角逐一番。

两人各率大军，进行强攻。山中城的战斗半天就结束了，双方失去的大将分别是——

北条军主将北条氏胜逃亡，副将松田康长战死；秀吉军美浓轻海西城城主一柳直末战死。

在这场战斗中，属下的武将为了讨好“总指挥秀次”，一鼓作气攻下城池。战斗虽然只持续半天，但战况激烈，一柳直末（享用五万石俸禄）的战死就足以说明。他是秀吉一手培养起来的，原本是黄母衣[1]出身。闻听直末战死，秀吉一如往常地号啕大哭，唏嘘不已。

但不管怎样，山中城仅半天就被攻下。与此形成鲜明对比的是——伊豆的韭山城岿然不动。

织田信雄是这条战线的统帅，手下有许多响当当的副将，长冈（细川）忠兴、生驹一正、蜂须贺家政、福岛正则、蒲生氏乡、织田信包等，还有五万士卒。但正因为信雄是统帅，所有人都不会拼死效力。而且，秀吉战前曾亲自为蜂须贺、福岛、蒲生等亲信下达指令，“不要卖命，没必要建

---

① 秀吉仿效织田信长“赤母衣”和“黑母衣”设立的职位。这些人会穿着鲜艳醒目的衣服随军出阵，帮大将传达号令。

功立业”。

秀吉的背后工作给信雄设置了障碍，对阵一个多月，他依然无法克城。秀吉向众人充分展示了信雄的无能后，将其罢免，然后把将右卫门从骏府叫来，让他负责指挥攻打韭山城的战斗。

将右卫门已经完成一项大工程，“把骏府城摸得一清二楚”，早就想奔赴战场，接到秀吉的命令后，迫不及待地冲到箱根，当着信雄面，放出豪言壮语，“像韭山这样的小城，根本不需要五万人攻打”。他让原来围城的将士全部退后，把直属的一万五千人配置到战场上。一切都是他和秀吉“预先彩排”好的。

将右卫门开始分析韭山城的地形、地利，觉得直接对决有危险，便把周边道路包括山间小路围得水泄不通，断绝城内粮道。他又新修堤坝，阻塞河流，利用雨季，水淹城池，号称这是天下人密授给他的攻城术。

他从周围村镇调集许多人手，光每天支付的稻米就高达六石。韭山城守将北条美浓守氏规不忍城内士兵因为粮草枯竭而虚弱下去，当年六月黯然投降。

“如此花钱的攻击，我也行。”

信雄得知将右卫门的攻击手段后，大发牢骚，怎奈他久攻不下的事实毕竟有目共睹。当年（天正十八年）下半年，秀吉借口此次战斗失利，收回信雄的领地尾张、伊势，将其流放到下野地区。而秀次从小田原归队后，从秀吉那里获得织田信雄的原有领地，一跃升为享用百万石俸禄的大名。秀吉对亲人很照顾，但其中也隐含着一个老父亲的哀求——将来要好好辅佐鹤松！

这一点不容否定。

2

时间暂且回溯到四月一日。

秀吉把攻打箱根，建立前进基地的事情交付给部下，自己则先越过山垭，在箱根汤本的早云寺排兵布阵。这里和小田原城近在咫尺。

“终于要在这里打响决战吗？”

身边主将都摩拳擦掌，跃跃欲试地看着他。但秀吉则考虑着完全不同的事情。

首先，他要物色一处能鸟瞰小田原城全貌的地方。在北条老臣松田宪秀的建议下，他登上小田原城西南面的石垣山山顶，从那里眺望敌城。既然这里能看见对方的全貌，那么北条军也能看到这里的动向。秀吉对此了然于心，便从四月五日起，在石垣山上筑城，以示炫耀。

首先要让对方惊慌失措。不足半天，他便让人建起营垒，竖起箭塔，然后故技重演，在四周墙壁上贴起白纸，建造出“一夜之城”。当然，这不过是一场游戏。根据北条方的史书记载，他们曾大为惊讶，“究竟是天狗所为，还是神灵之作”。不过，这多半是后世为追捧关白而如此记录的。九州的大名孤陋寡闻，可能会被“一夜城”吓住，而北条方有许多筑城好手、能工巧匠，不可能因此受到惊吓。

秀吉的部下更为吃惊。

秀吉甚至在石垣山城建造起真正的大厅和天守阁，这让手下们呆若木鸡。

虽然质量稍微欠缺，但就规模而言，可以和聚乐第、大坂城相媲美。城池的建造工作有条不紊地进行着，秀吉要向北条氏示威。

——我真的要来关东地区了！

会津黑川城主伊达政宗悄悄观望着这一工程，产生错觉，以为秀吉真心进入关东地区，于六月九日、十日两天，在石垣山的施工现场拜见秀吉，发誓效忠，然后返回米泽。

筑城不久，秀吉便意外地取得第一号战果。

六月二十五日。

城池大致建造完毕，秀吉离开早云寺，将大本营转移到石垣山，唤来家康。他要行动了，要把家康驱逐到关八州地区！秀吉一路上都在寻思，该以怎样的姿态对家康提出此事呢？

他打算回房和家康单独会谈。首先威严地坐在高处，迎接家康，然后瞅准时机，主动走下来，紧挨家康坐下，东拉西扯，看见对方放松警惕后，刻不容缓地说出真实想法……

但家康进入石垣山城后，中规中矩地趴在地上，“祝大人安康”，然后猛地抬起头。他满脸堆笑，不，应该说笑容包裹住他的脸。家康看上去很单纯，面颊发亮，最让人吃惊的是他的大耳朵，那耳垂很大，犹如福禄寿一般。

（三河这家伙，竟然有如此长寿的面相！）

织田时代，作为家臣的秀吉只是远远地斜视过家康。后来，家康来大坂城问安时，戴着帽子，那帽带遮挡住他的耳朵。家康比秀吉还小五岁。

秀吉吃惊于家康的年轻仪容，好不容易才没有表现出来。或许这个缘故，秀吉一张口，语调就很威严。

“大纳言大人。”

“在。”

“我想和你谈一件事。”

“有何吩咐？”

家康沉着得让人生气。

“没什么，就是三介大人（信雄）的事。大纳言大人，你怎么考虑？”

“此话怎讲……”

“攻打韭山城一役，正如你看到的，他虽是信长公之子，但指挥攻城显得稚嫩，我觉得他缺乏治理大国的器量。你觉得呢？”

“这个，鄙人不曾实地调查，什么都……”

家康含混其词。秀吉觉得机会来了。

“这里有前野将右卫门的战况报告。他接替三介大人攻城，只有三介大人三分之一的兵力，但是他反复推敲战术，不到二十天就兵不血刃地攻下了城，没伤及一兵一卒。”

“当真？那太厉害了。”

家康假装糊涂，俨然说着事不关己的事，显得老脸皮厚。秀吉不会让他轻易逃脱。

“总之，我觉得不该把尾州、势州这样的东海要地交给三介大人。你说呢？”

“是吧，那您打算怎样处理三介大人呢……”

杀了他，还是放他一条生路——家康的目光中露出狐疑神色。

秀吉刻意不和他对视。

“之后的事情尚难决断……总之，我打算收回三介大人的现有封地，将其划为直属领地。那里也是我的故乡嘛。大纳言大人，你没意见吧？”

话到最后，已经半是威吓。实际上，秀吉已经决定将信雄流放到下野地区，但此时还不能表现出来。

“知道了。”

家康悄然垂下脑袋。

（这样就行了。）

第一战到此结束。

当晚，想到家康的年轻和福相，秀吉懊恼得无法入睡。或许是心理作用，他甚至觉得手掌上的长阳线都变淡了。

没办法，天色刚亮，秀吉便起身刷牙，最近牙龈总是出血。他觉得今天早晨的出血量更多一些。虽然出血，但不痛不痒，这更让秀吉觉得郁闷，甚至觉得家康那一口雪白、结实的牙齿也很可恨。

秀吉带着几名侍从，走到庭院里，在宽阔的松林中漫步。

吹过枝头的冷风以及野鸟的鸣叫声，终于让秀吉恢复冷静。

（好。）

身体不适，时不我待。

或许家康觉得昨天会谈结束后就没有事情，准备返回。秀吉拿定主意，把家康叫到庭院中，让侍从退下，两人和昨天一样单处。

中途，秀吉起了尿意，准备站在土丘上冲着小田原城撒尿。他装出漫不经心的样子，冲着家康说起来。

“大纳言大人，你不小便吗？和我一起……”

“我陪您。”

家康苦笑着，圆滑地站到秀吉身边。秀吉望着小田原城，松开裤裙，用手中的竹扇冲下半身扇着风。

“山谷中的风让人心情愉悦，对吗，大纳言大人？”

“是的。”

两人对笑着，俨如老友。之后，秀吉突然独自嘟囔起来。

“穿过小田原，就是江户了吧？”

“是的。”

“那里有太田道灌建造的小城——江户城，你可知道？”

“只是略有耳闻。大人去过？”

家康从侧面看着秀吉，神情惊讶。

“是呀。以前，我靠这两条腿，沿着东海道叫卖针线时，想着增长见识，曾越过箱根，去了一次。那里人烟稀少，无法卖出针线，但获益良多。”

“比如呢？”

秀吉微微一笑，问道：“你想知道吗？”

“是的。”

“简单讲，那是一片无垠的湿地，土壤肥沃，是一块天然沃土。那里有大的河川，却又不像尾张、三河那些狭窄平原上的河流动不动就泛滥成灾。只要筑堤垦田，那里就会变成一个大谷仓。”

“听上去真让人羡慕。”

“你想去吗？”

“哎？”

家康被弄得措手不及，一时语塞。

“我问你想不想统治那里？不过，如果你去了，就要让出现在的三河、远州、骏河、甲斐、信浓地区。”

家康脸色大变，道：“这个真没想过……”

“是吗？”

秀吉微微一笑，慢慢松开裤裙，趁机确认着家康的反应。汗珠从家康的额头上一点点渗出，这证明他在秀吉的攻势面前左右为难。秀吉继续加强攻势。

“哎呀，要是你不愿意，就不勉强啦，我亲自管理。说真的，我早就想管理关八州了，心里发急呀。”

“啊，那太好了。”

“只要把五畿内没有土地的农民大量迁到关八州，将那里改造成大谷仓，百姓的日子就会滋润起来，关东地区也会非常殷实。不过，我有个条件。”

“条件？”

一丝不安从家康的眼中闪过，这没能逃过秀吉的眼睛。

“以后，关东地区的物品能从你管辖的三河、远州、骏河等地自由通过。也就是说……包括东海道在内，你领地中的道路要向全天下开放，要成为公用道路。故信长公有‘乐市’、‘乐座’的说法，我就仿造他的讲法，称之曰‘乐道’好了。你要进一步拓宽道路，在所有的河流上架起桥梁。说实话，我这次之所以收回三介大人的领地，也是要把伊势、尾张的道路弄成‘乐道’。否则，关八州的物流就会不顺畅，就会便秘。哈哈哈。”

秀吉大笑着拉开内裤，拽出那个跟个头不相称的玩意儿，起劲地撒起尿来，那势头看上去俨然要把尿液喷洒到天上去。家康胆战心惊地跟着小便，但无论尿液的高度还是距离都远不如小个头的秀吉。

（我赢了。）

秀吉暗呼快哉。十天后，他得到了家康的回答。家康同意去关东地区。不难想象，家康的这一决定掀起轩然大波，所有人都直言不讳地谈论此事。

3

虽然称作“小田原攻坚战”，但北条方在关八州的所有城都是攻打对象。

各城的防卫能力都很薄弱，没进行像样的抵抗便纷纷接受劝降，归顺秀吉。不过，秀吉为此必须组织别动队，前往各地进行劝降谈判，花费的时间超出预想。

以下是各城的名称和陷落月份——

四月，下野皆川（枥木市）、西牧（群马县下仁田町）、厩桥（前桥市）、松井田（安中市）、箕轮（高崎市）、江户、下田、玉绳（镰仓市）。

五月，岩槻、松山（埼玉县吉见町）、关宿（野田市）。

六月，馆林、钵形（埼玉县寄居町）、八王子、津久井、佐仓。

秀吉军以压倒性优势所向披靡，只有两座城一度经受住攻击。

其一是伊豆的韭山城。守将北条氏规从四月一日起受到攻击，一直抵抗到六月二十四日，最终弹尽粮绝，被迫投降。他是在友邻德川家康的劝说下才不得不开城的，多少保全了关东武士的面子。

另一个是武藏国的忍城。守将酒卷靭负为了应付持久战，预先准备了充足粮草。而且，城主成田氏长的长女（甲斐姬）勇冠三军，在战斗中发挥了重要作用。当氏长差点被三成说服时，她一个女子竟然让父亲改变主意。甲斐姬亲率八百士卒以及城内的三千年轻人，在城防战中打头阵。甲斐姬当时十九岁，据史料记载，她带领两百士兵，骑着黑马，头戴帽盔，身穿粉色铠甲，披着猩红战袍，一副威风凛凛的武士装束。将士和民众们自是群情激昂。

前来进攻的石田三成拥有两万三千人的大军，手下更有浅野长政、真田昌幸、真田幸村等响当当的名将，却奈何不了对方。三成放弃了起初的强攻计划，从五月底起改用水攻，可惜堤坝不大牢固，被一场暴雨决堤，反倒让三成损失了几百士卒，大大丢脸。小田原城投降后，只有忍城还继续抵抗，直至七月十六日才开城投降。

开城之后，城主成田氏长和甲斐姬被交给会津黑川城的蒲生氏乡看管。天正十九年，秀吉听说甲斐姬虽是女儿身却英勇善战，不禁打起她的主意，将其纳为侧室。这是后话。

别的城就不多说了，直接说小田原城吧。

在各别动队相继平定关八州之际，秀吉始终滞留在小田原附近，避免强攻，采取长期包围的策略。他没有一举击溃对方，只因小田原城的设计构造没采用固定模式。当时的村镇一般都在城下，该城却把村镇囊括在内，整个外围有壕沟围绕，也就是所谓的“军民一体化”样式。只要普通民众和武士一起作战，整座城就会发挥出意想不到的潜力。就算秀吉军突破外围，巷战中毕竟难分敌我。若像信长那样不论男女格杀勿论则另当别论，但秀吉反感信长那种残酷行径。反之，如果正面进攻，己方将付出沉重代价。

十二年前，荒木村重曾经在有冈地区采用相同的筑城方式，进行防御，折磨了信长整整一年。小田原城的规模比那时的有冈城还大，东西五十町，南北七十町，方圆五里——这是《北条五代记》的记录。数字或有夸大，但该城的规模无疑空前，几乎可以和大坂城比拟。

这种“军民一体化”样式的缺点是——将一般平民卷入战斗人员之中，不免加剧存粮的消耗，故而难以长期坚守。

秀吉吸取当年攻打村重的教训和经验，没有贸然攻打。他非常清楚，如果比较耐心，对方会先败下阵来。

他每天无所事事，无聊至极。为了散心，他喊来利休，在大本营石垣山召开茶会，结果很快就厌倦了这种活动，只好把淀夫人从大坂城召来。其实淀夫人算不上是他召来的——她因为被剥夺了鹤松的养育权，终日在二丸中懊恼，无所事事，便打着“先看看富士山”的幌子，到秀吉这里寻求解脱。秀吉得知淀夫人的窘状，特意写信给宁宁：“请你安排茶茶来这里的相关事宜。”

由此可见秀吉非常在意妻子。宁宁一直抱怨说“也不知道是谁的孩子”云云。

淀夫人得到宁宁的许可，来到这里。秀吉从三河、尾张地区叫来许多杂耍艺人，试图安抚百无聊赖的她。然而，自命不凡的淀夫人对一般老百姓的杂耍全无兴趣。两人时隔三月相聚，目睹淀夫人憔悴柔弱的样子，本来就怜香惜玉的秀吉更加于心不忍，关于“情夫”的怀疑早已抛到九霄云外。

“为了让你散散心，我让你见见绝世美男。”

秀吉叫来蒲生氏乡，让他把曾经宠幸过的男青年带来。那人是当时闻名遐迩的美男子，名叫名古屋山三郎，尾张人，我们只知道他是庄兵卫的儿子，至于其出身和年龄则一概不详。他起初只是京都建仁寺西来院的一个小和尚，据说许多善男信女被其清秀的眉眼所吸引，在山门外排成长队，希望一睹真容。氏乡对山三郎可谓一见钟情，很快就让他当了侍从，加以宠幸。山三郎当时正要随主公氏乡去奥州南部镇压当地叛乱，也就是说，他差一点就和淀夫人擦肩而过了。谁都想不到，秀吉导演的这场小邂逅竟会让秀吉、淀夫人和山三郎的命运发生翻天覆地的变化。即便现在，大家也都觉得那是造化弄人。

淀夫人和秀吉一道坐在高处，俯视着山三郎，没表现出特别的兴趣……但是，当秀吉靠在桌案上，弯着身子，和氏乡密谈起来后，淀夫人便开始斜眼打量那个坐在氏乡旁边，身体僵硬、诚惶诚恐的山三郎。

他是侍从，皮肤白得像女人，鼻梁挺直，轮廓分明。或许因为他受过氏乡的宠幸，整个人透出艳媚的风情，让人一眼联想到风月之徒。

（治长无法和他相比。）

或许这是淀夫人当时的想法。

事实上，山三郎后来离开蒲生家，摇身一变，当了歌舞伎艺人，和淀夫人戏剧性地重逢。这个男人貌似弱不禁风，但若拿起长枪则是蒲生家第一高手。他是个刚柔兼济的男人，具备了男人的所有魅力。淀夫人逐渐被山三郎迷倒，突然面泛红潮，身体也不停地颤抖。她身旁的秀吉浑然未觉。一旦谈论起军事问题，秀吉就会忘我地投入，脑子里根本不考虑女人的事。氏乡正在汇报奥州南部的家臣九户政实的叛乱情况，秀吉听得入神。

两人谈话结束，氏乡和山三郎退出后，秀吉赶紧看看身边的淀夫人，笑着问道：“阿淀，你看山三郎了吗？”

“看了。”

淀夫人已经不再亢奋，又恢复成原来那种无精打采的样子。

秀吉挤出笑容，追问道：“怎么样？是个美男子吧？”

“果然是。”

淀夫人无所畏惧，眼神镇定，目不转睛地望着秀吉。

“仅此而已？”

“是的。我不喜欢年纪小的男人。”

淀夫人的脸颊透出一丝笑意。秀吉觉得她非常瞧不上年轻的山三郎。

"为什么？"

秀吉兴趣盎然，津津有味地问道。一瞬间，淀夫人似乎考虑着合适的字眼，最后嘟囔了一句。

"靠不住吧……"

她说完便垂下眼睛，眼眶附近微微泛红。这被秀吉敏锐地觉察，但他自以为是，觉得淀夫人言下之意是说自己靠得住。

秀吉压根就没想到，淀夫人对刚才那个比她小的年轻男子念念不忘。

（她讨厌比她小的男人……对了，治长比她小两岁！如此说来，鹤松就是我的亲儿子呀。）

秀吉想到这里，顿时欣然。人的判断力往往会倾向于对自己有利的一面，心里混杂着一种情感——要是那样就好了，希望是那样。秀吉也是人，也不会例外。

之后，秀吉依旧待在小田原，完全恢复了良好心情。

"在这个国家，如果没有女人，天就不会亮。"

秀吉允许手下武将把妻妾从故乡叫来。如此一来，就能避免他们和随军妓女厮混，避免性病在城内传播，顺带提高他们的战斗意志。秀吉命令一下，石垣山顿时变成歌舞升平、华美绚烂的游乐馆。听说小田原附近的热海温泉对治疗梅毒有效，他便传令那些可能染上梅毒的士兵都要接受检查，交替前往伊豆热海疗养。

军营中连日召开酒宴，秀吉喝得开怀，吟唱起今样歌[①]来。虽然他只是个人爱好，没接受过正规训练，但因为经常吟唱，所以基本上没有走调。

"没有游乐，毋宁死；没有戏耍，毋宁死。"

他嘴里哼唱着，兴致所至，还会即席表演舞蹈，跳到一半时更会弯下身子，天真地询问道："你们觉得我的歌喉怎么样啊？"

部下的回答当然一致："全天下最棒！"

"你们别拍马屁啦。"

秀吉笑着站起，继续手舞足蹈，跑到女人那边提出同样的问题。那些女人欣喜若狂，说话毫无顾忌。

---

① 日本平安朝时代的流行歌，通常由四个七五调组成。

“哎呀，真好，真好。”

于是，秀吉又唱起后半段。

“闻及孩童戏耍声，吾心亦被打动兮。”

跳着跳着，秀吉想起了自己的孩子鹤松。

（早点回去抱抱他，他可是我的亲儿子呀……）

4

六月下旬，伊豆韭山城的降将北条氏规得到秀吉允许，返回小田原，规劝家督北条氏直进行和谈。氏直看清天下大势，于七月五日向秀吉投降，请求用一己之命换取城内将士的性命。秀吉同意了他的请求，让氏直的父亲氏政等四人切腹，把氏直流放到高野山。对小田原长达三个半月的包围战就这样画上了句号。

氏直在高野山待了一年多，天正十九年十一月离世而去，死因不明，享年三十岁。仔细追究一下，不难发现他是死于秀吉之手。秀吉没有在城破之日动手，而是让他苟延残喘了一段时间。

七月十七日，秀吉离开小田原，取道江户，二十六日到达宇都宫，八月六日到白河，逐一视察北关东至东北地方的辽阔地区。随行武将都说——

“天下人，您不用亲自视察。”

秀吉不予理会。

（太宽广了，宽广得无边无际。）

秀吉望着一望无际的关东平原，暗自惊叹。他以前就知道这里开阔，却不料如此广袤无边。他开始后悔把这里交给宿敌家康，怎么都不愿返回。

（现在这里是一片荒野，但只要整修水利，开垦土地，或许就能成为一大粮仓。我原来的想法真是肤浅死了！）

秀吉懊恼不已。

八月九日，秀吉到达会津黑川，在城外的兴德寺做出相关的人事安排，反映出他的懊恼之情。

首先，秀吉不容分说地将会津黑川城从伊达政宗手中收回。在修筑石垣山城的工地上，两人曾会见过，政宗发誓今后拼死效力于秀吉，而秀吉也保证他的领土安全……而现在，秀吉完全推翻了他的许诺。

（必须换一个对我忠心耿耿的人守卫这里。）

秀吉觉得如果不这样，家康就不会有后顾之忧。但是，他又必须让亲信在中枢地带出人头地，几乎无人可派。左思右想后，他指名让细川忠兴前来奥州，却被对方严词拒绝。忠兴之父幽斋更是老泪纵横。秀吉因为在胡佐丸公子的事情上受过他们的关照，只得打消念头。百般无奈之下，他点了近江的蒲生氏乡，结果对方又是死活不肯。

“我也知道这片蛮荒之地难管理，就是相信你才提出如此请求的。”

秀吉几乎是哀求对方，最终让他应允下来。表面上看，蒲生氏只是伊势松坂地区一个十二万石俸禄的大名，此次一举跃升陆奥出羽地区的长官，享用四十二万石俸禄，可谓破格提拔，但氏乡本人则自我嘲讽道：“我也成了奥州的乡下人，成了废物喽。”话虽如此，他后来还是做了些事，向秀吉表现出自己没有丧失斗志，依然精神百倍，譬如把黑川改名为若松，扩大城池，命名为鹤之城。

氏乡在八年前的光秀讨伐战中立下汗马功劳，让他前往遥远的奥州地区，秀吉自是过意不去。天正十九年九月，秀吉将奥羽七郡奖赏给氏乡，把他提拔成掌管十九郡的大名，石高九十二万。文禄三年，秀吉又向朝廷申请，为他争取到从三位参议的官职。

培植起足以威胁家康后方的大势力……

秀吉为此煞费苦心。这从反面说明，秀吉会做出如此人事安排，皆因他敏锐察觉到他送给家康的关东地区将来会成为富庶之地，会成为让人胆战心惊的地区。

5

天正十八年九月一日，秀吉返京。

从九月下旬开始，秀吉在有马静养了十来天。之后，他前往毛利辉元和本愿寺光佐（显如）的府邸，向他们讲述了自己讨伐北条军的艰辛。

天正十九年很快来临。对秀吉而言，这是内忧外患最严重的一年。

首先袭来的内忧便是弟弟秀长之死。去年（天正十八年）一月十四日，秀吉之妹撒手归西。在她一周年忌辰刚刚结束的天正十九年一月二十二日，秀长也离世而去。秀长才五十二岁，正是年富力强的时候。秀吉亲人寥寥，何况从年纪而言也只有这唯一的弟弟可以说心里话。秀吉奔到秀长的封地大和郡山，趴在秀长枕边号啕大哭，完全不顾忌周围人的目光。

但秀吉也不能一味地哭泣，作为关白，需要他处理的事务堆积如山。

在法事尚未打点停当的闰一月八日，外患又接踵而至。耶稣会的瓦里尼阿诺打着印度副王使节的名义，要求会见。此人自去年六月重履日本，在秀吉远征小田原期间一直耐心等候。四年前的天正十五年六月，秀吉宣告禁止基督教，本没必要会见基督教士。但是，瓦里尼阿诺为了避开禁教命令，打出了“印度副王使节”的名号。他是一个精于计谋的人。

秀吉对西方人采取的基本态度就是将宗教和经济分开对待，禁止基督教在日本传教，但欢迎西洋船只前来。印度是西洋船的必经之地，对方既然是其副王的使节，秀吉不能不见。会见时，秀吉自始至终保持强硬态度，不打算改变一贯的政策，并准备将己方的政策落成文字，回复给“印度副王”瞧瞧。

秀吉虽然禁止基督教，但对西洋船带来的珍品，尤其是武器、有关新船舶的知识等，却是非常渴求。瓦里尼阿诺这次为了讨好秀吉，带来了“印刷机”和“西洋乐器”。

修道士乔昂·罗德里盖斯兼任翻译，他经验丰富，对秀吉的想法洞若观火。他替瓦里尼阿诺开口说道：“如果您不允许耶稣会会员滞留在日本，那么西洋船或许就不会来了。”他俨然说着别人的事情，但其中隐含威胁之意——“如果您不允许修道士留在日本，我们就不让西洋船前来，您觉得这样行吗？”

《日本巡察记》（瓦里尼阿诺著，松田毅一译）的作者认为这段话委婉地表达出政治诉求。

基督教当时不仅传教，更是欧洲进入并控制亚洲的先头兵。传教和西洋船的往来犹如一对孪生兄弟，密不可分。他们和秀吉坚持己见，互不相让，几乎就要谈崩。秀吉不得不强压怒火，重新写了封“言辞温和”的回复，甚至做出让步，允许几名耶稣会员在长崎滞留。

秀吉曾在博多看到西洋大船，无法忘却它们带来的威胁。

（不要吝惜钱财。只要继续和西洋船进行贸易，迟早能得到那样的船舶。哪怕是条破船也行。）

如果得到，就可以和火枪一样进行仿造，制造出能穿洋过海的大船……

（现在是隐忍的时候，我们走着瞧。）

瓦里尼阿诺的随行者中有四名日本少年，他们是留欧少年使节团的成员。瓦里尼阿诺是少年使节团的理解者和支持者。这些少年基督徒大多出身卑微。瓦里尼阿诺明明知道，还谎称他们是“日本基督教国王”的贵公子，带着他们游历欧洲。后来，谎言被揭穿，瓦里尼阿诺写了一份很厚的申辩书。

在这个少年使节团进献给秀吉的物品中，有一样东西让这个执政者惊愕不已。那是个直径两尺左右，非常沉重的金属球，其重量或许在五贯目以上。当这个金属球被拖到秀吉面前时，秀吉的声音都颤抖了。

“哎呀……”

他本以为那是个大的火药球，很快便知道这玩意儿不会爆炸，这才胆战心惊地触碰了一下。

“您转动一下。”

罗德里盖斯露出得意的笑容。秀吉用力一推球面，整个球体缓缓转动起来。

“哎呀呀。”秀吉像个孩子一般蹦跳起来，来回转了好几圈后，问道，“这个轴是不是有点歪了？”

罗德里盖斯得意扬扬，答道：“不，一开始就斜着设计的。”

秀吉大奇，追问道：“为什么斜着呢？”

“这个……”

罗德里盖斯回答得犹犹豫豫，他不知道更多的天文知识，无法作答。

“你下次来之前，好好调查一下。”秀吉威严地命令道，“那么，在你们国家，把这个球体称作什么？”

秀吉不想被对方小看，自始至终用命令的口吻询问。

“叫作地球仪。”

“地球仪？我会记住的。”

秀吉反复念叨，犹如诵读咒语。罗德里盖斯或许被秀吉的真挚态度打动，语调和方才不同，变得客气起来。

“我们把居住的这块土地叫作地球，地球不是平的，只是它太广阔了，我们感觉不到罢了。实际上，它就是这样一个大球形。”

基督教曾在几百年中，向民众灌输地球是一个平面，对天文学上的“地动说”进行弹压。关于这些历史，他们没有告诉日本人。

秀吉探身道：“嗯，你这一说，我想起来了……”

罗德里盖斯问道：“敢问大人想到的是？”

“故去的信长公曾说过同样的话。”

“这个国家……有人知道地球是圆的？”

罗德里盖斯瞪圆了眼睛，露出狐疑神情，扭头看看身边的瓦里尼阿诺。对方似乎和他态度一致，狠命点头。

秀吉打算搬出信长，稍微提高一下日本的知识水准。

“信长公经常对我们说：‘好好看看船只在海面上的航行，仔细思考一下。’他是这样解释的，‘船只到达地平线的那一头，就会突然从我们的视野中消失，反之，从那一头来的船只会突然从地平线上冒出来。小时候，我以为那里就是尽头，船只从类似入口的地方进出。但没有一个船员说过在地平线的尽头，曾遇到入口之类的地方。海水也不是从地平线那头落下去的。如果水从那里落下去，船只顺着水势，就不可能达到这里。如此看来，只能认为我们居住的这个世界是一个巨大的球体’。因此，当你们西洋人来到日本，用地图展示地球是个圆球体的时候，信长公曾拍着膝盖，露出得意的神情。”

当时，信长看着秀吉等人，骄傲地说过这么一句话。

“怎么样？你们看，我说得没错吧……”

此时此刻，秀吉将这段典故隐而未说，否则就会显得自己非常愚蠢。

（不管怎么说，信长的洞察力让人畏惧。）

现在，秀吉看见地球仪后，觉得要再度审视信长的预见性。顺便说一句，信长没看过地球仪的实物。他看到黑褐色球体的绘图后直接就理解了，其素养非同一般。本能寺之变的两年前，秀吉和其他武将被叫到信长位于安土城的起居室，看过那幅令人不可思议的地球仪绘图。左右围成圈状，下面由分成三个方向的立柱所支撑。信长告诉他们，图中央被画得很大的地方就是西洋和中国。他还简单地说明了一下“地球是圆”的道理。

其他武将都露出匪夷所思的表情，只有秀吉反应很快，首先举手提问。

“那么，主公，日本在什么地方呢？”

信长笑了起来，那表情似乎在说“你小子听得倒认真”。

“很遗憾，这幅图画得小，模糊，应该在中国的右端，看不清楚。我下次让他们拿一幅再大一些的地图来……”

西方人通过绘图从平面上展示地球仪时，会以“西洋”和“中国”为中心，而狭小的日本等国则被挤到一角。而且，当时他们对印度以及中国以东地区的考察还不是很完备，所以日本、朝鲜在地球仪上的位置也就相应的暧昧不清。

秀吉和信长关于“圆形地球”的谈话就这样结束了。

十几年后的现在，天正十九年闰一月。

秀吉是第一个目睹“地球仪”的日本执政者，信长都未曾看到过这个“圆形地球”的模型。然而，秀吉没有因此觉得光荣和感动。

情况完全相反。

秀吉来回转动着地球仪，转到中国大陆右侧的时候，突然停止转动。

“哎呀，这是什么呀？”

秀吉再次大嚷起来，脸颊一下子僵硬住。

“您觉得什么地方不对劲吗？”

“何止是不对劲呀！这帮无礼的家伙。”秀吉勃然大怒，“你看看这个日本。这形状就像是狗的阴囊！难道不是？真是岂有此理！”

地球仪上，中国犹如一块巨大的岩石，在其右侧，日本被画得像个狗阴囊。这给秀吉以剧烈冲击，他觉得难以接受，觉得可悲。

这个犹如“狗阴囊”一般的国家，就是他尊敬的天皇所统治的领土？这十年，不，从他在信长麾下为了一统天下而进京的永禄十一年算起，都二十三年了。秀吉一直为了“统一天下”而努力拼搏，最终达成夙愿，平定了日本六十四州。

（其结果就是这个狗的阴囊？）

秀吉只能感受到屈辱。罗德里盖斯不理解秀吉的愤怒，那个通过翻译，只希望获得重新传教权利的瓦里尼阿诺更是完全不明白秀吉这种扭曲的心理。

在颇为详尽的《日本巡察记》中，瓦里尼阿诺未曾留下有关这段场景的记述。他们的会谈到此终结。后来，路易斯·弗洛伊斯在《日本史》一书中，这样描述了秀吉的“征伐中国”：“他为何会干出如此大胆、莽撞的事呢……他让所有日本人觉得惊诧，觉得不可思议。”

其实，秀吉看到地球仪感觉屈辱时，那“征伐中国”的妄念便萌发了。一个苦心经营二十载，积攒百两黄金而喜不自胜的穷人，突然看见富人那装有千两黄金的箱子堆积如山，自会愤怒世道的不公。秀吉的心境类似于此。

之后，利休、鹤松相继离世，使人们对秀吉的“征明”出现诸多误解。

当年的第二个内忧，就是千利休自杀。

人们看待这件事时，总喜欢把权力者秀吉和纯粹的茶道追求者利休进行对比。这就是所谓的“同情弱者”吧。如此一来，命令利休切腹的秀吉就处在下风。其实，事情没有那么简单。

对于秀吉而言，利休原本就高高在上。秀吉还是信长的末等家臣时，就迷恋茶道，希望学习茶术，无奈当时的茶道领袖今井宗久、津田宗及等人都看不起毫无风采的秀吉，不愿施教。在一帮傲慢的茶人中，唯独利休亲自为其传授茶术。山崎合战结束，和明智光秀的殊死对决告一段落后，首先奔到秀吉身边开设茶席的，依然是利休。利休头脑敏锐，很会见机行事。从那时到秀吉取得天下之前，两人的关系处于蜜月期。

秀吉成为天下人后，所倡导的茶道远远超出了利休坚持的茶道美学——素朴、寂寥。秀吉对茶道的想法打破常规，有时通过“黄金茶室”表现出来；有时通过“北野大茶会”表现出来。

秀吉设计黄金茶室的本意是想用那种奢华感、光亮感来抚慰孤独的天皇。为了能在朝廷使用，关白秀吉将其打造成能折叠的移动式茶室。但在利休看来，这只是“暴富者的一时兴起”罢了。

在北野大茶会上，秀吉的茶道思维明显超出了原有的规范。他坐在美浓人一化用松针围成的茶席上品茶；抑或是坐在京都茶人丿贯制作的直径两点七米的朱红色大伞下方品茶。

利休不喜欢这种风格。相对于秀吉在茶道上的飞跃，利休更加顽固地凝缩。

牵牛花事件反映出两人在茶道上的对立，是一个具有象征意义的事件。当时，牵牛花还没有在民间普及。秀吉听说牵牛花在聚乐第的利休家庭院盛开，便向利休提出请求，希望能在“早茶会”上一睹芳容。当天，秀吉心情愉悦地前去观看，到了那里却大吃一惊。那些本应被露水打湿，美丽盛开着的牵牛花，竟被人无情地剪掉了。

秀吉按照惯例，将佩刀放在屋外，从狭小的“膝行门”，弓着身子，进入利休的茶室。秀吉整理一下稀疏、凌乱的头发，重新端坐后，发现面前的壁龛处放着一个竹筒，里面插着一枝牵牛花。那俨然在告诉秀吉，这就是“凝缩之美”。

史书《茶话指月集》曾提及此事，“秀吉茅塞顿开，奖赏了利休”。不过，这部史书的作者是利休的孙子，千宗旦的四大天王之一，藤村庸轩。他是站在维护利休的角度，告知后世的。其实，秀吉的内心想法迥然不同。利休狭隘的茶道艺术以及对于美丽自然的亵渎让他怒不可遏。

（这是牵牛花，可不是一般野菊！利休，难道你不明白？）

秀吉想这样喊出声。此时，他如果随身携带佩刀，或许怒从心起，一刀斩下利休的脑袋。如果事情到此为止，两人之间的矛盾也就局限于茶道上的分歧。还有人添枝加叶地散布无聊的传言，“关白大人之所以记恨利休，是因为他曾经迷恋利休的女儿，却不受待见”。

不久又发生了大德寺山门的“利休木像事件”——秀吉批评利休“忘却身份，桀骜不驯，僭越犯上”。如果公正评判，秀吉是有道理的，不该被后人唾骂。

利休个人出资，修建大德寺的山门（金毛阁）。他事先和秀吉商量过，并得到应允。不过，秀吉并不知道山门上会悬挂利休的木像。那或许是利休弟子崇拜师父而擅自做主的，但如果秀吉事先知道，断然不会同意。那里是天皇的使者必经之地，而利休的木像高高在上，俨然俯瞰、脚踏使者，这是多么大不敬的事情。即便那是门徒的胡作非为，但利休没有加以阻止，骄傲自大，实在是咎由自取。

利休切腹后，首级被送到聚乐第以供检查。

“不用检查了。”

秀吉当即驳斥回去，立刻让人把利休的木像从大德寺山门处拽下来，然后将其取代真人首级，放在一条归桥示众。木像被示众，这可是前所未闻的事，旁边还立着写有利休“罪状”的牌子。罪状之一就是利休贪敛钱物。

“这个男人表面上煞有介事，说什么‘寂寥’、‘素朴’，背地里却打着鉴别、修缮、斡旋茶具的名义，大敛财物。如果仅限于此，还可以接受，因为‘茶道也是一种买卖’。但他还借着茶道权威的名号，每逢过年过节，大肆收受贿赂，还公然要求，‘不要东西，只要金银’。”

这些事情被详尽地记载在牌子上，大白于天下。这或许是三成等人披露的，他们都不喜欢利休。不过，就算利休有过错，但在他的问题上，一味进行人身攻击，诋毁诬蔑，反倒让事情的本质暗淡无光。这不符合秀吉的风格，做法欠妥。

利休死后，随着他被神化，被尊为“茶圣”，“利休事件”中的攻守方发生逆转，秀吉成为一个彻头彻尾的大恶人。

五月十八日，京都的御土居[1]竣工。

八月五日，鹤松在淀城离世。

八月六日，秀吉发布征明宣言。

八月九日，秀吉前往有马。

十一月三日，秀吉前往吉良（爱知县幡豆郡吉良町）猎鹰。

十二月十六日，秀吉从吉良返京。

秀吉从坚固的小田原城受到启发，想把天皇的居所也打造成那样，便下令修建“御土居”。但当时还不叫这个名字，不过是土堤罢了。

据史书记载，堤坝高约三米，基底宽约九米，长约二十二点五千米。东边沿着河原町和寺町之间的贺茂川，西边大致沿着纸屋川，南边到东寺以南的九条通，北边到大德寺以北，整个堤坝呈不规则的长方形，上面种有竹子。后来，人们把堤坝以内的地区称作“洛中”，堤坝以外的地区称作“洛外”，加以区分。该工程于天正十九年闰一月开工建设，竣工于五月十八日。

八月五日，发生了当年最大的一件事——鹤松夭折。

史书上称：“鹤松在淀城夭折。”

或许鹤松病重后，被送回淀夫人身边，由她看护。那地点应该在大坂城的二丸。既然史书上写着“淀城”，就说明淀夫人可能领着病重的鹤松，搬回淀城。或许淀夫人主动夺回鹤松，返回淀城，想在儿子最后的时间里，独自守护。这也是人之常情。不管怎样，围绕独苗鹤松的夭折，秀吉的妻妾必然产生难以调和的矛盾与隔阂。

秀吉不堪其扰，躲到东福寺避开她们两人，割下发髻，披头散发，拒绝见人，整个脑子里回荡着两个字——悔恨。

（我的运气到此为止了？）

秀吉最后悔的便是胡佐丸公子一事。如果胡佐丸按计划当了他的养子，那就万事大吉，偏偏鹤松突然降生，导致他无奈放弃了胡佐丸，指定鹤松当继承人。结果鹤松才两年零四个月大就夭折了，这真是血本无归，一切都回到了原点。

现在，胡佐丸公子另立门户，创建了八条宫。秀吉无法再张口求他回来

---

① 围绕京都的土城墙，目前只有一部分被保存下来。

当养子。这只能说是命运捉弄，肯定有什么人或什么东西阻碍了他的运气。

（是利休的怨恨吗？难道是信长的鬼魂作祟……）

秀吉不由自主地全身颤抖，又把矛头指向宁宁。

（宁宁那家伙到底做了什么？）

尽管当时婴儿的死亡率很高，但其侧室生的两个孩子总不该都夭折呀！

秀吉很清楚宁宁不会下杀手，她不是那种女人。但是，淀夫人不明白，不，该说她根本就不想弄明白。据说她离开大坂城的时候，曾经对前来送别的孝藏主倾诉仇恨。虽然她的心情可以理解，但一切无济于事。

（可怜的女人。）

秀吉首度对她产生恻隐之心。他突然想起第一次将淀夫人揽入怀中的那个夜晚，她曾可怜楚楚地说过“我想……想得到您的宠幸”。

（找个机会，一定要和好如初。）

在小田原的时候，秀吉顾忌到淀夫人当时心情不好，未曾过多亲近。现在回想起来，他觉得非常懊恼。

第二天，披头散发的秀吉走出东福寺，突然宣布征伐大明。

人们都觉得关白因为鹤松的夭折而发疯了。在外人看来，秀吉因为鹤松的夭折而觉得心里空虚，从而想到远征中国。其实他早在七个月前观看地球仪的时候，就坚定了这个念头。

“让天皇坐在大明都城北京的龙座上，让皇太子或者八条宫大人当日本的皇帝……”

这就是秀吉的想法。

（不这样就无法洗刷“狗的阴囊”的耻辱，就对不起当今天皇！）

鹤松的夭折只不过让秀吉痛下决定而已。

“征伐大明”的宣言发布三天后，秀吉突然前往有马休养。这次由从奥州远道而来的侧室甲斐姬作陪。当时，秀吉的内心千疮百孔，只要有人填补空白就行，无所谓对象，并不是因为他疼爱甲斐姬。十一月三日，他又去吉良猎鹰，在外逗留很长时间，直到十二月十六日才返京。

秀吉想忘却鹤松之死，不愿再回忆起这件事。

（我不过是鹪鹩罢了。）

秀吉努力这样说服自己。

第十三章　秀次之死

1

天正十九年（1591年）十二月二十七日，秀吉获得天皇许可，将关白的职位让给秀次，自称“太阁”——这“太阁”是平安时期开始的称谓，最初是对摄政和太政大臣的尊称，后来那些辞去关白职位却拥有“内览宣旨”[①]权力的大臣便被冠以“太阁”之称。

秀吉就是拥有如此特权的太阁。朝廷当初命秀吉就任关白之际，曾有个附加条件，就是该职位只限于秀吉一代，但是在他即将远征大明的“一大壮举”面前，那些条件形同虚设。

“我打算越洋过海为日本军打头阵，万一有个三长两短，想把后事托付给秀次。”

既然秀吉发话，五摄家自然无人敢反驳。

天正二十年，三月二十六日，秀吉离开京都聚乐第；四月二十五日，到达名护屋城。

到达九州所需的时间和五年前平定九州时相同，但此次兵员数量空前庞大，远远超出之前的九州远征战和关东远征战。远征九州的军队数量是十万，远征关东的军队数量是二十万，远征大明的军队数量则是三十万五千三百。

秀吉的途中行程，简而言之就是经过茨木、兵库、明石，沿陆路到达姬路，从饰磨沿海路到达冈山，在冈山城住了八晚，检阅完远征大军，徐徐沿陆路向西。

这次，秀吉也几乎带上所有侧室。在上次的九州远征中，他带着她们游

---

① 先行阅览百官呈给天皇的文件。

山玩水，目的在于生子。此番目的却迥然不同。

“希望你们能在名护屋为我送行，亲眼看着我渡海远征。”

天下人秀吉的心情非常复杂，既觉得荣光，又夹杂有“壮士一去不复返”的悲怆。即便带着侧室同行，他也对“生子”不再抱有幻想。他让人在肥前松浦郡建造了名护屋城，但里面没有本应由继承人居住的“西之丸”，由此可见他彻底对“生子”不抱希望了。

顺便提一句，名护屋城的建造是个突击工程。天正十九年十月，以黑田官兵卫为首的九州各大名负责施工，主体工程至天正二十年春天结束。该城占地十五町，规模仅次于大坂城。

名护屋城建在海拔八十七米的胜尾岳山上，史载其本丸东西五十六间，南北六十一间，西北为天守阁，本丸的西面是二丸，东西四十五间，南北五十九间，本丸的东面是三丸，东西三十四间，南北六十二间，三丸的东北面是山里丸，东西八十间，南北五十间。但是，这里和大坂城、聚乐第有一点不同，没有一处建筑叫作“西之丸”——直到秀吉意外获得阿拾（秀赖）后，他才在伏见城的建造中补添了“西之丸”的名称。

秀吉进入名护屋城后，对远征军做出部署，当年一月发布了部队编成。

第一军，小西行长、宗义智。第二军，加藤清正、锅岛直茂。第三军，黑田长政、大友义统。第四军，毛利吉成、岛津义弘。第五军，福岛正则、长宗我部元亲。第六军，小早川隆景、立花宗茂。第七军，毛利辉元。第八军，宇喜多秀家。第九军，羽柴秀胜、细川忠兴。

四月十二日，第一军的一万八千人分乘七百多艘战船，离开对马的大浦港。每艘船平均搭载二十六人。由此可以推测出日本的船舶狭小且不牢固，根本没有能胜任越洋过海、出外远征的运输船。

次日黎明，日军利用浓雾在釜山登陆。他们没有随意入侵。宗义智在发起攻击前，先向釜山的州镇发出了“借道入明”的要求。所谓“借道入明”就是让日军经过朝鲜，前往中国。由此可见秀吉起初并不想和朝鲜为敌，但在朝鲜方面看来，一言不发就让几万人的外国军队通过己方领土，这可非同小可。釜山的当地官员哪敢擅自做主。不过，就算上报朝廷，一贯趋炎附势的王公大臣们也想不出什么良策，只会无所作为，坐立不安。果然，朝鲜国王听闻日方的要求，没给予任何回答，两个王子也逃往宗主国大明。

日军因为迟迟不得回应，失去耐心，于清晨六点火枪齐鸣。这只是一次恫吓。而城内只是放了些弓箭算作抵抗。守军根本无心恋战。

釜山虽然是一座坚城，但很快就沦陷了。

附近城镇的官员听闻朝廷无所作为，纷纷逃亡，即便抵抗，最多一两天便举旗投降。他们害怕大明事后责难，才故意做出抗战姿态。

第一军出动后，第二军紧随其后，四月十七日到达釜山，第三军也在同日从釜山的竹岛登陆，各自北上。三路兵马于五月三日在汉城集结。他们具体的行军路线不详，但从地图上看，釜山到汉城的直线距离大约三百四十公里。不到二十天，日军就踏平了该地域。从地图上看，从汉城到平壤的直线距离大约两百公里，日军五月四日从汉城出发，六月十日到达平壤，就用了三十六天。与图上的直线距离相比，日军的实际行进路程或许要多出百分之五十，尤其从汉城到平壤之间，其中有许多险要地带。由此推测，日军在前进过程中，虽然多少和朝鲜人有些冲突，但并未遇到像样抵抗。换言之，在这个阶段，朝鲜事实上在陆路方面并没有抵抗，不过是日军“前往大明的领路人”罢了，这正好遂了秀吉的意。

秀吉的敌人自始至终就是中国的大明王朝，这只是个人的冲动罢了。大明国土辽阔，让他觉得不快，觉得碍眼。这或许就是“小国之君的扭曲心理”吧。对大明而言，这简直就是匪夷所思的寻衅滋事。如果硬要给秀吉找个歪理，那就是大明实施的“核准贸易”（针对相关国家实施贸易配额）限制了日中贸易往来的船只数量。但这也不是日军大举侵犯的理由。就算有“核准贸易”存在，解决问题的方法很多，诸如进行“走私贸易”等。

朝鲜是中国的友好邻邦，为了明哲保身而接受大明册封。秀吉无意跟它为敌。朝鲜本是儒教之国，是讨厌战争的文治之国。说得难听些，就和现代日本一样，是个死守和平的傻子。朝鲜拥有正规陆军，但军力孱弱，火枪的普及度也非常低。秀吉对此心知肚明。他虽然对朝鲜派到日本的使节态度倨傲，却没有什么恶意。当时，朝鲜在文化方面比日本发达。秀吉喜欢茶道，而其中必不可少的贵重茶具以及烧窑技艺都是从朝鲜流传到日本的。秀吉对这样的国家还是很尊敬的，根本没有征服的企图。

秀吉的失策之一是没有弄清一点——夹在领土大国（中国明王朝）和军事强国（日本）之间的军事弱国朝鲜，有着弱者的困惑。如果唯唯诺诺让日军通过，事后必然受到宗主国明朝的严厉惩戒。弄不好，等日军撤退后，明军会打着保护的名义，驻留朝鲜全境，那可就令人挠头了。因为这种不安和明哲保身的想法，朝鲜军在鸭绿江近在咫尺之际，伴随着“明军入朝”的传言，突然抛却“领路人”的外衣，掉头把矛头对向日本。当然，最初是以义勇军形式出现的。

顺便提一句，三百八十年前，当蒙古入侵日本时，朝鲜也干过同样的事。朝鲜人为蒙古建造渡海用的船只，为蒙古军队带路，当蒙古侵入壹岐、对马时，他们也助纣为虐，残害日本岛民，伙同蒙古人做出各种暴行，诸如在日本俘虏手上开孔，然后用绳子串联起来，拖着来回跑。这就是弱者的明哲保身之术。一旦有事就不得不服从强者，甚至会更加主动地自我表现。这是弱小国家的悲哀。

秀吉根本没想到朝鲜会突然来个一百八十度大转弯，还以为他们会一直充当柔顺的领路人。因此，他一直盘算着在鸭绿江对面和大明决战，根本没把朝鲜放在眼里。

> 太阁难买一石米，今天买五斗，明天又买五斗。①

这首著名的讽刺诗就诞生于此时，据说作者是曾吕利新左卫门。

秀吉的失策之二，是过度低估了朝鲜海军的军力。

四月，在日军先头部队渡海时，以九鬼嘉隆为主将的日本水军歼灭了庆尚道的朝鲜水军。

（如此一来，可以高枕无忧。）

这种先入为主的想法是错误的。随着全罗左道的天才指挥家李舜臣出现，形势逆转。李舜臣模仿海龟形状发明新型战船——龟甲船，反攻不熟悉朝鲜海域的日本水军，当年五月上旬便从日军手中夺回一度丧失的制海权。

朝鲜陆军不堪一击，但海军军力尤其是造船工艺的水平很高，非日本所能比拟。蒙古当年入侵日本时，他们曾为其建造过为数甚多的大型运兵船，之后，这种经验又被沿用到战船的建造上。而日本自从终止遣唐使（894年）就不再需要远洋船只。没有需求，技术就得不到发展。日本最多只能建造在海岸边游弋的小船。信长和毛利水军作战时，所谓的“铁甲船”就是在船舷外侧铺上一层铁板，这种船根本无法适应远洋航线。

---

① 日语“买五斗”和“御渡海”读音相同。这里是用谐音讽刺秀吉难以如愿。

历史没有“如果”——如果能先知先觉，日本就会继续派遣遣唐使，就会继续发展大型远洋船舶，也就没必要经过朝鲜，远征中国。

话分两头。天正二十年四月末，有两位大名极力反对秀吉渡海远征，他们是前田利家和德川家康。两人可谓不谋而合，异口同声。

“对于这个国家而言，大人您不可或缺。渡海远征，万一有个好歹，那可非同寻常。您可以把这项任务交给勇猛善战的年轻人。”

他们说得煞有介事，实际上另有企图。如果秀吉亲征，他们也要跟从，这并非所愿。

“你们说得有道理。我都这把年纪了，或许在异国会成为大家的累赘。”

秀吉笑了笑。如果回答无论如何都要去，头脑单纯的利家或许会随同前往，但自己最想带去的家康显然会拒绝。“移封关东地区，困难重重，请允许我……”如此一来，就无法趁着战场上的纷乱，悄悄解决掉家康。

没必要渡海。就算他不去，日军也能获胜——当时，日军在陆路方面势如破竹，高歌猛进，秀吉很放心。

据史书记载，五月七日，李舜臣率领的朝鲜水军在很短的时间内，就让藤堂高虎等人统领的二十余艘运兵船沉入海底。

秀吉大惊失色，另外派遣了三个奉行和四个监军。

三奉行是：石田三成、增田长盛、大谷吉继；四监军是：加藤光泰、长古川秀一、木村常陆介、前野长康。这些人都不是水军专家，而且当他们从京都、大坂赶来，离开名护屋港时已是六月三日。可以说这种人事安排已经没有意义，无非是亡羊补牢。当地的第一军、第二军、第三军迎来这七个“一直待在总部机关，根本不了解实际情况”的新参谋官，被弄得无所适从。指挥系统紊乱，行动受到制约，全军很快便陷入一片混乱，正好验证那句老话：一个和尚挑水喝，两个和尚抬水喝，三个和尚没水喝。

此后的秀吉根本不知道实地情况，依然被陆上的连捷战报弄得心情大好，再度燃起游乐之心。

七月七日，秀吉在天守阁举办七夕活动。七月二十日，秀吉在山里丸与人杂谈、吟诗。二十日晚，秀吉心情愉悦地回到本丸，就寝。

第二天早晨，秀吉收到急报，在京的母亲大政所夫人生命垂危。这犹如一道晴空霹雳。秀吉惊慌失措，二十二日，他没携带任何东西就独自踏上从海路返京的路途。那些侧室自然紧随其后从海路返京。如果大政所夫人不幸去世，她们所有人都要出席葬礼。当时刚好是台风季，秀吉乘坐的船只在关门海峡触礁，进退两难。就在此时，生母的死讯传来——死于七月二十二日，享年八十岁。

大政所夫人始终反对儿子出兵海外，但秀吉不顾母亲反对，固执己见。

（这个不孝的儿子！）

秀吉总觉得母亲在痛斥自己。

只是事已至此，他也不能放弃计划。

（狗的阴囊，狗的阴囊，狗的阴囊……）

秀吉只能在母亲的牌位前，叫喊着，犹如念叨咒语。

八月一日，秀吉到达大坂。八月二日，秀吉进京。八月六日，秀吉在大德寺为母亲大政所夫人举办葬礼，所有妻妾出席。

秀吉的厄运没有结束。生母的七七忌日还没完，养子小吉秀胜（姐姐阿智的次子）就病故了——九月九日，他在远征地巨济岛撒手归西。

天正二十年十月一日，秀吉办完生母的后事，再度离开大坂，前往名护屋。这次去九州，他没带女人同行。不，应该说他无法带走她们。

“请不要再让我乘那个晃晃悠悠的船了。”

淀夫人以晕船为借口，面露难色。曾亲历海难的秀吉信以为真，几个月后，才发现那不过是个弥天大谎。

2

天正二十年。

十月三十日，秀吉在博多的宗湛府邸举办茶会。

十一月五日，秀吉在利家的阵营中举办茶会。

十一月十七日，秀吉在山里丸大厅举办茶会。

十二月八日，改元文禄。

秀吉因为母亲的葬礼，离开名护屋将近三个月（从七月二十二日到十月中旬），其间，朝鲜的状况如何呢？

加藤清正的第二军在七月二十三日，最先到达与中朝边境近在咫尺的会宁。虽然他想说“捷足先登”，但归根到底是因为那时还没有碰到真正的“敌人”。

不过，在会宁附近，加藤发现并抓住了逃往中国的两个朝鲜王子，他的“巨大战果”无非如此。

第二军进军神速，登陆不久便抓住出逃的朝鲜王子。由此可见，他们如入无人之境。这道战报传到日本时，秀吉的坐船在濑户内海触礁，正狼狈不堪。此后从朝鲜发来的战报都经过以石田三成为首的文人修改，全是连战告捷的内容。

派往朝鲜的日军处境越来越艰难。七月七日，为了恢复制海权，胁坂安治率军从庆尚道熊川港出发，但在闲山岛处，遭遇李舜臣攻击，总共被击沉三十九艘运兵船，大败而归。失败根源在于胁坂不等加藤嘉明、九鬼嘉隆两部到达，擅自行动。如果有九鬼部队掠阵，他就不会被李舜臣的水军引诱到巨济岛以西的闲山岛。那里海峡窄，暗礁多。另外，陆上日军原本势如破竹，但此时也变得前途叵测。进入九月，为了救援朝鲜，从中国赶来的明军渡过鸭绿江，得势的朝鲜民军也迅速扩大，光庆尚道地区就达到七万八千人。

开战之初，日军拥有大小两千多艘运输船队，但因为逐日被击沉，数量锐减，武器和粮食补给也就相应的捉襟见肘。无奈之下，日军准备就地取粮，但遭到朝鲜民军和百姓的“坚壁清野”——他们准备和日军进行焦土作战。他们一看到日军前来，就带走尽可能多的粮食，逃入山里，将剩下的粮食付之一炬。

焦土作战让土地荒芜，战后的朝鲜百姓苦不堪言。不过，日军受到的影响更大，这就是他们不经别国允许就擅自闯入的报应。日军无法夺取粮食，饥肠辘辘，情形的悲惨超出想象。

文禄二年正月。

明朝名将李如松率五万大军出击。据说他们拥有法郎机炮、霹雳炮等真正的巨炮。小西行长恐慌不已，一度率全军退离平壤，打算在黄海道的凤山城重新部署，哪知凤山城的守将大友义统及其部下竟是踪迹全无，早早便擅自撤至汉城。行长只好随之撤到汉城。集结到汉城的日军把责难的矛头指向临阵脱逃的大友义统，将此事报告秀吉。义统受到看管，大友家宣告灭亡。这是五月的后话。

日军在汉城召开联合作战会议，大多数人主张据城坚守，只有小早川隆景主张出城作战。

“被大军围在城内，会造成怎样结果，诸位根本不清楚吧？”

隆景坚持己见，话语中略带讽刺。在直属秀吉的主力部队中，许多人都有过“围城进攻”的经验，却没有“据城坚守”的经验。所有人都不说话了，听隆景阐述。

“敌人四面围困，我们和釜山的通道必然被隔绝。城内很快便将陷入饥饿地狱，士兵们全无斗志。我方的一些人，比如毛利家，曾经多次经历过那种败仗，应该非常明白那个悲惨结果。现在，我们只能不计后果地打出去。”

隆景观点鲜明。秀吉直属军的将领们被说得哑口无言，达成一致意见。

“既然小早川大人决心已定，我们也无话可说。”

但还有问题存在。

“哪位打头阵呢？”

“除了我的部下立花宗茂，还有谁能力挽狂澜！”

隆景当场点将。立花宗茂站在他的身旁，微微一笑。宗茂当时二十五岁，只是率领三千人的中队长。对他而言，被点到名可是抽了个下下签。隆景早就了解宗茂杰出的军事才华，也知道宗茂是秀吉最欣赏的一员武将。

（要死就一起死。）

不能见死不救，坐以待毙。就这样，城外作战的阵形被决定下来。

头阵是立花宗茂率领的三千人，第二阵是毛利、小早川率领的两万人，第三阵是宇喜多率领的一万人。日军就以这样的阵形和李如松的五万大军对决，交战地位于汉城三里外的碧蹄馆近郊。

据说双方在一片浓雾中展开了前哨战。宗茂的战法是五百支火枪齐射，等敌军吓得魂飞魄散后，他身先士卒，率部下突破中央一点，直袭敌将大帐。这是“舍身一搏”之术。

明军的先头部队有三千人，都是壮汉，马匹也比日军高大，但是身披重铠，顶着白亮亮的铁盔，防御固然周全，机动性却颇低下。双方一旦混战，轻装上阵的立花部动作迅速，远胜对方。强将手下无弱兵，一番激战下来，立花部损失两百余人，却消灭两千明兵，大获全胜。明军失利后，重新部署，中午时分再度袭来，这次是双方的第二、三梯队进行对决。

日军的第二、三梯队的关系并不融洽，这是情理中事。第三梯队中的宇喜多部队本来是毛利军的一部分。秀吉当年进攻中国地方时，他们首先归顺，其独苗秀家当了秀吉的养子，现在神气十足。在这次“讨伐大明”的远征中，秀家是第八军统帅。如此一来，自隆景以下的毛利家部队岂能心里舒坦。双方的不和谐很快便暴露在战场上，毛利、宇喜多的部下从交战之初便有些动摇。

“大事完矣。”

一度撤回城内的宗茂远观战况，感觉情形不对，只能再度披挂上阵。立花两百人的火枪队再度齐射，宗茂和早晨一样身先士卒，率麾下人马再度突击。

隆景看见他杀入乱阵，顿时热血沸腾。

“看！宗茂杀进去了，不能见死不救。跟着他们冲。”

隆景激励部下，再度猛然杀向敌将李如松处。宇喜多的部队也不甘示弱。秀家掉转马头，命令全体出击。

“不能让毛利氏抢了头功，那将是我们一辈子的耻辱！”

立花部队的再次突击，起到了“负负得正”的效果，战局发生奇迹般逆转，日军反败为胜。

日军大举追击明军，总共杀死六千多人，李将军也好不容易才虎口脱险。

因为碧蹄馆战斗中的戏剧性失利，明朝开始考虑议和。

与此同时，日军虽然获胜，但投降明军的士兵屡禁不止，整个军队充满厌战情绪，大家都不想再继续战斗下去。

朝鲜派遣军胆战心惊地将议和一事通报给名护屋城，没想到秀吉在保留“附加条件”的基础上，竟然爽快应允。

战场上的武将们都觉得松了口气，但对于“附加条件”一事，还是有点泄气。

此时此刻，秀吉在内心中根本没有考虑“远征大明”的事情。

如果说朝鲜派遣军陷入“表象上的地狱”，那么秀吉正在坠入“内心中的地狱”，并呻吟挣扎。

3

秀吉之所以坠入“内心中的地狱”，是因为大藏卿局再度发来一封信，“淀夫人，再度怀孕，已经三个月”。关于产期，信中还提及曲直濑玄朔的诊断，“七月下旬或者八月上旬”。

如果是七月下旬……倒算回去，她是何时受孕的呢？

“难道她又和别的男人……”

秀吉感到不安，跑进居室，屏退侍从，独自拿起算盘，望着日历。

怀上鹤松的时候，秀吉和淀夫人都在同一城中。但这次两人天各一方，受孕期能弄清楚，不，必须弄清楚。

“今年七月是大月，有三十天，六月是小月，有二十九天，五月也是小月……”

秀吉“噼里啪啦”地打着算盘，计算天数。

如果七月底生产，那么今年到预产期总共有两百零六天，加上去年的十二月（大月），就是两百三十六天，再加上十一月（大月），就是两百六十六天，再算上十月（大月），就是两百九十六天……

女人怀孕，如果在一百六十八天到两百五十二天生产，就是“早产”，两百九十四天以后，就是“晚产”，两百五十九天到两百八十七天，则是正常产期。

去年十月一日，秀吉离开大坂后，就没有和淀夫人有过身体接触。

“早产”姑且不论，按照理论上的“晚产”和正常产期倒推，秀吉都不和她在一起。

秀吉还抱着一线希望，希望计算有误，又拿起算盘，演算好几次，但结果相同。

秀吉愤然扔掉算盘。

（这算什么事！她又背叛我了！）

秀吉捂着头，觉得精疲力竭。

日军忍受着饥饿之苦，和大明的军队持续角逐，好不容易让对方愿意和谈，而此时此刻，日方的最高统治者竟然为侧室怀上的孩子是否为亲生骨肉而疑窦丛生。这真可谓一场闹剧，不，应该说是日本的悲剧。

（那么，这次的男人是谁呢？）

对于这个问题，秀吉当然很纠结。

可以断言，不是大野治长。

自从第一个孩子鹤松出世让秀吉产生疑心后，石田三成就制定规则，严格限制进出淀夫人所在的大坂城二丸的人员，在其唯一入口的“极乐桥”两边，还有武士日夜戒备，交替值守。所有进出人员都在严密监控之下，治长的行动更是受到二十四小时监视。

“没有许可令，能在本丸和二丸之间通过的人只有京都所司代前田玄以和孝藏主。包括在下和大藏卿局在内，没有许可令，连一只公猫都不会被放进去。”

三成充满自信地向秀吉报告。

那么，淀夫人的情夫……究竟是谁呢？

秀吉原本想把事情弄个真相大白，但很快便熄灭“嫉妒之火”。

（那样一来，就会把丰臣家的耻辱公布于众。）

他的脑海中首先浮现出家康的窃笑。

“不行，不能那样做。”

秀吉挥手跺脚。

对于“淀夫人的情夫”，有怨气却无法发泄。秀吉觉得自己真可怜。

（老子何止是鵪鶉呀，简直就是小丑！）

秀吉只能向老妻宁宁排遣悲愤。宁宁肯定已听到传言。

五月二十二日，秀吉下定决心。时间不等人，他第二天就要和明使展开艰难的谈判了。当天，秀吉左思右想，终于给宁宁写了下面一封信。

> 近段时间，咳嗽未愈，未能传书，此番提笔，有事相告。二丸夫人（淀夫人）有喜一事，吾已获知，可喜可贺。然此子非我等所求。吾子鹤松离世而去，此子乃二丸夫人一人之子。

“这次的孩子是二丸夫人的孩子，不是我的亲生骨肉”——秀吉早在五月就对此事心知肚明了，所以他两次去九州都没带淀夫人同行。对于夭折的鹤松，或许他还没有缓过劲，仍坚持是亲生骨肉。秀吉在妻子面前嘴硬，想要申明自己还是个能生孩子的健全男人。

这封信文笔淡然，却隐含着男人的复杂情感——生不出孩子的悲哀和迷茫。

秀吉暂且收起对淀夫人怀孕的疑心，次日开始和明使谈判议和。他的内心一定相当复杂。

五月十五日，明使到达名护屋。五月二十三日，秀吉会见明使。六月九日，明使坐船游览。六月十日，日方为明使召开茶会。会谈后，日方为明使安排坐船游览和茶会等活动。他们是否开心另当别论，能如此安然接受日方的招待，委实令人侧目。从日本人的感觉而言，若会谈进行得不顺利，自然无法接受如此待遇，但明使似乎不这么想。

此时，秀吉提出七个条件，主要事项如下：

将明朝的公主嫁给天皇为妃。恢复“核准贸易”。将朝鲜八道中的南四道割让给日本。将朝鲜的王子、大臣当人质交给日本。

明使对此全盘否定。

“无论如何也不可能接受如此条件。”

会谈眼看就要决裂。日方打算在接待使节的过程中让他们好歹接受一个条件，不难想见他们会动手行贿。这时，日方负责具体和谈的小西行长发挥出意想不到的作用。史料称行长曾旁敲侧击，向明使提出一个不能称之为高明的建议。

“对我们主公提出的条件，你们不用一一反驳，完全可以暂时应承下来，回国后再适当重写日方的条件。这不是很好吗？”

明使觉得此言有理，便怀揣秀吉的条件归国。然而，他们继续享受了日方的接待，对此又该做何评价？反正都受贿了，干脆“破罐子破摔”吧。

倘若以上都是事实，则行长敷衍了事的不负责任真是让人愕然。但是，这是真相吗？小西行长出生于堺港的一个富商之家，他是次子，从孩提时代起，便和父亲一样，成了一名虔诚的基督徒。后来，他得到秀吉赏识，从船奉行青云直上，享用肥后宇土城的十四万石俸禄，当时则掌管着包括天草诸岛在内的半个肥后国。

他是个硬汉，关原合战中隶属西军，全力以赴挑战家康，和石田三成同舟共济。他又是个讲规矩的人，家康战后问罪，他以基督教信仰为由拒绝切腹自杀，希望上断头台。他就是这样一种人，尽管他负责和谈，苦不堪言，但也不会向明使提出那么敷衍了事、不负责任的建议。

人们认为那不是事实，或许是明使为了证明清白，把责任转嫁给了他。

和谈没有达成一致，秀吉依然坚持己见，要求割让朝鲜南部四道。他坚信明朝正欲顺势控制朝鲜北部，所以便提出让日本占据朝鲜南部作为对策。他想在朝鲜的中央地带画线，以此作为中日两国的缓冲地带。以秀吉之前的狂妄想法来分析，他是不会贪图朝鲜南部四道的，无非是想寻求和明朝对抗的缓冲地带罢了。

闲话休提。明使归国后，秀吉百无聊赖，只能在名护屋城游荡。他如果真心疼爱、思念淀夫人，就会在接见明使这一重要工作结束后刻不容缓地飞奔回去。

“若玄朔计算有误，孩子在六月出生……”

令人意想不到的是，他竟然还抱着一线希望。如果那样，淀夫人受孕的时候，两人是否有肉体关系另当别论，至少自己还在大坂城，总算面子上过得去……

不管怎样，首要的是天下人的体面。秀吉心存侥幸、心急如焚地等待着临产汇报的样子不难想象，据说他寻花问柳的老毛病此时又死灰复燃，当地许多武将的妻女都被强行叫去，有人没能经受诱惑，有人则巧妙摆脱。

秀吉明知道这会招来诟病，但还是想借此散心。

六月二十六日，秀吉在瓜田中玩化妆游戏。八月三日，阿拾在大坂城出生。八月十三日，秀吉在名护屋的二丸举办“能”（能乐）表演。

和秀吉的愿望背道而驰，淀夫人没有早产，而是在预产期中的八月三日。

淀夫人怀胎十月，生了个男孩。

因为夭折的鹤松小名叫“阿舍”，所以这次吸取教训，她们先把孩子放在庭院里，然后“拾”回来，起名“阿拾”，希望他因此健康成长。

所有人都为这个喜讯而欢呼雀跃。

“干得好，淀夫人！”

在名护屋城，秀吉只能当着部下的面，手舞足蹈，显得非常高兴。尽管如此，他还是不愿飞奔回去。

在京都，他必须更加夸张地表演这场“展现喜悦的滑稽剧”。说实话，秀吉觉得悲哀，心情沉重。

（打死也不能承认那不是自己的孩子。为了不让家康中伤丰臣家族，从此以后，老子只能做一个戴着面具的男人。）

秀吉不仅内心拿定主意，还准备让人在自己的名护屋远征记录中，如此下笔——“二度前往九州时，曾携淀夫人同行，举办大政所夫人葬礼期间，将其独自留在九州”。

如此一来，如果去年十月，他“飞奔”回名护屋城，和淀夫人同房，好歹就能自圆其说。

“难道只有这种方法吗？”

秀吉无力地嘟囔着，总算下决心离开名护屋城。

4

文禄二年。

八月十四日，秀吉从名护屋出发。

八月二十五日，秀吉到达大坂。

九月四日，秀吉把秀次叫到伏见训斥。

秀吉回到大坂城后，径直奔到二丸见淀夫人。他扮演起一个十全十美的父亲角色，首先为孩子的顺利出生表示高兴，然后满脸堆笑，抚摸一下新生儿阿拾的脸颊。此后，他早早地回到本丸，把宁宁叫进房间。

在从九州回来的途中，秀吉突然想到一个留存自己血脉的妙计，心情稍微平复下来。

这次，淀夫人不愿放弃阿拾的抚育权，宁宁应该无所事事。

（好长时间没有躺在宁宁腿上了，真想躺躺。）

秀吉光想着这些，连长五郎饼都忘记带回来，也就无法像平素那样高呼老婆。很快，宁宁双手抱着什么东西，小跑着进来。秀吉等待妻子的时候，内心里胆战心惊，不知道她会怎样一副表情。令人意外的是，宁宁进入秀吉的房间后，微微一笑，猛地摊开双手，把抱在胸前的包裹给他看。

“瞧！和我一起吃那个饼吗？”

“什么？那不是长五郎饼吗？”

“没错，除了这个，还有一样东西。”

“哎呀！这不是骏河屋的羊羹吗？”

“是的，我才拿到的。这东西能放。”

四年前，纪州骏河屋的第五代掌门人冈本善右卫门开发出这种新糕点，将琼脂融化，然后加入染成红色的豆沙馅，凝固后做成羊羹。

最近，这也成为秀吉非常喜欢的一种贵重的茶糕点。

“怎么样？藤吉郎，好吃吗？”

“你叫我藤吉郎，啊哈哈哈。”

秀吉一下子心情舒畅起来。

宁宁或许在信中看出了秀吉内心的苦恼，没有责怪丈夫的意思。这让秀吉松口气，欣喜万分。

秀吉泪腺大开，又是哭又是笑，大口喝茶，把糕饼和羊羹一个接一个地塞进嘴巴里。

“你这样不停地吃，会噎住的，藤吉郎，长五郎饼上的粉都被你的眼泪弄掉了。”

宁宁瞬间变成一个嘘寒问暖、心疼丈夫的老婆。

“没事！那上面的粉被弄湿了，就不会飞散开。”

秀吉又变成说一不二的丈夫，他看着宁宁那副老好人的面相，心里琢磨起来。

（有这个老婆就行了。要是再不知足，那就多一个龙子。只要有这两个女人，老子就够本了。老子没必要在女人的数量上和信长争个高下。其他女人都多余。）

就这样，秀吉哭哭笑笑，又吃了一阵子糕点后，宁宁恢复了严肃的表情，嘟囔一句。

“只能这样了吧？”

宁宁观察了一下秀吉的神色。她有点憔悴，在此之前，肯定苦恼郁闷过。

“哎。”

秀吉尽量克制住感情，冷淡地回应一句。

“您有点寂寞？”

“哎。”

“有点后悔？这次，哪个男人是淀夫人的……”

秀吉被戳到痛处，默不作声地别过脸。

宁宁继续说着。

“现在说这个话，您可能觉得我是抱怨。哪怕是别的女人生的，无所谓。我就想抱抱像您这种优秀男人的亲生孩子。”

一瞬间，宁宁流着泪，说出了心里话。

听到妻子的赞美之词——“优秀男人”，秀吉再次忍不住眼泪。

“对不起，我真的没用。”

秀吉连宁宁的面容都看不真切。

“好了，只能这么想，属于织田大人的东西还要还回去。您这么想，就会断念了。”

“你说得没错，但我还没有放弃。”

秀吉没有说出之前考虑好的“妙计”。

“难道您有让我们的血脉延续下去的好方法吗？”

“有的，有的。”

“那么您就告诉我吧。”

“那可是很久以后的事了。”

“那也没关系。”

“我就告诉你吧。等阿拾长大，我就让他迎娶秀次的女儿，这样一来……织田的血脉就会和我们的血脉融合在一起。怎么样？”

“原来如此，这倒也是。”宁宁的脸上泛起些许红晕，“您真是有智慧的人。”

“也不是，我打算马上就这么定。”

“但是，阿拾才出生不到一个月呀。”

“没关系，没关系。好事就要抓紧嘛。”

秀吉很快就把想法付诸实施。十月一日，在阿拾出生不到两个月的时候，秀吉就对外宣布婚约，关白秀次的女儿将成为阿拾的正房。

秀吉非常看重“羽柴家的血脉”。

反过来想，如果阿拾身体里流淌着秀吉的血液，他就没必要为不足两个月的孩子决定如此异常的婚约。

基于如此隐情，进入九月后，秀吉早早地把秀次叫进大坂城，他想至少让秀次消除有关阿拾出身的疑心。不过，在这次会见中，消除传言还是次要的事情。

如果秀吉说“秀次，你辛苦了。我不在的时候，你是关白代理，现在我安然归来，你就让出这个位子吧”或许没有问题。朝廷也会因为秀吉安然无恙而同意他复归关白一职。

秀吉本人也不是没考虑过复归关白，他发自内心地渴望，但他一直犹豫不决。秀吉没有自信，他担心阿拾也夭折，更担心五十七岁的自己年事已高……

（老子无论如何也看不到阿拾成人了。）

秀吉觉得懊恼，但此时此刻，他也明白让秀次交出关白职位并非上策。

（鹤松活着的时候，秀次曾发誓不惜一切辅佐他。这次，他作为表哥，肯定也会为阿拾尽心竭力。不管怎样，那可是十几年后的事情。最好先不要提交出关白职位的事情……先为阿拾挑选新娘。）

先决条件就是完全笼络住秀次。秀次在好色这方面丝毫不比舅舅秀吉逊色，他的侧室有三十多人，而且还有许多子女，这一点和秀吉不同。秀吉和秀次约定，从秀次的女儿当中，参照母亲的血统和气度，挑选合适人选做阿拾的正房。

为了让自己和秀次的关系更加紧密，秀吉还要给他加上一道紧箍咒。

秀吉宣布道：“我让阿拾做你的养子。”

“哎？”

舅舅竟然把刚刚出生的独子给自己做养子，秀次大吃一惊。他应该会在内心中盘算原委。

秀次本身就有许多儿子，此时此刻，他还无法读懂舅舅的“深一层意思”。

“你是我的养子，阿拾又是你的养子。也就是说两代养子，这也没什么大惊小怪的。既然有了这层亲缘，你将来就让阿拾当关白吧，行吗？这是我的命令，不，应该说是遗言。如此一来，丰臣家族肯定会越发繁荣。”

“遵命。”

秀次一时分不清东南西北，只能趴在地上。秀吉心情大好，继续说话。

“不管怎样，阿拾就拜托给你了。为此，你也要谨言慎行。你可是关白，对于酒色，要有所节制，绝不能让外人在背后说三道四。人的嘴巴是封不住的。你当关白的时候，我曾经送了五条戒律，你还没有忘记吧？”

“我牢牢地记在心里。要不然，我背给您听听？”

“那也没必要。其中有一条让我难堪。”

秀吉苦笑一下，终于让秀次解脱了。

秀吉把关白职位禅让给秀次的时候，曾交代下五条戒律。

第一，武备严整；第二，赏罚分明；第三，尊崇朝廷；第四，关爱官员。

以上都是常见的训诫，接下来的第五条却不一般——

勿效吾辈痴迷茶道、猎鹰、女色。

也就是说：“不要效仿我！”

秀吉之所以苦笑，不让秀次背诵，就是因为有这条。

文禄二年。

九月二十七日，秀吉前往有马。

闰九月七日，秀吉返回大坂。

闰九月二十日，秀吉移居指月伏见城。

十一月十八日，秀吉离开伏见，前往尾张猎鹰。

从有马回到大坂不久，秀吉就搬到指月伏见城。他把大坂城让给阿拾，把聚乐第让给秀次，必须要为自己找个新家。十月一日，秀吉按照预定计划发布了两个喜讯：阿拾成为秀次的养子；阿拾和秀次的女儿缔结婚约。

（如此一来，国内的事情好歹收拾停当。）

剩下来就是要和明朝谈判，但明使回国后，就杳无音信。其间，秀吉为了“散心”连续召开茶会，举办“能”表演，出外猎鹰，一直延续到当年十二月中旬。

秀吉猎鹰时，不顾路途遥远，特地从伏见奔到故乡尾张的中村附近。

八岁时，他一家几乎“被驱赶着”，离开故乡中村，现在，秀吉功成名就，故乡只会让他觉得怀念。那时欺负自己的顽童变成什么样了呢？当时，父亲责骂他，将其放在中村的光明寺中，秀吉总是觉得饥肠辘辘，那个吝啬的和尚现在怎样了呢？

秀吉回到故乡，不再和他们纠缠于过去的恩怨，连续几天畅谈着往事。没有比这样的猎鹰活动更让他觉得神清气爽了。但是，或许正因为他掉以轻心，一不小心患了感冒。在此之前，除了幼时得过腮腺炎外，这个男人几乎和感冒无缘。

正因为过于自信，秀吉根本没当回事。

“没什么大不了的，只要穿得厚一点，喝一杯生鸡蛋酒，睡一觉就自然好了。”

秀吉无视医生的忠告，不顾低烧，继续猎鹰，感冒的症状越来越严重。在离开中村，返回伏见的途中，他持续高烧，浑身发寒。

十二月十四日，他瘫软地回到大坂，此后便卧床不起。

文禄三年正月，他一度康复，但一直剧烈咳嗽，弄得肺疼。

一旦肺弱，人就会无意识地用嘴呼吸，这就会诱发齿槽脓漏。秀吉的牙龈不停地出血，从此时起，口臭越发严重。

在给淀夫人和阿拾的信中，他经常会写一句饱含父子亲情的话语，“我想亲亲你的小嘴”，但事不如人愿，那对母子都嫌弃秀吉有口臭，不愿意让他亲吻。

秀吉的臼齿从这时起，开始齿槽脓漏，三年后变得严重，终于导致牙齿脱落。现在，那牙齿还被包裹在一个金丝银线制成的华丽锦囊里，保存在京都丰国神社的宝塔中。以下这篇奇妙的证明件也附在其中。

备　忘

致加藤左马助（嘉明）

现将一个牙齿存放你处。

庆长元年十二月

秀吉花押

看见这个奇妙“宝物”，人们似乎能听到老迈秀吉发出的自虐般的笑声。

5

文禄三年。

二月一日，秀吉在大坂观看“能”表演。

二月三日，秀吉在大坂的山里丸举办茶会。

二月九日，秀吉在大坂的山里丸举办“能”表演。

二月二十一日，秀吉在伏见的山里丸举办茶会，邀请秀次前来。

二月二十七日，秀吉前往吉野山游览。

三月二日，秀吉前往高野山参拜。

四月八日，秀吉在前田利家的京都府邸中观看“能”表演。

当年的一月十六日，秀吉下令轮换一部分在朝鲜战场的将领，派遣新督察官，运送军粮。

和明朝的谈判进展缓慢，其间，随着新生力量的加入，朝鲜派遣军总算能维持住现有战线。但从六七月开始，朝鲜军代替明军，与日军正面交锋。对朝鲜而言，日军就凭一个“借道入明”的要求，随意赖在本国境内，实在是个大麻烦，让人觉得堵心。而且，日方在议和条件中，还提出“将朝鲜一分为二，分别归属日中”，这让朝鲜人怒从心起，激发出他们的爱国心。由此，朝鲜各地的义勇军纷纷加入正规军。

不过，就陆军而言，朝鲜军不是日军的对手。在下半年的九月二十九日，福岛正则、岛津义弘的联军在巨济岛大败朝鲜军。话虽如此，这不过是一场小战斗而已，何况明军没有参战，不能过高评价日军的战果。

让日军头疼的朝鲜水军英雄李舜臣依然健在。此时，他作为忠清、全罗、庆尚三道的水军统制使，坐镇当地，勇猛善战。因为李舜臣的水军，日军的后方补给被切断，很快就陷入“贫血状态”。

秀吉似乎忘却了这种“战争危机”，沉迷于茶会和“能”表演。如果忖度一下他的心情，便会发现，此时“某种念头”纠结在秀吉的心中，让他难以忍受，只能通过茶会和“能”表演加以排遣。那就是——究竟谁是阿拾的亲生父亲。

每当他自我解脱，觉得“谁都可以”时，那个“名叫嫉妒的恶魔”便会昂首挺胸，夺走秀吉的睡眠。但是，秀吉又不能把这件事讲出口，让人追查。秀吉独自烦恼，睡眠不足，只能白天跑到宁宁或者龙子的房间里假寐补觉。

搬到伏见城后，龙子把“西之丸”让给了淀夫人，也不再叫“西之丸夫人”，自称“松之丸夫人”。她已经四十岁，和秀吉早就断了肉体关系。但秀吉还是喜欢和她饮茶聊天，依然把她当作推心置腹的伴侣。

一天，龙子对秀吉说道：“天下人大人……”

“什么事，龙子？”

“如果您觉得老一套，不愿意听，就请训斥龙子。我就不会说出接下来要告诉您的事情。如果您觉得那只是女人的嫉妒，龙子会觉得难受的。”

“你就不要装模作样了，不要说一大堆废话，直接讲！”

秀吉尽量露出温柔的笑容。龙子虽然美貌依旧，文雅依旧，但视力更差了，连秀吉的身影都看得模糊不清。

“那我马上让阿锅进来。”

“阿锅？啊，就是那个时候的……”

现在，那个女人已经连升三级，成为专门照顾视力不佳的龙子的侍女。

“阿锅要向您汇报一件事。”

“该不会揭露我远征九州时的丑行吧？”

秀吉不好意思地笑笑。

“不，是她住在大坂城时的事，就是五月里。您同意吗？”

“嗯，可以。”

“当时，她也是觉得好玩，和守卫在通往二丸的极乐桥上的士兵闲聊过好几次。她今天要告诉您的事情，就是从聊天中获知的。”

“哦？那女人擅长交际，或许卫兵对她不设防。她都讲了些什么呢？”

秀吉想象着卫兵和阿锅高声大笑的样子。

“那么，我就把阿锅叫进来了……”

很快，在外面等候的阿锅就被叫进房间，趴在地上。

“天下人，祝您身体安康，我是阿锅。”

“不用打招呼了，抬起头，让我好好看看。哎呀，你现在相当洋气了。龙子眼睛不好，听说你为她尽心尽力，我非常高兴，要好好地感谢你呀。那么，你要告诉我事情，对吗？”

“是的。在此之前，我要道歉。我的鼻子稍微有点灵，上次关于淀夫人的事情，多嘴了，给您找了不少麻烦。”

秀吉苦笑道：“啊，你指的是那个龙涎香的事情吗？”

“是的。关于那个龙涎香，我又有事汇报……”

“是吗？不要为难，尽管说。”

“今年初夏的时候……”

阿锅语调缓慢，说得小心谨慎。

“我去办事，回来的时候，和极乐桥上的卫兵聊天来着，听到一件让人非常吃惊的事情。”

“嗯？”

“据卫兵说，有个女人进去的时候身上没有香味，出来的时候，从衣角处微微散发出一股刺鼻的香气。有时那个女人混杂在进献糕点的队伍中，有时那个女人混杂在女曲艺师的队伍中，变幻莫测……”

秀吉不由自主地将身子凑向前，问道：“是吗？然后呢？”

“我被那个香气勾起兴趣，就悄悄地在卫兵室等到半夜，那个女人出来的时候，我就站在卫兵旁边，嗅了嗅她身上散发出的香气，大吃一惊，那肯定是淀夫人用的最上等的龙涎香。”

“是吗？那个女人曾经去过淀夫人那里？”

“虽然那个女人穿着不显眼，但的确是绝代佳人。不过，当她从我身边经过时，我看见了喉结，惊讶无比。那显然是男人才会有的喉结。”

“什么？你说是男人的喉结？”

秀吉大惊失色。一瞬间，那个叫名古屋山三郎的身影闪现在他的脑海中。

那家伙要是乔装女人，确实可以堂而皇之地进出二丸。

（淀夫人的情夫难道是他？我绝不能饶恕这小子。）

秀吉被嫉妒之火炙烤着，随即下令追查山三郎的下落。这个人的下落很快浮出水面。在小田原和秀吉、淀夫人初次见面后，山三郎跟随蒲生氏乡前往东北赴任。这次，接到“征伐大明”的命令后，他又跟随氏乡赶到名护屋。但是，临出海奔赴朝鲜前，氏乡因为吐血病倒，他便陪伴氏乡在名护屋停留了一段时间。当时，淀夫人跟随秀吉首下九州。在这期间，两人很有可能再度秘密相会。

（我竟然一无所知。）

秀吉因为嫉妒都快发疯了，他好不容易才控制住自己。

此后，山三郎跟随病愈康复的氏乡，一度到达朝鲜战场，但在日军接二连三的败仗以及撤退中，突然杳无踪迹。据说蒲生部队把他作为“战死”处理。

得知这些经过后，秀吉立即叫来石田三成，窃窃私语起来。

“抓住那个山三郎……那家伙不会轻易死掉，肯定返回了日本，在某个地方苟延残喘。一旦发现，就地正法。好吧！”

但是，直到这年结束，关于山三郎的行踪，依然杳无音信。三成的心腹们在极乐桥上埋伏等候着，但那个“女人”山三郎再也没有出现过。

6

从文禄三年上半年起，秀吉的身体明显虚弱下来。

四月十五日，小便失禁。

四月二十二日，手腕疼痛。

八月十五日，去伏见城赏月。

九月十八日，去大坂城的西之丸欣赏“能”表演。

十月二十五日，去京都的蒲生府邸看望蒲生氏乡。

十一月三日，去伏见城邀秀次参加茶会。

十一月十八日，前往聚乐第，欣赏“能”表演。

从四月开始，秀吉有时会小便失禁，直接原因就是冬天举办茶会和观赏“能”表演的时候，他一直在寒气中憋尿，损伤膀胱。而且，男人的常见病前列腺肥大也开始侵扰秀吉。

关白秀次的言谈举止也在此时开始发生奇怪变化。

舅舅（秀吉）太伟岸了，秀次没得比，总让人觉得微不足道，然而秀次绝非泛泛之辈，细川幽斋就曾评价道：“此人博学，实乃族中之佼佼者也。”

这个男人和他舅舅一样，上进心强，自知学识浅薄并引以为耻，发奋学习，钻研学问。即便现在看看秀次在近江地区留下的执政遗迹，也会让人觉得幽斋对他的评价绝非奉承。但是，自从阿拾出生后，秀次俨然换了个人。他沉迷酒色，饮酒过度后，常会坐在那里，醉眼蒙胧地望着远处。稍有不顺心事，便会勃然大怒，残暴地责打部下和侍女，有时让他们身负重伤或一命呜呼。

关于秀次的恶评自然传入秀吉耳中。秀吉起初不以为然。

“年轻人都会做一些过分的事情，他们需要这样的霸气……”

虽然其中有包庇亲人的成分在内，但在脑海中，他还会联想到十五年前，那个奔放洒脱，最终被信长勒令自杀的德川信康。

“完全是信长捏造的罪名，那不过是一种嫉妒罢了，因为他自己的儿子都是凡夫俗子。”

秀吉当时的心境是——“老子才不会做那样的傻事”。

文禄四年。

二月七日，蒲生氏乡在京都病故。

三月八日，秀吉前往聚乐第。

三月二十八日，秀吉在家康的京都府邸中观看“能”表演。

四月十日，秀吉在伏见会见秀次。

四月十六日，秀次之弟丰臣秀保（大和郡山城城主）命丧十津川。

四月二十二日，秀吉下腹疼痛。

五月二十一日，秀吉在伏见城内的秀次府邸中观看“能”表演。

从秀吉在文禄四年上半年的活动来看，不管是观看“能”表演，还是举办茶会、赏月，他都会叫上秀次。秀吉这个舅舅每次都会老泪纵横地提出忠告，无奈秀次依然我行我素，根本不理会舅舅的忠言。

到了四月，关白秀次越发胡作非为，让人看不下去。与此同时，接替舅舅秀长（天正十九年殁）掌管纪伊、大和地区的大和郡山城主秀保（秀次最小的弟弟）也出了变故。史料称秀保“病故于大和十津川”，但一个城主既不是在战场上，又不是在城内病故，这很奇怪。而且，他出生于天正七年，当时才十七岁。有说法认为他是投水自尽的。但是，他杀的可能性极大。

如此一来，秀吉姐姐阿智的三个儿子已有两人离世，只有秀次健在。秀次成了秀吉疼爱有加的唯一外甥。此前，秀次非常听话，把近江地区管理得井井有条，但最近为何像疯子一样胡作非为？秀吉百思不得其解。

（难道他父亲生前精神上有问题……）

秀吉派人前往尾张犬山城，调查秀次父亲三好吉房的家世。

吉房出身不详，但阿智出嫁时（永禄年后期），弟弟秀吉已经是一个前途看好的年轻武将，阿智的丈夫弥助（后来的吉房）绝不会仅仅是个普通百姓。有一种说法称他本姓三轮，住在尾张海东郡乙子村的一个武士家中。不管怎样，可以推测，他是个有一定身份的男人。弥助起初为秀吉牵马，随着秀吉飞黄腾达，他也鸡犬升天。这个男人唯一的优点就是老实听话，从没让人觉得精神不正常。

秀次到底为什么疯疯癫癫啊？

（鹤松活着时，秀次曾发誓效忠，这时却明显对阿拾不屑一顾。）

根据这种反常推演，答案只有一个。秀次知道阿拾出生的秘密。或许这个年轻人出于正义感，无法原谅欺骗舅舅的淀夫人和阿拾。这个年轻人无处宣泄，只能用疯癫的行为聊示反抗。

其实，只有秀吉本人不想承认“阿拾不是亲骨肉”一事。在当时的京都、大坂一带，这是公开的秘密。人们茶余饭后都会推测淀夫人的情夫是谁，只是意见不能统一罢了。最可能的人选是石田三成和前田利家的长子利长。

隐隐有所觉察的秀吉终于做出一个决定。

五月二十一日。

秀吉在伏见城内的秀次府邸中观看“能”表演后，屏退闲人，尽量用柔和的语调开口。

“关白呀，不，孙七郎呀……”

秀吉坐在高处，背后就是他为秀次制作的黄金屏风。秀次则趴在地上。当时，秀吉真想从高座上跑下去，抱住秀次。

只听秀吉问道：“这样行不行？”

“哎？”

秀次没敢询问具体事情，只是战战兢兢地趴在舅舅面前。

“最近，我想把这个国家一分为五。”这虽然是秀吉一时的念头，但绝非谎言，“我想把其中五分之四交给你，剩下的五分之一留给我和阿拾，行吗？”

“哎？”

秀次大吃一惊。他的这种反应是很正常的。如果秀吉将数字颠倒过来，说自己占有五分之四，那才符合情理，但若阿拾身上没有秀吉之血，就容易理解这提案了——丰臣家要控制日本五分之四的领土，织田家只准占剩下的五分之一。

秀吉觉得若不向秀次暗示一下他对未来的打算，对方就不会收敛行为。

“即便这样分割，你也不满意？”

秀吉又强调了一下。

（作为回报，希望你别再装疯卖傻了。就宽恕淀夫人吧，拜托了。）

这就是秀吉想要的。

（本能寺之变后，我就亏欠织田家，只是不能告诉你。请你能明白，秀次。）

秀吉多次用眼神哀求着对方，但效果甚微，秀次这个二十八岁的年轻人根本无法理解秀吉的“以心传心”。秀次趴在地上，就说了一句话。

“一切听从舅舅的安排……”

秀吉非常焦躁。他如此烦恼，而秀次根本听不懂话。

（这家伙根本无法和我心灵相通。就算酗酒过度，伤了身体，但也太愚钝了，或许脑子真的坏了。）

就在这一瞬间，秀吉初次意识到外甥的反常或许不仅仅是因为对淀夫人和自己的抵触，还有更深层次的原因。而且，秀吉还发现秀次不时地扭动身子，心神不宁，似乎下半身的什么地方瘙痒难忍。

（难不成……难不成这家伙得了杨梅大疮……）

秀吉有了种莫须有的疑念。

杨梅大疮就是我们现在说的梅毒，据说是从欧洲经印度、中国，于一五一二年传到日本，比火枪的传入还早三十年。这种病随着战乱迅速蔓延到各个阶层，无法遏制。

秀次的侧室超过三十人，身份、地位各不相同，既有正房一之台（大纳言菊亭晴季之女），也有来自普通民家的卑下女人，甚至还有中日、中朝混血的女人。除此之外，如果算上猎鹰时的“一夜妻子”，他接触过数不胜数的女人。或许其中有些女人在自己都不知道的情况下，就染上了梅毒。

（或许就是这样。如此一来，那个约定成为阿拾妻子的女孩身体里，说不定就流淌着染有这种可怕病毒的血液……）

秀吉越想越怕，情不自禁地颤抖起来。

7

之后，关于秀次胡作非为的报告接踵而至。秀次似乎希望秀吉知道他的大脑已经被梅毒所侵……据说秀次不惜重金，收购名刀，半夜在街道上逡巡，遇到盲人、娼妇，乃至无辜百姓，就会为了试刀而乱砍一气。他还抓来孕妇，当众剖开其肚，检查里面的胎儿。这完全不像一个正常年轻人做出来的事。

“他已经丧失人伦，坠入畜生道了。”

秀次之所以遭到如此痛批，是因为他竟然把正房一之台和前夫所生的十一岁女儿叫入卧室，和母女两人在床上嬉戏。把秀次在卧室中的狂态汇报给秀吉的正是一之台的父亲菊亭晴季。他因为心爱的外孙女受到玷污而无所适从。

秀吉也早就听闻传言，无法不相信这个外公的告白。

“我忍辱向您汇报女儿之事。本来，正如老话常说的，世道无常、人间充满悲哀。我明白这个道理，本不该管她的事，但她毕竟是我女儿呀……”

晴季主动汇报女儿的淫乱，秀吉一时没有良策。秀次对一之台是一见钟情，希望她成为自己的妻子。她比秀次大十岁，而且结过婚，带着一个孩子回了娘家。秀吉觉得她与秀次不般配，反对这门婚事。但是，秀次完全成为这个人称“京都最妖艳女人”的俘虏，对舅舅的反对置若罔闻。

“秀次之所以贪恋女色，全是那个坏女人造成的。”

宁宁显得忧心忡忡。秀吉因为疼爱家里人，终于讲出了心里话。

“三河的嗣子信康也曾经胡作非为，让周围人大伤脑筋，但还没这么过分。我总觉得孙七郎不正常。那家伙似乎什么地方得了怪病，不像一个正常人了……”

秀吉冲着宁宁喋喋不休，说出疑念。宁宁也从别人那里听说过梅毒，了解一些相关的知识。

“听说就算是年轻人，如果得了这种病也会声音嘶哑，眼睛模糊，舌头不灵活。孝藏主说孙七郎就有这样的症状。”

秀吉现学现卖起来。听说秀次频繁地前往热海温泉疗养，秀吉无比着急。

（他偏偏去那么远的热海，看来不是疗养，而是治疗下半身的疾病。）

秀次前往热海的事情也传入宁宁的耳中。

“不过，我不了解热海，不像对尾张那么熟悉。”

秀吉听到宁宁的揶揄，不禁苦笑。秀吉攻打小田原时只带了淀夫人、龙子等侧室前往。想不到宁宁竟然在这个时候，始料未及地发泄出她的妒意。

无奈之下，秀吉凭着记忆，向其解说起热海来。

“我也没去过。听说热海是位于伊豆偏僻地带的一个古老温泉村……和有马不同，那里人习惯把整个身体浸泡在温泉中。或许那样对皮肤溃烂有好处。或许孙七郎在小田原攻打北条的时候，也听说了这些吧。”

秀吉说话婉转，只提及皮肤溃烂，但宁宁似乎一下子回过神来。

“这么说来，那个毛病已经在孙七郎的身体表面显现出来了？”

她刨根问底地追问道。

“这个……我又没看过那个家伙的裸体，不知道。不过，秀次之所以避开有马，说不定是怕那里的女人会看见他裸露的病体，一五一十地向我汇报。”

“这么说，秀次得病的事情是真的喽？”

秀吉和宁宁的不安夹杂着想象在头脑中无限扩大。

“不，还不清楚。人喝了酒，也会语无伦次。所以现在还不能下定论。但是，最可怕的是，这种病不仅会影响大人，还会波及孩子。”

“哎？真的吗？”

宁宁直勾勾地瞪着丈夫。

“孩子一出生就是痴呆，幼年的时候，前牙会变成锯齿状，瞳孔浑浊，耳朵的听力也不好。对了，对了，玄朔（曲直濑）说这种病的特征之一就是婴儿胎盘会异常肥大……”

“我第一次听说。如果真是这样，可不能让阿拾迎娶孙七郎的女儿呀。”

“何止如此，或许还要让孙七郎断子绝孙。如果别人说丰臣家的人都是痴呆，那可真是遗臭万年呀。”

“断子……绝孙？”

宁宁听到秀吉的这句话，非常害怕，瑟瑟发抖。

“不，不仅是孩子。他的所有妻妾都可能染上梅毒。我早晚要抓捕一之台，把她绑起来，然后让玄朔做个身体检查。不过，我还没有下定决心，想再看看情形。等一阵子吧，宁宁。”

令他们意想不到的是，这种忍耐很快就到头了。

七月六日，七夕前夜。

在皇宫清凉殿的东庭院举办了纪念牵牛星、织女星的七夕活动，供奉着桃子、梨子、茄子、瓜豆、加吉鱼干、鲍鱼等。

关白秀次从热海返回，却借口“心里不舒服”没出席这个活动。秀吉在七日晚得知这个消息，觉得这对皇室不敬，惴惴不安。他想要弄清事态，忙派石田三成和增田长盛作为密使前往聚乐第。结果，一件惊人的事情浮出水面。

或许在热海的休养起到了效果，秀次已完全恢复元气。但这天从傍晚开始，他便举办酒宴，喝得酩酊大醉，嘴里胡说八道，以致招来灾祸。可谓祸从口出。

他对着两位使者大放厥词，大笑道：“你们就这样告诉养父，关白秀次明天会前往伏见城，为此次没有出席宫中七夕活动的失礼道歉并将说明真正的缘由。淀夫人的一些事情让人惊讶，有点意思，我会当场向他汇报。”

“大人，根本没这回事……您要注意言行！”

秀次的近臣木村常陆介赶紧阻止，打住他的话头。如此一来，反倒让两位使者觉得更加可疑。

“关于那个有点意思的理由，您能在这里向我们透露一点吗？”

两人不肯就此罢休。他们不是孩子，不知道缘由是不会厚着脸皮返回的。

秀次露出嘲讽的笑容，没理会常陆介的劝阻。

“说说也无妨，常陆介，反正今天不说，明天也要说。我本想明天讲出一切，但这样就会让使者大人们进退两难。我就让你们稍微嗅到一点怀疑的‘味道’吧，好不好，两位？我明天要说的不是别的事，正是淀夫人背叛之事。我调查清楚了。我可是遭了大罪呀。我明天要当着满座的人，和证人一起讲述所有情况。”

两位密使觉得他的话里带着浓重的火药味，慌忙跑回伏见。

“虽然夜深，但事情十万火急，请您听听……”

秀吉已经就寝，接到通报后立即跳起来侧耳倾听。他听到“会带来证人”时大吃一惊，全身冰凉。

三成看看秀吉，问道：“大人，您有什么线索吗？”

“没有，没有。”

秀吉含糊其词，但名古屋山三郎的名字犹如疾风一般从心底划过。一直以来，山三郎就是他的怀疑对象。

（秀次这家伙，此次去东海道，在什么地方抓住了山三郎。没错，肯定是。不管怎样，我必须考虑对策。）

秀吉瞬间做出判断。若明天允许秀次说话，阿拾的秘密就会公布，丰臣家的耻辱将难以收场，家族必将四分五裂。一定要阻止秀次，要堵住他的嘴。

秀吉把三成和长盛叫入房间，进行密谈。

“选择阿拾，还是选择秀次？”

两者只能选其一。

“谋杀秀次”的决定就此被敲定。之后，就是怎样隐瞒阿拾出生的真相。

七月八日早晨。

秀吉先发制人，命前田玄以等人把秀次从聚乐第喊来，却没有见他，而是把他扣留在木下大膳亮的家里，不容他申辩，直接流放到高野山。

秀吉和三成他们商定的流放理由是“秀次谋反”。作为具体例证，他们列举出秀次在蒲生氏乡领地的再分配问题上的独断专行。

氏乡从去年就在京都养病，一直没有起效，文禄四年二月七日病故，年仅四十岁。关白秀次自然认可其子秀行（年方十三岁）继承他留下的领地，但秀吉对此有不同意见。氏乡的领地位于家康控制的江户地区后方，足以对家康造成威胁。秀行太年轻了，怕是难以执掌如此重要的地域，该由年富力强、忠心耿耿的家臣来接替才是。秀吉想起用这次在朝鲜战场上勇冠三军的立花宗茂。

（会津地区的水质也好，而且还是一百二十万石的领地。宗茂这次应该不会抱怨了。）

秀次缺乏舅舅这样的地政学考量，处理这个问题时，始终考虑自己和秀行的友情，想提携他。结果，秀次无视秀吉的意愿，认可秀行子承父业。他还随意地在朝廷运作，让秀行获得从五位下飞驒守的职位。这件事让秀吉怒不可遏。不过，这是二月的事。当时，秀吉盘算着早晚找出秀行在施政上的失误，从而收回他的领地，表面上还是给了秀次面子，叮嘱上杉景胜、佐竹义宣、最上义光、伊达政宗四人去帮衬秀行。

除此之外，秀吉等三人还想列举一件事作为秀次谋反的例证，但碍于和朝廷的关系，没敢发布。秀次曾向朝廷捐赠过三千枚银币，这是秀次和近臣木村常陆介、熊谷直之共同商议后决定的。他们之一是织田时期的武将，另一个的父亲也曾在织田手下效力。常陆介当时享有山城国淀地区的十八万石封地，直之则是若狭国大仓见城的城主。在丰臣家，两人都被排除在主流之外，因此对三成、长盛等人以及大坂城的中枢机构非常抵触。

阿拾的意外出生更加深了两人的危机感以及连带感。

“如果阿拾公子真是天下人（秀吉）的血脉……按照常理，秀次大人将来要移交关白职位，要主动向阿拾公子效忠。但是，阿拾公子是淫妇淀夫人和情夫所生的孩子。关白大人才是真正的嗣子，完全没必要让出关白之位。”

他们拼命向秀次鼓吹血统论。基于这种血统论，他们送给朝廷小甜头——三千枚银币。如果秀吉有个三长两短，秀次和阿拾为继承家业发生争斗，他们希望朝廷能站在自己一边。

七月三日，他们向朝廷秘密捐赠。但秀吉当天就知道了，这肯定是近卫前久等人泄露的。朝廷故意泄露这个秘密。

如果两权并存，就要煽动他们对立，让彼此削弱，从而让自己苟延残喘。这就是没有武力支撑的朝廷的传统战略。秀吉和秀次这对养父子因为阿拾的出现，被朝廷离间。

秀次前往伏见城途中本想到木下府邸休憩一下，不料竟就此被监禁了。

“无须拜谒，直接剃发，前往高野山。”

秀次得知秀吉之命，恍然大悟，明白了自身的处境。他用两天时间来到高野山，又在青严寺停留了五天。七月十五日，另一个使节福岛正则来到山脚。秀次最讨厌这个粗野的男人。不出所料，福岛宣布了“赐死”之命。

正则向秀次传达了秀吉的问罪书，内容如下：

> 秀次贵为关白，却忘却职守，逞匹夫之勇，在都城大路上胡作非为，实乃对天下人之大不敬。另，秀次深夜召集诸将，令众人写下保证书，又开启太阁大人多年积蓄以备不测的金库，随意挥霍，叛心昭然。其申辩之词，概不允准。

这段文字近乎于挑刺找碴。

其中“召集诸将，令众人写下保证书”指的是关白秀次借钱给那些出兵海外却捉襟见肘的大名。事实上，秀次向十几个大名分别出借了一百或者两百枚金币，与此同时，他们则提交了效忠关白的保证书。不过，那都是借款，他们约定将来要归还，不像问罪书中说的“随意挥霍”那么夸张。

秀吉对秀次的责难主要集中在一点上，就是他擅自向朝廷捐钱。

意图不言自明，就是太阁万一有个闪失时，朝廷能更偏袒自己（秀次）。

这让本打算由阿拾一人继承家业的秀吉勃然大怒。但是，因为这件事涉及朝廷，秀吉没有将其公布于众。

听到“其申辩之词，概不允准”的宣告后，秀次显得很平静，丝毫没有显出狂人的架势。他悠然地给父亲、正房、侍妾各写了一封遗书，然后从容地在切腹场地坐下。要说有点悔恨，或许就是七月七日，不应该事先泄露自己转天前往伏见城的本意。

（如果没有泄露……）

秀次肯定意识到了自己的愚蠢。

接下来，伏见的使者来到聚乐第，宣布对秀次近臣的定罪，其中有前野将右卫门嗣子的名字——前野出云守景定。

景定和秀次同岁，二十八。两人从小就是至交，秀次就任关白时，他被钦点，成为近臣。景定非常有正义感，为淀夫人的出轨而愤怒，成为推动告发淀夫人的急先锋。如此一来，景定难以逃脱连带罪责。

七月十五日当天，秀次切腹。

秀吉觉得难受，便让宁宁陪同登上大坂城天守阁。那是个酷暑之日，大坂湾内风平浪静、波澜不惊。两人无意识地站在天守阁的东南方，视线前方就是熊野，但他们都不提及。幸亏那天白云微微遮挡住远处的山脉。

秀吉扭头看看宁宁，嘟囔道："我到底是杀死孙七郎了。"

他非常悲痛。故主信长曾挨个杀死兄弟亲人，秀吉年轻时近距离目睹这种暴行，暗暗发誓若自己取得天下绝不像信长那样做事。他也确实在保护所有亲人，除了秀次。而秀次偏偏就是上苍留给他的唯一的男性亲人……

宁宁望着远方，幽幽答道："是呀。"

"是又能怎么样呢？"

秀吉不再追问。宁宁也因为悲痛，不愿再说什么。

（原谅我，孙七郎。）

抛却染上梅毒的秀次，正如名字所示，"拾起"幼小却健康成长的阿拾。

一切都是为了保卫丰臣家，事到如今，哪怕留不下自己的子嗣也行。此时此刻，已经无所谓是否应该把家业交给阿拾了。织田家的血脉也不要紧，就认为是把政权还给织田家嘛。与其让德川家康夺得天下，还是这样好。当初真该把想法率直地告诉秀次，那就不会酿成这样的悲剧了……

"大人，您哭了。"

宁宁突然站在秀吉面前，挡住了他的视线。

"哪有，只是汗水罢了。"

秀吉急忙擦拭泪水和汗水。

秀吉筋疲力尽，准备返回回廊，突然头晕目眩，脚下似乎裂开一般，身体晃动起来。

"大人，您怎么了？"

宁宁大惊失色，正要呼救喊人，秀吉立刻拽住她的袖口，阻止了她。

（秀次现在切腹了。）

秀吉明白得很，这是亲人之间才会有的“心电感应”。他闭上眼睛站稳，等着秀次切腹结束。过了一阵，他不再头晕。切腹结束了。

一种切身感受一点点揪紧秀吉的心口。

（如此一来，丰臣氏的血脉便自我而止了。）

取代秀次的阿拾只是淀夫人的儿子，而且还很幼小。

（就算我想把他当亲儿子一样守护，那也是我活着时的事。我死之后，谁知道情况将会怎样？或许这一切都只是我一厢情愿的空想，没准连这座易守难攻的城池也将化为乌有……）

不祥预感和不足底气在秀吉的内心中纠缠着。

（不，不会这样的。都是假的，假的。）

秀吉立即摇头，使出全身气力狠狠捶了一下天守阁的红柱子。

“看，就像这样，这座城池将岿然不动。”

秀吉用孩子气般的行为强迫自己相信，随后又迈出步子。

只有“一厢情愿的空想”这个词残留在脑海中，无法抹去。

“下去吧，宁宁。对了，我好久没牵你的手了，来，让我牵一下。天守阁的楼梯挺陡的。”

秀吉伸出了手，宁宁的脸顿时红了。

“哎呀。”

秀吉不管不顾，一把抓住宁宁胖乎乎的柔软手掌，凑到她耳边低语。

“你房间里还有长五郎饼吗？”

“有。两三天前的，都硬了。不过，骏河屋的羊羹倒是新鲜的。”

宁宁的手依然被秀吉拽着。

“是吗？在阿拾会走路的时候，吃这种骏河牌的羊羹，不是什么坏事。‘吃了骏河，吃了那只老狐狸！’①啊哈哈。”

秀吉毫无意义地大笑，试图将秀次被杀的阴暗记忆从脑海中抹去。这种虚渺的笑声回荡在天守阁中，令人毛骨悚然，在楼下等候的侍从不禁胆战心惊。

还有三年，秀吉就将离开人世。

---

① 暗指德川家康。

第十四章　前野府邸

1

文禄四年（1595年）——

那一年的夏天，京都北侧的前野家成了空屋。

伴随着松涛声，茅蜩声不时掠过空荡荡的府邸，让人觉得寂寥。用扁柏建造的南大门上钉着十字形的青竹。青竹被牢牢固定，说明府邸的主人已经离去。

这个府邸的主人前野将右卫门在嗣子景定切腹的三天后，也就是七月十八日，因为“教子无方”在六汉寺自杀。

前野本人是无罪的，他只是出于父子亲情而自杀。他通过所司代[1]把自己的头发交给了太阁大人。一个自称是清助的男仆前去送交，但事情没有就此结束。

前野切腹后，增田右卫门率三千士兵包围了他家。前野家里住着约两百人，除了武士、士卒，还有侍女和用人。增田不问青红皂白，把这些人全都捆住，带到京都所司代处。当府邸中空无一人后，增田又派人到处搜索，号称要找到“教唆秀次谋反”的证据。他们翻了个底朝天，从天花板到地板下，逐一搜索，可惜一无所获。

前野家无意谋反，所有罪行都是被捏造的，这个结果自是情理之中。太阁为了向世人渲染“谋反”一事，把前野家当成假想目标。

在相关的流言蜚语快要烟消云散的八月十九日中午，这座“空屋”里的蝉鸣突然停止。一个人影出现在无人照看、荒芜不堪的庭院中。

---

① 负责维持京都治安和稳定的行政官员。

“我一直在等您回来，大人。”

一个人嘟囔一句，从书房的破天花板上身手轻巧地落到地上。那就是把将右卫门的头发送给所司代的男仆——前野清助。他是将右卫门的心腹，兼管秘书事务。清助年轻时是忍者，练就了一副好身板，即便现在年过六十，动作依然敏捷。

“嗯。”

对方点点头，悄悄地打探一下四周，沿着院落走进屋后的厨房。

清助抬来水桶。那个男人洗洗脚，笨拙地褪下头巾，露出一个大光头。他正是这个府邸的主人前野将右卫门。

将右卫门还活着。他只是把头发送给秀吉，本人则潜逃回属国但马。他悄悄前往当地的祖坟，在坟前冲着列祖列宗道歉——前野家到了自己这一代断子绝孙，实在不孝。之后，他前往九州，向同僚黑田官兵卫告别，而后再度折转回来。

此时他已六十八岁，在一个月的避难中，他明显消瘦下去，再也看不出往日那粗野模样，在长途跋涉中，皮肤被太阳晒得通红，满是褶皱，脸上长出稀疏的白胡子，让人看得心痛。

“在九州和官兵卫回忆过去，聊到过去的军师竹中半兵卫。我太想念半兵卫了，回来的时候，就半道舍弃水路，前往播州，去给半兵卫大人扫坟。如此一来，就比预定时间晚了许多，让你担心了。”

将右卫门扭头看看清助，声音嘶哑。

“没关系。我为了收集之后的情报，也几乎每天换个样子，在京都到处打探……一个月眨眼就过去了。今天是景定少爷的六七，我估计您要不然今天回来，要不然下个月的七七回来。”

清助答道，眼睛湿润了。

“是吗？我不知道今天是他的六七，巧合呀，或许是景定的魂魄把我带了回来。我要到他的牌位前，为自己出远门道歉。不过，在此之前，我必须要修剪一下这个胡须。”

将右卫门苦笑着，摸摸白胡须。

“我估计您回来要收拾一下，已经准备好洗澡水……您好好泡泡。女人们都不在，如果您不介意，我清助帮您搓背。”

听到清助的话，将右卫门喜笑颜开。

“要能这样就太好了。”

两人随即起身走向浴室。大约过了一小时，将右卫门穿上整洁的麻衣，独自猫在佛堂。他冲着景定的牌位，轻声说了起来。

“我想在你的七七忌辰前一直对你讲述往事……你永远都不能成佛。为父很快也要到阴间和你相聚了。”

将右卫门始终不想离开，过了好一阵，才下定决心，走出佛堂，来到大厅。清助已经为他精心准备好酒菜。

“哎呀，哎呀……日头还高，你就准备了这么多，真没想到。”

对清助的这番心意，将右卫门发自内心地高兴。

但是，他不想让清助知道这是自己最后的晚餐。

（这个男人肯定会要求共赴九泉，这会让我为难。必须要想办法让他活下来。）

为此，将右卫门必须尽量显得开朗。

“先填饱肚子吧。来，给我倒个满杯，满杯哟。”

将右卫门猛地递上酒杯。

清助并没察觉出将右卫门的心思，脸上挂着天真的笑容，手忙脚乱地倒酒。

“刚才您提到给竹中半兵卫大人扫墓的事情，他的墓地现在怎样？”

“那个……因为官兵卫大人精心照管，他的墓地和以前完全不同。当地人说他的坟上一直香火不断，也不知道是谁上香的。”

将右卫门一口气喝完杯中酒，那久违的清酒一直浸润到肚中。

“当年，竹中大人把信长公要捉拿的长政大人（官兵卫的嗣子）藏了起来。官兵卫没有忘却他的恩情呀。”

一听到“恩情”两字，重感情、讲侠义的清助就受不了，眼睛湿润起来。

将右卫门佯装不知。

“直到两年前，每到春分、秋分时节，官兵卫父子都会轮流去上坟。他们和我一样，舍弃基督教，重新皈依佛教，所以一直按照佛教仪式供奉。今年阴历七月十五，官兵卫大人因为是蛰居之身，未能前往上坟。提到这件事时，他的笑容看上去很孤寂……”

两年前，官兵卫因为私自脱离朝鲜战场回国，被三成告发，受到秀吉惩罚，正在闭门反省。

官兵卫决意离开朝鲜的时候，曾经劝过将右卫门。

“这种混账战斗，不打也罢。前野大人，您不和我一起回去吗？这可是为自己好。”

将右卫门还在犹豫不决的时候，官兵卫已经离开。

——如果那时和官兵卫步调一致，回国的话，情况会怎样呢？

或许他会被迫闭门思过，儿子景定也会因为父亲的过错被太阁迁怒，被罢免关白侍从的职务。如此一来，景定就不用承担连带责任了。

“从这里离开，是为自己好。”

这是官兵卫当时的预言，将右卫门此时才切身体会到这句话的含义。

人之走运与否，其实就隔着一层纸……

清助独自小口喝着酒，一杯接着一杯。

“您去了那里，竹中大人应该很高兴吧。”

他满脸通红，显得很开心。

“这个，怎么说呢？”将右卫门稍微歪了下脑袋，“我在他的坟前把之后的事情和世事变迁一一相告，九泉之下的半兵卫大人听后，恐怕反而会失望吧。”

将右卫门在墓前，花了小半天时间讲述“后来”的秀吉。讲完，他觉得墓碑似乎微微摇动。

（那或许是半兵卫大人在恸哭吧……）

时至今日，将右卫门还坚信这一点。

“或许可以这样理解吧。太阁大人夺取天下后，判若两人，超出了已故半兵卫大人的想象。”

清助狠命点头。

“太阁大人之后的动向呢……我们一家人是否安全？”

将右卫门静候清助回答。在遥远的但马，他听说前野一族被捕，受到巨大冲击，一瞬间甚至怀疑是听错了。对嗣子景定监管不力，那完全是父亲将右卫门一人之错，和部下全无关联。

清助点点头，缓缓坐正，犹豫片刻，终于打开嘴巴。

“住在别宅的正室夫人事先得到消息，早早出逃，但遗憾的是，其他人都被抓住……”

清助说不下去。就算他不说，将右卫门也心知肚明，即便是莫须有的罪名，反叛者也必然要被斩首。

“还是那种结果吧。”

将右卫门并不关心妻子是否获救，她是个要强的女人，早晚会选择自杀。他更在意部下。

“不过，他们不愧是前野一族……”

清助突然带着哭腔冒出一句令将右卫门始料未及的话。

“怎么回事？你不用安慰我。”将右卫门依然情绪低落。

清助拼命摇头道：“我不是安慰您。我贿赂了牢头，从他嘴里套出话，行刑当天的黎明时分，我们前野家的人，包括侍女在内，都选择了服毒自杀，从容赴死。所司代得知后，大惊失色，被太阁大人追查，受到痛斥。”

“是吗？如此一来，太阁知道了我们前野一族的骨气。”

将右卫门欣然颔首。他虽然当上大名，却不曾忘却“影子军团”的过去，一直让部下，包括最下层的侍女在内，随身携带毒药。

“做得好。”

所有人都选择了服毒自杀。这或许是无谓的抵抗，但直到最后，还是向太阁展示出“人是有骨气的”。

作为前野家的领头人，将右卫门有点欣慰，又觉得难过，只能哭泣。他紧闭双目，为死者祈祷冥福。

（我很快就会追上你们，等我！）

他暗自狂呼。

“接下来，有关失去主人后的聚乐第……”清助继续汇报，“上个月末，遵照太阁的命令，连同房子，所有东西都被废弃。据说理由只有一个，‘秀次居所肮脏，为了不让任何人接触到，将所有东西丢到山里，包括家具、日常用品等，概不能免’。”

“是吗？太阁竟然说聚乐第肮脏，这可真奇怪。”

聚乐第建成不到八年。当时的居所是组装式，大部分可以搬移，没必要全部废弃。不管从哪个角度考虑，其处置方式都非同寻常。

或许秀吉觉得关白身边有什么不洁之物吧。

“是的。太阁认为聚乐第是流行病的源头，人们都这样说。”

清助补充说明。

“流行病？但若是流行病……那应该还有其他患者呀。”

就连将右卫门也无法揣测太阁心思。

“不仅如此，八月二日，太阁下令，把关白秀次的正室一之台夫人、其他侧室和孩子，合计三十九人，全部拖到京都三条河原处死。他说‘看到这些人，都会觉得肮脏’。”

“什么？那……阿辰也成为牺牲者了？”

“是的。”

阿辰年方十九，在聚乐第被称作“阿次夫人”。她是尾张星崎城主山口重胜的女儿，后以将右卫门养女的身份，被进献给秀次，成为侧室，生下秀次的次子百丸君。

“很遗憾，凭我一己之力无法搭救阿次夫人。向您道歉。”

清助深深地垂下头。将右卫门一直把这个养女当亲生女儿看待。因为是主公的亲人，清助曾想偷偷营救。

悲惨的报告还在持续。

“阿次夫人的情况就是这样，最上义光大人的女儿更可怜。”

“阿驹公主？她不是还没成为侧室吗……”

就在此次灾难前，太阁突然说“一之台不适合做秀次的正室”，搞得前野景定奉命寻找适合做关白之妻的对象。将右卫门知道整件事情的经过。

“是的。景定大人的努力没有白费，征得义光大人的同意后，阿驹公主终于从奥州进京，那是……”

“那是七月的事，景定向我汇报过。为了得到义光大人的同意，景定可花费了不少功夫。”

“没错。进京后，就在她要拜谒秀次大人的前一两天，关白大人被流放到高野山。所司代那帮人明明知道，还是把阿驹公主算到处死者的行列中。”

“愚蠢，赶紧把她放回奥州不就行了！丰臣家就要和最上家翻脸了。义光大人肯定很悲痛，这一点显而易见。令人痛心呀。”

将右卫门悲痛得全身颤抖。十九岁的阿辰夫人、十五岁的阿驹公主，她们为何要身首异处？阿驹公主不过是个孩子，甚至不知道诅咒命运，但是……

“太阁为何竟变得如此残酷！”将右卫门无比难过，不禁发起牢骚，“他本来是个重感情、易掉泪的男人啊……”

“问题就在于此。”清助狠命点头，似乎在说“同感”，“我花了一个月时间，调查太阁周围情况，重点就在于此。或许大人您回来后，最想知道的就是太阁最近为何对关白秀次大人及其下属那么残忍无情吧。换言之，他明明知道阿拾公子是淀夫人和情夫所生，为何还要清除自己人秀次，为何还要选择阿拾公子当继承人……我调查的重点就在于此。”

清助目不转睛地望着将右卫门。后者点点头，默不作声。

“大人，我们是否可以这样考虑呢？”

清助望着天空一角，开口陈述起来，内容出乎意料。

2

“说实话，八月二日前，我根本弄不懂太阁的心境。但行刑当天……我为了送阿次夫人最后一程，去了三条河原，站在栅栏最前面。在那里，我看到匪夷所思的场景。”

一之台夫人及其女儿最后受刑，刽子手从身后将她们斜劈成两半。

“之后，几个下等武士跑过去，将她们的遗体拖到附近的帐篷中，另一伙人紧跟进去，先前搬运尸体的武士便退出来，在外等候。”

“另一伙人？难道是和尚？”

“不，看发型也是医生。我隔着栅栏，依稀看到他们在帐篷里忙碌。我非常好奇，想知道他们究竟做什么，便目不转睛地观察。很快，在外等候的武士不时抬进抬出大盆的水，由此我觉得他们在验尸。”

将右卫门不明就里，问道：“就她们两人被验尸吗？”

“是的，不到一小时，那伙医生缓缓出帐，商谈一阵，其中一个长头发、高个子的男人坐上一顶等候着的轿子，离开了。那轿子里铺着朱红色的苇席。”

“能坐朱红色轿子的，不是高僧就是医生。”

“是的。”

清助的脸上浮现出笑容。

文禄四年，太阁颁布法律条文，规定不同身份者的座轿。也就是所谓的“座轿制度”。秀吉本人的座轿外面涂成黑色，里面铺着酱红色的苇席。他允许王公大臣也采用此规格，还准许官僧乘坐同等规格的轿子，但里面可以铺的苇席不是酱红色，而是朱红色。太阁身边的医生享受官僧待遇。

“如此说来，那肯定是太阁身边的医生。我觉得那是曲直濑玄朔。”

“原来如此。那么，你跟踪玄朔了？”

“没有。如果玄朔去伏见城，那里最近戒备森严，很难进入。倒是玄朔自家宅院，随时能潜入。而且，我对一之台母女的遗体感兴趣，想知道玄朔检查了哪个部位……”

“验尸后，遗体就被抛掷在那里吗？”

“是的，帐篷被拆除后，尸体就被放置原地。行刑地如果挖得深一点，就会有地下水冒出，所以我相信遗体不会被就地掩埋。不过，所有尸体都身首异处，谁是谁都弄不清楚。我只能紧盯着那两具帐篷里的尸体。”

“你眼力超群，应该不会看错。”

“虽然我也自信，但还是怕看错，丝毫不敢懈怠。武士们撤离后，我推开因为恐惧和好奇而聚拢过来的众人，首先冲到两人遗体旁。”

“清助，真不愧是你。然后怎样呢？”

“显而易见，玄朔检查了两人的下半身。在女人的私处明显有手术刀划开的血痕。”

“这是什么意思呢？”

“或许是想检查那里是否有问题吧。”

“难道太阁认为一之台夫人染上了梅毒？真是胡闹。”

这句话脱口而出。将右卫门不是医生，却有点梅毒方面的知识。两年前出征朝鲜时，有几个部下曾染上梅毒，让他大伤脑筋。战争后期，他下令把随军妓女集中一处，强制体检，让她们赤身裸体，看皮肤上是否有奇怪斑点。但凡可疑女子，医生便会让她张开两腿，露出私处，检查那里是否有浮肿和溃烂。通过此法，大致能得出结论。

留在国内且是高贵出身的一之台夫人不可能染上梅毒。

然而，清助断言道：“那显然就是检查梅毒。第二天，为了确认此事，我偷偷潜入玄朔的宅院。曲直濑诊所的旁边就是其书房，那里禁止弟子进出。正因为如此，当玄朔外出时，我反倒容易溜进去……在他的书桌上，放着写了一半的草稿，标题是‘医学天正记’。在稿件打开的地方，果然写着‘梅毒见闻’几个字。我由此确信自己的推测十之八九没错。”

“但那可是一之台夫人呀，随军妓女怎么能和她相提并论！太阁怎么会产生如此卑下的念头？”

“或许太阁认为一之台夫人是被传染的。”

“被谁传染的？”

“当然是关白大人。”

“这么说，关白已经染上梅毒了？那不会，不可能的。”

将右卫门当即否定。

“秀次大人确实和舅舅一样好色，有染上梅毒的危险，但他当了关白后就不再干强奸妇女之类蠢事了。或许对方本来就有身孕，如果发生关系，一个不清不楚的孩子就会成为关白之子。他明白这个道理，手下的木村常陆介也不会疏忽。关白绝不会像加藤清正那样做出蠢事。”

据说，清正远征朝鲜时每晚都要抓来女子玩弄，结果染上梅毒，狼狈归国。

“那么，你检查过一之台母女的身体后，觉得怎样？有没有梅毒特征，皮肤上有斑点吗，私处有浮肿、溃烂吗？”

“完全没有。整个身体美白如玉，私处也没有浮肿和溃烂。太阁想错了。”

“就是，天大的误解。但是太阁为何会产生如此疑惑呢？问题在这里。说不定……难道因为关白大人最近肆意妄为，太阁产生误解，觉得那是由于染上梅毒，脑子受到伤害？”

“真不愧是大人。说实话，我也觉得那或许是太阁大人的误解。他肯定觉得关白因为染上梅毒而发狂。否则，太阁大人不会不给关白大人辩白的机会，就让他切腹，废弃聚乐第，杀死所有侧室和孩子。”

“或许这是天下人秀吉唯一也是最大的误判吧。”

将右卫门内心一紧。太阁为何不向他倾诉内心的疑惑和苦衷呢？他或许能立刻修正太阁大人的判断……

（或许太阁不愿把自己的耻辱暴露给我吧。）

“好了，既然我和你结论一致，事情就简单多了。接下来就是绝密中的绝密了，说说关白大人狂乱的真相吧，这可是外人不知道的。那个被景定抓获，毒害关白未遂的女人后来如何？她可是淀夫人的爪牙。”

“趁着关白大人被捕的混乱，她逃掉了，但在逃跑途中，好像被淀夫人派遣的刺客杀死，第二天，其尸体混杂在三条河原的侧室遗体中。”

“是吗，那个女人也被灭口了？如此一来，景定的努力也就付诸东流了。”

将右卫门喟然一叹。

让关白秀次成为疯子，再借舅舅秀吉之手将他杀掉。

文禄四年六月底，这个让人大惊失色的“淀夫人的阴谋”初现端倪。了解真相的人为数不多。

关白六月去热海时，这个真相得以解开。

“这次是疗养之行，就不需要戴这玩意儿了。”

秀次摘了黑牙套，他嘴里的牙齿上已经显现出“铅线”——铅中毒的症状，沿着牙齿和牙龈之间显现青黑色的线痕。秀次此前一直戴着黑牙套，所以无人注意到中毒情况。秀次摘下黑牙套，前往热海疗养，景定被允许陪浴。当秀次大口喝下温泉水，漱嘴的时候，景定发现异常，大声嚷叫起来。

“大人，您嘴里有些异常。”

幸亏前野景定是发现“铅线”的第一人，对此展开的调查能在极度保密的情况下进行。那个时候，景定曾跟将右卫门密信商谈此事。

将右卫门有经验，知道铅矿的挖掘工和铅加工的手艺人因为常年吸入铅粉，嘴里会出现“铅线”，很快便出现种种症状，最后发疯而死。他还用铅做过毒药，所以很快就明白关白大人身体异常的根源。

“罪犯是女人。清查所有侍女。”

将右卫门当即做出指示。当时的女人不了解铅毒，用铅粉化妆，所以铅粉是女性必备品。罪犯很可能是女人。景定把调查对象锁定为关白身边的几名侍女，悄悄地日夜监视。

（罪犯是负责抹茶的侍女。）

锁定是容易的，但难就难在生擒活捉对方。如果是女忍者，必然会当场自尽。

在热海期间，景定一直没找到机会。回来后不久，景定自称小便时觉得口渴，悄悄来到茶室窥察，只见一个侍女正将白粉末倒进关白爱用的描金茶罐中，并和抹茶混杂在一起。景定冲上前一拳击中对方要害，总算没让她服毒自尽。之后，景定抱起瘫软的女人，将身边的几张茶巾强行塞进她嘴巴里，防止她回过神后咬舌自尽，接着将其反绑双手，投入石牢。此后，景定连续多日严刑拷打，反复折磨，但就是撬不开口。

景定再度和将右卫门商量，后者向儿子传授了前野家的秘技。

“把佛掌薯的根茎磨成粉，选取少量，掺入水，让其从鼻子吸入。”

如果量大，就会让人发疯。这种毒药会让人出现幻觉，失去抵抗，但难就难在药量的增减上。景定遵照父亲的指点，让对方一点点从鼻子吸入毒药。因为过于谨慎，一时难以见效，直到第三次才成功。景定拿来纸墨，让她在半梦半醒之间写下“阴谋告白书”……

知道这份告白书存在的，除了景定，只有关白秀次和木村常陆介。这三人七月十五日被迫切腹，都不在这世上了。而且，在逮捕关白的一片混乱中，告白书消失了。如今只有将右卫门和清助两人知道事情真相。

景定调查了那些白粉末，结果跟预料中一样是碳酸铅。把微量的铅粉加入抹茶，只会增加些许甜味，没有任何臭味和异味。通过消化道吸收的铅不到摄取量的一成，九成多都被排出体外。因此，每天积蓄在身体中的铅含量都很少，要经过一段时间后，才会出现铅中毒的症状。早期是贫血、颤抖和突发性腹痛，接着是失眠、视力障碍，很快就会出现脑部症状，从抑郁症到幻觉和亢奋。

女忍者当然不具备相关知识，她只是遵照淀夫人的命令，将适量的铅粉混进抹茶。根据她的自白，淀夫人从第一个孩子鹤松两岁起就开始给关白秀次下毒，鹤松死后一度中断，到了阿拾出生又开始下毒，直至事发。如此算来，关白已经到了铅中毒晚期。在牙齿变黑前，前野他们不会察觉。淀夫人就是知道秀次戴着牙套，才让人如此行事。

聚乐第中的三人面面相觑，都因为淀夫人不惜犯罪守护亲生儿子而战栗。

到此为止，有关“关白狂乱之谜”的解答，秀次方取得圆满胜利。而且，只要告发淀夫人的阴谋，秀次想要重掌权力，易如反掌。聚乐第中的三人对此深信不疑。

但是，七月八日，关白突然被捕，被押往高野山，这究竟怎么回事？

“难道太阁又产生某种错觉？否则，我觉得他不会不给外甥任何辩白机会，就让其切腹。”

将右卫门嘟囔着，似乎在自问自答。

“的确，这是此次事件中的最后难点。”

清助说完这句，就此沉默不语。

“怎么回事？清助，你好像过于平静了？想到什么没有？”

“没有，只是大人您刚才说的时候，我突然想起一件事。出事的前一天，七月七日，关白大人曾经失言，他是这样说的，‘关于淀夫人背叛一事，终于调查清楚，我可是遭了大罪。明天，我会当着满座的人，和证人一起讲述所有情况’。”

“嗯，我也听到了。”

“关白大人话语中提到‘背叛’、‘证人’两词，我们自然会联想到‘混入铅粉’和‘侍女’。但对这些事一无所知的太阁说不定理解成别的意思。”

（啊！）

将右卫门突然醒悟。

“对呀，太阁或许会理解成‘淀夫人私通’和‘情夫’……清助，你想表达这个意思？”

“是的。太阁为了丰臣家族的繁荣安康，明知淀夫人与情夫私通，却怕事情暴露，企图堵住关白大人的嘴巴。难道不是吗？我零星听到一些传闻，说那个情夫是歌舞伎艺人。”

“歌舞伎艺人？有可能。太阁为了保护丰臣家族，只能装聋作哑，反倒消灭他认为发疯的关白。是这样吗？对，必然是这样。如此说来，关白在进入伏见城的前夜，向使者三成等泄露第二天的计划，让关白的命运一夜间逆转。对不对？”

（幸运和倒霉只隔着一层纸。）

将右卫门仰望天空，长叹。

3

红日微微西斜，自行了断的时候就要到了。前野将右卫门解开谜团，情绪平静下来。

首先要考虑清助的问题。从刚才探讨太阁一事来看，将右卫门越发感觉清助会追随自己切腹。为避免这种后果出现，不仅要让清助为景定和自己祈祷冥福，还要赋予他新使命。

什么使命呢？将右卫门首先想到前野家的历史。如果前野家族断绝，那么这段历史将被湮没。幸亏在这个府邸中，在但马城内，还残留着数量庞大的记录、备忘录。让清助去保存、整理那些资料，或许能断绝其自杀的念头。

将右卫门有意和清助聊起往事。

“如此一来，关于太阁的事情，该知道的，我们全知道了；该看到的，我们全看到了。对吧，清助？”

“是的。就是不知道太阁今后会怎样……”

“关于太阁今后的情况，我打算在阴间和景定一起作壁上观。做出这种思想准备后，有趣的是，过去的记忆在脑海中相继出现，历历在目。比如说，有这么一件事，当时，信长公刚把长浜城赏给秀吉。你可以听听，说不定对将来有帮助。”

将右卫门冲着天空，眯缝起眼睛。

小右卫门（将右卫门当时的名字）因为工作，前往竹中半兵卫的宅邸，正事结束后，两人闲谈，偶然聊到天下大势。

“小右卫门大人，您非常健壮，所以我想问问未来的事情。”

半兵卫凑上前来。

“什么事？”

“这都是假设……在信长公之后，如果我们的主公羽柴大人夺取天下，我等会怎样，我等该怎样做？小右卫门大人，您是怎么考虑的？”

“这个，我等会怎样……”小右卫门挠着头，反问起竹中半兵卫，“竹中大人您怎么考虑呢？”

半兵卫笑嘻嘻地答道：“哎呀，我没必要考虑这个问题。”

“此话怎讲？”

“正如您所看到的，我体弱多病，活不长，因此不需要考虑太长远的事情。”

小右卫门不知如何作答，看见他踌躇不定，半兵卫继续说下去。

“哎呀，我不好。其实我也不想逼迫小右卫门大人回答这个问题。不过，古往今来，为将之人都会改变的。”

“改变？”

小右卫门听到这个意外之词，吃了一惊。

“是的。应该叫‘改变’吧。一旦成名，就会不知不觉改变。根据各人的气度，改变的时期各不相同。”

“是吗？”

“羽柴大人也不会例外吧，虽然他不会像信长公那样改变巨大。但可能也会和现在判若两人。到时，跟随他的我等一干人该如何沉稳应付呢？”

“这个，这个……该如何回答呢？”

小右卫门唯有再度挠头。

“那么，我给您一点小参考，讲一个中国的君臣故事，那是春秋时代的事情，比现在的明朝要久远得多。”

半兵卫讲述起越王勾践和谋士范蠡的故事。据史书记载，范蠡出生于公元前五二五年，也就是春秋中叶。他三十几岁时成为小国君越王勾践的军师，君臣同甘共苦，消灭了越国的宿敌吴国。勾践获胜不久，范蠡便“大功告成”迅速离开越国，投身商界，当了个大富商。每当囤积下大量金银，他便散发给众人，然后从头开始集聚财富。

“成为大富商后，一些人听说他曾是越王勾践的军师，便纷纷提出一个问题——为何要从勾践身边离开。”半兵卫笑嘻嘻地看着小右卫门，继续讲述，“范蠡是这样回答的：‘可与同患，难与处安。’小右卫门大人，您能理解吗？所谓王者，一旦取得天下，置身安乐，便会发生改变。如果臣子不愿看到判若两人的君王，就该抽身离去，探寻新的人生。这就是范蠡的训诫。”

“清助，你怎么认为半兵卫大人的话？”

将右卫门紧盯着清助，问道。

“很有意思。”

“有意思？你能这么说，就说明你上年纪了。我从半兵卫大人嘴里听到这个典故时，说实话，根本不明白其中的道理。我当时刚刚四十出头，而且根本没料到秀吉能夺取天下。但现在，我和你一样，对那个典故感同身受。”

“敢问您如何感同身受呢？”

“哈哈哈，你这个问题有点不怀好意呀。好了，如果你今后能守护前野家的菩提，我就讲给你听。简单说吧，我或许是在秀吉身边待得太久啦。”

清助讶道：“待得太久？”

“是啊，待太久啦。就是待得太久，所以对秀吉出人头地过程中的方方面面了解太多。正如半兵卫大人所说，我很厌恶跟之前判若两人的秀吉。现在，我很羡慕小六大人。”

天正十四年——秀吉平定九州之前，将右卫门的同僚蜂须贺小六（正胜）辞世而去。

将右卫门非常懊悔，“啪啪”抽打着自己的脸颊。

“原来如此，我明白了。”

“其实，在九州和官兵卫大人喝酒聊天时，我也对他说过此事。”

“官兵卫大人知道范蠡这个人物吗？”

“官兵卫大人确实知道。不，该说半兵卫当年也对他提过同样问题。官兵卫大人是这样说的：‘秀吉从中国地方大撤退时，我说错了一些话，让他生气了。他打那以后就对我敬而远之，当我不存在；而我为了自身安全也尽量和他保持一定距离。我这次闭门思过正是由此而来。聊到范蠡，我想起一点，那就是尽量和太阁保持一定距离反倒是好事。’官兵卫大人还说，‘我没有范蠡那样的才干，无法成为商人，集聚财富。今后，我打算更加克勤克俭，存储钱财。如此一来，今后不管怎样，我都不会惊慌失措……’清助，你不觉得官兵卫大人的处世哲学很高明吗？”

“完全同意。”

“反过来，我的人生轨迹和官兵卫大人相反，没有和太阁保持一定距离，把景定推到秀次身边，结果弄成今天这样……问题就在于此，清助。”

“是的。”

将右卫门凝目看着清助，在人生的最后时刻，他看见的不是妻儿，而是这个男人。将右卫门觉得他和自己有着不可思议的缘分。

“如此下去，前野一族的名字将从历史中永远消失。我希望你回到往昔住处，专心供奉我等族人。不要只供奉我和景定，希望你优先供奉在朝鲜丧命的人。在那场争先恐后逃命的溃退中，许多人留在他乡，曝尸荒野。那让我心情沉重。你要好好供奉他们的在天之灵。”将右卫门出征朝鲜时，率四千子弟兵转战两年多，其手下半数以上命丧黄泉。此事至今犹让他揪心不已，“而且，你不像我——你有文采。我希望你活下来，把我的事迹告诉后人，尤其是太阁这次对我的不公平。不过，你不要把书籍流传于外。你要注意措辞，别描写太阁的丑态，以绝后患。话说回来，我在太阁身边待的时间太长，本身也有错。你把著作包裹在油纸中，封存在库房的墙壁里，要永久封存……好吗？”

“明白。”

清助满眼含泪，趴在地上。

“如果你能明白，我就放心了。好了，我可以安心去景定那里了。”将右卫门终于卸下肩上的重担，“清助，来帮我准备一下吧。”

将右卫门催促着清助，来到黑书院。他在清助的帮助下换上浅黄色的坎肩和裤裙，把装在白刀鞘里的短刀放在壁龛前方的架子上。

正面就是余晖映照下的荒芜庭院，对面的群山被夕阳染得通红。

（该看的都看过了。）

将右卫门的脑海中突然浮现出平知盛的话语。他不愿意再苟延残喘下去，不愿意再看到太阁的丑态。他冲着清助，语气和缓地下了命令。

“清助，直到最后，你都在照顾我。不过，从现在开始，你的任务结束了。你在书院外等候吧。”

“哎？谁帮您介错呢？”

“不需要。”

清助皱眉道：“那怎么行？至少让我……”

将右卫门知道他想说的话。如果没有人介错，就无法切腹。

他笑了笑，说道：“放心吧，切腹只是一种形式，我没打算真正切腹。既然我让部下们服毒自杀，为何自己要装出武士的样子切腹？我虽然号称武士、大名，实则就是个土豪，是‘影子军团’的头领。土豪就是土豪，死的时候不用拘泥形式，何妨死得难看些？清助，这是我最后的命令，离开这里！关上门，留下我一个人吧。”

“是。”

清助满脸不情愿地离开。将右卫门微笑着目送他的背影。

4

一切都画上句号，没有未完之事。

前野将右卫门卸下重担，突然觉得精疲力竭。和秀吉相处四十年间的工作宛如其在朝鲜看到的“走马灯”一般，相继在脑海中复苏。

全是些骇人的工作，没一件能留下美好回忆。其中最吓人的是封堵本能寺和教堂之间的暗道。

（从那时算来，都十三年了。）

被光秀军重重包围，熊熊燃烧的本能寺。

不出所料，战斗进行到一半，信长公带领几名侍从穿过寺庙。在熊熊火焰的映照下，他们的面容妖艳犹如恶魔……

时至今日，那景象还鲜明地烙刻在将右卫门的脑海中，犹如昨天的事。

将右卫门和敢死队员们藏在五间外的阴暗角落里，密切注视他们的一举一动。

两名侍从首先打开古井的井盖，信长似乎了解井内的情况，率先下去，侍从们紧随其后。

将右卫门等全体人员下井之后，率部下冲了上去，将事先准备妥当、浸过油的松球、稻壳、橡果倒入井中，又丢进十几个火把，接着盖上井盖，压上重石。

当他们压上重石的时候，从下面传来如同地狱般的惨叫声。将右卫门至今还记得自己当时不由自主地捂上耳朵。

（如果做过好事，那是什么呢……）

将右卫门拼命回忆。

（对了，我没有亲手杀死阿弥陀寺的清玉上人。这就是所谓的好事吧。）

将右卫门自嘲一番，褪下坎肩，松开肚带。

（我……当时看见清玉上人慈眉善目，犹如佛祖，心中惶惶然，瞬间杀意全无。在我的人生中，这是第一次，也是最后一次心情愉悦地败北。）

将右卫门觉得内心舒坦些许。他默默凑到刀架旁，用右手拿起白刃的短刀，又用左手抓了一把摊在面前的毒药丸。他仰起脖子，一口气将药丸吞下。

他没有喝水，他害怕无意识中把水和药丸一起吐出来，硬是咽了下去。

一瞬间，毒性在身体里发作。身体即将失去平衡的刹那间，将右卫门弓着身子倒向前方，让短刀穿透腹部。如此一来，一切都结束了。没有介错，就容不得半点差池。

“不要性急。将右卫门，不要性急。”

将右卫门调整着最后的呼吸。景定切腹时，或许也是这样吧。

（不，不一样。景定饮恨而死，肯定是披头散发，万念俱灰。他肯定很懊悔。）

“为父就要去你那里了。景定，你就像小时候那样，一头扎进我的怀抱吧。一头扎进……”

将右卫门甚至无法再顺畅吐词了。清助守在黑书院外，倾听屋内动静。他当然没听见前野将右卫门对儿子说的临终遗言。

将右卫门就这样悄悄死去。

终　章　秀吉之死

1

关白秀次自杀后，秀吉让阿拾当了接班人，着手给他挑选辅佐者。

文禄四年八月三日，也就是处死秀次一家的第二天，秀吉为了给将来的阿拾政权奠定基础，开始考虑对策。

他制定了由十四项内容组成的法规。他制定出前五条法规后，先让小早川隆景、毛利辉元、前田利家、宇喜多秀家、德川家康五人签名，追加后九条法规时又让上杉景胜把名字补在前田利家的后面。签名顺序无声地表达出某种信号。秀吉把毛利氏排在前面，皆因天正十年从中国地方大撤退时曾和安国寺惠琼约定让毛利家族参与国事；把德川家康排在最后一位，则是宣告家康在丰臣政权中地位低下。这个法规被张贴在大坂城中，所有人都看到了那个排名顺序。

该法规规定了各大名之间的关系，严禁私自结盟，主张公开调停彼此争端。可以说是江户时代诸法规的摹本。

在国内问题上，秀吉通过强权推行了“太阁验地”（文禄四年二月结束）、“基督教禁令”（庆长元年十二月实施）等政策。所有政策都按照他的意愿贯彻执行，唯独“对明之战”进展不顺。对方和日本相隔万里，国土又辽阔得超出想象。要知道，秀吉对家康手中的关八州都会惊叹。

以下按照时间顺序略述名护屋和谈（文禄二年五月）之后的中日外交以及秀吉的对策。

文禄三年十二月十三日，小西行长派使者内藤如安前往北京，和明朝皇帝签订友好条约。这一友好条约的事前磋商耐人寻味。据史书记载，行长和明朝官员沈惟敬商议后，隐瞒秀吉强势的议和条件，把内藤如安出使目的说成——“秀吉完成国内统一，成为国王，希望明朝皇帝承认其地位，继续两国贸易往来。为此携带贡品，前往中国。”或许行长背了个大黑锅，很可能是明朝官员利用翻译上的失误，巧施计谋。

因为这个谜一般的事前磋商，明朝皇帝单方面决定派出册封使前往日本，承认秀吉的国王地位。对秀吉提出的七项议和条件，别说回答，根本就不知道。反过来讲，不论秀吉如何较劲，当时明朝对日本的认识也就停留在这种程度。在大明朝廷看来，朝鲜战场上的失利以及议和提案只是前线将领的小失误。恐怕明朝官员根本没把败仗跟和谈之事上奏皇帝，否则皇帝是不会派遣册封使的。

文禄四年一月三十日，明朝册封使李宗城、杨方亨等人从北京出发。十一月二十一日，李宗城到达小西行长的釜山大营。册封使从北京到釜山用了将近十个月的时间，真是优哉游哉，或许他们根本就没把这次出使放在心上。

文禄五年四月二日，明朝册封正使李宗城离开了小西行长的釜山大营。李宗城赴日途中，从十二月到翌年三月都滞留在小西行长的大营。他兴许在这期间得知了实际战况和日方要求，深感吃惊，所以花了大量时间考虑对策。

李宗城长期停留后突然销声匿迹，去向不明，或许是悄然回国，或许是客死异乡。明朝皇帝只得任命原副使杨方亨担任正使，沈惟敬为副使。这是五月四日的事情。此次处置迅速，出乎意料，令人不可思议。

需要我们注意的是副使沈惟敬，此人正是在北京炮制假和约的罪魁祸首。很可能一切事情都是他策划操纵。明朝皇帝是否知道真相，知道多少真相，很难说。

也许明朝皇帝被沈惟敬蒙骗，在没有掌握真相的情况下改换了使节。

九月一日，秀吉在大坂城接见明使，领受了明朝皇帝的诰命（六品以上官员的任命书）、敕谕、金印、冠服。秀吉根本不知晓那些金光闪闪的物品竟是明朝皇帝“任命日本国王”的封赏，次日给两名使节举办了豪华酒宴。酒席中，他穿戴上前一天领受的王冠、红衣。蒙在鼓里的秀吉显得非常天真，整个酒宴如同一场闹剧。散席后，行长把真相告知了秀吉。秀吉勃然大怒，把领受的物品一丢，破口大骂。他不再理会明朝译员，而是让相国寺的西笑承兑翻译了明朝皇帝的国书。

沈惟敬策划的中日议和的实质，由此初现端倪。那只是通过错误翻译进行蒙骗的闹剧罢了。明朝皇帝的国书内容如下：

“现册封尔为日本国王，特此诰命。”

对极度尊崇天皇的秀吉而言，明朝的这种姿态简直就是蔑视日本朝廷。

（如此一来，我有何颜面觐见天皇？根本无法如实上奏。）

秀吉怒从心起。他向明朝提出的七项条件没有回音，他彻底生气了。

九月二日，中日和约作废。秀吉决定再度出兵朝鲜。

前一次的“文禄之役”皆因秀吉的雷霆一怒。秀吉从基督徒呈献的地球仪上看到日本的卑小，愤愤不平。这次的“庆长之役”如出一辙，又是秀吉的暴怒所致。他觉得明朝皇帝轻视日本。这次的怒火比上次犹有过之。

秀吉不顾国力大小，不管军力强弱，再度拍案兴兵。

庆长二年二月二十一日，日本再次进攻朝鲜。总兵力达十四万一千五百人。

秀吉让加藤清正、小西行长分别统领前两批军队。他期待清正在闭门反省后再度驰骋沙场，期待行长一扫对明和谈中的耻辱。那两人或许也抱着同样愿望。

后续部队（从第三批的黑田长政到第八批的宇喜多秀家）相继部署停当。

秀吉起用了三十四岁的肥前唐津城主寺泽广高，让他统筹负责釜山、对马、壹岐、名护屋的运输事宜。在上次的“文禄之役”中，运输船在返航时出现诸多问题，秀吉经过反省，决定了此次人选。

长达两年的“庆长之役” 就这样点燃战火，一直持续到庆长三年十一月二十日，岛津义弘离开巨济岛，乘船返回对马。

秀吉接受“文禄之役”的教训，没有盲目扩大战线，在釜山等庆尚道沿岸各地建立据点，把平定全罗道作为当前目标，确保在朝鲜的桥头堡。

朝鲜方面或许觉得在“文禄之役”中，把作战以及和谈的主导权拱手交给中国，失去主动，这次竟试图独自和日军作战。可惜他们的陆军依然弱小，根本不是日军的对手，只好再度向明朝求援。

就这样，朝鲜再度为中日角逐提供战场，再度品尝到卷入战火的苦涩。

2

对年迈的秀吉而言，这次海外出兵的战果比上次还要虚无缥缈。他甚至一开始就没打算去名护屋督战。他最关心的是随着自己年迈体弱而越发急迫的继承人问题。他对秀赖（儿时的阿拾，庆长元年十二月十七日改名）的未来忧心忡忡。

秀吉离开大坂城，前往和名护屋反方向的东边，进入刚刚竣工的“京都新府”。

此次新府的建设可谓一波三折。

最初提出“想住在京都”的是淀夫人。她想让幼小的秀赖住在皇宫附近，以便和五摄家毗邻交往。她打算让秀赖将来成为贵族的首领，而非武将。

秀吉年老体弱，往来大坂城和京都之间日益吃力，而且不方便。原来建在京都中心位置的聚乐第又因为他那句“秀次不洁”被拆除了。

“那我也和你们一起进京……”

现在，秀吉唯一的精神寄托就是秀赖，一刻也不想离开他。这个老人就想亲眼看着秀赖长大，这让秀吉忘却战争，舍弃了著名的大坂城。当年正月二十三日，秀吉决定建设新居。他让前田玄以、增田长盛、石田三成负责工程。

首先被列入候选地段的是——南北向从三条坊门到四条坊门，东西向从东洞院往东四町，相当于现在的中京区东部。他们根本不理会当地居民的怨声载道，强行拆迁，着手营造新府。

根据当年的记录，那片地区二月六日就成了空地。平地工作很快开始，有大量人手从事劳役工作，不料四月间突然出事，工地到处塌陷，似乎那下面有一条很长的地下隧道……

三成大惊失色，狂奔到秀吉那里汇报。

“那地方……曾经是本能寺！我不知道那里是不祥之地，非常抱歉！”

他胆战心惊地趴在地上。

十五年前，那里曾是本能寺。三成固然疏忽，但他确实不知晓暗道一事，所以秀吉无法责怪他。而且，天正十九年，秀吉为了巩固京都城防，采用攻打小田原时想出的筑城之术，营造了一条将京都围裹在内的长堤，后世称作“御土居”。他同时又把容易成为反叛者据点的京都一百零八寺和平民区强制分隔开，尽量把那些寺院集中在一处。这些都是秀吉和死去的前野将右卫门的合作。如此一来，人们很快就忘了那些寺院原来分散在什么地方，更何况本能寺只是一座小寺，原本就不太引人注意。三成没有发觉这个问题，真是情理之中。

秀吉后悔自己的疏忽大意，说不定那条暗道会暴露自己一些旧恶，因此下令“中止建设”，然后再度询问三成：

“谁选定这块区域的？”

“淀夫人。”三成犹豫片刻，含糊答话，似乎怕秀吉发火，“但我记得事先给大人看过这片区域的图纸，跟您商量过……”

三成素来目光冷静，今天却一反常态。秀吉根本没心思讥笑他。

“的确，我记得看过图纸……”

秀吉回想起来，最近视力变差，根本没有细看图纸，只是大致浏览一番。

——只要淀夫人中意就好。

（要是淀夫人借机故意挑选这片区域……）

秀吉不禁挠头。

（如果淀夫人为了确认本能寺的暗道而故意指定这里……虽然不知道是谁出谋划策，但这或许是对我的一种复仇！）

秀吉越想越怕，战栗不已。

（如此说来……前阵子有这样一件事。）

秀吉甚至联想到其他怪事，那是最近发生在大坂城的一件事。

在一次喝茶聊天中，秀吉和史学家偶然提及历史人物，谈到源义经之死。喜欢源义经的淀夫人突然从旁插话道：“说不定他当时没死，幸存下来了。”

曾吕利新左卫门询问理由。

“藤原秀衡大人把源义经大人藏匿在高馆，那里应该有暗道。或许源义经大人通过那条暗道出逃，安全到达北部地区。肯定是这样的。”

她说得煞有其事，但秀吉根本不愿搭腔。

“有这种可能。不愧是淀夫人，眼光非常独到。”

新左卫门表扬之后，似乎怕继续这个话题会惹麻烦，赶紧换了话题。

到了四月，新府的建设计划突然生变。理由只有一个——离皇宫太远。这种解释牵强附会，人们觉得不可理解。明明都开工了，何以又要终止？

四月二十六日，三成他们重新划定区域，南北向从北御门大道往南六町，东西向从京极往西三町，现有住户随即被强行迁出。三成又让人悄悄填埋之前的那块地域，经过艰苦努力，终于恢复原貌，再让原住户迁回。那些哭天喊地、被迫离开的住户肯定被弄得莫名其妙。

新址紧邻皇宫东南，就是现在的阿古濑渊一带。这里的施工紧锣密鼓，九月二十一日完成，九月二十六日举行迁居仪式。秀吉于二十五日从伏见进京，下榻最上义光府邸。仪式当天，他骑马来到方广寺附近，接上五岁的秀赖，合乘一顶座轿。两人有一阵子没见，秀赖长得更大了。秀吉凝目瞧着秀赖，大吃一惊。

秀赖雪白粉嫩，胖乎乎的。或许因为淀夫人总让他吃最近流行的鱼糕，营养过剩吧。而且他的面庞很宽，就像歌舞伎艺人一样。

（说不定他将来是个又高又胖的家伙。）

秀吉懊恼。不管怎么自我安慰，这孩子都不像小个头、窄脸庞的自己。在局促的座轿中，秀吉不由自主地别过脸。

接下来的二十八日，秀吉父子从新府前往宫内。秀赖首次参见天皇，就获得殊荣，被任命为四位中将。

“我太高兴了，大人。”

搬进新居后，淀夫人领着秀赖，笑容满面地来向秀吉道谢。她的肩头丰腴不少。但是，她无情地拒绝了秀吉提出的“三人同住”的要求。

在公开场合，淀夫人微笑着让秀吉抱秀赖，一旦回到房间，就很少把秀赖领到秀吉身边。秀吉想把秀赖抱在腿上，淀夫人就会找出各种理由，加以拒绝。就算秀吉强行抱住儿子，秀赖也会苦着脸，惨叫着“爸爸嘴臭”，挣脱逃开。

从很早之前开始，秀吉就不再和淀夫人同床。秀吉讨厌西洋烟的味道，但最近淀夫人却总是吞云吐雾，拒绝他的亲近。最让人难受的是，新府里的人竟然半公开地散布一种说法——

“太阁大人是肺痨，如果太靠近秀赖公子，会传染给他。”

事实上，秀吉早晨会痛苦地剧烈咳嗽，常常还会吐出带血的浓痰，傍晚时会低烧，甚至会感觉到眼皮发热。对外宣称这不过是消化器官疾病，其实这是老年性肺痨的征兆。从逼迫秀次自杀的文禄四年（1595年）开始，这个病就一直折磨着秀吉的身体，从未缓解过。因为生病，秀吉甚至会缺席重要的公开活动。“太阁大人身体有恙”的传言顿时散开。

文禄四年十一月七日，秀吉因为肺病，推迟入宫参见。

文禄五年一月二十九日，秀吉因为肺病，缺席在方广寺为大政所夫人举办的法事活动。

……

秀吉派人悄悄打探流言的源头，一无所获。也许是一些多嘴多舌的医生或者调药师，但也无法追究下去。

在秀次案中，秀吉借口曲直濑道三（文禄三年，原道三离世，玄朔继承了道三之名）“处置不当”将其流放到常陆地区。虽然他留下许多弟子，但秀吉总不能因为传言而对他们一一审讯。

秀次妻儿共三十九人在京三条河原被处死后不久，道三遭到流放。秀吉怀疑秀次染上梅毒，才悄悄派道三前往刑场，让他严格检查一之台母女。结果出乎意料，两人洁净无恙。如此一来，就说明秀次没有染上梅毒。

知道结果后，秀吉一时间发狂，为胡乱猜忌、误杀秀次懊恼，这也是引起肺痨的一个原因。但是，作为执政者的秀吉总不能一直为自己的失误唉声叹气。为了杀人灭口，他悄悄派刺客去对付道三。可惜为时已晚，道三已经出逃。

不久，秀吉听到传言说道三去了关东地区。为了杜绝流言蜚语，秀吉被迫编造谎言，说道三被自己流放到常陆地区。

（家康又掌握了我一个秘密。）

这种感叹无疑是秀吉的真实心境。此时此刻，秀吉再次痛感有必要查明秀次“发疯”的原因，但已无从下手。正因为问题微妙，所以只能依赖少数人。

（要是前野将右卫门活着就好了……）

时至今日，秀吉才意识到股肱之臣的重要性。他几乎每天都在品尝着人生的孤独和悲哀。他的身体状况急剧恶化，而且还有一块“心病”。

3

搬到京都新府几天后，秀吉突然从梦魇中惊醒。

（又梦见那个和尚了！）

秀吉紧握着白绫睡衣的胸口处，胸前流下冷汗，心脏怦怦直跳。

如果换地方，或许能摆脱这种痛苦——秀吉在内心中悄悄祈祷，搬到新府……但那个噩梦似乎一直尾随到这里。

在噩梦中，那个描金书箱总是先出现。直到去年，秀吉在伏见城都喜欢用那个书箱。在当年闰七月的地震中，书箱没了踪影，哪知竟在梦中复现。

书箱突然打开，一座阿弥陀如来的木像犹如活人一般从里面倏地冒出。

那是一个奇怪的场景。

那阿弥陀如来越走越远，背影却越来越高。其前方出现一座小山门，上面挂着一块横匾，上面隐约浮现出几个金色文字——

归白院。

阿弥陀像走到那里，总是转过身招手，接下来的一瞬间，阿弥陀像变成一个相貌端庄的僧人。

那是谁呢？秀吉不记得那个容貌，略粗的眉毛，大大的眼睛，漆黑发亮的眼眸，无比慈爱的眼神。在那个僧人的注视下，秀吉不知为何突然觉得难堪，心里难受。孩提时代，秀吉讨厌父亲弥右卫门教授算术，就跑到外面玩耍，直到晚饭时才回家，心里也会觉得难受、悔恨。这两种心境非常相似。

孩提时代的父亲也没有发火，只直直盯着自己，那视线犹如夕阳一般，让人晃眼。秀吉难以忍受，情不自禁地大叫一声。他总是这样从梦中惊醒，醒来后，全身必定大汗淋漓。

“有人在吗？有人在吗？”

秀吉回过神后，喊来侍从，换上新睡衣。即便搬到京都的新府邸，依然被同样的噩梦折磨着，即便天不怕地不怕的秀吉心中也有点恐慌。惊醒后，秀吉没有再睡下去，一直等到天明，叫来京都所司代前田玄以。

“你去查一个叫作‘归白院’的寺庙。”

他没有讲述理由。前田调查了很久才找到地方。那是座小寺庙，徒有虚名，没有住持。“归白院”不过是寺内的一个祖师塔。秀吉又让他进入寺内调查，得知那个祖师塔的入口长期封闭，被称作“紧闭的祖师塔”，让人觉得毛骨悚然。

“那个寺院叫什么名字？”

“据说叫‘阿弥陀寺’。”

虽然年轻的侍从们一无所知，秀吉却脸色苍白。他一统天下后，曾经镇压过那座寺院。

那里曾是织田家位于京都的菩提寺。

（如此说来，那个出现在梦境中的僧人就是清玉……但是，那种怜悯我的柔和眼神究竟寓意什么？）

秀吉独自颤抖起来。

相关记忆太遥远了。天正十年十月十一日，秀吉无视柴田胜家的提议——在信长公的故乡清洲举办葬礼，全体武将参加——掉头回到京都，强行在大德寺独自操办了葬礼。虽然那场葬礼奢华隆重，但因为清玉不肯交出信长公的骨灰，秀吉只能让人把信长公的木像烧成灰，放在棺木中。

天正十三年九月十五日，为了忘记这段屈辱的回忆，秀吉悄悄地让人毒死了清玉。

（那都十二年了……）

秀吉掰着手指算起来，天正十九年，秀吉建设寺町，把一百零八座寺院强制性地集中到一处。一片混乱中，那个藏有信长公骨灰的阿弥陀寺荡然无存。

现在，在它的原址上建有一片平民区。

（尽管如此……清玉还在独自纠缠着我吗？）

秀吉感受到因果报应的恐怖，心里发毛。

每日，秀吉白天被淀夫人以及爱子秀赖所疏远，晚上则被清玉的亡灵所折磨。

秀吉的肺痨病更加严重。祸不单行，其他疾病也一同袭来。

十月二日，伏见城施工现场，秀吉被松针弄伤眼睛。

十月二十七日，前往伏见京极高次的府邸途中，秀吉崴了脚。

十月二十八日，秀吉没有食欲。

进入十一月后，秀吉的身体再度恢复。

（想看看樱花。想带着宁宁和秀赖同去……）

起初，秀吉打算远行，前往三年前曾去过的吉野，怎奈没有自信长途跋涉、翻山越岭。最后，他还是决定在当地的醍醐山，举办盛大的赏花会……他想看到宁宁的笑容。

北政所（宁宁）拒绝和秀吉一起搬到京都的新府，独自留在大坂城。秀吉一直牵挂着，放心不下。男人不管年轻时多么胡来，临了只能回到老婆身边。尽管秀吉也抱着同样想法，怎奈不愿和秀赖分离，只好和宁宁各居一处。

秀吉非常怀念当年，自己拿着长五郎饼，飞奔回家。他觉得一定要想方设法修复两人的关系。于是，他很早便邀请北政所同去赏花。顺便提一句，秀吉当时邀请北政所的信函没有被找到，但北政所的回信留存了下来。日期是庆长三年一月十五日，内容如下：

来信中提及同往醍醐赏春，宁宁喜不自胜。在醍醐山的春风中，心头郁闷必会被吹散。那是令人神清气爽的恩风。

透过“心头郁闷”一词，可以感受到北政所百感交集，作为正房，她非常同情丈夫秀吉——明明知道淀夫人飞扬跋扈，明明知道秀赖不是亲生子，为了丰臣家的大业，只能隐忍不发。

事前，秀吉多次前往醍醐寺视察，由此可见他非常看重此次赏花。

庆长三年二月九日，秀吉前往醍醐寺。

庆长三年二月十六日，同上。

庆长三年二月二十日，同上。

庆长三年二月二十三日，同上。

庆长三年二月二十八日，同上。

庆长三年三月三日，同上。

庆长三年三月十四日，同上。

身为天下人的秀吉带着病体，前后七次去视察。令人不可思议的是，那个期间，他不再高烧，连痰和吐血都少了许多。

（人的身体还是靠精神支撑的。）

秀吉勇气百倍，自我鞭策，殊不知这种硬撑会带来负面效果……

从文明元年（1469年）以来，醍醐寺荒废不堪。突然出现支持者，寺方自然是欣喜若狂。二月九日，寒气尤甚，秀吉不顾周围人反对，突然造访醍醐寺，巡查各个角落，尤其喜欢位于半山腰，通向上醍醐的枪山，下令在道路两边种植从近江、大和、山城等地挑选来的优良树种，合计七百株，还要求“为了在半山腰赏樱，建造相应的屋舍”。

二月二十日，秀吉第三次前往醍醐寺，命令建造金刚轮院（就是后来的三宝院）。二十三日又和醍醐寺约定，要重修寺舍，任命高野山的兴山上人（木食应其）为营造总监，负责维修寺庙屋舍。

“不要吝惜钱财，放宽心去干！但要加快速度，一定要赶在三月十五日，樱花盛开之前完工。”

之后，秀吉又分别在二月二十八日、三月三日、三月十四日前往醍醐寺，对屋舍和庭院的整修做出详尽指示。即便如此，秀吉也知道时间上有点紧张，便下令将大和、河内等地废弃寺院的设施悉数迁移过来。不过，他只允许从聚乐第搬来一块名石，“藤户石”。最后，秀吉把醍醐寺的山号改为深雪山，拿出一千石俸禄充当易名贺礼。

之后，他喝了杯茶，沉思片刻，取笔写下一首和歌。

连理松花开永世，深雪樱长存千年。

松树是雌雄同株，秀吉把自己和宁宁比作“连理松”，想象着未来。

（我希望能和你像连理松一样，青春永驻。深雪山这里的樱花也能存活千年。）

这首诗歌充满了老人的感伤。

临返回前，秀吉冲着寺僧嘟囔道：“今年秋天，我会邀请当今天皇（后阳成天皇）驾临，在这里举办‘赏枫会’。你们要记住。”

这其实是说给他自己听的。对于即将来临的死亡威胁，秀吉殊死抵抗。

遗憾的是，不久后即将举办的前所未有的“醍醐赏花”不过是一场让秀吉折寿，让其肉体受到摧残的“散花之舞”罢了。

4

就在“醍醐赏花”的前两天，也就是三月十三日，午后狂风暴雨。

十四日也是阴云密布。秀吉赶往寺院，做最后的确认。

担当营造总监的兴山上人担心第二天的天气，心神不宁，让人在镇守清瀑权现处祈祷，“希望十五日艳阳高照”。

而秀吉看上去似乎坚信十五日当天是晴天。人们都觉得他不愧是“天下人”，其实秀吉心里纠结另一件事——偏偏在这个时候，朝鲜方面发来信函。

宇喜多、蜂须贺二将希望秀吉能允许他们从蔚山、顺天撤退。信函中的主要内容就是“明军人数众多，火器威力巨大，我军苦战，请允许暂时撤退”……

不过，秀吉的回信很简单：“加强防备，坚决死守。”在赏花会的前两天，也就是庆长三年三月十三日，秀吉在狂风暴雨中书写了回信。

秀吉根本没被这种“外患”吓倒，反而像着魔一般热衷于“醍醐赏花”。

三月十五日当天，虽然天有点阴，谈不上晴空万里，但没有一丝风，反倒适合赏樱。转天又要下雨，看来兴山上人的祈福灵验了。

赏花地分为两处，一处在“下醍醐”，也就是秀吉下令大整修的五重塔、金刚轮院一带；一处是通向“上醍醐”的山路上。正好樱花盛开，在绚烂多彩的樱花的“华盖”下，所有赏花者的面色看上去和樱花融为一体。

秀吉下令建造了八处茶舍和摊位，让各处负责人动脑筋，弄出特色。他允许随行女眷“两度化妆”。根据记录，女人们当天各带了三套窄袖便装、衣带、发饰，准备的衣服合计一千三百件。这些衣服都是岛津义弘置办的。在此前的验地过程中，岛津弄虚作假，谎报辖内的土地面积，被石田三成发现，以此作为惩罚。

为了这次宏大的赏花会，幕后警卫工作的规模也是空前的。福岛正则、京极高次、增田长盛负责警备任务，在会场周边五十町内，共设置二十三处警界所，配备了弓箭兵、长矛兵、火枪手。伏见到醍醐沿途，全是步、骑兵，路边拉起几重栅栏。

秀吉带着六岁的秀赖，走在前面，正房北政所、淀夫人、松之丸夫人（龙子）、三丸夫人、姬路夫人、摩阿夫人、前田利家夫人等紧随其后。

益田少将负责第一间茶舍，他喜欢千利休，把茶席布置得很素朴。讨厌利休风格的秀吉只能苦笑，但心情没有受到影响，喝起酒来。

顺便提一句，这次为赏花会准备的酒水分别是加贺的菊酒，关东的江川酒，天野、平野、奈良的僧坊酒等。

新入道斋负责第二间茶舍，据记载，“他在溪潭中放生许多鲤鱼、鲫鱼，并献上一条”。这或许会让年幼的秀赖欣喜异常。

小川土佐守负责第三间茶舍，“人偶名家”长谷川宗仁在这里等候，表演“木偶戏”，博得秀赖的欢心。

增田长盛负责第四间茶舍。他原本负责警备工作，但由于本人强烈要求，秀吉特准他身兼二职。正因为死乞白赖，获得这项任务，他的接待可谓是花尽心思，面面俱到。据记载，秀吉在这里悠闲休憩、沐浴、就餐。

前田玄以负责第五间茶舍。大藏大辅长束正家负责第六间茶舍。秀吉在这里更衣，举办诗会，召开酒宴，逗留了很长时间。

女眷们共吟诵了一百三十首，秀吉也创作了三首。

再度更名深雪山，群花烂漫亦多彩。

今夕不忍别深雪，多姿花容难忘怀。

今日花开深雪山，让人恋；遍览美景犹不倦，几多春。

在这个茶舍的酒宴上，淀夫人和松之丸夫人之间，爆发了流传后世的“酒杯之争”。

在北野大茶会的预演中，两人也爆发过冲突，这是上次事件的重演。事情的大致经过如下——

秀吉先端起酒杯，然后传给北政所。北政所只是象征性地用嘴碰了一下，便递给身旁的松之丸夫人，就在她准备送到嘴边的一瞬间，淀夫人叫嚷起来，“你这是僭越，接下来应该轮到我”，说着便凑过来，打算抢夺酒杯。

的确，在之前的茶舍中，淀夫人都是排在前面，但那是品茶的时候。现在是喝酒，而且碰巧松之丸夫人坐在北政所身边。一时间，满座人鸦雀无声。

事出突然，秀吉一时没有反应过来，正准备说“这又不是战场上的打头阵”时，北政所立刻制止了淀夫人。

“那么，这杯酒先给客人。”她把杯子传给前田利家的夫人阿松，接着把自己面前的杯子递到松之丸夫人手上：“龙子，我给你倒。”

北政所亲自斟酒。松之丸夫人好哭，泪水就要夺眶而出。而淀夫人也觉得索然无味，默不作声。和上次冲突不一样，北政所这次明显偏向松之丸夫人。这一点耐人寻味。

这是一瞬间的事情，之后就像什么都没发生过，满座又开始喧闹起来。

御枚勘兵卫负责第七间茶舍。

或许担心那两人再次发生冲突，秀吉一行没有久留。

新庄东玉负责第八间茶舍，这里的风格迥然不同。四周围着木栅栏，穿过竹门，便能发现里面被布置成集镇，店内的架子上放着卖品，有泥人、贴纸、梳子、叠纸、绢线、染线、手巾、扇子、杉原纸、美浓纸、烧饼等。而且，新庄利用枪山的地形，越过山谷，在樱树上拉起挂着铃铛的长红绳，风中铃声悦耳诱人。

诗人兼载被这铃声打动，作诗一首，献给秀吉。

循声放眼望，疑是鸟追逐。定睛再细看，却是风中铃。

“哎呀，哎呀。”

秀吉左思右想，也赋诗一首。

不是鸟争鸣，而是花之铃。即便风暴中，声音也动听。

这首名诗就这样诞生了。

整整一天，秀吉诗兴未减，似乎盛开的樱花调动起了秀吉最后的精气。

秀吉当天尽欢而归，精力充沛，让人觉得他身上散发着“妖气”。

醍醐寺住持义演在当天的日记中，是这样记载的。

十五日，晴。太阁今日光顾本寺，女眷随行，终日赏花游览，在道旁茶舍中休闲，尽欢而归，非笔墨能书。实乃本寺之大庆，深感满足。

5

“醍醐赏花”后，秀吉顿时疲惫不堪，咳嗽比以前更厉害，痰中带血，还伴有低烧。

四月十日傍晚时分，秀吉离开病床，冒着低烧，前往伏见城内的家康府邸。之前两人就已经约定好，秀吉强撑着也要去。为了年幼的秀赖，秀吉把在病床上思考的事情暗藏于心。为了事情圆满成功，他此时此刻不能暴露自己的软肋。

家康特意在屋外隆重迎候。他依然身体健康，让秀吉恨得牙痒。他富态的脸上洋溢着笑容，小心谨慎地把秀吉引进自己的起居室。

他把姿态放得很低，让秀吉觉得恐慌。

在家康起居室的一角，秀吉看到一个奇怪的小神龛，因为视力不好，无法看清上面的文字。

“内府大人，这是什么呀？”

秀吉回望身后的家康，开口询问。

“哎呀，哎呀，大人您一下子就发现了。”家康拍着脑袋，难为情地笑了，“说实话，这是摄津国真上村的笠森五谷神。这是我的救命恩人，他让我捡回一条命。我早晚会在江户建一个分社祭祀。”

“是吗？救命恩人？怎么回事呀？我想听听。”

说到这里，秀吉侧过身子，悄悄把止咳药丸放入嘴里。他似乎还在发烧，身体滚烫。

“您想听吗？那我就说说。那是十四年前的事……”

家康爽快地讲述起来，出乎秀吉意料。

“那是什么时候呢？”

秀吉忍住咳嗽，思索起来，但没找到头绪。

“就是小牧·长久手之战呀。那时，我和大人您相遇了。”

家康的视线依旧很柔和，但在秀吉看来，那反倒显得他目中无人。

“是吗？”

秀吉有意回答得很冷淡，觉得家康大言不惭。

“现在我可以据实相告，当时，我生了一场大病……”

“大病？”

家康的告白出乎意料，秀吉大吃一惊。他突然联想到自己被本多忠胜的“撒手锏”弄得狼狈不堪的惨状。

“当时，我的背上偶然长了一个大痈，即便吹过一阵风，那后背也疼得让人浑身颤抖，动都不能动。而且，还伴有高烧。无奈之下，我只好逃回冈崎，如果大人您继续追击，我将死无葬身之地。现在想想，我还后怕，觉得脖子凉飕飕的。”

看着家康的笑脸，秀吉头脑一片空白。

“那么，在你的治疗中，这个五谷神带来什么好处呢？”

“何止是好处，如果没有他，我说不定会因为疼痛和高烧而一命呜呼。”

“这么说，难道你在五谷神神社中的祈祷灵验了？”

“不，不是的。在这个神社内，有神奇的山毛榉和糙叶树，那些树根下的泥土对治疗脓肿有效。”

“就是泥土吗？”

秀吉哑然。

“是的。我的部下偶然听说——把那个泥土涂在患处，就能消肿，于是便在战斗最激烈的时候，脱离战场，把那个泥土带了回来。或许是心诚则灵吧，我回到冈崎试了一下，患处很快就裂开，里面的脓水顿时喷出来，高烧随之消退，身体很快就复原了。就这样，我好不容易捡了一条命。哎呀，哎呀，真是不可思议。”

“那太好了。之后，你就没事了？”

“托您的福，之后，我连感冒都没得过。”

秀吉挤出笑容，整个脸颊却都在抽搐。他从心底觉得家康真是讨厌。

（这个男人故意把我引到神龛前，嘲笑我在小牧·长久手一役的失误……）

秀吉觉得家康的用意就在于此，但秀吉还是懊悔。那可是杀死这男人的好机会呀，千载难逢，可惜……

秀吉苦着脸，在家康准备的酒宴上胡乱吃了几口，便早早离开。

归途中，他想起自己忘说了一件事。

秀吉原本想和家康结亲。淀夫人似乎想为秀赖物色一个出身高贵的王公大臣的女儿。但当年秀次的正房一之台夫人就是王公大臣的女儿，秀吉吸取教训，决定不再犯错，觉得为了两家友好，倒不如和家康攀亲，反正那家伙有很多儿女……

现在想想，秀吉觉得不妥。秀赖毕竟是织田家的血脉，不能让那讨厌家伙的血脉给玷污了，一滴都不行。还是从天皇家或者朝臣家为秀赖寻觅妻子吧。

秀吉觉得自己一时糊涂，竟然想和德川家攀亲。

（没提这件事反倒好。）

秀吉的自问自答告一段落。

休息一天后，四月二十四日，秀吉冒着低烧，晃晃悠悠地来到醍醐寺，他想再看看赏花会后的风景。

（或许我再也看不到了……）

离开京都新府时，秀吉尽量把这想法抛之脑后。

（真没出息，胡思乱想什么呢！）

因为秀吉突然驾临，寺方被弄得措手不及。

秀吉微笑道：“不要紧，我悄悄来的。”只带着几名随从在寺院内漫步起来，从马场一直逛到整修一新的金刚轮院、五重塔。他觉得机会难得，想走到上醍醐，但走到一半，因为山高坡陡，气喘吁吁，只好作罢。

就在秀吉掉头折返的时候，一阵熏风从他脸颊掠过。

“那低烧随风而去吧。”

突然间，“一厢情愿的空想”这个词又在秀吉的脑海中冒出来。在大坂城的天守阁上，远眺秀次所在的高野山的时候，他也曾想到过这个词。

（那时还有宁宁在，但……）

如今宁宁不在身边。因为淀夫人在酒宴上欺负松之丸夫人，她非常恼火，独自返回了大坂城。秀吉无比孤寂。

——怎样才能叫回宁宁呢？

归途中，他一直考虑这个问题。

当天，返回京都新府后，秀吉立刻下令，让负责重建木幡伏见城的官员加快同期建造的“舟入学问所”的施工进度。

四月二十六日，舟入学问所大体完工后，秀吉迫不及待地搬到那里。说是迁居，讲得准确点，就是逃离。

虽然和秀赖分别是痛苦的，但更让他难以忍受的是淀夫人的态度——露骨地嫌弃患上肺痨的秀吉。

迁居后，或许宁宁会来，而且她应该会把自己心爱的松之丸夫人一同带来。事实也正是如此，宁宁和松之丸夫人一起赶来。

舟入学问所建在宇之川北岸码头的高处，周围长着茂盛的松竹和杉树，颇有山野气息。这里有宽大的藏书室，敞亮的阅览室，四角还建有能极目远眺的茶室。这是一个能聚众举办茶会、随性闲聊、提高彼此修养的地方。

此时，秀吉并没想到这里竟然成了治疗肺痨的休养所……

6

大概是木幡山的环境挺好吧，秀吉的身体逐渐复原。当然，这跟正房宁宁、松之丸夫人龙子的无微不至的照料是分不开的。龙子彻底看不清东西了，基本上全靠摸索，她的侍女阿锅勤快地承担了许多工作。

秀吉心情好时，喜欢把楠正辰叫到病床边。楠正辰是前年（庆长元年）去世的楠长谙的儿子，是著名的楠派军旅作家，日后改名楠不传。

秀吉唯一的乐趣就是把干瘪的双臂架在宁宁和龙子的肩头，听正辰朗读藏书。

然而，秀吉没有与世隔绝，还希望重返政坛，也未忘却他的日程安排。

“很快就到五月五日端午节了。让淀夫人把秀赖带来，咱们去有马，好长时间没和你们共浴了，想好好泡一下。六月二日是信长公的第十七周年祭，作为纪念的一环，我让太田和泉守（牛一）写了信长公的传记，把副本供奉到大德寺。在此之前，我想稍微恢复一下元气。”

秀吉努力使身体康复。具有讽刺意味的是，端午节当天，和秀赖会面之前，秀吉因一口痰堵住喉咙，昏厥了。

端午节庆典当即中止，他没能见到秀赖，有马之行也被无限期推迟。

秀吉不会这样死去，至少精神上还没有显现出萎靡征兆。

六月十六日，秀吉说身体舒服一些，便在女眷的陪同下，前往山下的伏见城施工现场。走到一半，他口吐鲜血，此后便再也没能离开病床。

从这时起，各地大名听说“太阁有恙”，纷至沓来，看望问候。石田三成、前田玄以等五奉行不想让武将们看见如同幽灵一般的秀吉，但一些心腹之人怒从心头起，不顾阻拦，硬闯进去。不过，当他们在秀吉枕边看见太阁不像人样的面容后，大惊失色，悄悄地别过脸去。

秀吉叫住这些准备偷偷逃离病榻边的大名，把他们一个个叫到身旁。秀吉的记忆还非常清晰，他叫着那些武将的乳名，送上大锭的庆长金币，然后声音微弱地说起来。

“秀赖就拜托你们了，拜托了。”

秀吉泪眼模糊，恳求这些一手栽培起来的大名，甚至还挣扎着想坐起身。但是，他抬不起头了。

德川家康也强行冲进屋。

“我是大人的妹夫，怎能不让我去见他呢！”

秀吉没有拒见家康，拜托他照看秀赖时，那语气近乎哀求，脸上、手上都是眼泪和鼻涕。即便如此，秀吉还是摸索着，用干瘪的双手抓住家康的右手，紧握不放。

最初，家康语气柔和——“大人，我明白了，我一定好好照顾秀赖公子。”到最后，秀吉的架势让他惊慌失色，那俨然想把他一起拖进地狱。家康怕得要命，把秀吉的手指一根根掰开，好不容易才挣脱秀吉的束缚。石田三成站在病床对面，用冷峻的眼神观察。家康觉得不好意思，目视行礼，慌张离去，之后再没来过。

八月五日，秀吉做好离世的思想准备，从病床上爬起，命侍从拿来纸墨。他在口中念叨了好几遍将要写的内容，良久才颤抖着双手写出如下遗书。

> 家康、筑前、辉元、景胜、秀家：
> 望五位如约照看秀赖。特此惜别。再无牵挂。
>
> 秀吉

在这份遗书上，秀吉把家康排在首位，实在可怜。当年贴在大坂城的公告上，家康被排在末位。两相对比，有人会苦笑，有人会哄笑，不，或许更多人会不屑一顾，一笑了之。

石田三成、前田玄以等五奉行没给家康看这封遗书。据说真迹保存在毛利家。

之后的十多天，五奉行把病床上的秀吉和武将们隔绝开，下达严格的“封口令”。名义上是防止远征朝鲜的将士听闻传言，军心动摇。实际上是因为秀吉已经被病痛折磨得打滚，他们不愿别人看到秀吉这副惨状。

除了五奉行，唯一被允许靠近秀吉的只有正房北政所。秀吉弥留之际，连施药院全宗等医生也被赶走。他们都曾是曲直濑道三的徒弟，鉴于道三当时投奔了家康，三成无法信任那些人。

北政所自始至终都紧握丈夫的手。当丈夫打滚时，瘦小的她常被踢开，即便如此，她还是拼命拽着秀吉，坚强地没流一滴眼泪。

秀吉在宽敞的病榻上打滚，眼前浮现出地狱中的惨景。一片黑烟中，穿着白绫睡衣的信长冒出来，神情痛苦。秀吉觉得自己无法呼吸，情不自禁地跳起来，原来是血痰堵住了喉咙。秀吉吐出一口痰，再度倒下枯枝般的身躯。一片黑烟中，信长再度出现，用手抓挠挡在暗道前方的木板。不知为何，秀吉在恍惚间也开始拼命抓挠木板，等回过神才发现手指上的鲜血已经染到卧室中的榻榻米上。

八月十八日，最后的地狱使者来到了秀吉的病床前，他因为恐怖而含混不清地叫喊着，只有几句话能听懂，“信长公，对不起，请原谅秀吉我”。但当时在秀吉身边的人并没有真正明白这个“死亡叫喊”的含义。

下面是丰臣家和德川家的恩怨情仇以及此消彼长——

庆长三年八月十八日夜，秀吉离世，棺木随即在高度保密的状态下被运离伏见城，由前田玄以负责，埋葬在方广寺大殿后面的阿弥陀峰。九月，丰臣家在大殿后面新建神社，把秀吉作为“神”供奉。据说坚信自己是“藤原后裔”的秀吉希望能和天皇一样受到神道式的供奉，他只把这个遗言告诉过高野山的木食应其，后者和天皇家有渊源。京都吉田神社的神主吉田兼见（原名兼和）将秀吉的神号定为“丰国大明神”，将供奉的神社命名为“丰国社”。日本在古代被称作“丰苇原中津国”，吉田选了其中的首字和末字。

为了充分展现出丰臣家的威严，丰国社被建造得宏大壮观，奢华夺目。其占地面积达三十万坪，享用一万石俸禄，带有朱红立柱的白墙回廊东西长四十六间，南北长五十九间，整个神社包括大雄宝殿、舞殿、神宝殿、供神所、护摩堂、钟楼以及存放秀吉棺木的庙堂。

对于这个宏大神社的建造，德川家康比谁都开心，并不是因为尊重秀吉，而是觉得这样可以耗费丰臣家的资产。不久，德川家康取得天下，把丰国社看作是眼中钉、肉中刺，毫不掩饰。以下就是他弹压丰臣家的过程。

元和元年（1615年）——

五月八日，大坂战役，丰臣氏灭亡。

七月十一日，家康下令破坏丰国社。

九月一日，禁止丰国社举办神式活动，禁止百姓祭拜。

十二月十八日，封锁通往丰国社的神道。

元和五年——

九月十六日，根据德川幕府令，丰国社的神殿移交给妙法院。

从当年九月十五日起，丰国社的祭祀活动就已断绝，但丰臣方面的反抗并没有结束。九月十九日，丰国社神宫寺的僧人梵舜从即将迁出的殿舍中偷偷拿出供奉秀吉神灵的灵台，转移到吉田神社的神龙院。此事风险很大，一旦泄露，必然累及吉田神社，不过好在梵舜是吉田兼见的弟弟。当时，为了掩人耳目，他们把“丰国大明神”改名为“镇守大明神”。

从那以后，高台寺的北政所就不停地向这里进献巨额的祈祷费、灯油费。

丰臣家灭亡后，北政所忍辱接受德川家的所谓“化妆费”，既不是因为屈从，也不是因为妥协，而是为了供奉镇守大明神——丰国大明神。这是正房北政所所做的最后抵抗，可惜她始终无法靠近丈夫秀吉的遗体。德川幕府封堵了通向阿弥陀峰的道路。在德川幕府掌权的两百五十年间，秀吉的遗体就被丢在那里。

像秀吉这样的英雄末路实在罕见，棺木被长时间抛却在荒废的山顶，遭受曝晒和寒风，无人问津。德川幕府结束后的明治中期，在朝廷的推动下，人们开始挖掘秀吉的棺木，但由于当时技术有限，他的遗体刚一开棺就几乎损坏殆尽，真是应验了那句话——

“一厢情愿的梦想。”

信长被阿弥陀寺的无家可归者的尸体庇佑，归于尘土；秀吉则孤独地散落在阿弥陀峰的山顶上。究竟谁更幸福，无从得知。反正两人长眠的地方都有“阿弥陀”这一名称，兴许皆足瞑目。

后　记

"本能寺之变"后，秀吉没得到织田信长的遗体便强行举行葬礼，硬把大德寺确立成信长菩提寺。由此，信长的葬地出现了前菩提寺（京都的阿弥陀寺）和大德寺两种说法。

这部作品完稿后，我总结出如下史实，希望对读者有用。

大正六年（1917年）十一月十七日，大正天皇追认织田信长为正一位，同年十二月十五日十一时举办"传旨仪式"的地点是阿弥陀寺。当时出席者包括京都府知事、织田家亲属、原织田家臣总代表、建勋神社负责人和大阪诉讼院院长等。

在"传旨仪式"前，摆在众人面前的问题是该把大正天皇的诏书送到哪里。大阪诉讼院之所以会见诸出席者，正表明当时宫内省的困惑。

针对这个问题，建勋神社宫司津田长兴建言如下：

> 当社大神（织田信长）之墓或在紫野大德寺，或在鹤山町阿弥陀寺。大德寺奉丰公（丰臣秀吉）之命，举办葬礼，故天下诸公广为熟知；然，阅织田家谱并参考有关阿弥陀寺的典故后，觉得真墓地当在阿弥陀寺。

他的结论更倾向阿弥陀寺，然而接下来的一段插曲也反映出当时阿弥陀寺的状况。以下同样是津田长兴的话：

> 阿弥陀寺历来有平民之墓，此番被列为官社，供奉神灵，若残存原貌，不胜惶恐，特恳请划定相当区域为盼。

就是说，阿弥陀寺虽然是信长葬地，但其中混杂有平民墓，倘若就这样接受天皇的正一位追封，信长公将惴惴不安，所以希望能划定地界。明治时期后，伴随王政复古，“打着神佛分离名义弹压寺庙”的风潮对此也有影响。通过以上话语，我们不难感觉出当时的阿弥陀寺破败不堪，荒废已久。

本作品以这些史实为背景，将秀吉设定为“本能寺之变”的幕后黑手——明智光秀其实杀人未遂，秀吉才是夺命元凶。

秀吉悄悄害了信长，但他是否算是“政变成功者”呢？恐怕不是。他搞不好是莎士比亚笔下的麦克白。这是本作品后半段中的第二大主题。

笔者创作历史推理的基本态度是胜者悲哀，败者凄美。秀吉自不例外，他篡夺天下后的最大悲哀就是后继无人。他为此焦躁不安。

侧室里只有茶茶生了儿子，而秀吉得到她的时间是天正十一年四月的贱岳合战之后。当时十七岁的茶茶无疑是成熟女性，却直到六年后的天正十七年五月才诞下长子鹤松。

原因何在？

秀吉有的是侧室，其中不乏曾和别的男人生过孩子的美女。她们当了秀吉的侧室，一个孩子都没生下，只有茶茶生了两个孩子，而且是六年以后。其中自然大有问题。

笔者查阅鹤松诞生前一年（茶茶怀孕的天正十六年）的史料，得到了解开这一疑问的钥匙。当时出了件事，导致茶茶无论如何都要怀上孩子。读者欲知其详，烦请翻阅小说。

而且，笔者还想指出一事，那就是茶茶唯一竞争对手京极龙子及其称谓的变化。两相比较，问题就更鲜明了。

	京极龙子	茶茶
大坂城时期	西之丸夫人	二丸夫人
聚乐第时期	西之丸夫人	淀夫人
伏见城时期	松之丸夫人	西之丸夫人

龙子的“西之丸夫人”称谓，何以被挪到了茶茶头上？“西之丸”含有某种特定意味。这跟解开鹤松的出生之谜有关，是一个耐人寻味的问题。本作品将会解开这个谜团。

关于第二个孩子阿拾（秀赖）的出生，更是充满疑问和悲哀。不管怎么计算，茶茶怀孕时，秀吉都不在身边。

秀吉是否知道这个情况呢？秀赖的亲生父亲到底是谁？

得知此事之后，秀吉悲哀到了极点。

笔者衷心希望诸位读者能在这部历史推理的玄妙世界中尽情畅游。

二〇〇六年三月

加藤广